2012年江西省社会科学学术活动周论文集

Prospering Jiangxi with Humanities:

Inheritance, Innovation and Development

传承·创新·发展

吴永明　主编

社会科学文献出版社
SOCIAL SCIENCES ACADEMIC PRESS (CHINA)

序

　　赣鄱大地自古物华天宝，人杰地灵，在全国享有盛誉。新中国成立特别是改革开放以来，在省委、省政府的高度重视和正确领导下，江西省哲学社会科学战线高举中国特色社会主义伟大旗帜，围绕全省工作大局，深入研究、探索经济社会文化等重大理论和实践问题，展现出蓬勃的生机和活力。

　　党的十八大胜利召开后，为深入学习贯彻十八大精神，统一思想和行动，凝聚智慧和力量，更好地服务富裕和谐秀美江西建设，江西省社会科学界联合会（以下简称"江西省社联"）举办了首届江西省社会科学学术活动周。学术活动周以"人文兴赣：传承·创新·发展"为主题，旨在聚焦学术经典、激励学术创新、彰显学术魅力、展现学人风采，构筑高层次公共学术交流平台，充分发挥社会科学"思想库"、"智囊团"的重要作用。

　　学术活动周采取省市联动的方式，由江西省社联主办，江西省内23所本科院校、4个省属学会、11个设区市社联、1个企业社联参与承办，邀请著名军事专家尹卓、政治学专家徐勇等国内知名专家学者，以及江西省内众多专家学者在全省范围内举办了54场高水平的学术报告会。内容涵盖政治、军事、经济、文化、法律等哲学社会科学领域，既有"党的十八大报告解读"等学习贯彻党的十八大精神的时政性主题，也有"中国房地产政策走向何方"等热点性主题，还有"推进绿色发展、加快苏区振兴"等江西特色性主题，更有"塑造阳光心态，成就幸福人生"等贴近百姓生活的主题……可以说，学术活动周集中展现了江西社科专家学者群体形象，展示了江西社科优秀成果，推动着江西省哲学社会科学优秀成果和优秀人才走向全国。与此同时，学术活动周所有学术报告面向公众免费开放，直接听众多达 1.5 万余人，哲学社会科学从高雅的学术殿堂走近了大众，让广大人民群众领略了知名社科专家的学术风采，感受了学术的巨大魅力。

为了进一步巩固学术活动周的研究成果，扩大学术影响，组委会收集和精选了大部分专家学者的学术报告汇编成书。这些成果大都具有理论上的原创性和开拓性，实践上的现实性和针对性，具有较高的学术创新品质，希望能够对广大读者起到积极的参考作用。

我们相信，在大家的共同努力下，学术活动周不仅能促进学术交流，还可以让广大人民群众享受学术的盛宴，让社会科学的灿烂思想智慧之花结出江西科学发展、绿色崛起的丰硕成果，为建设富裕和谐秀美江西作出积极贡献！

是为序。

目录
CONTENTS

徐 勇

农民与现代化：平等参与和共同分享

——国际比较与中国道路

现代化是一个由农业文明向工业文明转变的历史进程。在以工业化和城市化为主要内容的现代化进程中，农民很容易被抛弃在现代化进程之外，成为"历史的弃儿"，不能平等参与现代化进程，分享现代化的成果；由此也很容易成为外在于现代化进程的疏离者，甚至反抗者。

如何将广大农民顺利带入现代化进程，让他们成为建设者而非反对者，成为现代化成果的分享者而非牺牲者，是一个世界性难题。

中共十八大第一次在党的报告中，提出了让广大农民平等参与现代化进程、共同分享现代化成果的重要思想。这一思想将农民与现代化的关系上升到国家发展战略的高度，也给我们认识农民与现代化关系提供了进一步思考的空间。

一 农民与现代化的分析视角

现代化是以工业化和城镇化为核心的。现代化进程必然伴随工业差距和城乡差距。这种差距具体体现在作为农业和乡村主体的农民身上，农民因此成为现代化进程中的弱势群体。

现代化是一个历史过程。在现代化的历史过程中，农民包括三个层次：核心层是指从事农业生产及居住在农村的人口；过渡层是指虽然从事非农工作且离开乡村但并未完全融入城市和成为非农人口的过渡性群体；联系层包括与农民有千丝万缕直接联系的人。

在传统农业社会，农业是主要产业，其他产业是附属性的。农民是农业社会的主体和最大的社会群体。而现代化是以工业和城市为主导的，作为传统社会群体的农民随之进入或者被卷入现代化进程中。任何一个国家的现代化都将面临如何对待和处理众多农民的问题。

中共十八大报告第一次在党代会报告中提出，让广大农民平等参与现代化进程、共同分享现代化成果的重要思想。这一思想反映了随着我国现代化进程的深入，对农民与现代化的关系问题的认识愈益深入。如何理解平等参与和共同分享？

平等参与是指农民以平等的资格参与现代化进程。它是相对于排斥、歧视而言的。这种排斥和歧视有显性的、制度性的，也有隐性的、文化性的。平等参与包括三个向度：

一是权利。平等作为一个现代性概念，本身就意味着一种权利。即在现代社会，遵循人人平等的原则，每个人都具有法定的平等地位。这是现代国家的基本公理。

二是条件。平等作为一种法定权利，必须在现实生活中实现，并依赖相应的经济、政治、文化和社会条件，并取决于一个国家的治理状况。

三是能力。参与是主体对某一事物的参加过程并由此对结果的改变。参与行为和结果不仅取决于外部条件，还取决于由参与者的意识、素质等因素综合构成的行动能力。在现代化进程中，农民作为弱势群体，不仅是指权利弱势、条件弱势，而且包括能力弱势。

平等参与是起点，共同分享是结果。共同分享是指农民能够与其他社会成员共同享有现代化的成果，是相对于剥夺、牺牲、遗弃而言的。它包括两个方面：

一是作为国家公民均等地享有现代化的成果，包括基本生活保障和社会福利。进入现代化进程以后，将作为弱势群体的农民的基本生存和福利纳入国家保护的视野，是对现代国家的基本要求。

二是作为弱势群体享有特殊的保护。为了使农民与其他社会群体一样获得有尊严的生活，国家还需要通过必要的措施给予这一群体以特殊保护和救济。

农民平等参与现代化进程，共同分享现代化成果，在现代化进程中具有特殊的重要意义。

其一，经济发展的动力。农民是现代化的贡献者。现代化所需要的土地、劳动力、产品、需求、资金来自农民，特别是前两者在现代化初期具有决定性意义。

其二，政治稳定的保障。农民是现代化之初的最大群体。他们的政治态度决定着一个国家的政治大局和政治走向。亨廷顿有一句名言："在现代化政治中，农村扮演着关键性的'钟摆'角色。""农村的作用是个变数：它不是稳定的根源，就是革命的根源。"[①]

其三，社会和谐的条件。农民的存在使现代化进程中的国家的社会结构复杂化。社会是否和谐，相当程度上取决于农民是否融入于新的社会体系之中。

其四，文明传承的主体。文明具有传承性而不是断裂的。农民是农业文明的主体，他们也是文明传承的载体，是文明之根。

二　农民与现代化的国际比较

农民与现代化不是一个国家的问题，而是任何一个进入现代化的国家都会面临的普遍性问题。各个国家的历史和国情不同，现代化进程不同，采取的措施也不同。

（一）西方国家

现代化最早起源于西方国家。经过数百年时间，西方发达国家已实现

---

① 〔美〕亨廷顿：《变化社会中的政治秩序》，三联书店，1989，第257页。

现代化，传统农民已不复存在。但是，在西方国家的现代化进程中，也存在农民平等参与现代化进程和分享现代化成果的问题，迄今也没有完全解决。

西方国家的现代化是伴随资产阶级革命兴起和发展的。资产阶级革命在推翻封建奴役制度的同时，也使农民获得一定程度的解放。西方国家伴随资产阶级革命建立现代国家，确定了人人平等和"天赋人权"的原则，为农民平等参与现代化提供了基本的制度框架。

在西方国家，农民平等参与现代化的权利有一个实现过程。18世纪主要是经济权利，如财产自由、人身自由权利。19世纪主要是政治权利，如获得参加选举的权利。20世纪主要是社会权利，如享有社会福利的权利。

在西方国家现代化初期，也曾经面临过"农民问题"的"坎"，农民在相当程度上处于被排斥和牺牲者的处境，并带来相应的社会和政治影响。如英国著名的"圈地运动"造成大量农民破产，他们中的相当多数进入城市，成为一无所有的无产者，生活状况极其糟糕。恩格斯专门写下《英国工人阶级状况》一书以反映当时情况。只是由于工人的反抗，英国政府才在19世纪颁布了一系列改善工人生活状况的法令，同时工人在反抗中也组织了世界上第一个工会类组织，以增强其行动能力。伦敦东区自19世纪起是贫民区，至今也未改变，而且成为动乱的策源地。

美国是西方国家，甚至是世界上唯一没有所谓传统农民问题的大国。但在美国长期存在黑人农奴制度。黑人农奴的境遇和命运极其糟糕，不仅不能享有平等的权利，还长期存在身份性歧视。小说《汤姆叔叔的小屋》典型地描述了黑人农奴的悲惨境遇。美国南北战争便与废奴制有关。著名小说《飘》描述了南北战争的残酷和废除农奴制后不得不面对的"明天又是新的一天"的现实。直至20世纪60年代，在黑人民权运动的推动下，美国黑人才获得了平等的政治权利。但是，美国仍然存在隐性的种族歧视。反映美国黑人农奴历史的著名小说《根》追溯了一个黑人农奴家庭六代以上的历史。小说中写道："就是为白人工作一千年后，你还是黑奴。"

尽管包括黑人在内的外国移民的第一代主要从事农业劳动，他们的后代进了城，但其中多数人的生活状况长期处于相对贫困地位，并带来社会治安等一系列社会问题。美国政治学家亨廷顿在《变化社会中的政治秩序》里描述道："第一代人坚守农村的生活方式和处世态度，第二代人在城市环境中形成其梦想，为了实现这些梦想，他们先是犯罪，然后就从事其他的捣蛋活动。"① 因此即使在美国也存在所谓"农二代"，而第二代是不稳定因素。

西方国家的现代化也是以一种不均衡的状态发展的。相对于经历过资产阶级革命的英国、法国和美国而言，德国和日本是后起的现代化国家，由国家和大资本推动的现代化进程发展迅速。这一进程一方面造成农村小农的破产，另一方面使大量农民进入城市，沦为底层贫民。他们强烈要求改变困境，由此构成法西斯主义的社会基础。德国纳粹为农民描绘出理想主义浪漫图景——"自由土地上的自由人"。希特勒在《我的奋斗》一书中写道："仓廪充实的中小农民，自古至今始终是我们抵御现今一切社会罪愆的最好保障。"这两个国家通过对外侵略扩张战争来缓和内部矛盾，给包括本国人民在内的世界人民带来灾难性后果。

总体而言，直至第二次世界大战，西方国家的农民仍然处于不平等参与地位，且更多是现代化的牺牲者。第二次世界大战以后，这一状况才得到根本性改变。一是经历数百年时间，西方国家已实现工业化和城镇化，传统农民这一群体已基本消灭，如法国学者孟德拉斯写的《农民的终结》所描绘的那样。农业人口仅仅占全国人口的极小部分，且与其他产业人口之间不再有制度性鸿沟，平等享有着各种权利。二是西方国家对农业和农民给予各种保护和支持措施，且通过立法形式加以确定。发达国家的农民问题随着农民进城而演化为城市贫民问题。

（二）俄罗斯

与日本、德国相似，俄罗斯的现代化起步也相对较晚。现代化起步之初，农民占全国人口大多数。尽管沙皇时代便推行了废除农奴制和土地改革措施，但农民的命运没有显著的改变。特别是持续不断的战争使农民的

---

① 〔美〕亨廷顿：《变化社会中的政治秩序》，三联书店，1989，第258页。

命运更为痛苦。正是在此基础上，爆发了十月革命。十月革命成功的重要原因是满足了农民对土地的需求。

十月革命胜利后的苏联处于十分困难的环境下，革命后的政府对农民实行具有强制性的征粮制，由此开启了剥夺农民产品的先河。苏联实行大规模的工业化，与此相伴随的农业集体化在相当程度上是为工业化服务的。在这一过程中，农民的利益受到损害，政府将农民挖得太苦。

集体化之后的农业生产条件，特别是机械化程度得以提高，农民的生活也有所改善。20世纪60年代，苏联对集体农庄的庄员实行工资制，农民获得了一定的社会保障。但是，由于重工轻农的政策和农村管理体制，苏联农民的积极性长期不高，农民的行动能力不强。这一问题直到苏联解体后的俄罗斯，仍然没有根本性改变。

（三）发展中国家

发展中国家的基本特点是农民众多和工业化、城镇化程度低。其现代化主要是由外部因素启动的。因此，在发展中国家的现代化进程中，农民的处境更为艰难，要承受多重性困苦。发展中国家的现代化进程格外曲折，甚至反复，都与现代化进程中的农民平等参与和共同分享的境遇相关。

1.印度

印度具有古老的农业文明，1948年独立后的印度是一个农民占绝大多数的国家。由于印度经历了数百年英国殖民统治的历史，独立后的印度制度具有"英式"特点。农民在法律上与其他国民一样享有平等的权利和基本的公共服务，制度性排斥和歧视不多。

但是，印度农民的生存条件长期得不到改善。大量农民进城以后也生活在最底层，如世界上最大的"贫民窟"——孟买贫民窟。他们虽然有了自由，但是只有受穷的自由；虽然有了权利，但是只有生活在最底层的权利。印度历史上长期存在种姓制度，将社会阶层固化了，存在大量的非制度性的隐性排斥和歧视。不仅是"穷二代"，而且是"穷N代"，由此限制了下层农民的能动性。

印度农民与现代化的关系状况因此表现为：强权利、差条件、弱能力，有所分享但缺乏特殊保护。当然，由于长期延续的"安贫乐道"宗教和"安分守己"的种姓制等因素，印度农民问题虽然尖锐，但没有出现农民革命的大规模政治动荡。

2. 南非

南非是非洲最富裕的国家。20世纪90年代初实行种族和解政策之前，南非长期实行种族隔离制度。在种族隔离制度下，黑人农民不仅生存境遇差，而且没有平等的权利，具有农奴的特性。尽管伴随工业化和城镇化，大量黑人进入城市，却被隔离在一个个贫民区内，如约翰内斯堡800万人之多的"贫民窟"。

3. 巴西

巴西是拉丁美洲最大的国家，人口居世界第五。巴西长期为葡萄牙的殖民地，是典型的移民国家，大量移民最初主要从事农业生产活动，且处于奴役状态。巴西电视连续剧《女奴伊佐拉》非常典型地反映了农奴的生活状态。直至19世纪末巴西才废除奴隶制，农奴获得解放证书，有了人身自由。他们纷纷进入城市，尽管有平等的权利，但缺乏平等参与现代化的条件，在城市形成一个个大型的"贫民窟"。他们的生存状况不尽如人意，但相对前辈的农奴生活而言，是"自由人"，并可以利用投票权等方式努力改善自己的生存状态。近年来，左派政党执政在努力改善穷人生活方面成绩突出。

4. 伊朗

伊朗也是文明古国。第二次世界大战结束后获得独立，在巴列维王朝时代，现代化突飞猛进。尽管巴列维国王通过"白色革命"，分给农民土地，将农民带入现代化，但没有融入现代化。伴随经济奇迹的是贫富分化和特权腐败。高速工业化造成城市膨胀，广大进城农民以及城市劳工阶层，处于贫穷和失去尊严的状态，且人数越来越多。而"农村情况几乎跟古代波斯没有多大差别：依然是赤贫如洗，百病成灾"[1]。这种状态与伊斯兰

---

[1] 〔法〕热拉德·德·维利埃等：《巴列维传》，张许苹、潘庆舲译，商务印书馆，1986，第360页。

教的平等教义和行为规范发生尖锐冲突, 引起底层民众强烈抗拒现代化。1963 年, 伊朗 95% 的人投票赞成现代化, 然而在现代化推行 15 年后, 同样有 95% 的人投票反对现代化。

在此背景下, 20 世纪 80 年代发生霍梅尼革命, 推翻巴列维王朝, 对现代化构成抗拒。伊朗宗教革命可以说是在急剧发展的工业化城市化无法容纳消化众多进城农民的 "节点" 上发生的, 这一节点也是现代化进程顺利与否的关键点。

三 农民与现代化的中国道路

中国是世界上最古老和最发达的农业文明大国。在外力作用下, 中国走上现代化道路。但在如何将广大农民带入现代化进程方面却缺乏足够的准备。孙中山先生提出平均地权, 主张耕者有其田。但是, 这一主张未能实现。直至 1949 年中华人民共和国成立才通过土地改革将广大农民带入国家的现代化进程。

新中国成立后, 国家很快大规模启动工业化。工业化所需要的资金、产品和人力主要来自农村和农民。为了推进工业化, 优先保证城镇, 国家作出了一系列不利于农民平等参与现代化的制度安排, 形成了所谓的城乡二元社会结构。第一是统购统销制。即农民必须将产品交给政府, 没有处理自己劳动成果的自主权, 也难以获得相应的收益。第二是户籍制。即将全国人口划分为农业人口和非农业人口, 后者可以获得定量供应等生活保障和相应的福利, 而前者却没有。第三是公共服务的城乡分割制。农村实行与城市不同的集体所有制, 教育、医疗、养老等公共服务由农民集体自己承担, 城市则由政府负担。第四是农税制。无论收获如何, 作为农业人口的农民必须首先完成国家下达的税费任务。尽管非农人口收入比农民高, 却不需要缴纳税费。这一系列制度安排最终体现在公社体制之下。在这一体制下, 农民被牢牢限制在所在的土地上, 基本上没有自由活动的可能, 具有 "体制性农民" 的特性。

新中国成立后, 尽管农民的生产和生活条件有了一些改善, 但是整体上改善不大，贫困状态未能根本改变。特别是公社体制严重压抑了农民的生产积极性，造成世界上最为勤劳的农民出现集体偷懒行为。农业和农村的落后也制约了工业化、城镇化的发展。直至 1979 年，中国还有 80% 以上的人口属于农业人口，城镇化率与新中国成立初期没有太大提高。正是因为缺乏像苏联那样的国家基本保护，中国农民特别具有行动能力，他们以自己的行为突破体制的限制。

农村改革的实质就是赋予农民以经济自主权，由此将农民从公社体制中解放出来，极大地调动了农民的积极性，使中国一举解决多年困扰中国的吃饭问题，出现了中国农村和农民的"黄金十年"。随着农村的发展，中国自 20 世纪 80 年代后期开启了第二次工业化和城镇化新的进程。

第二次工业化比第一次工业化进展更快，特别是城镇化进展迅速。大量农民得以进城务工，甚至出国经商，获得他们祖辈从未有过的收入，同时他们也是"中国经济奇迹"的创造者。改革前的城乡分割体制仍然在阻碍着农民平等参与现代化进程。一是农民负担沉重。除了不断上涨的农民负担以外，教育、医疗、养老等社会问题突出，城乡差距急剧扩大。二是大量农村人口进城和从事非农产业，却不能享有与城市居民一样的平等待遇，产生了所谓"农民工"这一中国专有名词，他们生活在城市的底层。三是工业化和城镇化所需要的土地以征地的方式从农民手中廉价获得，农民难以分享工业化、城镇化的成果。伴随工业化和城镇化出现了一系列农民抗争事件。20 世纪 90 年代主要是对税费负担的不满，21 世纪以来主要是对土地征用的不满。

农民抗争之所以未能演化为大规模的政治动荡，主要是工业化、城镇化对冲了政治危机，农民能够以工补农，缓解自己的生存困境。但是城乡差距的扩大与农民问题的存在也制约着中国现代化的进一步发展。21 世纪以来，在科学发展观的指导下，我国实行城乡统筹和工业反哺农业，城市支持乡村的战略，出台了一系列稳农支农惠农强农政策。其中最显著的是"废除农业税，建设新农村"。前者意味着不再以农业产业作为纳税的依据，是开天辟地的大事，大得人心。后者意味着国家给予农村和农民以更多支持，农民能够分享现代化成果。近十年来，农民的生存状况有了很大改善，农民概括为"种田不交税，上学不付费，看病不太贵，养老不发愁"。

但是，由于长期历史和体制原因，我国农民在平等参与现代化进程和共同分享现代化成果方面还存在大量问题。例如，广大农民进城务工在劳动用工、工资待遇、权益保障等方面还不能享受与城市市民一样的平等权利。城镇化的特点是土地城镇化快于人口城镇化，农民不能从城市土地征用中获得更多收益，从而积累创业资本，失地的同时也可能失业。农民的农业收益较低，导致大量有能力的农民进城而不是务农，农业主体能力不强，农业可持续发展前景堪忧。农村出现大量"留守儿童"、"留守妇女"、"留守老人"，"三留守"现象大量存在。贵州毕节 5 个流浪儿童在垃圾箱内死亡，他们就是"留守儿童"。

伴随新一轮城镇化和"二代农民工"的出现，大量来自农村的青年人进入城镇，他们有强烈的现代平等意识和期待，却缺乏平等的权利、条件和能力，成为具有高流动性而未被体制接纳和融合的边缘人群。尽管他们的生活境遇比其前辈要好许多，但对体制和秩序的认同感却严重不足，并会以破坏性行为发泄自己的不满。即使进城农民已有稳定的工作，他们也会因为子女上学等方面未能享有平等权利而对体制不满。

我国农民对现代化的参与和分享停留在表层，一系列深层次的理论和体制性问题还有待解决。随着农民大量进城，政治风险也将由农村进入城市。

中共十八大报告第一次从农民与现代化的关系的战略高度，提出了要让农民平等参与现代化进程，共同分享现代化成果。特别是强调权利公平、机会公平、规则公平，努力营造公平的社会环境，保证人民平等参与、平等发展权利。这标志着我国农民在现代化进程将进入以平等参与和共同分享的新阶段。

首先要实现城乡平权、努力消除阻滞农民平等参与现代化进程和共同分享现代化成果的体制性障碍。其次要实现城乡一体化发展，城镇化与农业现代化相互协调，为农民的发展创造更为有利的条件。再次是大力提升农民的主体能力，发扬中国农民勤劳的传统，使他们更多的是凭借自己的能力参与现代化进程和分享现代化成果，避免一些西方国家的下层民众因"权利过度、福利过剩"造成的社会创造力严重不足的问题。

作者简介

　　徐　勇　教育部"长江学者"特聘教授、教育部重点研究基地——华中师范大学中国农村研究院院长，华中师范大学政治学研究院博士生导师。主要社会兼职：国务院学位委员会学科评议组召集人、国家社会科学基金学科评审组专家、全国博士后管委会专家组成员、教育部社会科学委员会学部委员、民政部专家咨询委员会委员、中国政治学会副会长、湖北省政治学会会长。

　　长期从事政治学与农村问题研究。代表性学术著作有《非均衡的中国政治：城市与乡村比较》《中国农村村民自治》《乡村治理与中国政治》《现代国家、乡土社会与制度建构》等。2006 年 11 月 30 日在中共中央政治局第 36 次集体学习时就"我国社会主义基层民主政治建设研究"做了专题讲解。

陈东有

营造良好的文化产业环境，推动江西文化产业的发展

在中国，对文化产业的认识，是 20 世纪 90 年代后期的事；开始运作，则是进入 21 世纪以后。与文化产业发展配套的文化体制机制改革从 2003 年开始试点，铺开来是 2005 年，但从 2004 年开始，全国的文化产业发展很快。江西文化产业的发展时间不长，但是在过去的几年中，取得了很大的成绩。文化产业的主营收入有了比较大的增加，2010 年达到了 870 亿，增加值达 260 亿。2011 年突破 1000 亿，增加值 295 亿。2012 年可望达到 1400 亿，增加值为 390 亿左右。更重要的是，对文化产业的认识有了很大的提高，政府和企业投资的重点文化产业项目建设稳步推进，来自各种渠道投资的新媒体产业和演艺业发展态势都比较好，文化精品的生产出现了喜人的成果。文化产业正在与文化事业一道，成为江西省经济发展社会进步的主要内容和推动力。

当然，江西文化产业的发展，目前还处于努力探索、不断推进的阶段，与国内发展比较快的省份比较，我们的人才队伍、资金投入、产业产品、市场运营、企业规模和数量，都还有比较大的距离。这些差距不仅是体制机制的改革需要解决的问题，也是具体运作中要解决的问题。当前一个十分重要的问题是如何营造良好的文化产业环境，以有利于文化产业的发展。文化产业环境营造好了，或者一边发展文化产业，一边营造良好环境，文化产业的发展会取得更大的成绩。

一是文化产业发展需要平等公正的政策环境。

文化产业与其他产业的区别在于，它不仅需要创业与创造，还需要创意。"三创"需要有十分宽松的政策环境和人文环境。以人为本，人人为本，没有特权，没有优惠，只有在平等、公正的政策环境中才能实现有激励力、推动力的竞争，而只有这样的竞争才会产生富有创意的创造。比如，文化企业体制内的"老人"与体制外的"新人"都应处于同一平台上，凭借自己的创造和创意性工作获得机会，"老人"就不会产生惰性，"新人"也才会有更大的积极性。民营文化企业与国有文化企业也应该得到一视同仁的政策待遇和发展机遇，否则，有等级和区别对待的体制，不论是原有的，还是改革出来的，是培养不出创造性的思维与能力的。

二是文化产业发展需要政府宽松的管理环境。

政府管理层不仅要放心让更多的人进入文化产业创一番业绩，更要放路让文化产业人员去获得应有的报酬。先富民才能兴赣，先让文化产业从业人员富起来了，文化产业的经济效益才能做大，做强，才能不断增强江西省的实力和竞争力。要采取宽松、再宽松的管理方式，让更多的人感到文化产业值得去做。千万不能"万事一开头，税费抢前头"。现在，政府部门尽可能用好中央有关政策这一点已经做到了，努力在税和费上让出一条大路让文化产业创业者能奔跑起来，但还需要一些具体管理的管事部门能够给文化产业放放手，开开路，要宽松，不要苛严。

三是文化产业发展需要"双百"方针的文化环境。

要让文化产业从业者有自由思想的空间。文艺创作需要百花齐放、百家争鸣，文化创意同样需要广阔的思想空间，以便让创意在思维想象的世界得以萌发和发展，有更多的好思路，策划出更多的好作品。文化具有意识形态和经济产业的双重属性，这种双重性并不是直接分配到文化事业和文化产业中去的，文化事业的发展需要优秀的文化产业的产品支撑，文化

14

产业的发展则需要文化事业发展中的需求的支持和引导。这样，在文化产业的发展中，我们一定要积极认真地以正确的理论思想和先进文化发展方向作为文化产业发展的指导思想，同时，又要鼓励和激发创意人员解放思想，不受任何拘束去进行创作和生产。

四是文化产业发展需要进一步加快体制机制的改革。

良好的文化产业发展环境的实现，不是天上掉下来的，也不是别人赠送给我们的，而是从改革中争取到的。目前，无论是内部环境还是外部环境，都存在许多不合理不合情、不能适应文化发展规律的东西，极大地阻碍着文化产业的健康发展，从业人员的积极性和创造性得不到激励，文化产业的生产力受到极大的束缚，这个东西就是旧的体制和机制。这个东西让人们墨守成规，这个东西让人们养成了惰性，这个东西已经到了非改革不可的时候。一句话，只有通过体制机制的不断改革，才能极大地解放文化产业的生产力。

有人认为，我们可以而且应该培养出千百个乔布斯。笔者则认为，如果我们能通过体制机制的改革营造出良好的政策、管理和文化环境，就有可能让千百个从思维到行为都与众不同的乔布斯去做他想做的事情，我们的文化就能健康地发展和繁荣起来。

作者简介

　　陈东有　江西丰城人，1952 年出生于江西南昌，博士，教授，博士生导师，从事文学史、社会经济史和管理学研究，先后出版专著《走向海洋贸易带——近代世界市场互动中的中国东南商人行为》（博士学位论文）、《人欲的解放——明清社会经济变迁与大众审美》《车霸演义——通用汽车发展史》《〈金瓶梅〉文化研究》《正说〈三国演义〉》《〈元曲选〉音释研究》等，主编《中国的农民》《现实与虚构——文学与社会、民俗研究》，合著《科教兴国论》等，发表学术论文 90 余篇。曾任南昌大学党委副书记，现任中共江西省委宣传部常务副部长。

沈谦芳

从井冈山斗争中汲取信念的力量

我很高兴应邀到这里来，参加江西省社联组织的社会科学学术活动周。我曾经当过江西省社联副主席，今天参加江西省社联组织的活动，感到特别亲切。我要给大家讲的题目是"从井冈山斗争中汲取信念的力量"。

理想信念，是一个政党治国理政的旗帜，是一个民族奋力前行的向导，是一个人经受考验、奋发有为的精神支柱。党的十八大报告聚焦坚定理想信念问题，强调：对马克思主义的信仰，对社会主义和共产主义的信念，是共产党人的政治灵魂，是共产党人经受住任何考验的精神支柱。伟大的井冈山斗争，展示了中国共产党人以坚定的理想信念，经受血与火、生与死的考验，夺取中国革命胜利的壮丽画卷，是当今我们坚定理想信念最直接、最生动的教科书。这里，我想与大家一起翻开这部教科书，与大家一起学习，并谈一些个人的认识和体会，供大家参考，请大家指正。

顺便说一下，我今天的讲稿是大型电视片《永恒的信念》的原始脚本。这个脚本得到了中共中央政治局委员、原中组部部长李源潮的重要批示，前后还得到了时任江西省委书记苏荣、省委副书记尚勇以及中央党史研究室主任欧阳淞、中央组织部副部长王尔乘等领导的重要批示。党的十八大召开前夕，《永恒的信念》拍摄完成，并在江西电视台播出。这里，我是把原始的脚本原汁原味地向大家汇报。

井冈山斗争从 1927 年 10 月到 1930 年 2 月，总共坚持了 2 年零 4 个月时间。井冈山革命根据地有狭义和广义之分：狭义是指罗霄山脉中段，方圆 500 里，人口不满 2000，为主要的军事根据地；广义是指 6 县 1 山，即江西的宁冈（现已并为井冈山市）、永新、莲花、遂川，湖南的酃县（现在的炎陵县）、茶陵，以及井冈山市。此外，还有吉安、安福各一小部分。全盛时期面积达 7200 多平方公里，人口 50 万。

一　80 多年前，以毛泽东为代表的中国共产党人，怀着救国救民的崇高理想和革命成功的坚定信念，克服一切艰难险阻，把革命的红旗插上了井冈山

1927 年，正当国民革命形势高涨之时，国民党向自己的盟友中国共产党举起了屠刀，大开杀戒。他们叫嚣"宁可错杀一千，也不让一人漏网"。据党的第六次全国代表大会不完全统计，从 1927 年 3 月到 1928 年上半年，被杀害的共产党员和革命群众达 31 万多人，其中共产党员 2.6 万多人。那么，身处革命低潮，中国共产党人该何去何从呢？

毛泽东说："中国共产党和中国人民并没有被吓倒，被征服，被杀绝。他们从地下爬起来，揩干净身上的血迹，掩埋好同伴的尸首，他们又继续战斗了。"

8 月 1 日，南昌起义的枪声，划破漆黑长空，拉开了中国共产党独立领导武装斗争、以革命的武装反抗反革命武装的序幕。

8 月 7 日，中共中央在湖北汉口召开紧急会议，这就是著名的"八七会议"。会议确定了实行土地革命和武装反抗国民党反动派的总方针。毛泽东提出了"枪杆子里面出政权"的著名论断。主持中央政治局工作的瞿秋白，邀请毛泽东到上海中央机关工作。毛泽东婉言谢绝，说："我不愿意跟你们去住高楼大厦，我要上山结交绿林朋友。"

9月9日，湘赣边秋收起义爆发，举起了中国共产党人自己的军旗——工农革命军军旗。"军叫工农革命，旗号镰刀斧头"的诗句，肇始了毛泽东气势恢弘的军事生涯。

起义以进攻长沙为目标，但很快遭受严重挫折。"军威因是不振"，"竟至溃不成军"。

在浏阳文家市里仁学校，毛泽东召集前委会，否决了继续攻打长沙的计划，决定挥师南下，转向敌人统治力量薄弱的农村地区，以保存力量，再图发展。

面对低落的士气和畏难的情绪，毛泽东集合部队，做起了思想工作。他说：这次秋收起义，虽然受了挫折，但"我们有千千万万的工人和农民群众的支持，只要我们团结一致，继续勇敢战斗，胜利是一定属于我们的。我们现在力量还很小，好比是一块小石头，蒋介石好比是一口大水缸，总有一天，我们这块小石头，要打破蒋介石那口大水缸"。

然而，部队南下并不顺利。在芦溪的遭遇战中，总指挥卢德铭牺牲。到达永新三湾时，5000 余人的革命队伍只剩下 700 余人。面对残破之师，毛泽东进行了著名的三湾改编。他以"贺龙两把菜刀起家"的故事勉励大家，说："我们有两营人，还怕干不起来吗？你们都是起义出来的，一个可以当敌人十个，十个可以当他一百。""没有挫折和失败，就不会有成功！"

队伍中，有一位在特务营当文书的年轻人，从挎包中找出一个仅有的铅笔头，把毛泽东的话记在一张毛边纸上。于是，他为历史留下了毛泽东在三湾改编时一段珍贵的原始记录。他就是新中国成立后曾任人民解放军总政治部主任的谭政大将。

有个叫陈三崽的战士，因挂念有病的老母，在去留问题上左右为难。毛泽东得知后，发给他 5 块银元，又从自己身上掏出仅有的 40 个银毫子送给他，劝他回家为娘治病，并对他说在家乡也可以闹革命。陈三崽含泪离开了部队。可是，第二天他却带着十几个青壮老表返回部队。他拉着毛泽东的手说，我要永远跟你干革命。

三湾改编后，工农革命军踏着坚定的步伐，向罗霄山脉中段的井冈山进发。

沧海横流，方显英雄本色。危难关头，革命领袖的坚定信念，就是定海神针和指路明灯！

事有凑巧。除了毛泽东领导的湘赣边秋收起义队伍外，另外两支革命队伍也在向井冈山迈进。

在罗霄山脉的南段，朱德率领的南昌起义部队余部，跋涉在赣南的崇山峻岭之中。这时，不少人对革命悲观动摇，离队逃跑，部队面临瓦解的危险。

朱德在陈毅的协助下，对部队进行了整编、整训。朱德严肃而坚定地说："大家知道，大革命是失败了，我们起义军也失败了。但是，我们还是要革命的。大家要把革命的前途看清楚。1927 年的中国革命，好比 1905 年的俄国革命。俄国在 1905 年革命失败后，是黑暗的，但黑暗是暂时的，到了 1917 年，革命终于成功了。中国革命现在失败了，也是黑暗的，但黑暗也是暂时的。中国革命也会有中国的一个 1917 年。只要能保存实力，革命就会继续有办法，你们应该相信这一点。""革命靠自觉，强扭的瓜不甜。要革命的，跟我走；不革命的，可以离开，不勉强。不过，我还是希望大家不要走，我是不走的。我就是只有十支八支枪，还是要革命到底的。"

1928 年 4 月，朱毛两军会师，组建了中国工农革命军第四军，随后改名中国工农红军第四军。美国记者史沫特莱曾作过这样的描述："这次会师是中国历史上最重要的事件之一"，从此开始了珠联璧合的"朱毛时代"。

在罗霄山脉的北段，彭德怀、滕代远率领平江暴动后成立的红五军也在向井冈山运动。彭德怀对湖南老乡毛泽东推崇备至，赋诗："惟有润之工农军，跃上井冈旗帜新。"为了阻止两军会合，敌人调集重兵重重阻击，红五军因此伤亡惨重。此时，心急如焚的彭德怀丝毫没有意识到，更大的危险正在悄然逼近。一天清晨，队伍集合出发前，已经秘密叛变的一大队队长雷振辉，突然夺过警卫员的手枪，对准了彭德怀，坚决阻止部队上山。面对闪着寒光的枪口，彭德怀毫无畏惧，大声说："就是剩下我彭德怀一个人，爬山越岭也要走到底！"千钧一发之际，新党员黄元桥不顾生死，抢先一步，一手挡开了雷振辉的枪支，一手拔枪击毙了雷振辉。

1928年12月，红五军与朱毛红军在井冈山会师。会师大会的主席台是临时搭建的。当毛、朱、彭、滕登上主席台时，欢声雷动。就在此刻，"轰"的一声，台塌了！有人悄悄议论："塌台可不是好兆头。"朱德站起来，大声说："同志们，不要紧，台子塌了，搭起来再干嘛，无产阶级的台是永远塌不了的。"

至此，南昌起义、湘赣边秋收起义、湘南起义、平江暴动的精英们，激流归大海，汇聚井冈山。

正是这批共产党人点燃星星之火，照亮了中国革命的胜利前程，成就了救国救民的千秋伟业。默默无闻的井冈山，因此成为中国革命胜利的起点，并被誉为"天下第一山"。

时至今日，人们还在追问，究竟是什么力量驱使着以毛泽东为代表的中国共产党人，义无反顾地汇聚井冈山？答案很简单：那就是崇高的理想和坚定的信念！

在这批人中，有富家子弟、留洋学生、大学生、黄埔军校学生、国民党军队的军官、归国华侨，等等，他们都能过上或已经过着体面的生活，难道都是"逼上梁山"？答案很清楚：他们不是被逼，而是在崇高的理想和坚定的信念驱使下，甘愿去担当、甘愿去吃苦、甘愿去牺牲！

毛泽东说"人总是要有点精神的"。人的精神，首先应该表现在具有坚定的信念上。有了坚定信念，就会心中有底气、浑身有力量、精神有支柱，不畏浮云遮望眼，始终保持乐观进取的心境；就会忠于职守、顽强拼搏、执著追求，用最优异的业绩"为党分忧、为国尽责、为民奉献"；就会立党为公、执政为民、清正廉洁，永葆共产党人的先进性和纯洁性！

邓小平指出："为什么我们过去能在非常困难的情况下奋斗出来，战胜千难万险使革命胜利呢？就是因为我们有理想，有马克思主义信念，有共产主义信念。"

反观今日，处在和平与发展的时代，生活条件好了、工作条件改善了、生死考验不常有了，有的党员干部却遇到一丁点困难或挫折，就消极懈怠、心灰意冷了，理想信念也随之抛到九霄云外了。这是多么不应该啊！

更有甚者，一些贪官污吏在作报告谈反腐败时，唾沫横飞、头头是道，但一旦东窗事发，忏悔起来，几乎无一例外地把"信念动摇、精神崩溃"摆在原因之首，难道不发人深省吗？

井冈山革命先烈、先辈启示我们：无论过去、现在和将来，崇高的理想和坚定的信念，都应该是中国共产党人必须始终保持的真正优势！

二 在井冈山，以毛泽东为代表的中国共产党人，一切从实际出发，经过艰辛探索，找到符合中国国情的革命道路，为信念增添了科学内涵

毛泽东领导井冈山军民，进行军队建设、党的建设、政权建设、经济建设和文化建设，在与"左"倾错误作斗争中，在实现马克思主义中国化的艰辛探索中，闯出了一条中国特色的革命道路——井冈山道路。

这条道路，是以武装斗争为主要形式、以土地革命为基本内容、以农村根据地为根本依托，最后以农村包围城市，武装夺取全国政权的道路。

这条道路，与十月革命道路不同，与城市中心论相异，前人没有走过，能走得通吗？革命队伍里一直存在"红旗到底打得多久"的疑问。毛泽东因为"离经叛道"，被撤销中央政治局候补委员职务，并误传被开除了党籍。他因此不能担任前委书记了，改任师长，平生第一次挎上驳壳枪。以致后来，他还风趣地说，在井冈山当过"民主人士"。

毛泽东顶住各方面压力，先后写作《中国的红色政权为什么能够存在》《井冈山的斗争》和《星星之火，可以燎原》。这三篇著作，系统回答了"红旗到底打得多久"的疑问，标志着中国特色革命道路理论基本形成。毛泽东对中国革命高潮的到来充满信心，用诗一样的语言写道："它是站在海岸遥望海中已经看得见桅杆尖头了的一只航船，它是立于高山之巅远看东方已见光芒四射喷薄欲出的一轮朝日，它是躁动于母腹中的快要成熟了的一个婴儿。"

这样的信念，呼之欲出，底气十足，归根到底，源自对中国特色革命

道路的开辟与坚守。因此,井冈山斗争时期,坚信中国革命一定会成功,归根到底就是坚持走中国特色的革命道路不动摇!

新的历史时期,坚定信念,就是要坚定中国特色社会主义信念,坚持走中国特色社会主义道路不动摇。

近年来,世界金融危机深重,欧洲债务危机愈演愈烈。西方经济一片萧条,资本主义危机持续加剧。社会主义中国则风景独好,一跃成为世界第二大经济体,并成为世界经济增长的引擎。西方媒体视线东移,把中国称作"救市主",妄论中国"买断欧洲"。

在举世瞩目中,我们不会因为被吹捧而骄傲自满,也不会因为被轻慢而妄自菲薄,但是,确确实实可以从建设中国特色社会主义的伟大成就中,获得踏踏实实的自信心和自豪感,从而更加坚定走中国特色社会主义道路的信念。

三 在井冈山,以毛泽东为代表的中国共产党人,为人民求解放、谋利益,赢得广泛拥护和支持,为信念提供了可行依据

1984 年,在洛杉矶奥运会上,东道主就别出心裁地用《三大纪律、八项注意》这首歌的曲子欢迎了中国奥运代表团。但是谁能想到,这首登上大雅之堂的歌,它的诞生竟然和一个红薯有关。

那是在 1927 年 10 月,毛泽东率领队伍来到遂川荆竹山,远途行军之后,战士们又累又饿,发现地里有着甜美可口的红薯,忍不住一个个去刨挖。此时的毛泽东虽然也理解战士,但是他却强令战士不得拿一个红薯。第二天,就在一块被当地居民称为"雷打石"的石头上,毛泽东提出了"三大纪律",其中一条便是"不拿老百姓一个番薯"。日后,这条纪律被改成了"不拿群众一针一线"。半年之后,毛泽东又在桂东沙田正式提出了"三大纪律、六项注意"。

毛泽东在逐条解释"三大纪律、六项注意"时,说:"群众比如我们的后台,后台一折,台就会垮。所以这个台要好好保护。"发展到后来,"三大纪律、六项注意",演变为"三大纪律、八项注意",由毛泽东颁布全军

执行，确保了人民军队政治任务的完成和革命战争的胜利。

毛泽东宣布工农革命军的"三大任务"，明确人民军队除了打仗消灭敌人外，还要做群众工作，帮助群众建立革命政权；还要筹粮筹款，自己解决给养，不过多增加群众负担。

朱德、毛泽东发布《红军第四军司令部布告》，明确宣称"红军宗旨，民权革命"，"革命成功，尽在民众"，和盘托出了"为了谁"和"依靠谁"的底牌。

湘赣边界工农兵苏维埃政府以及县、区、乡各级苏维埃政权的成立，使人民群众第一次享受到当家做主的权利。遂川县工农兵政府成立时，毛泽东亲自将裹着红绸的大印授给主席王次淳，告诫他要为工农群众办事。

"打土豪，分田地"，是为群众谋利益最彻底、最直接的手段。边界各县先后都分了田，平均每人分配到 3 亩。毛泽东曾经亲自给分得土地的农民写分田牌。"土地回老家，合理又合法。分了田和地，穷人笑哈哈。跟着毛委员，工农坐天下"的歌谣，就是获得土地的农民高兴心情的真实写照。

巍巍井冈山，到处传颂着党和红军领导人无微不至地关心群众生活的故事。

毛泽东常住在茅坪附近的洋桥湖村。一天，部队给毛泽东送来一件新棉衣。晚上，毛泽东把棉衣送到房东谢槐福房中，要他穿上。谢槐福知道毛委员自己只穿两件单衣办公，晚上冷得受不了，说什么也不收。毛泽东执意要谢槐福穿上，并亲自给他把扣子扣好，才回到自己的房中。毛泽东的举动，使谢槐福这个硬汉感动得热泪盈眶。夫妻俩你一言我一语，商定把刚出窑的木炭给送去，以表感激之情。毛泽东一手拉住谢槐福的手，一手立即从袋里掏出钱来，塞进谢槐福的衣袋，来了个先发制人，说："槐福，我们红军的纪律你是知道的，这钱一定要收，否则，我就带头违反纪律。你总不能让我这样做吧？"谢槐福夫妇俩只好收下，千恩万谢下楼而去。第二天晚上，谢槐福夫妇去给毛泽东送火种，哪知楼中既不见木炭，连装木炭的筐子也不见了。一问才知道：毛泽东把木炭送给村中的孤寡老人魏大娘了。谢槐福夫妇哽咽着说："毛委员，你真是穷人的贴心人啊！"

朱德带队伍到碧州村开展工作时，见到了一位手持拐杖，连站都站不稳的老人，立马上前关切地询问是否生病了。老人回答说，我不是病，是因为没有盐吃！面对老人的痛苦，朱德心里很难过，当即叮嘱通讯员要记得领点硝盐送来。老人知道部队也缺盐，坚决拒绝。朱德见状，满怀深情地说："不，老人家，俗话说，有盐同咸，无盐同淡。你们是红军的衣食父母，红军再苦也不能忘了你们！"第二天一早，通讯员即送来了一包硝盐。老人的眼中顿时噙满了泪水，再三推辞不收。通讯员见状说，收下吧，老人家。这是朱军长交给我的任务啊！老人听说盐是朱军长送来的，突然手捧盐包，向天跪拜道："苍天啊！请保佑朱军长，保佑红军，保佑革命成功！"

一个信念是否可行，关键在于看它是否顺民心、合民意，是否符合人民的利益，对人民有没有感召力，能不能化为人民群众的意志和行动。

翻身得解放的湘赣边界群众，情不自禁地讴歌新社会、拥护共产党。他们自然而然地发出了"这样的共产党真万岁就好"的呼声。

井冈山斗争时期，虽然没有提出"全心全意为人民服务"的宗旨和党的群众路线，但以毛泽东为代表的中国共产党人，却用实际行动践行了党的宗旨和党的群众路线。

新的历史时期，坚定中国特色社会主义信念，同样要始终把人民的利益放在第一位，把实现好、维护好、发展好最广大人民的根本利益作为一切工作的出发点和落脚点，做到权为民所用、情为民所系、利为民所谋，使我们的工作获得最广泛最可靠最牢固的群众基础和力量源泉。

四　在井冈山，以毛泽东为代表的中国共产党人，加强党的建设，改进党的领导，培育对党的忠诚，为信念打上了鲜明的党性烙印

井冈山斗争时期，通过组织建设、思想建设和纪律建设，党的凝聚力、创造力和战斗力显著提高。

三湾改编，最重要的一条就是"支部建在连上"。这就从组织上保证了党对军队的绝对领导，从此，听党指挥，就成了人民军队不变的军魂。

"水口建党"，是井冈山革命根据地创建中的第一次建党活动，也是我军历史上最早的建党活动。毛泽东在亲自为赖毅等6名新发展党员主持入党宣誓仪式时，一一询问："你为什么要加入共产党？"赖毅等人回答："要翻身，要打倒土豪劣绅，打倒国民党，加入党更有力量。"简短的话语和质朴的言辞，充分反映了对党的信赖！

湘赣边界各县党的第二次代表大会，提出了质量建党问题，要求把那些对党、对人民、对革命绝对忠诚的坚定分子吸收到党内来。大会强调只有加强党的"铁的纪律"，才能"抑制党走向非无产阶级的道路"，才能"集中革命先进分子的力量团结在党的周围"，"增加无产阶级的领导力量"。

针对湘赣边界党内存在的各种非无产阶级思想，毛泽东在我们党的历史上，第一次提出了思想建党问题。

红四军编写《怎样做一个共产党员》等材料，广泛开展党员教育；湘赣边界特委要求各级党组织举办训练班，主要任务是"确定无产阶级革命的人生观"。宛希先编写《共产党组织根本原则》，强调"少数服从多数"、"下级绝对服从上级"。

历史已经证明，没有共产党的领导，就没有中国特色革命道路的开辟，就没有井冈山斗争辉煌的历史；坚守中国特色革命道路，坚信中国革命一定会成功，必然要求坚信中国共产党的领导并对党无限忠诚。

新的历史时期，坚定中国特色社会主义信念，同样要对党无限忠诚。我们要始终坚持把思想建设放在首位，努力做好保持党的纯洁性各项工作；始终筑牢党的组织基础，切实加强民主集中制建设、党的基层组织建设、干部队伍建设和党员队伍建设各项工作；始终把"铁的纪律"视作党的生命，在思想上、政治上、行动上自觉与党中央保持高度一致。

五 为了信念，以毛泽东为代表的中国共产党人，什么样的苦都能吃，锤炼了艰苦奋斗的政治本色

井冈山斗争时期，由于敌人残酷的经济封锁，根据地缺衣少食，日用品匮乏，困难"有时真是到了极度"。

我们党一方面领导军民开展生产自救和反封锁斗争，取得显著成效；另一方面，毛泽东、朱德等党和红军领导人以身作则，艰苦奋斗，留下好传统、好作风。

毛泽东说："好在苦惯了。而且什么人都是一样苦，从军长到伙夫，除粮食外一律吃五分钱的伙食。""因此士兵也不怨恨什么人。"

宁冈砻市龙江书院石柱上镌刻的对联，"红军中官兵夫薪饷穿吃一样，白军里将校尉起居饮食不同"，是红军官兵平等的真实写照。

按规定，毛泽东晚上工作的油灯可以点三根灯芯，但为了节省，他只点一根灯芯。他还带头吃苦菜，并且风趣地说："野菜虽然苦，但有丰富的政治营养。革命军队要不怕一切苦啊。"

为了解决粮食问题，毛泽东、朱德亲自挑粮上山。"朱德的扁担"故事，教育了一代又一代的共产党人。

为了解决吃盐问题，据红军战士王耀南回忆，除用老墙土熬硝盐外，有时还把尿桶上长期积累起来的白硝刮下来熬硝盐。"就是这样的硝盐，在南瓜汤里放进一点儿，味道就算很好了。"

生活如此艰苦，但红军官兵的精神是愉快的。

陈毅安在给妻子的信中写道："我天天行军打仗，钱也没有用，衣也没有穿，但是精神非常的愉快，较之从前过优美生活的时代好多了，因为是自由的，绝不受任何人的压迫。"

"红米饭，南瓜汤，秋茄子，味道香，餐餐吃得精打光；干稻草，软又黄，金丝被，盖身上，暖暖和和入梦乡！"的歌谣，体现了不怕吃苦的革命乐观主义精神。

新的历史时期，坚持走中国特色社会主义道路，同样要讲艰苦奋斗。当然，今天我们讲艰苦奋斗，并不意味着要重过井冈山斗争时期那样的生活，而是要求我们在新的历史条件下仍然保持井冈山斗争时期那样一种特别能吃苦、特别能战斗的精神状态，始终保持共产党人的政治本色和高尚情操，为建设中国特色社会主义伟大事业而顽强拼搏。

六 为了信念，共产党领导下的井冈山军民，什么样的牺牲都能付出，谱写了一曲曲惊天地、泣鬼神的壮歌

在井冈山斗争短短2年零4个月的时间里，牺牲的烈士就有48000余人，平均每天就有50人倒下。其中，有名有姓的烈士15744人，不到烈士总数的1/3。

卢德铭，黄埔二期学生，湘赣边秋收起义的总指挥。牺牲时，年仅22岁。毛泽东仰天长啸："还我卢德铭！"

王尔琢，黄埔一期学生，红四军参谋长兼28团团长。牺牲时，年仅25岁。毛泽东亲拟挽联："一哭尔琢，二哭尔琢，尔琢今已矣，留却重任谁承受？生为阶级，死为阶级，阶级念如何？得到胜利方始休。"

胡少海，富豪家庭出身，因为投身革命，遭到父亲通缉。红四军成立时，任29团团长，后任闽西红20军、红21军军长，牺牲时，年仅32岁。

何挺颖，上海大学学生，红四军11师党代表兼31团党代表。因为投身革命，不得不与在上海时热恋的未婚妻分手。参与指挥黄洋界保卫战，创造了"黄洋界上炮声隆"的奇迹。牺牲时，年仅24岁。

张子清，工农革命军第11师师长。指挥作战中，一颗子弹打进踝骨，弹头始终未能取出。因为把消毒用的食盐献给战友而伤口感染，病逝时，年仅27岁。

萧劲，红28团3营营长。战斗中，为了夺取敌人占领的制高点，冲锋在前，子弹击中腹部，肠子涌了出来。他把肠子塞进腹内，撕下衣袖扎紧，又继续带队冲锋。战士们踏着他的鲜血攻占了制高点，他却永远闭上了双眼，年龄无人知晓。

马奕夫，红四军31团班长。战斗的危急关头，为掩护战友冲锋，用自己的胸膛堵住吐着火舌的机枪口，壮烈牺牲，年龄无人知晓。

刘仁堪，莲花县委书记。被捕后，在游街时，继续宣传革命。敌人割掉他的舌头，他忍着剧痛，用脚趾蘸着鲜血，写下"革命成功万岁"6个大字，壮烈牺牲，年仅34岁。

刘真，中共湘赣边界特委常委、永新县委书记。被捕后，面对酷刑，毫无惧色，斩钉截铁地说："我生是共产党的人，死是共产党的鬼"，被敌人用熬樟脑油的大木蒸活活蒸死，年仅 23 岁。

伍若兰，朱德的妻子，怀有身孕，战斗中不幸被俘。面对敌人的酷刑和利诱，她斩钉截铁地说："共产党人从来不怕死，为人民解放而死最光荣。若要我低头，除非日从西边出，赣江水倒流。"被杀害时，年仅 24 岁，头颅被挂在赣州城头示众。

井冈山根据地失守时，来不及转移的小井红军医院 130 多名伤病员被俘。他们在敌人的机枪面前决不投降，高呼革命口号，全部壮烈牺牲。

巍巍井冈山，青山处处埋忠骨，漫山火红的杜鹃彰显着共产党人为了理想信念，抛头颅、洒热血的英雄气概。

新的历史时期，坚持走中国特色社会主义道路，同样有牺牲。孔繁森、郑培民、任长霞、罗阳等将生命的句号划在工作岗位上，是新时期的英模人物，赢得了世人的景仰；为了国家和人民的利益，在危难关头，见义勇为，献出宝贵生命的知名或不知名的英烈，人民同样把他们抬举得很高。

七　为了信念，井冈山革命先烈、先辈一心为公、无私奉献，生动地诠释了中国共产党人的先进性和纯洁性

井冈山革命先烈、先辈一不为官，二不为名，三不为利，一心为革命作奉献。

余贲民是湘赣边界工农兵政府财政部部长兼红四军军部财务总管。红军打土豪收缴的钱财，统一由财政部管理调配，而那些金条、金砖、金镯、金戒指等，都由余贲民亲自保管。可就是这样一位"财神爷"，连一双 6 角钱的雨鞋都舍不得买，一年到头都穿着自己编织的草鞋。结婚时，岳母要他送一枚戒指给女儿做信物，他回答说："我这里是有不少的戒指、金条等，但这些都是公家的，半个我也不能动。"

在残酷的战争环境中，征途漫漫，前程未卜。一些红军将士为了革命，不得不将亲生骨肉送人。

长征开始前夕，毛泽东夫妇将 2 岁的儿子毛岸红托人抚养，后来下

落不明。建国初期，毛泽东在老战友曾志面前谈起毛岸红，说道："最后一次看见这孩子，都会在队伍里向我招手了。谁知道，以后就再也见不到了……"记忆中永远可爱的儿子，让这位伟大的父亲哽咽失声。有着相同经历的曾志，听得百感交集，陪着落泪。

井冈山斗争中，曾志忍痛将出生 26 天的儿子，送给老乡抚养。新中国成立后，在当地政府的帮助下，曾志找到了离散 20 多年的儿子。后来，位居中组部副部长的曾志，并未给儿孙任何关照。他们依旧在井冈山当农民，甚至连数次提出的商品粮户口问题也未得到解决。曾志对他们解释说："我是党的干部，不能利用权力为自己牟私利。"

临终前不久，曾志老人让女儿帮她清理积蓄。女儿从 80 只信封中掏出了几万元现金，这是曾志多年来逐月存下的。曾志再三嘱咐女儿："一定不要扔掉那些信封，因为它们可以证明这些都是我的辛苦钱，每一笔都是清白的。"当曾志病得奄奄一息时，集中全部的意志力口授："共产党员不应该有遗产，我的子女们不得分我的这些钱。""要将钱交中组部老干局，给祁阳和宜章贫困地区建希望小学，以及留做老干部活动基金。"

遵照曾志的遗嘱，她的部分骨灰被安葬在井冈山，常年陪伴着昔日的战友——小井红军医院的死难烈士。没有墓志铭，只有篆刻着"魂归井冈红军老战士曾志"的小石头，诉说着曾志对井冈山的无尽依恋……

新的历史时期，坚持走中国特色社会主义道路，同样要讲无私奉献。郭明义、杨善洲等无私奉献的事迹，彰显着信念的力量，感动着中国。面对各种诱惑，我们确实要像江泽民同志所讲的那样，经常想一想："过去参加革命是为什么，现在当干部应该做什么，将来身后留点什么？"从而树立正确的世界观和权力观，更加倾其所有、竭尽所能地投身到中国特色社会主义建设中，而不以权谋私。

八　80 多年后，井冈山斗争的硝烟虽然早已散尽，但是，革命先烈、先辈的坚定信念，历久弥新，具有永恒的价值

当前，面对日益严峻的执政考验、改革开放考验、市场经济考验和外部环境考验，我们党要团结带领人民继续前进，开创工作新局面，赢得事业新胜利，就必须坚定信念、提振精神、鼓舞士气、增强信心。

胡锦涛同志指出："在新的历史条件下，我们要始终忠于理想、坚定信念，勇于应对挑战、战胜困难，矢志励精图治、艰苦创业，使井冈山精神始终成为激励广大干部群众为全面建设小康社会、发展中国特色社会主义而不懈奋斗的强大精神力量。"

忠于理想、坚定信念，是井冈山精神的核心和灵魂，是我们党领导人民夺取革命、建设、改革和发展胜利的力量源泉。理想的动摇是最根本的动摇，信念的滑坡是最危险的滑坡。我们党今天面临的"精神懈怠的危险，能力不足的危险，脱离群众的危险，消极腐败的危险"，都与理想信念的缺失有关。

把握历史与现实，我们更加懂得：一个国家要岿然屹立于世界民族之林，一个政党要实现奋斗目标，就必须有自己坚守的理想信念，不能迷信西方的政治制度和所谓的普世价值，更不能受到西方的一点蛊惑而左右摇摆！

开拓现实与未来，我们更加坚信：中国全面建成小康社会的目标指日可待，中国实现现代化的趋势已经不可逆转，中国特色社会主义事业的前景无限光明，中华民族正昂首行进在伟大复兴之路上！

让我们更加紧密地团结在以习近平同志为总书记的党中央周围，以弘扬井冈山精神为动力，全面贯彻落实十八大精神，不动摇、不懈怠、不折腾，不为任何风险所惧，不被任何干扰所惑，坚定中国特色社会主义信念，为创造中国人民的幸福生活和中华民族的美好未来而努力奋斗！

作者简介

沈谦芳 汉族，1965年5月生，安徽省岳西县人。1995年毕业于中国人民大学中共党史系，获法学博士学位。现任中共江西省委党史研究室主任，教授、硕士生导师，兼任中国中共文献研究会毛泽东思想生平研究分会副会长、江西省中共党史学会会长、省政协文史和学习委员会副主任等。曾任江西财经大学马列主义教学部副主任、主任，江西省社会科学界联合会专职副主席，上饶师范学院常务副院长、党委副书记。出版专著3部，组织编写各类图书40余部（册），主持完成省部级科研课题13项，发表学术论文100余篇，获省部级科研奖励15项。曾被教育部、人事部评为"全国教育系统劳动模范"，并被授予"全国模范教师"称号。

汪玉奇

党的十八大精神解读

2012 年 11 月 8 日至 14 日，我们党成功地召开了第十八次全国代表大会，这是一次高举旗帜、继往开来、团结奋进的大会，现在全党和全国各族人民正在兴起学习贯彻十八大精神的热潮。根据十八大报告，我对十八大精神进行一下解读。我的学习很不充分，不正确的地方请大家指正。

一 历史性成就与最重要的经验

党的十六大以来的 10 年，我们党紧紧抓住和用好重要战略发展机遇期，应对一系列严峻的风险及考验，把中国特色社会主义推向了一个新的发展阶段。这是党的十八大报告所给出的结论和评价。

这 10 年，我们的确是荡气回肠；这 10 年，我们的确是充满自豪。我以为这 10 年有三个指标是永载史册的。一是中国 2011 年经济总量位居世界第二位。10 年前中国位居世界第六位，十年间超过英国、法国、德国、日本等国家，成为世界第二位经济大国。二是 2011 年中国城镇人口占人口总量 51%，改写了中国大量人口生活在农村的社会格局，表明中国工业化、城镇化迈出了历史性的步伐。三是在一个 13 亿人口的大国里，实现了养老保险制度和医疗保险制度全覆盖。尽管标准还很低，但在一个13亿人口的大国里初步做到了老有所养、病有所医，这表明中国人民的生活幸福程度有了一个新的提高。以上三个指标，概括起来，就是中国的社会生产力跃上了一个新台阶，中国的综合国力和国际影响力跃上了一个新台阶，中国人民的生活水平跃上了一个新台阶。十八大报告用了一句很形象、很生动的话来评价我们这10年来的成就：国家面貌发生新的历史性变化。我们是这10年的参与者、经历者、见证者。我们为中国的伟大变化、为中国特色社会主义的伟大变化感到无比自豪。

这10年我们走过的道路是不平凡的，这10年我们经受的考验是异常严峻的。从国际来看，风云变幻，世界大国关系错综复杂。我们党非常耐心、非常细致、非常有智慧地在一个多极化的格局中，寻求于我有利的国际发展空间，赢得了和平的国际环境。中美关系稳步发展；中俄关系上升到战略伙伴关系。中美、中俄关系作为中国对外关系中最重要的关系，在这10年间，发生了一系列戏剧性的变化，大大增强了中国社会主义现代化建设的和平因素和有利因素。这10年间，国内改革发展稳定任务繁重，经受了"非典"的袭击、汶川地震的袭击、国际金融危机的冲击，同时我们正处在社会转型期，各种社会矛盾层出不穷，我们不断地跨越"中等收入陷阱"，不断地把中国特色社会主义事业推向前进。所以，这10年成绩来之不易。

为什么我们能在这10年取得伟大的成功呢？我们最重要最宝贵的经验是什么呢？党的十八大报告指出："最重要的就是我们坚持以马克思列宁主义、毛泽东思想、邓小平理论、'三个代表'重要思想为指导，勇于推进实践基础上的理论创新，围绕坚持和发展中国特色社会主义提出一系列紧密相连、相互贯通的新思想、新观点、新论断，形成和贯彻了科学发展观。"因此，形成和贯彻了科学发展观是这10年我们最重要、最宝贵的经验。科学发展观是马克思主义中国化的最新成果，科学地回答了在中国这样一个东方大国，实现什么样的发展和怎样发展的问题。它提出，发展是科学发展观的第一要义，以人为本是科学发展观的核心，全面协调可持续是科学发展观的基本要求，统筹兼顾是实现科学发展观的根本方法。这一系列相互贯通、相互融通的新论断、新观点标志着我们党对社会主义的认识达到了一个新的高度，标志着我们党开辟了中国特色社会主义的新境界。正因如此，党的十八大郑重地把科学发展观作为党的指导思想，载入了党章。科学发展观和毛泽东思想、邓小平理论和"三个代表"重要思想一起作为我们党必须长期坚持的指导思想。这是党的十八大作出的一个最重要的决定，是党的十八大历史性的贡献。

二 坚定不移地走中国特色社会主义道路

道路问题关系到党的命运，关系到国家的前途，关系到人民的幸福。在十八大报告中，有句话振聋发聩："我们坚定不移高举中国特色社会主义伟大旗帜，既不走封闭僵化的老路、也不走改旗易帜的邪路。"这句话饱含着我们党，甚至可以说饱含着整个国际共产主义运动深刻的经验教训，饱含着我们党对中国社会主义事业深刻而清醒的认识，饱含着我们党坚定不移地走中国特色社会主义道路的坚强决心。

什么是封闭僵化的老路？就是计划经济的老路，就是"以阶级斗争为纲"的老路。历史证明，这条老路是走不下去的，是会把社会主义引向绝境的。苏联共产党不就是这样亡党亡国的吗？东欧一大批社会主义国家不就是这样轰然崩溃的吗？2011年是苏联解体20年。2011年9月我到俄罗斯，问一位年长的俄罗斯学者，他曾是苏联共产党党员，我问他为什么有着1800万党员的苏联共产党转瞬之间就垮台了？他说，回想往事非常痛心，当时成千上万的共产党员把党证丢入火堆。苏联共产党的全体党员是看着苏联共产党亡党亡国的。也就是说，苏联共产党是被自己的党员和自己的人民抛弃的。因为苏联共产党长期以来解决不了人民生活幸福的问题，解决不了经济建设搞上去的问题，解决不了官僚主义的问题。因此苏联共产党被人民群众所抛弃。所以，这条"以阶级斗争为纲"、以计划经济体制为基本特征的老路是走不下去的。正如邓小平同志所说，社会主义国家不改革只能是死路一条。有幸的是，我们党在1978年召开的十一届三中全会上拉开了中国改革开放的历史帷幕，社会主义事业勃发出巨大的活力与生机。

随着改革的深化，现在中国出现了两种声音。第一种声音，要走西方民主社会主义的道路，这就是抛弃中国共产党的领导，抛弃社会主义原则，实行多党制、实行三权分立、实行完全的私有制经济，这是一条邪路。从中国的实际来看，中国人民在百年的历史中选择了中国共产党。在这么一个幅员辽阔、人口众多的发展中国家，没有中国共产党的领导，就没有中国的稳定、国家的统一和民族的团结，中国就会是一盘散沙，四分五裂。所以走改旗易帜的邪路是没有希望的。现在还有人提出了另外一条道路，这同样也是一条邪路，这就是重新回到"文化大革命"，重新回到"以阶级斗争为纲"，重新回到计划经济的体制中。我们在改革中遇到了太多的困难。由于这些困难都是在改革中发生的，因此很容易造成误会，让人错误地认为所有的困难都是改革造成的，只有停止改革，才能走出目前的困难，才能摆脱目前的困局。如果真是这样，中国就没有希望了。如果重新回到封闭僵化的老路上去，中国就无法走出"中等收入陷阱"、无法实现中华民族的复兴。党的十八大报告关于我们不走老路、不走邪路的铿锵回答，表明了我们坚定不移地走中国特色社会主义道路的坚强决心。

党的十八大有一个非常重要的理论创新，这就是第一次系统地、深刻地阐述了中国特色社会主义的内涵与外延，并且把我们党对中国特色社会主义的最新概括载入了党章。

中国特色社会主义由三部分组成，第一部分是中国特色社会主义道路，这是中国特色社会主义的实现路径。它主要包括以经济建设为中心，坚持四项基本原则，坚持改革开放，逐步实现共同富裕，把我国建设成富强民主文明和谐的社会主义现代化强国。这实际上是党的基本路线的重申与肯定。

第二部分是中国特色社会主义理论体系。它包括邓小平理论、"三个代表"重要思想、科学发展观等马克思主义中国化的最新成果。党的十八大报告在讲到这些最新成果时，专门有一段解释毛泽东思想与中国特色社会主义理论体系的内在联系。报告提出，尽管在中国社会主义道路探索过程中经历了严重曲折，但是毛泽东同志为开创中国特色社会主义作了充分的理论准备，积累了重要的宝贵经验和物质基础，肯定了毛泽东同志在中国特色社会主义问题上的历史地位和历史功绩。

第三部分是中国特色社会主义制度。这包括人民代表大会制度的根本政治制度，中国共产党领导的多党合作与政治协商制度、民族区域自治制度以及基层群众自治制度等基本政治制度，中国特色社会主义法律体系，公有制为主体、多种所有制经济共同发展的基本经济制度，等等。

道路是实现路径，理论体系是行动指南，制度是根本保障。党的十八大报告完整地阐述了中国特色社会主义的内涵与外延。这对于动员全党同志、全国人民更加自觉、更加清醒地推进中国特色社会主义事业有着重要意义。

党的十八大报告在讲到坚定不移地走中国特色社会主义道路时，提出了一个重大命题。党的十八大号召全党全国人民在建设中国特色社会主义时，要有强烈的道路自信、理论自信和制度自信。什么是自信？自信是一种信仰，这就是我们要真信中国特色社会主义道路是中国唯一走向光明前景的道路，要真信中国共产党有能力领导中国人民走向中华民族复兴，要真信邓小平理论、"三个代表"重要思想和科学发展观是揭示中国特色社会主义发展规律的科学真理。自信是一种自觉，我们要真信它，所以我们就要追随它、忠诚它，为它而奋斗。自信还是一种坚守，不为风险所困，不为干扰所惑，"不管东南西北风，咬定青山不放松"，坚定不移、毫不犹豫地沿着中国特色社会主义道路前进。

我以为，党的十八大报告提出的这三个自信有相当的针对性，因为我们党内存在半信半疑的问题，存在口头上信而心里不信的问题，存在犹豫不决、朝三暮四的问题。所以强调自信，是我们党对我们广大党员提出的政治要求。此时此刻，我想起在我们江西这片红色土地上倒下的一位革命烈士，他的名字叫方志敏。方志敏烈士在狱中、在生死关头，在《可爱的中国》遗稿上写有这么一段名言："敌人只能砍下我们的头颅，但绝不能动摇我们的信仰！因为我们信仰的共产主义，仍是宇宙的真理！"我们今天就是要以方志敏烈士这种信仰精神为榜样，坚信中国特色社会主义。

三　当代中国的两大战略任务

党的十八大报告科学分析了我们面临的新形势，提出了当代中国的两大战略任务，这就是"两个全面"，即全面建成小康社会、全面深化改革开放。我以为，这"两个全面"是相互联通的。全面建成小康社会提出了全面深化改革开放的要求，全面深化改革开放为全面建成小康社会扫除体制机制方面的障碍，为全面建成小康社会铺平道路。所以这"两个全面"是密不可分的、相互促进的。

我们先说全面建成小康社会。20世纪80年代初，邓小平同志首先使用小康作为我们党的奋斗目标。小康是中国古代圣人对美好社会所作的具有东方智慧的描述和概括。邓小平同志用小康社会作为我们党在20世纪末的奋斗目标。他提出，我们第一步要实现温饱，第二步要实现小康。当时日本首相大平正芳问邓小平提出的小康社会是什么状态？邓小平说，这就是人均GDP 800美元左右。2000年，我们实现了这一目标。但我们党心存高远，在党的十六大上，我们党提出，我们实现的小康还是一个低水平、不全面、不平衡的小康。因此我们党提出一个新的概念，即要用20年的时间，到2020年实现全面小康。所以说，"全面小康"相对于"小康"而言，是一个更高水平、更高质量、更加美好的发展目标和社会形态。对于全面小康这一宏伟目标，我们党在十八大报告中提出了一个新的指标。这就是"两个倍增"，一是国内生产总值十年翻一番，一是城乡居民人均收入十年翻一番。"两个倍增"意义重大，一个是说经济发展，国内生产总值十年要翻一番，一个是说城乡居民人均收入十年要翻一番，把这两项指标放在一起，我们看到这里面渗透了一种新的发展理念，就是要让广大人民群众分享改革发展的成果。为了实现全面建成小康社会的宏伟目标，十八大报告中有一句很深刻的话："全面建成小康社会，必须以更大的政治勇气和智慧，不失时机地深化重要领域改革"。全面建成小康社会不是一帆风顺的，还面临一系列体制机制方面的障碍，我们必须不失时机地全面深化改革开放。

这里我想发表一个观点：当前中国的改革到了一个历史的关键期。改革开放以来，中国经历了两个关键期。一个是20世纪80年代末90年代初，在计划经济向市场经济转轨的过程中，中国出现了双轨制，某些腐败分子利用双轨制中饱私囊。他们反对改革，主张实行计划经济与市场经济并存的双轨制是最好的体制。因为在这个体制下，他们能获得最大的既得利益。在这个关键时刻，邓小平同志在1992年的南方谈话中提出了社会主义市场经济理论，吹响了把经济体制改革引向深入，建设社会主义市场经济体制的进军号角。改革由此前进了一大步。当前，我们又一次面临改革的关键期。我们回忆一下，1998年为应对亚洲金融危机的冲击，决定实行积极的财政政策。从那时起，积极财政政策搞了14年。积极财政政策对某些政府官员来说就是有大量的国家资金、大量的国家项目可供审批。在审批过程中出现了很多触目惊心的腐败现象。现在有人提出，这种积极财政政策是社会主义优越性的表现，要把它长期坚持下去。坚持这种体制，对于某些腐败分子来说，必然增大权钱交换的机会。所以，党的十八大报告再次重申，改革的核心是要更好地处理政府与市场的关系，要更好地发挥市场的作用，要让市场成为配置经济资源最基本、最重要的手段。表明了我们党要进一步深化改革的坚强决心。

那么改革改什么？十八大报告提出了五个方面的改革内容。一是加快完善社会主义市场经济体制；二是加快推动社会主义民主政治制度化、规范化、程序化；三是加快完善文化管理体制和文化生产经营体制；四是加快形成科学有效的社会管理体制；五是加快建立生态文明制度。这五个"加快"就是我们在全面建成小康社会的过程中要全面深化改革的重点领域。

四　推进五位一体的社会主义建设总布局

我们党对社会主义的探索是不断完善、不断丰富的。追溯历史，我们党在改革开放之初提出的是两个建设：社会主义物质文明建设和社会主义精神文明建设。在此基础上，我们党不断深化、不断细化，这次党的十八大形成了五位一体的总布局。这次把生态文明建设作为社会主义建设的内容写进去，使人感到新风扑面。特别是读到"努力走向社会主义生态文明新时代"的时候，我们深深地感受到我们党与时俱进，不断地用现代化视野规划中国、发展中国的气派和智慧。

关于五位一体的总布局，在十八大报告中有相当精彩的创新。下面，我简略地向大家报告一下我的认识和理解。

（一）经济建设方面的创新点

其最重要的创新是提出了"四化同步"问题，即工业化、信息化、城镇化、农业现代化同步发展。西方发达国家的发展历程是先工业化后现代化。因为他们在推进工业化的过程中，信息革命还没有发生。而中国在推进工业化的过程中，信息革命已经发生。尽管现在我们还处于工业化中期阶段，但是中国已经有6亿部手机，3亿个电脑用户了。所以，我们可以把工业化和信息化深度融合起来。以工业化支撑信息化，以信息化带动工业化，实现跨越式发展。同时工业化和城镇化相互促进。工业化创造大量的人口在城市聚集，带动城镇化；城镇化使大量的生产要素在城市聚集，又带动支撑了工业化。当前中国面临同时发展工业化和城镇化的双重任务。所以我们要让工业化和城镇化良性互动。最新鲜的是党的十八大报告提出，工业化、城镇化与农业现代化要深度融合、紧密结合。这就是说我们的工业化、城镇化不能走西方发达国家曾经走过的老路，以牺牲农业、农村、农民为代价实现工业化和城镇化。我们不能以"羊吃人"的方式实现工业化与城镇化。因此，我们要通过农业现代化的方式来致富农民、繁荣农村。中国是一个农业大国，现在我们的农业总体上还是传统农业。随着传统农业大规模地转向现代农业，农业必将成为中国经济重要的力量。所以，十八大报告从中国国情出发，提出了一个很有创新意义的"四化同步"的战略构想。

（二）政治建设方面的创新点

其创新点表现为两句话："让人民监督权力，让权力在阳光下运行。"

这两句话是下一步政治体制改革的方向和重点。其一,"让人民监督权力"就是说权力要接受监督,监督权力的主体是人民。没有监督的权力必然导致腐败,绝对权力必然导致绝对腐败。我们应该充分发挥社会主义民主政治的作用,让人民群众行使监督权。其二,"让权力在阳光下运行",就是权力的运行要公开化、透明化,只有这样才能接受人民群众的监督,才能实现公平公正。

（三）文化建设方面的创新点

党的十七大提出社会主义核心价值体系建设以来,得到人们一致的赞同。一个民族没有核心价值,这个民族就无法凝聚起来,这个民族就没有主心骨。那么什么是社会主义核心价值?我们的表述是以马克思列宁主义、毛泽东思想、邓小平理论、"三个代表"重要思想、科学发展观为指导思想,以中国特色社会主义为共同理想,大力弘扬以爱国主义为核心的民族精神,大力弘扬以改革创新为核心的时代精神和"八荣八耻"。这一表述,除了极少数专业人士能背诵外,大部分人不知道社会主义核心价值体系的表述,这就是我们面临的极大的尴尬。党的十八大没有让人民群众失望,十八大报告对社会主义核心价值体系进行了试验性的、探索性的概括。它分国家、社会、居民三个层面,倡导富强、民主、文明、和谐,倡导自由、平等、公正、法治,倡导爱国、敬业、诚信、友善,三个层面24个字,这是对社会主义核心价值体系一个新的表述概括。我以为这里面包含着巨大的进步。特别使我感动的是,在社会层面上8个字的概括:自由、平等、公正、法治。我们说资本主义的核心价值体系是自由、平等、博爱,但是自由、平等不是资本主义的专利权,它是人类社会从原始共产主义时期就开始萌发、成长的人类共同的美好愿望,不能因为资本主义使用了自由、平等,社会主义就失去了使用自由、平等的权利和自觉性。我们把自由、平等再加上公正、法治作为社会主义在社会层面的核心价值观提出来,真正表现出我们党博大的胸怀。

（四）社会建设方面的创新点

社会建设方面的一个创新点是我们党在报告中提出,在改善民生和创新管理中加强社会建设。十七大以来，我们讲社会建设讲得比较集中、比较多的是改善民生。这次不仅讲改善民生，而且讲创新管理。我们当然要改善民生，让人民群众分享改革开放的成果，合理地调整利益关系，否则无法实现社会和谐。但是只有改善民生而没有社会管理，使人民群众的期望值脱离社会主义初级阶段生产力发展允许的水平，竭泽而渔，改善民生是搞不下去的，最后还会造成人民群众的误会。所以，在改善民生的同时，还要强调创新管理，使社会管理更加有效、科学，推动和谐社会建设。和谐社会建设不仅是建设民生工程的过程，还是一个创新社会管理的过程。我以为，这样的提法更加全面、深刻。十八大报告提出，要形成社会和谐人人有责、和谐社会人人共享的生动局面。这就是要让社会走向和谐，每一个人都是社会建设的主体，都要承担起建设和谐社会的历史责任，而和谐社会的成果应该被广大人民群众所共享。由于人民群众可以分享到和谐社会的成果，因此必然会以更大的积极性来推进和谐社会建设。因此，并列提出改善民生和创新社会管理，使社会建设问题更加全面、深刻，更加具有指导性。

（五）生态文明建设方面的创新点

其最新的一个亮点就是我们党提出要建设美丽中国，实现中华民族永续发展。美丽中国是一个多么美好的概念，是一个多么美好的前景，而中华民族永续发展又是一个多么深刻的命题。古印度文明是衰落的，古玛雅文明和古埃及文明也是中断的。中华文明上下五千年，中华伟大灿烂的文明要永远存在于人类社会的发展进程中，以这个文明所滋养的中华民族要像长江、黄河一样永续发展。这是一个政党多么伟大的抱负啊，是一个政党对子孙万代、对千秋万代多么伟大的责任感。

绿党政治是当今世界此起彼伏、风起云涌的政治力量。绿党是以环境保护为主张的，德国社民党在一届大选中是通过和绿党联合，才赢得选举实现组阁的。所以，世界的发展趋势证明，一个党经济搞不上去要垮台，人民生活水平搞不上去要垮台，一个党如果环境保护不好也是要垮台的，因为环境是人民生存最基本、最重要的条件。所以，将生态文明建设写入十八大报告也是我们党对执政党历史使命的认识达到一个新的高度的证明。

五　全面提高党的建设科学化水平

十七大报告提出，我们党的建设的主线是党的执政能力建设和先进性建设。十八大报告提出，党的执政能力建设、先进性建设和纯洁性建设为党的建设的主线，增加了纯洁性建设。为什么要增加纯洁性建设？我认为一个最关键、最核心的问题就是我们党目前面临消极腐败的危险。反腐败斗争形势正如十八大报告所说，依然相当严峻。所以要纯洁我们的党，这表现了我们党推进反腐败斗争的坚强决心。习近平同志在新一届中共中央政治局常委中外记者见面会上说，全党必须警醒起来。这是面向全党同志敲响的一记警钟，失去纯洁性的党是要亡党的。这是关于党的建设的一个创新。

作者简介

汪玉奇　江西省政协常委，江西省社会科学院院长、首席研究员，享受国务院特殊津贴专家、江西省"赣鄱英才"专家。

长期从事经济学研究，已发表 200 多万字学术成果。主持完成《产业转型与农村劳动力流动——对农民工返乡现象研究》等 10 余项国家课题和省重大招标、重点课题；多项成果获中宣部"五个一"工程奖等国家级成果奖和省部级优秀科研成果奖；有近 50 项应用对策性成果得到省领导肯定性批示。代表作有《为了一湖清水——建设鄱阳湖生态经济区》《CEPA 与赣港经济合作》《反国际金融危机背景下加快江西发展问题》《环鄱阳湖城市群发展战略研究》《创新区域发展路径——以江西为样本》等。

王　晖

面对新舆论生态的新闻传播策略

党的十八大报告明确指出："构建和发展现代传播体系，提高传播能力。""坚持正确导向，提高引导能力，壮大主流思想舆论。"这既指明了面对当前新的舆论生态媒体发展的方向，也是当前和今后一个时期新闻战线所面临的重大任务。

近年来，科技进步突飞猛进，传播手段日新月异，大众传媒和舆论形势发生了深刻变化。媒体实现了从"翻阅时代"到"点击时代"再到"划时代（移动媒体）"三次大跨越。以此相适应，传播形态也实现了从宣传时代到传播时代，再到交流时代的演进。

一　当前的舆论态势

党的十八大是"微博时代"召开的第一次党的代表大会。十八大召开以来，来自现场的新闻牵动着国人神经，然而受制于时间、地点的约束，使人们不可能每时每刻坐在电视机前收看直播，移动互联网的优势由此得以凸显。借助以智能手机为代表的移动终端，各类移动新闻客户端让用户得以随时随地获取十八大新闻。微博成为网民热议十八大的集结地。据统计，截至 2012 年 11 月 8 日晚 19 时，腾讯微博"聚焦十八大"话题数量超过 1 亿个。

当 2009 年微博进入中国人视野时，恐怕很少有人会想到，仅仅 3 年时间，中国的微博用户会快速增长到接近 4 亿，以微博为代表的自媒体深刻地影响到了我们的生活。当今中国，众声喧哗。概言之，社会舆论中存在三种话语体系，一种是网上活跃知识分子的批判性话语体系，一种是社会上表达各种诉求的民间话语体系，一种是传递政党主张、国家意志的治理者话语体系。在三种话语体系的交流交融甚至交锋中，能不能求同存异、最大限度地弥合分歧争端，能不能引领舆论、最大限度地凝聚共识，更多释放"正能量"，决定了媒体的价值和作用。

（一）新兴媒体异军突起

近两年，以互联网为基础的新兴媒体，发展速度十分惊人。新媒体的本质特征是技术上的数字化、传播上的互动性。中国互联网网络信息中心发布的最新统计显示，截至 2012 年 6 月底，中国网民数量达到 5.38 亿，互联网普及率为 39.9%，中国成为"世界上网民最多的国家"。中国 5 亿多网民已成为一个庞大的社会群体，其中大多数是年轻人，代表明天，代表未来。

目前，全国共有网站 230 万个、手机网民 3.6 亿，微博用户达 3 亿以上。近年来，全国发生的所有新闻舆论事件的背后，都有这些新兴媒体的影子。网络成为社会事件的"放大器"和社会情绪的"发泄器"，而微博更将这两大功能无限放大。微博传播不是点对点、点对面的传播，而是裂变式的广泛传播，一个人的微博可以被其"粉丝"转发，再被"粉丝"的"粉丝"转发，不断蔓延。有关实验表明，一条微博在半天之内可以传到国内各地及 10 多个国家和地区。前不久，"表哥"杨达才被撤职，网民再次欢呼网络监督的胜利。在不到一个月的时间里，陕西省安全生产监督管理局局长杨达才在 2012 年延安"8·26"特大交通事故中陷入"微笑门"后，又被网友"人肉搜索"发现其在不同场合分别佩戴多块名表，还戴高价眼镜。最终，这名被网民戏称为"表哥"的局长，在舆论旋涡中被纪检部门立案调查，最后被撤职。

近年来，无论是陕西"周老虎"事件、武汉"经适房六连号"事件，还是南京"天价烟局长"、"史上最牛团长夫人"、"广州越秀区委常委、武装部政委方大国与空姐冲突"、重庆"雷政富不雅照"等事件，人们一次次地看到了网络监督的巨大潜力和实际效果。

"微博改变中国"已成为不少网友的共识，网络上流行这样一段话："当你的粉丝超过100，你就好像是一本内刊；超过1000，你就是个布告栏；超过1万，你就像一本杂志；超过10万，你就是一份都市报；超过100万，你就是一份全国性报纸；超过1000万，你就是电视台。"虽然用词略显夸张，但微博的影响力由此可见一斑。微博方兴未艾，微信又开始悄然崛起，它不受140个字的限制，可传音频视频和图片，将博客和电子邮箱的功能集为一体，可在微群里迅速传播。

（二）传播格局深刻变化

新兴媒体的崛起突破了传统新闻传播的时空，打破了传统新闻传播格局，颠覆了传统新闻传播规律，刷新了传统新闻传播的理念。传统媒体的传者和受者定位非常明确，传者是信息的发布者，受者只能被动地接收，不管喜欢或讨厌，无从表达对信息的看法。但是新媒体使传者和受者之间的界限变得模糊，受众不再是被动的信息消费者，而具有了与传者交互信息的功能，甚至转变成传者的身份。特别是微博的兴起，改写了中国的传播格局：忽如一夜春风来，千户万户微博开。现在的社会生活，几乎已到了无"微"不至的地步。

近年来，传播格局出现了三个明显的趋势：一是网络媒体化，二是媒体网络化，三是媒体大众化。互联网的普及，打开了公众话语权的大门。论坛、跟帖、博客特别是微博客的兴起，催动了新闻媒体平民化、大众化的进程，使公众取得了新闻媒体所拥有的话语权。新闻传播进入了"自媒体"时代，"处处有媒体，人人是记者"。"自媒体"爆炸式膨胀，分散了传统媒体的受众，挤压了传统媒体的空间，稀释了传统媒体的话语浓度，钳制了传统媒体的作用。客观上，传媒领域正在面临重新洗牌的压力。对此，我们应该正视，更应该重视。

二 重视新兴媒体

社会舆论既可促进社会发展、造福人类，又可影响政治的稳定和政权的巩固。新兴媒体的崛起，使社会舆论对现实社会的影响和作用越来越大。

（一）影响事件走向

一是能够改变事件的进程。司法审判，有着严格的程序和时限。从理论上讲，不管多大案件、多大冤情，也不管涉及什么人，必须严格按照法律规定的程序和时限办事。但在舆论的强大压力下，有时必须进行变通。比如，药家鑫案，在全国掀起了巨大的舆论狂潮。

二是能够异化事件的性质。按照法律，司法案件应该就事论事、直接客观。但有时因为媒体的介入，公众情绪的推动，形成的社会影响，会背离案件本身。比如，著名的"我爸是李刚"事件，本是一起典型的汽车肇事刑事案件。就是因为一句"我爸是李刚"的传言，迅速异化为一起"仇官"性质的新闻舆论事件。

三是能够影响司法的判决。从理论上讲，司法具有很强的独立性。但从客观现实来看，在特殊情况下，法律有时顶不住舆论的压力。最具典型性的，就是2009年5月10日湖北巴东县邓玉娇案。

四是能够推动制度的创新。制度，是人们的行为规范。制度的合理性、合法性，在于社会公众普遍认可和共同遵守。如果媒体和公众，群起而质疑甚至攻击某项制度，那么，就很可能会动摇这项制度的合理性和合法性，甚至可能终结这项制度。最具代表性的，就是2003年3月17日发生的孙志刚事件，开始只有广东《南方都市报》一家报道，随后，新浪网、搜狐网、人民网、新华网等网站跟进转载，形成了强大的舆论场。最后，终结了国家实行20多年的收容政策。

（二）足以颠覆政府

网络传播，使动员社会力量更加容易、更加便利。有时，新兴媒体能够轻而易举地颠覆政府。从西亚、北非动荡中，我们可以清晰地感受到互联网的强大社会动员力。

以突尼斯政府垮台事件为例。2010年底，"维基解密"网站揭露突尼斯官员腐败的绝密外交文件发布后，引起了一位网名为"阿里"的突尼斯网友的高度关注。"阿里"通过互联网，将分布在突尼斯全国各地的14名年轻人组织起来，成立了一个15人新闻组，密切跟踪并广泛传播相关内容。这些年轻人或通过网络寻找新闻线索，或者亲赴各地采集新闻报道，然后将有关新闻和自己的观点发布到互联网上。当突尼斯政府对互联网实施严厉管制之时，他们运用脸谱（Facebook）、推特（Twitter）等网络新技术，不断建立新的交流平台，始终保持与全国乃至全球网友的联系，使总统家族的奢华生活和政府的贪污腐败广为传播，在互联网虚拟世界中，激起了国人的愤怒。2010年12月17日，政府执法人员粗暴对待一位水果小贩，并致其死亡。新闻组的年轻人充分利用互联网，每天在电脑前工作15个小时，动员社会力量，抗议政府，成功地将虚拟社会中的愤怒，引到了现实社会，并迅速转化为激烈的抗议行动，形成大规模社会骚乱，造成多人伤亡。几天之后，突尼斯总统本·阿里逃亡沙特阿拉伯。整个事件前后只有29天，新闻组的年轻人，平均年龄不到26岁。由突尼斯的一个小贩自焚开始的西亚、北非政治动荡，至今导致了6个国家元首下台。

（三）诱发社会动荡

近年来，伊朗、英国、巴黎骚乱以及华尔街抗议事件、西亚北非政局动荡等，显示脸谱（Facebook）、推特（Twitter）等社交网站的组织动员能力越来越大，令一向标榜言论自由的西方国家有苦难言。

在我国，利益分化、需求分散带来受众分层化，影响了面向全体受众的主流媒体进行传播的精准度和传播效果。与此同时，一些特定的社会事件，如征地、拆迁、国企改制、城市管理、环境污染、交通肇事、涉法涉诉案件等，如果被抹上"官"、"富"、"警"等特定色彩，立即能够聚合起一大批非直接利益攸关者，短时间内形成舆论强势。上访、上网、上街。如最近发生在宁波、启东、什邡等地的群体事件。引发的都是涉及环保的项目，这种事放在10年前会被当做招商引资的大好事，5年前无人会关注，现在就不一样了。很显然，事情发生了，并且这些变化已经变得不可阻止，这些新现象也已经对中国政治体系的运作构成了巨大的挑战。有人甚至认为，越来越多的新状况可以在毫无预见性的情况下发生。

三　科学引导舆论

如何发挥主流媒体的舆论引导作用，在众说纷纭的舆论环境中，传递主导社会舆论的声音，已显得十分迫切而重要。

尽管现在网络时代"人人是记者"，为什么还要我们这些记者编辑，为什么还要办大学新闻系？那就是传统主流媒体有不可取代的优势。把网络做得好的留给网络，把网络做不到的做好做强，这是传统媒体转型的方向和目标。

（一）争主动：在开放的舆论空间中树立起"风向标"

新媒体这个开放的舆论空间有两大特点：一是真实性很难求证，二是轰动性很难控制。在人声鼎沸、众声喧哗的同时，也让人们陷入了一个困境：分不清孰是孰非、孰真孰假。主流媒体如果凭借其长期形成的公信力和权威性，主动为公众解疑释惑，指明方向，就能起到左右舆论走向的"风向标"作用。2010年上半年，由于江西气候波动异常，导致农产品价格疯涨。群众对此议论纷纷，网上传言不断，有的地方甚至出现囤积抢购现象。"菜篮子"问题，一头连着农民，一头连着市民，两头都是大民生，《江西日报》适时推出了《三问"菜篮子"》这篇报道，从肉价涨势能否遏制、水产品价格能否回落、蔬菜价格还会不会大起大落等三个方面回答了人们所关注的问题，作为江西最权威媒体江西日报的发声，快速形成主导舆论，从而迅速平息了公众的恐慌情绪。

传统媒体要在开放的舆论空间树立起"风向标",必须冲着热点去,迎着难点上,围绕舆论焦点主动设置议题。过去对社会热点问题、敏感问题、突发事件,主流媒体由于担心把握不准,多年来一直存在"报与不报"的困惑。其实,这些问题恰恰是群众最为关注的,也是最需要舆论来引导的,如果我们的主流媒体回避这些问题,就起不到舆论引导的作用。在当今信息时代,除国家机密和个人隐私等法律上有明确规定之外,原则上一切信息都应该是共享的、公开的。社会热点问题、敏感问题、突发事件报道的基本取向应是日趋开放——报道禁区越来越小,透明度越来越高。只有主动、及时、公开的报道,才能起到设置议题、引导舆论、以正视听的效果。否则,就会处处被动。

作为主流媒体,也要善于发现和敢于触及社会公众议论关注的问题,主动进行及时、有效的引导,真正起到解疑释惑、增进理解、平衡心理、改进工作、凝聚人心的作用,这样才能提高舆论引导的能力。

(二)找重点:既要吸引眼球,更要引领思想

"大嗓门""高调""极端化"的观点最容易出现在网民的言论中,其目的就是"吸引眼球"。网络舆论因此通常比较感性化、情绪化、简单化,具有明显的非理性色彩,也常常充斥捕风捉影、道听途说、夸大其词、耸人听闻之辞,在表达方式上也呈现出偏激的倾向。而且,网络舆论变动速度很快,一些网民几乎来不及冷静思考、深入分析就发表意见,从发酵、升温到大规模扩散可在短时间内完成,一件看似不大的事情往往很快就会弄得满城风雨。当前,网上热点不仅数量越来越多、涵盖面越来越广,而且燃点越来越低、转换越来越快。往往一个热点尚未平息,另一个甚至几个热点就又形成,一些地区性、局部性和带有某种偶然性的问题,变成了全民"围观"的公共话题。因此,网络舆论并不能完全代表社会主流声音,但又是不容忽视的社会情绪"晴雨表"。作为主流媒体没有必要也没有可能与网络舆论去争夺"吸引眼球",而应密切关注网络舆情的变化,当事物初现端倪甚至潜藏于无形之时,或是当热点突发、流言涌动之时,以思想的引领引导人们理性地看待社会问题。最伟大的传播是价值观的输出，真正的舆论影响力，不仅是满足公众的观感需求，更重要的是能够潜移默化地影响公众的思维方式。主流媒体的思想高度有其他媒体不可比拟的优势，因此应充分挖掘自身优势，增加具有深刻思想内涵的评论和深度报道，以此作为引导舆论的"重型武器"，引导人们及时厘清面对各种社会问题所产生的种种思想困惑，让公众在观点和事实的不断碰撞中，逐步形成共鸣，达成共识。现在从中央电视台到一些地方电视台的新闻频道都设置了时事评论员。自从《人民日报》推出任仲平署名文章后，许多省级党报在面临重大事件或热点、敏感问题的时候，也都会推出自己的重点评论，就本地区某一时期或某一阶段的重大问题、重大事件和重大政策展开论述，"见人之所未见，言人之所未言"，向公众阐述观点、表明看法、讲清道理，每每引起广大读者和网民的热烈反响，展现了主流媒体舆论引导的独特作用，取得了很好的效果。

（三）善融入：寻求多种话语体系的最大重合度

事实证明，多种话语体系重合度越大，舆论引导的效果就越好，反之，重合度越小，舆论引导的效果就越差。要取得传播效果的最大化，主流媒体应加强与新媒体的联动融合，拓展传播渠道，通过影响网络舆论达到引导社会舆论的目的。传统主流媒体与新媒体的融合主要表现在两个方面：一是打破媒介边界，将传统主流媒体的权威性、公信力等优势与新媒体的快速、互动、传播面广等优势结合起来，实现传播效果的最大化。《江西日报》获得"中国新闻名专栏"的《江报直播室》，是全国首个报网互动视频直播栏目，通过这些年来报网互动的实践，这个专栏促进了"报纸读者——网站网民"的融合，党报传播的覆盖面和影响力得到了进一步延伸和加强。在此基础上，2011年2月《江西日报》又开设了法人微博，江西日报微博一设立就受到网友的热捧，"粉丝"人数不断增多，现在江西日报微博的粉丝已超过报纸的发行量。报纸也可以通过法人微博把握民意风向，从而可以有针对性地引导社会舆论。二是利用新媒体来改进主流媒体的报道，使主流舆论更好地融入民间舆论，寻求传统主流媒体与新兴媒体重合的最佳公约数，使不同舆论场的声音能够最大限度地协调起来，达到传播效果的最优化。我觉得，作为媒体，一要讲真话，二要讲人话。习近平总书记在十八届一中全会结束后，在中外记者见面会上的讲话，没有任何政治口号和空话、套话，是一段"唠家常"式的话语，讲话亲切、实在、朴素并充满激情和力量，而且是在就职亮相这个重要场合，着实令人耳目一新。现在，不少报告、讲话和媒体报道都充斥着官话、套话、大话、空话、废话、昏话、蠢话，总之讲的都是老百姓听不懂也不愿听的话。这样怎么能融入民间话语体系呢？

（四）求真相：在各种信息真伪莫辨之时"一锤定音"

新媒体上热点事件层出不穷，但网络海量、即时、开放的传播特点往往使网上信息鱼龙混杂，真伪难辨。以微博为代表的各种新媒体既是舆论的放大器，也是是非的搅拌机。因此，新媒体时代越是信息爆炸，越需要剔除信息泡沫；越是真伪莫辨，人们越希望获取真实权威的解读。现代社会信息传播的价值除了"及时"以外，还必须"准确"。而且"及时"永远要服从于"准确"，否则再"及时"也失去了意义。真假信息莫辨、众说纷纭之时，也是主流媒体作用彰显之时。及时、客观、公正地报道真相、澄清事实，避免"不确定"信息的传播，是主流媒体的责任所在，也是其保持权威性、公信力的重要途径。面对新媒体带来的挑战，真实准确的报道，是传统主流媒体引导舆论的一大利器，甚至在关键时候能收到"一锤定音"的效果。2011年甬温线"7·23"动车事故发生后，由于有关部门在事故处理上还沿用过去的老办法，回应广大公众的关切又不到位，以至于微博上出现了包括埋车头、抢通车、不救人等各种混淆的信息，引起社会舆论对此次事故处理的不满，进而让公众产生了对政府不作为、包庇纵容、监管不力的猜忌，直到新华社播发了《铁道部有关负责人就甬温线"7·23"事故社会关注的热点问题接受新华社记者的专访》，客观真实地回应了公众的关切问题，使社会的负面舆论和谣言迅速得到平息。2011年1月，《人民日报》开设了《求证》栏目，目的就在于"澄清事实，还原真相，回应关切，阻击谣传"。《江西日报》2011年9月也在C1版推出了《真相》栏目，现在许多主流媒体也开出了类似的栏目，以挤压不实舆论的传播空间，消弭谣言蔓延扩散，帮助公众正确认识和了解新闻事实，引领社会舆论朝着健康的方向发展。总之，传播力决定影响力，话语权决定主动权，透明度决定公信度。这就是我这堂讲座的结论。

作者简介

王　晖　1982年毕业于江西大学（现南昌大学）中文系。现任江西日报社社长、高级记者。在任江西日报社副总编辑兼江南都市报总编辑6年间，打造了这张江西省发行量最大、市场化运作最成功的报纸，并进入中国报业30强。其提出的"脑中有导向、心中有读者、眼中有市场"的办报方针受到原中宣部部长刘云山的高度评价。个人获省级以上新闻奖80多项，其中获得中国新闻奖一等奖1次、二等奖3次、三等奖1次。在国家级新闻类核心期刊上发表论文20多篇，其中3篇获得中国新闻奖。在任江西日报社总编辑期间，主持了《江西日报》的改扩版，《江西日报》连续三年获得中国新闻奖一等奖，创造了江西新闻史的新纪录，这在全国省级党报的历史上实属罕见。1996年被评为全国百佳新闻工作者；1998年享受国务院政府特殊津贴；2005年入选江西省宣传文化系统优秀拔尖人才；2008年被新闻出版总署授予"全国新闻出版行业领军人才"称号；2008年经中宣部批准，入选全国宣传文化系统"四个一批"（新闻、理论、文艺、出版）人才。

彭泽洲

构建和谐文化理论体系，推进五位一体总体布局

刚刚闭幕的党的十八大，是一次承前启后、继往开来的大会，大会提出了经济建设、政治建设、文化建设、社会建设、生态文明建设五位一体的总体布局。这是十六大以来党的建设重大发展的总结，是党对中国特色社会主义总体布局的深化，体现了我们党对于中国特色社会主义的认识达到了新境界，标志着我国社会主义现代化建设进入新的历史阶段。五位一体总体布局就是我国到 2020 年如期实现全面建成小康社会目标的总路线图。

邓小平同志在改革开放之初首先提出物质文明、精神文明的"两个文明"建设。之后到 1986 年，党的十二届六中全会首次提出以经济建设为中心、坚定不移地进行经济体制改革、坚定不移地进行政治体制改革、坚定不移地加强精神文明建设的总体布局，这是"三位一体"总体布局，这一布局从党的十三大一直延续到十六大。党的十六届四中全会提出构建社会主义和谐社会的重大任务后，中国共产党将以改善民生为重点的社会建设提上重要日程，并将经济、政治、文化、社会建设"四位一体"的中国特色社会主义事业总体布局，写入党的章程。随着国内外形势的变化，为了更加均衡、可持续和以人为本的发展，这次党的十八大提出生态文明建设，总体布局拓展为"五位一体"。

五位一体总体布局代表了人民群众的根本利益和共同愿望。改革开放三十多年来，我国经济社会发展取得了令人惊叹的辉煌成就，综合国力与国际地位显著提升，人民生活水平不断提高，全面建设小康社会取得重大进展。广大民众在物质生活得到基本保障后，不仅对物质生活水平和质量提出了新的更高的要求，而且在充分行使当家做主的民主权利、享有丰富的精神文化生活、维护社会公平正义、拥有健康美好的生活环境等方面都有了新的期待。十八大提出五位一体建设总布局，将生态文明建设纳入其中，提出要从源头扭转生态环境恶化趋势，为人民创造良好的生产生活环境，努力建设美丽中国，实现中华民族永续发展，是我国社会主义现代化发展到一定阶段的必然选择，体现了科学发展观的基本要求。

"五位一体"各要素之间相互关系是什么？战略布局如何进行？要达到什么目标？中华民族伟大复兴靠什么来引领？这正是我们本文要探讨的问题。

笔者认为五位一体总体布局是一个有机整体，相辅相成，不可分割。经济建设是中心，政治建设是保障，文化建设是灵魂，社会建设是基础，生态文明建设是支撑。只有以和谐文化为理论基础，坚持五位一体建设全面推进、协调发展，达致经济和谐、政治和谐、社会和谐、生态和谐以及人的自身和谐，才能使我国经济持续健康发展、人民民主不断扩大、文化软实力显著增强、人民素质全面提高、资源节约型和环境友好型社会建设取得重大进展，才能把我国建设成为富强民主文明和谐的社会主义现代化国家，实现中华民族伟大复兴。

"五位一体"中文化建设是灵魂，是统领，是核心，服务于"五位一体"建设的所有方面，是一个民族核心竞争力的根本体现。人类发展史表明，但凡和历史选择相关的长期竞争，比的一定是文化，是以文化为显性代表的民族基因，是文化的耐力、包容性、适应性和扩张力。

中国是世界文明古国，有着世界上唯一不曾中断的悠久文明史。这是一种历史偶然吗？不是的，这是人类进化史上中国人的文化自觉使然。换句话说，中国传统文化中有着独特于世界的极其优秀的一面，它使中国在世界民族之林的竞争中始终处于不败之地，尽管近代衰弱了，但现在又正在复兴中。

在中国博大精深的历史文化中，最重要的那条主线是什么呢？我们认为是传统和谐文化。在中国，从古到今，和谐文化都深入国人生活的各个方面，在普通大众中发挥着广泛作用和影响。这种文化，不仅使中华文明走过了几千年，辉煌了数千年，现在也仍然完完整整地存在于中国人身上，只是赋予了更多的时代内容，但本质是一样的。这种文化，对我们的民众潜移默化地产生影响，对我们的党也潜移默化地产生影响。今天我们所走的中国特色社会主义道路，所进行的"五位一体"的总体布局，以及我们追求的"全面小康、共同富裕"的目标，都和我们这个民族深厚的历史渊源分不开，和我们传承的文化血脉息息相关。文化自信是我们党十八大所指的理论自信、道路自信、制度自信的根本，因为我们的理论、道路和制度，都传承于传统，经受了考验，符合国情，符合中国人的文化理念、脾性、夙愿和梦想。

在中国传统和谐文化中，人的生存与自然、生命与宇宙、人的精神与天地自然，等等，它们之间的关系和谐共融。我们的祖先凭借自己天才的智慧，以独特的视角感悟了人与自然生态之间的关系，读懂了生命与宇宙的真正关系。他们建立的这种和谐生态观，对于我们今天实施"五位一体"总体布局，实现中华民族永久可持续发展和伟大复兴具有非常积极的意义。我们今天要做的，就是应因形势发展变化，以中国传统和谐文化为根基，构建新型和谐文化体系，不断弘扬和谐文化，服务和推进"五位一体"建设，形成经济和谐、政治和谐、文化和谐、社会和谐、生态和谐的发展格局，实现中国的文化崛起和民族复兴。

一　和谐文化的内涵与本质

中国文字是由象形文字演化而来的表意文字，重形表意。和，由"禾"

与"口"两个字组成，两个字合起来说明吃饭是人生存的第一需要。"民以食为天"，"和"的先决条件就是人人都要有饭吃。谐，由"言"与"皆"两个字组成，两个字合起来说明人人都要说话，能否说出心里的话，能否自由表达自己的意见和建议，是否广开言路、言论自由是谐的前提和条件。

由字面意思可知，有饭吃，能说话，就是和谐。哲学上讲，聚不同的事物而得其平衡，是为和谐。和谐，是对立事物之间在一定的条件下具体、动态、相对、辩证的统一，是不同事物之间相同相成、相辅相成、相反相成、互助合作、互利互惠、互促互补、共同发展的关系，是实现社会多样性、多元化的有机统一。

"文"是交错的痕迹，是一种界线。"化"是改变。概括地讲，各种事物非常"美好和谐"、有章有法地聚在一起的现象就是"文化"。"美好和谐"既是"文化"的外在形式，又是"文化"的内在本质。

从哲学内涵看，文化是指人类在社会历史进程中创造的物质财富与精神财富的总和，是指一个族群或社会所共同具有的价值观和意义体系，是理想信念、价值观念、生活习惯、行为方式的总和。文化是一个社会或族群的根本，是区别于其他社会或族群的内在基因。

中华民族是追求和谐的民族，不是嗜好征战杀戮的民族。在中华文明的思想宝库中，儒、墨、道、法等主要思想学派对和谐思想都有深刻的阐述。

儒家提倡"中和"，强调"礼之用，和为贵"，注重人与人之间的和睦相处，人与社会的和谐发展；

墨家倡导"兼相爱，交相利"，主张实现个体与社会的有序一体，道德与功利的和谐一致；

道家追求人与自然的和谐统一，提倡"遵道以行，率理而动，因势利导，合乎自然，虚静处下，海涵宽容"，从而建立自然和谐的治国秩序；

法家主张正确定位个人、社会、国家三者关系，在大一统的格局内，实现国家主导下的社会和谐。

无论是儒家还是道家、墨家以及后起的佛教、道教，都提倡人与自然的和谐，人与人的和谐以及全社会、全世界的和谐，从而形成了有别于西方专制主义、征服主义与斗争哲学传统的和谐文化传统。

和谐文化是以和谐为思想内核和价值取向的文化体系，它融思想观念、理想信仰、社会风尚、行为规范、价值取向为一体，坚持和实行互助、合作、团结、稳定、有序的社会准则，倡导和谐思想，崇尚和谐理念，体现和谐精神，其内容涵盖政治、经济、社会、军事、外交、生态等人类社会的所有方面，是人类社会历史进程中最根本最重要的思想理论和文化体系。

以和谐文化为代表的中华民族的优秀文化传统，是中国人的智慧源泉，是我们民族赖以生存和发展的根基和血脉，是中华民族崛起和复兴路上的精神坐标，是我们最需要坚持的核心要素。今天，我们所要构建的和谐文化体系，其根基来源于中国传统和谐文化，其本质就是要继承和发扬中国这一优秀文化，增强中华文化张力，提升中国软实力，推进中华民族伟大复兴进程。

二 和谐文化的价值与地位

在中国，无数志士仁人、政治家、社会家在阐述自己对于社会的理想时，在追求公正、和谐、有序的社会现实过程中，都一以贯之地体现和谐文化的本质，都毫无例外地坚持"和谐"这一中华民族的共同价值观。

北宋张载在《正蒙》中首先提出"天人合一"的思想。

南宋经学家胡安国在《春秋传》中多次阐述"天下为公"。

康有为在20万字的《大同书》中详尽阐述了大同世界，提出建立一个"人人相亲、人人平等、天下为公"的理想社会。

孙中山始终把"天下为公"和"大同世界"作为自己的奋斗目标，他的大同思想表现在民生主义中，民生主义理想强调贫富均等、自由博爱。

毛泽东在《关于正确处理人民内部矛盾的问题》中提出，社会主义存在的诸多矛盾可以通过自身完善加以解决。

邓小平从中国社会的和谐稳定出发，提出正确处理改革、发展、稳定的关系。

江泽民提出物质文明、精神文明和政治文明建设一起抓，强调经济要同人口、资源、环境协调发展，领导全国人民确立了全面建设小康社会的奋斗目标。

胡锦涛从中国改革发展的实际出发，在党的十六届四中全会上明确提出构建社会主义和谐社会的重要思想和战略任务，同时指出社会主义和谐社会应该是民主法治、公平正义、诚信友爱、充满活力、安定有序、人与自然和谐相处的社会。

习近平应因国内外形势发展变化，要求全党全面理解和把握构建和谐社会的指导思想、目标任务、工作原则和重大部署，把构建和谐社会的理念和措施贯彻到经济、政治、文化和社会建设的各项工作中。

所有这些，都无一例外地折射着和谐文化的因子，彰显着和谐文化的价值。和谐文化深入国人骨髓，这种文化基因一脉而成，代代相传，在普通民众身上，在伟大的政治家身上。在我国的发展历程中，进一步明确、构建和完善中华民族共同价值观是和谐文化的核心价值所在，是中华民族伟大复兴进程中必须完成的任务。

在新的历史条件下，和谐文化可以说已成为中国优秀传统文化的核心，是当今世界最先进的思想文化之一，是中华文明发展最需要坚持和发扬的思想文化体系，是推进党的指导思想与时俱进，提升中国软实力，实现中华民族伟大复兴的重要思想理论基础。现代和谐文化就是中国化、时代化的马克思主义，是和中国传统文化、马克思列宁主义、毛泽东思想、邓小平理论、"三个代表"重要思想、科学发展观一脉相承而又与时俱进的时代性、创新性、开放性的理论体系。

三　和谐文化的体系与构建

和谐文化，作为一个重要的思想文化体系，可谓博大精深，其内容涵盖人类社会生产生活的方方面面。构建和谐文化，是一个庞大的系统工程，不仅需要从经济和谐、政治和谐、社会和谐、生态和谐、人的自我和谐、军事和谐、外交和谐等方面进行理论研究与探讨，更需要从其发展历史和背景出发，探寻和谐文化的构建路径和发展方向。

和谐文化是总和，是基础，是统领，经济可持续发展需要和谐文化推进，政治建设需要和谐文化指导，和谐社会建设需要和谐文化营造，生态文明建设需要和谐文化滋养，人的自身修养需要和谐文化提升，中国和平崛起需要和谐文化引领，和谐世界的达成需要和谐文化影响。构建和谐文化理论体系，就是要服务于"五位一体"总体布局，形成经济和谐、政治和谐、社会和谐、生态和谐、人的自身和谐的总局面，助力中华民族的伟大复兴。

1. 经济和谐理论：增强宏观调控能力，避免经济大起大落

马克思在揭示人类社会发展规律的过程中，揭示了社会结构各要素作为一个有机整体和谐互动的过程，他把社会有机体的主体结构划分为生产力和生产关系、经济基础和上层建筑两对范畴，并以此为基础，进一步揭示了人类社会发展的基本规律。生产力和生产关系、经济基础和上层建筑构成一个社会有机整体。当生产关系适应生产力发展要求、上层建筑适应经济基础稳定的要求，它们之间的关系处于和谐共存、相互协调、相互促进的状态，由此构成的社会整体才能健康有序，和谐发展。

当一种适应生产力发展需要的新的生产关系建立以后，在一定时期内，它能够适应生产力发展要求、促进生产力发展，这种适应即是和谐，这时，生产方式处于和谐发展阶段。

构建和谐经济，多数状态下，就是要建立一种公平、合理、有序的发展机制，增强经济调控能力，进行合理的、行之有效的宏观指导，使各种社会资源在地区之间、产业之间、部门之间进行合理有效配置，使生产力可持续地发展，社会成员公平分配、占有和享用社会财富，避免经济大起大落，使经济较快平稳运行，健康和谐发展。

2. 政治和谐理论：增强政治系统的平衡性、稳定性

社会本身是一个充满矛盾的大系统。在这一系统中，各政治主体、阶层和政治力量、利益集团之间存在差异性，同时，由于宗教、文化、信仰等背景的不同，个体间的价值取向也明显有别。只有通过构建平衡有效的政治系统，使社会各阶层的利益、愿望都能够充分表达出来，形成社会价

值的基本共识，实现政治的和谐，才能实现整个社会的和谐。

对于处在社会变革发展关键时期的我国来说，增强政治和谐，发展社会主义民主政治，推进政治系统的稳定性、确定性，实现和谐发展至关重要。在中国经济发展和社会多元化进程历史性齐头并进的时候，维护社会团结和族群稳定是中国主流政治必须承担的责任和使命，中国政治体制一直承担了这个角色。历史证明，政治建设、政治和谐是中国一切事业健康发展的根本保障。

构建和谐政治就是要坚定不移地坚持中国共产党的领导，坚定不移地加强社会主义政治和谐建设，使我国政治系统更具包容性，更富有和谐色彩，更加平衡稳定，以积极应对社会经济变革发展和世界形势变化的各种挑战。

3. 社会和谐理论：以制度创新构建新型和谐社会关系

和谐社会，是用和谐文化指导社会组织管理而构建的社会，构成社会的各个部分、各种要素处于一种相互平衡、协调的状态，是一个以人为本、可持续发展的社会，一个大多数人能够分享改革发展成果的稳定的有效的系统。具体说，就是一种民主法治、公平正义、诚信友爱、充满活力、安定有序、人与人和谐相处的社会，终极目标就是马克思讲的共产主义社会。

党的十六届四中全会提出构建社会主义和谐社会，这不是偶然的。在经济持续高速增长，人均 GDP 已经达到 3000 美元的同时，中国社会内部各种利益关系的多元化、人际关系的复杂化以及人与自然关系的紧张化也日趋明显，由此而产生的矛盾和冲突也越来越多，社会风险也越来越大。换言之，中国社会的各种不和谐现象越来越突出。所有这些不仅影响着小康社会的建设，更有悖于中国共产党的宗旨和社会主义的性质。建设社会主义和谐社会，就是要使中国的社会主义社会不仅是民主的、富裕的社会，也是各方面协调发展的社会。

构建和谐社会，关键在制度创新，要针对社会转型期制度不完善的一面，从法治、德治等方面入手，以人为基本要素，通过制度创新，实现机会均等，形成自动解决冲突的机制。

4. 生态和谐理论：建立新的生机勃勃的生态文明

生态文明是继工业文明之后人类应对生态危机的历史选择，是人类文明发展的更高阶段，是一种人与自然和谐相处的新型文明形态。我们党以新的文明形态建设为己任，不仅在全世界占据了道德制高点，这种历史责任感和行动部署，更加关乎人类未来，关乎全球发展，表明我们党对中国特色社会主义总体布局更加深化，更加科学，对中华民族复兴道路更加自信，也预示着我们的明天将更加美好，我们的子孙后代将拥有更加美丽的生活空间。

当前，生态环境恶化不仅在我国，在全球也是一个重大问题。矿产资源无序开发，森林和植被严重破坏，工业污染大量排放，臭氧层空洞持续变大，全球变暖，等等，以及近年来巨大的山体滑坡、泥石流和洪涝、干旱等一系列灾害的发生，均与工业文明漠视自然、驾驭自然的做法密切相关，人类对自然的漠视与疯狂掠夺正导致一场严重的全球性生态危机。

有人说过，"19 世纪英国教会世界如何生产，20 世纪美国教会世界如何消费。如果中国要引领 21 世纪，它必须教会世界如何可持续发展。"笔者认为，从一定意义上说，英国人把人类带进了工业文明，美国人把世界引入了信息文明，我们中国人要引领世界发展，必须把地球推向生态文明，实现生态和谐。

5. 人的自我和谐理论：允中适度，实现人的全面发展

人的自我和谐是修身养性的一种境界，和谐则轻松愉快，不和谐则处处被动。

在处理人与自我和谐方面，中国传统文化讲究"允中"、"执中"。"中"是中国传统伦理道德的重要原则，为我们提供了一种认识方法和一种修养境界。所谓"中"，是说凡事应有一个适当的"度"，超过这个"度"，就是"过"；没有达到一定的"度"，就是"不及"。处理事情，要合乎这个"度"，就是"执中"。孔子认为，"中"就是既无"过"，也无"不及"，"可以仕则仕，可以止则止，可以久则久，可以速则速"。

当前，随着改革开放的不断深入，利益结构不断调整，生活节奏逐步

加快，思想观念、价值取向、行为方式和利益要求日益多元化，选择性、自主性和差异性日益增强，正确认识和处理人与自我的关系尤为重要。要能够善待自己，平衡思考，丰富人生，提高境界，提升修养，保持自我处在适度、适时、适当的和谐、健康的状态。坚持"允中"、"执中"，做事不走极端，着力维护整体利益，待人诚恳、宽厚，与人为善、和睦，求同存异，以己达人，在群体交往中获得快乐，在允中适度中实现人生价值。

6. 军事和谐理论：以最终"不战"为目标

中华民族有着 5000 多年绵延不断、源远流长的文化传统。在这种文化传统中，和平文化始终占据着主流。中华民族历来讲信修睦，崇尚和平。"己所不欲，勿施于人"、"利而不害，为而不争"，反映出中华民族"天下情怀与道德理性"的品格。早在 2500 多年前的春秋战国时期，孔子就提出了"和为贵"的重要命题，以此来解决复杂的人际关系和国际关系。几千年来，这一重要思想一直深深地渗透在中华民族处理人际关系与国际关系的方法和原则之中。

军事和谐理论是辩证战略思想，和平不等于不加强国防，不等于放弃使用武力维护或创造和平。"有国无防，国将不国"。没有军事实力做后盾，国家不可能崛起，即使崛起了也会衰败。用和平手段来崛起，要有更高的战略能力，不仅要有打赢战争的能力，更要有遏制战争的能力，"不战而屈人之兵"，以"不战"为最终目标，是军事和谐的核心要义。

7. 外交和谐理论：建设持久和平、共同繁荣的和谐世界

当前世界，乱象环生。世界经济增长趋缓，美国债务危机和欧洲债务危机持续加深，国际金融市场风险增高，美国经济减速对世界经济增长产生负面影响，全球生产、消费和投资活动受到抑制，中亚部分国家政局动荡，西方文明的自私性和破坏性愈加显现，世界经济不确定性和风险因素明显增多。

在这样的时代背景下，中国提出坚持互利共赢的开放战略，推动建设持久和平、共同繁荣的和谐世界。中国传统和谐文化中，"和合"思想博大精深，无论是"和"还是"合"，都不是强调绝对的"同一"，而是"和而

不同"，有差异、有特性的事物可以并且能够和谐共处。和谐世界理念是中国和谐文化在外交上的应用，是基于中国文化传统的系统观、整体观而提出的全球政治伦理、法律与国际关系建设的伟大理念。它是中国和平国际主义的再一次宣示，是关于全球治理的中国主张，是在世界变化新现实和趋势下的中国世界观，是崛起的中国重塑国际新秩序的世界责任。

这一理念和目标的提出，从根本上回应了国际社会对中国今后走向的普遍关切，从根本上回击了形形色色的"中国威胁论"，从根本上回答了人类希望有一个怎样的世界，以及怎样构筑这样的世界这些中国和国际社会所共同面对的重大命题。构建和谐世界是针对当前不和谐的世界发出的真诚而正当的呼声，不仅解决了中国发展道路问题，也是建立全球国际政治伦理与国际秩序的指导原则，是站在全球秩序角度，而非仅仅狭隘地站在中国自己的角度，是真正为世界政治体系建设服务的有效理论。

和谐世界理念全面启动了中国建设软实力的进程。任何一个世界强国地位的确立，不仅仅需要硬实力，也需要具备相应的软实力。中国发展到今天，已经到了要下力气进一步增强软实力的新阶段，或者说到了一个下力气来发掘自身软实力巨大潜力的新阶段。和谐世界理念提出之后，逐渐被越来越多的国家和民众理解和接受，这本身就是和谐文化理论的强大力量在不断扩展。将来回顾历史，人们会发现，和谐世界、和谐文化理论是中华民族对人类作出的最大贡献。

四　和谐文化的推广与应用

在人类历史的长河中，从人类产生并依赖文化以来，文化便伴随人类从荒蛮时代走来，成为人类自身区别于自然界其他物类最重要的特征。和谐文化与所有文化的形成、成熟、指导实践一样，其宣传推广和应用实践是一个长期的历史发酵和沉淀过程。中国能成为全球唯一一个延续几千年文明香火不断的国度，其核心因素就在于中国文化血脉中的"和谐"基因，其包容性、适应性、忍耐性无与伦比。在我们推进文化大发展大繁荣，实现文化崛起的进程中，尤其要加强和谐文化的研究、推广和应用。

1. 明晰战略，加大和谐文化研究力度

尽管在中国，和谐文化本身成为国人特质之一，深入骨髓，潜入血脉，成为国人的自觉。但是自觉并不表明已经总结并成为一种战略。我们有很好的现实基础，但面对一个积淀几千年如此繁杂的文化理论系统，要做的工作不少，要进一步总结提炼，明晰和谐文化发展战略，加大和谐文化研究力度，使之更加系统、科学、开放、创新，更便于推广应用。

一是要有很清晰的战略发展思维。文化是一种潜移默化的力量，战略是一以贯之的安排。建议在中小学课本里增加和谐文化的内容，使中国人从小头脑中就有和谐文化的理念，就形成共同的文化价值观，就很明白自己从哪来，要做什么样的人，怎样做这样的人。二是要加强研究。社会上的各种研究力量和产业发展力量，都可以介入到和谐文化的研究中来，共同推动中国和谐文化体系的构建，以保障社会和自身的良性有序发展。江西省由产业资本搭台，成立与运作省级和谐文化研究会，是一种非常新颖的形式，能够快速积蓄力量，形成气势，传承和光大和谐文化，推动国家层面的和谐文化战略发展。

2. 承接传统，大力宣传和谐文化

和谐文化不是孤立存在的，也不是凭空冒出来的，它在中国甚至全世界范围内积淀了几千年，尤以中国发展最为成熟，最为系统，最具有实践指导意义。我们今天所说的发展和谐文化，构建和谐文化体系，就是要全面清晰地定位和谐文化的历史地位和重要作用，深刻反思我们传统文化中的优缺点，去其糟粕，取其精华，汲取传统文化中的和谐文化元素，结合新时代发展需要，建立和谐文化理念，促进民族融合与发展，推进中国特色社会主义事业伟大进程。

在承继优秀中华传统文化的同时，我们也要包容接纳全世界优秀文明发展成果，集之大成，行之大为，成之大业。在这种相互融合与学习进程中，应着力凸显和谐文化的影响力、吸引力和包容性，在全民族、全社会、全世界大力宣扬和谐文化，宣传和谐文化与人类要建立的生态文明之间的

理念、目标、行动上的共通性。目前我国在多个国家推广设立的孔子学院，应增设和谐文化的课程，大力推广和谐文化，促进和谐文化与全世界优秀文化的交流与融合，推进和谐文化的全球发展。

3. 构建体系，提高中华文化软实力

积极构建和谐文化体系，使之适应当前世界形势，适应当前社会、经济发展趋势，适应人类面临危机的自我调节能力。使和谐文化真正成为我们社会的主流文化，不断丰富发展，使之具有高度的融合力、强大的传播力、广泛的认同力，提高中华文化软实力，为中华民族的伟大复兴提供思想武器。

在构建和谐文化发展体系的过程中，要特别注重中国文化软实力的提升和中国发展环境的优化。当前中国已成为世界第二大经济体，不久的将来还将成为全球第一大经济体。中国早已不是积贫积弱、内忧外患的弱国，中国的和平崛起已经是不争的事实，中华民族的伟大复兴已经是人类社会不可阻挡的历史趋势。中国的发展不仅仅是中国一个国家的事情，而是全球的大事，特别是中国战略目标的定位和战略力量的使用，不仅东南亚及亚洲各国关心，世界上所有的大国都关心。在这种情况下，我们尤其要注重发展软环境的优化，减轻复兴路上的阻力。

4. 创新手段，大力发展和谐文化产业

一个文化体系，不管如何先进，归根结底是依附在产业上，特别是在信息化高度发展的今天，没有强大的文化产业，再先进的思想文化，也可能如深山修行的老道，空有一身道行，却影响不了几个人。目前，在西方发达国家，文化产业占 GDP 的比重都普遍高于 10%，全球文化市场中美国占比超过 43%，而中国只占 4%。这种产业发展状况显然同中国发展的规模不相配套，也与中国先进文化发展要求不相适应，我们迫切需要大力发展经营性文化产业，创新文化产业形式，抢占文化产业制高点，需要更多的产业资本进入文化产业，以产业大发展推动和谐文化事业大发展。

本文以一个理论爱好者的角度，对党的十八大提出的"五位一体"总体布局作了一个阐述，对和谐文化与"五位一体"建设的关系谈了一些看

法，对和谐文化的整个体系理了一个脉络，希望能给读者一个参考，引起一些共鸣和思考，以共同把我国这么优秀的民族文化发扬光大。文化是一个民族和社会的根本，各种民族的竞争最核心最本质的体现是在文化上。一个民族，没有共同文化观，就无以形成共同理想、共同目标，最终会是一盘散沙，多少帝国只在人类文明生态发展史上昙花一现，最大的原因就是败在文化上。我们要更加自觉地构建和谐文化理论体系，用以指导我们的各项工作，充盈国人精神价值，提升中华文化软实力，推动人类文明向更加健康、可持续的方向转型和发展，使中华民族始终屹立于世界民族之林。

作者简介

　　彭泽洲　　1959 年 12 月生，汉族，江西吉安县人，中共党员，南开大学经济学硕士，中国科学院构造地质理学博士，吉林大学地球探测与信息技术博士后，高级工程师。曾任九江市副市长，现任江西省地矿局党委书记、局长，江西省和谐文化研究会会长。在中国化学工业出版社出版《水环境数学模型及其应用》等专业书籍，在全国中文核心期刊《中国党政干部论坛》发表《略论和谐文化战略的五个要点》等学术论文。

王乔 陈荣

"十二五"时期税制改革之我见

2011年3月16日发布的《中华人民共和国国民经济和社会发展第十二个五年规划纲要》(以下简称《纲要》)中就改革和完善税收制度提出:"按照优化税制结构、公平税收负担、规范分配关系、完善税权配置的原则,健全税制体系,加强税收法制建设。扩大增值税征收范围,相应调减营业税等税收。合理调整消费税征收范围、税率结构和征税环节。逐步建立健全综合与分类相结合的个人所得税制度,完善个人所得税征管机制。继续推进费改税,全面推进资源税和耕地占用税改革。研究推进房地产税改革。逐步健全地方税体系,赋予省级政府适当税政管理权限。"《纲要》为"十二五"时期的税制改革指明了方向,但税制改革是一个系统工程,就目前的形势来看,我们认为新的税制改革需着力解决"四大问题",并应着力做好四个主要税种的改革。

一 "十二五"时期税制改革面临"四大问题"

根据《纲要》精神,结合面临的新形势、新任务,认真总结以往税制改革的经验,"十二五"时期税制改革应认真落实党中央、国务院改革和完善税收制度的要求，以科学发展为主题，以加快经济发展方式转变为主线，以保障和改善民生为立足点，积极构建有利于转变经济发展方式、促进科学发展的税收制度。而要做到这一点，就需着力解决好以下"四大问题"。

1. 增税还是减税——税制改革的方向问题

2008 年以来实施的一系列减税措施在鼓励投资、扩大消费、促进就业、调整经济结构等方面发挥了重要作用，为应对全球性的金融危机冲击、保持经济平稳较快发展起了重要作用。在我国进入"十二五"发展的时期，税制改革将为服务大局起什么样的作用，是继续减税还是增税。从财税体制的改革方向看，潜在的加税空间远远超过减税的可能，无论是房地产税、资源税的改革，还是增值税的扩大范围等，其潜在的指向都似乎倾向于加税。由此可见，虽然《纲要》在财税改革上的着墨并不多，但也隐喻着财税改革推进会更加艰难。

税收研究中有一个常识性的结论：任何税收都对社会有负面影响，增税都会减少就业机会、减缓经济增长、降低人们的生活质量。因此，税制变迁最大的特点就是减税，通过减税，可以获得国家利益、个人利益的最大化。中国历史上的发展就是例证，如汉代盛世、唐代盛世以及康乾盛世等时期的轻徭薄赋政策。美国历届有作为的总统也都是减税总统，如华盛顿、杰斐逊、小罗斯福等莫不如此。世界上的税制变迁有一个公理：减税请先废止流转税；如万不得已要保留部分税，请征所得税。即税制优化落实到税种上，就是要采取以所得税为主体的税制结构。这不仅表明了税收必须减少的大方向，而且也表明了税制必须减少对消费支出征收的流转税，尽快过渡到以所得税征收为主的大方向。

是减税还是增税，是以所得税为主体还是以其他税为主体，关系到"税制改革的方向"，这被认为是市场思维模式与计划思维模式在世界经济领域的最后一战。就税收本身来说，我国的税收主要是间接税，个人所得税在改革之前占 6% 多，最近工资薪金费用减除标准提高到 3500 元后，个人所得税所占比例连 5% 都不到了，95% 是什么？95% 是增值税、营业税、企业所得税等税（尤其是增值税、消费税、营业税等间接税，占税收收入的 60%）。我们去买任何东西，诸如买馒头、面包等里面包含的税也不少，而这些税主要由工薪阶层承担，因为工薪阶层的收入不高，大多数的钱必须用来消费，因此他们负担的税就较多，所以，我国税制改革的重点实际上要大幅度地降低这些间接税。而反过来需要逐步提高个人所得税的比重，因为个人所得税是调节收入分配的，是税制改革的方向。

2. 直接税与间接税——主体税制问题

1994 年财政部和税务总局设计并上报国务院得到批准的新税制框架，是以流转税和所得税为双主体的，但当时的经济发展水平，根本不可能实行流转税和所得税双主体税制。虽然方案的指导原则明确新税制为"双主体"，但实际执行的结果是 70% 多的流转税和略高于 15% 的所得税这种"单主体"的税制。目前，增值税、消费税、营业税三个税种相加占税收收入的 60%，如果加上同属于流转税的以关税为代表的其他税种，流转税和间接税的比重占税收收入的 70% 以上；而直接税的两个税种——企业所得税和个人所得税占比为 20% 多一点，所以对我国税制而言，一直想解决而未能解决的是直接税的份额问题。而直接税的占比低，特别是缺乏直接针对居民个人收入征收的直接税，这种情况已到了不得不下狠心解决的地步。

这种单一的格局已经凸显两大弊端：一是现行税收体系的功能不够健全，不利于经济发展方式转变；二是税制结构差异，商品售价内外倒挂，不利于扩大内需。税制发展的规律是由简单原始的直接税向间接税发展，再由间接税向发达的直接税发展。"十二五"时期，我国税制改革的重中之重是加大直接税改革的力度，增加直接税的比重，充分发挥所得税作为直接税的宏观调控作用，以利于经济发展方式转变。

从世界经验来看，一个普遍的规律是，经济越发达，所得税的比重越高。而目前来看，中国的税制结构，在发展中国家里面，所得税的比重也是偏低的。提高所得税所占比重，适当降低流转税在税收结构中的比重，这是大趋势。

3. 中央税和地方税——税政管理权限问题

1994 年实行的分税制改革，有效缓解了中央财政困境，但随着时间的推

73

移，对地方财政运转的不良影响日趋明显。目前我国的地方税体系建设滞后，税源相对集中稳定、征管相对便利、收入潜力较大的税种，大多是中央税或共享税；而留给地方的大多是税源分散、征管难度大、征收成本高、收入不充分不稳定的小税种，使地方政府很难通过地方税有效组织财政收入，提供公共服务以及调节经济。客观上刺激或迫使地方政府及其所属部门只能通过非税方式，诸如土地批租等方式筹集财政收入，以满足财政支出的需要。中央和地方的税政管理权限划分不规范，税权过于集中于中央，不利于调动地方的积极性，不利于地方政府利用税收杠杆调控区域经济。

财力集中的好处在于中央政府可以通过转移支付和其他方式，保障各种开支并推动区域协调发展。但是过度集中又会增加管理成本，降低资金运用效率。在统一税制的基础上，应该让地方政府根据当地的资源禀赋、发展阶段、产业结构等情况，综合衡量，合理把握。给予地方适当的税政管理权限，增加地方政府可支配财力，体现了向"有限政府"的转变。这有利于地方政府因地制宜，对税收进行调整，更好地履行职能，推动地方经济和社会发展。

4. 收入分配与经济发展方式——税制改革的目标任务问题

收入分配问题成为全社会关注的焦点、经济发展方式转变的难点。改革开放以来，随着我国经济的高速增长，居民收入水平也大幅提高，但也出现了收入分配秩序混乱的现象，助长了居民收入分配失衡的趋势。诸如社会上一些利益群体，在改革开放过程中依靠行政权力、垄断地位、身份优势以及在政策制定、舆论宣传等方面的影响力获得了巨额利润和不合理收入，影响了合理收入分配格局的形成，以至于维护公平正义的政策难以落实，社会积怨颇大。收入分配秩序是否合理直接关系到收入分配的结果是否公平，关系到经济发展的好处能否有效惠及各阶层。我国国民收入分配结构严重不合理，不仅成为经济生活的主要问题，而且开始成为社会生活的突出矛盾。

分配不公抑制社会发展进步的动力，使低收入者生活困难、社会地位下降，降低对改革的认同感和参与改革、投身建设的积极性；而既得利益者害怕改革触及自身利益，则会成为改革的阻力。分配不公影响社会和谐稳定，当前出现的一些社会矛盾和冲突，包括许多群体性事件，很多都源于分配不公引起的贫富差距悬殊。

而规范收入分配秩序，建立合理的收入分配制度，对于提高居民的生产积极性和经济效益具有激励作用，有利于加快经济发展方式的转变。从某种意义上说，正是由于居民收入增长赶不上 GDP 增长，同时收入差距持续拉大，众多的中低收入者购买力低下，才导致了我国的经济增长主要靠投资和出口拉动。出口依存度过高，是我国经济在国际金融危机中受到严重冲击的重要原因。而我国之所以能够在世界上率先走出危机、实现经济企稳向好，重要原因就在于我们强调加快转变经济发展方式，着力扩大国内消费需求。但也应看到，要充分发挥我国国内市场潜力大的优势，形成与大国经济发展相匹配的强大内生动力，必须进一步深化收入分配及相关领域改革，尽快调整和优化收入分配格局。

收入分配不合理、贫富差距逐步扩大，是"十二五"时期避不开、绕不过的重大问题。转变经济发展方式内含着产业结构提升，内含着创新，内含着分配结构更加合理，内含着既不放弃外需，又特别重视内需，所有这一切都有赖于国民收入分配结构的调整，而国民收入分配结构的调整都寄希望于税制的改革。

二 税制改革应认真应对"四个税种"

要真正解决"四大问题"，"十二五"时期税制改革所涉及的四个主要税种必须认真应对。

1. 关于增值税

扩大增值税征收范围。我国现行的增值税与营业税并存的税制存在制度性的缺陷，表现在：营业税全额征收，重复征税；两税并存，增值税抵扣中断；商品和服务贸易区别对待，政策存在歧视。当前我国产业结构不合理，第一产业、第二产业偏重，第三产业偏弱。把增值税扩大到第三产业，尤其是交通运输、建筑安装以及物流业等生产性服务业，以代替原来的营业税，可以减少重复征税因素，减轻服务业的税负，有利于产业发展和结构优化调整。目前，我国对工业部门征收增值税，对服务业征收营业税。由于增值税具有抵扣机制，而营业税是全环节全额征税，导致服务业承担的税负较重。事实上，我国经济发展方式的转变、经济结构优化的一个重要举措就是要加快现代服务业的发展，而服务业增值税制的改革有助于消除制度性的缺陷，避免服务业的重复征税，有利于服务业的分工协作，有利于服务贸易的发展。

理论界普遍认为增值税是个好税，因为增值税针对增加值征收，增值税与成本剥离，只要货物流通，能环环抵扣且不重复征税，所以增值税征多少不会影响居民负担，稳定、中性、平和，也符合中国人的传统习惯。但我国目前的增值税并非完美无缺，除扩大增值税征收范围这个主要问题外，也存在以下几个问题。

第一，税率。我国现行增值税实行三档税率，分别为17%、13%、0，另有一个征收率3%。在我国周边18个开征增值税的国家和地区中，有15个国家和地区增值税的基本税率不超过15%，占83.3%。[①] 相比而言，我国的税率偏高。因此，可考虑扩大征收范围后增值税税率实行三档税率，分别为13%、10%、0，另设一个简易税率3%。此举对抑制物价上涨也有直接效果。

第二，纳税申报。我国增值税纳税人数量据推算在2600万户以上，在一个纳税期限期满之日起15日内申报，数量之巨、难度之大，显而易见。因此，可考虑扩大征收范围后增值税的纳税期限分两类，即一般纳税人以1个月为一个纳税期限，小规模纳税人以3个月为一个纳税期限，期满后1个月内纳税申报。

第三，税收分成。现行增值税的分成为中央75%，地方25%，增值税成为最主要的中央财政收入。这个分成比例在某种程度上直接导致地方政府过分依赖土地出让金维持地方财政，推高住房价格。因此，可考虑扩大征收范围后增值税提高地方的分成比例，以使财权、事权有机结合，同时严禁各级税务系统批准任何企业合并纳税，将本应属于基层政府的收入向

---

① 刘佐：《关于中国"十二五"税制改革的初步探讨》，载《"十二五"时期税制改革研讨会论文汇编》，东北财经大学财政税务学院，2011年7月。

上级政府转移。

2. 关于个人所得税

个人所得税的改革应突出税收对收入分配的调节作用。《纲要》再次提出推进个人所得税改革，其实质反映了我国未来税制改革的一大方向——逐步提高直接税的比重。

从个人所得税的功能定位与我国现实的运行状况来看，可以看到，现行的个人所得税采取单一的分类制度，造成内外不公、城乡不公、不同产业不公、不同所得不公以及生计扣除不公等税负不公，不适合调节收入分配差距的需要，而且有时是极不公平的。因为个人之间的收入差距，是一种综合而非分项的收入差距。将个人所得划分为若干类别、分别就不同类别征税的办法，固然便于源泉扣缴，不易跑冒滴漏，也能起到一些调节收入差距的作用，但是，在缺乏综合收入口径基础上实现的调节，毕竟是不全面的，甚至可能是挂一漏万的，何况我们还应考虑家庭之间的收入差距。

让高收入者比低收入者多纳税并以此调节居民之间的收入分配差距，就要实行综合所得税制——以个人申报为基础，将其所有来源、所有项目的收入加总求和，一并计税。这既是各国个人所得税制历史演变的基本轨迹，也自然是我国个人所得税的改革方向。

2011年提高工资薪金所得个人所得税费用减除标准（由2000元／月提高到3500元／月），实际上未真正触及改革的实质内容和中心环节。要在个人所得税改革上取得突破性的进展，不能满足于"小步微调"，还得下大决心，着眼于做"大手术"，即瞄准"综合和分类相结合的个人所得税制"改革目标。鉴于目前直接从分类计税迈向综合计税存在很多困难，而推进综合与分类相结合的个人所得税制度则更符合目前的现状，也有助于更好调节收入分配，应是下一步改革的方向。

个人所得税改革是最难以说清楚的改革，多少专家学者莫衷一是。而我国贫富差距日渐悬殊，社会各阶层躁动不安，不能不说个人所得税有责难逃。我们认为，个人所得税改革需攻克以下几个重点。

第一，科学制定综合和分类相结合的所得税制度。一是设置统一的、按家庭计算收入和扣除的综合个人所得税。目前可考虑将工资薪金所得、个体工商户生产经营所得、对企事业单位的承包承租所得、劳务报酬所得、稿酬所得、财产租赁所得等连续性、劳务性的所得合并计税，按年计征，按月（次）预缴，以累进税率的形式征收，年终汇算，多退少补；对利息股息红利所得、特许权使用费所得、偶然所得、财产转让所得中的不动产转让所得、股票债权转让所得以及其他偶然性、资本性所得单独计税，按次计征，以比例税率形式征收。二是清晰界定家庭概念。

第二，合理调整税率。可借鉴国际经验，对于累进税率设置五档或更少的税率级距（2011 年工资薪金所得个人所得税税率级距的调整就是一个好的选择），并降低最高级次的边际税率，避免过重的税负对高收入劳动者产生较强的替代效应；另外加强个人所得税与企业所得税之间的协调，可采用免税法、减税法等避免重叠征税。

第三，科学制定扣除制度。可参照各国通用做法，将综合所得税制度下的扣除项目分为基本扣除、生计扣除和特殊扣除等三个部分。

第四，税收分成。理论上说，个人既是一国的公民，又是一个地域的居民（非居民除外），个人所得税应当属于共享税。因此，个人所得税的收入分成可考虑中央 50%，地方 50%。

3. 关于资源税

现行资源税的主要目的是调节资源级差收入，使各个资源开发企业在较为合理的赢利水平的基础上开展竞争，促使企业改善经营管理，提高经济效益。但没有表达政府对资源的所有权和管理权，无法通过征收资源税体现保护资源、限制资源开采的意图。

为了科学合理地开发和利用资源，必须进一步完善和改革资源税。通过资源税改革，促进节能减排，促进社会经济可持续发展。因此，应完善资源税的立法宗旨，树立环境保护和可持续发展的理念。因此，资源税改革应从以下方面进行。

第一，扩大课税范围。现行资源税的征收范围仅限于矿产品和盐，应按照公平税负的原则，将征收范围逐步扩展到所有自然资源，按照"宽税基、低税率、少优惠"的基本思路设计。一是资源税的课税范围逐步扩大到土地、森林、山岭、草原、水、动植物、海洋等自然资源。基于目前的征收管理水平，可考虑先将国家目前已经立法管理的资源纳入其中，如水、土地、森林、草场、海洋、渔业、滩涂等资源。二是对现行资源税范围进行重新调整，将土地使用税、耕地占用税、水资源费等并入资源税，成为资源税的税目，从而建立起一个具所有权性质的生态物质资源税制。

第二，合理确定税率。在确定税率时应充分考虑和认识到以下因素：政府资源所有权和使用权的让渡价格应以劣等资源为基础；表达资源的稀缺度、人类的依存度；反映资源开采形成的外部成本；考虑资源再生成本、不可再生资源替代品开发的成本、生态补偿的价值等资金需要。

第三，完善计税依据。资源税的计税依据应当使资源开采人为其开采的所有资源付出代价，而不仅仅是已获利的被开采资源。理想的办法应当是按储存量计税，即按照开采应税资源的单位或个人实际消耗的可采储量作为计税依据，这样开采人如能合理有效地开采资源，等量的资源储量消耗可以生产出较多的产品，单位产品的税额也就相对较少，企业可以获得较多的利润，这就能促使企业合理地开采资源。这种方法尽管符合资源税的立法精神，但其操作难度较大。目前，现实的选择是以应税资源的实际产量为计税依据，而不必考虑该产量是用于销售或自用。这样能够从税收方面促使经济主体从自身经济利益出发，以销定产，尽可能减少产品的积压和损失，使有限的资源得到充分利用。

第四，合理确定优惠政策。明确可以享受优惠减免的条件和优惠减免权的归宿，杜绝资源税中各种非法减免和越权减免的发生；同时，将税收优惠政策重点由鼓励资源开采转为鼓励资源节约，制定必要的鼓励资源回收利用、开发利用替代资源的税收优惠政策，提高资源循环再生的利用率，使资源税成为发挥生态环境保护功能的税种。

此外，应完善税源监控机制。一是税务登记的源泉控管。应从登记这一源头切实加强纳税人的户籍管理，严格登记管理制度，建立以工商、矿产、安监、公安注册登记为源头的信息网络体系，建立健全资源税重点税源监控和税收源泉控制机制，防止漏征漏管。二是完善属地征收管理，提高税收征管效率。

4. 关于房地产税

我国现行税收制度中涉及房地产方面的税种达 11 种之多，遍布于房地产的各个环节。这些税种可分为两类：一类是直接针对房地产而设置的税种，具体包括房产税、土地增值税、城镇土地使用税、耕地占用税和契税；另一类是与房地产有关的税种，具体包括营业税、城市维护建设税、教育费附加、印花税。另外，房地产税收制度还涉及企业所得税和个人所得税。

多年来，现行税制发挥了不小的作用，但随着房地产行业快速发展，其税收中存在的问题也越来越明显地暴露出来。主要表现在以下几个方面。

一是税制结构不合理。现行的房地产税费构成的特点是房地产开发流通环节税费多，税费负担重；而房地产保有环节课税少，负担轻，且税收优惠范围大。这种税收分布结构产生了以下的消极作用：土地闲置、浪费严重；进入流通时，土地承受过高的税负，从而助长了土地的隐形交易，逃税现象严重；在保有阶段发生的增值部分，由于没有税收的调节机制，使政府无法参与增值价值的再分配，而流向了保有者，因而刺激了房地产投机行为，导致炒作泛滥，拉大了贫富差距。显然，这样的税收制度是导致房地产投机，也是造成部分城市房价居高不下和房地产泡沫的原因。

二是计税依据不合理。表现为：按面积而不是按价值的征收形式不能反映房产市场价值，不能反映土地级差收益和房地产时间价值，具有税源不足而缺乏弹性的缺陷；从租计征与按历史成本从价计征的房产税相比，从租计征显然税负过重，这不仅弱化房地产税组织财政收入的职能，也违背了税收公平原则。

三是征税范围过窄。目前城镇土地税与房产税，只限于城市、县城与建制镇以及工矿区，而把广大农村的一些应征对象排斥在外；在征税范围里也把国家机关、人民团体、军队以及由国家财政拨款的单位自用及个人所有的非经营性房地产等列为免税对象。

四是征收对象交叉，存在重复征税现象。主要表现在：房地产转让收入既要缴纳营业税、城市维护建设税、教育费附加和印花税,还要就房地产增值部分缴纳土地增值税和所得税,土地增值税和所得税存在重复征收;房屋出租取得的收入,需同时缴纳房产税、营业税、城市维护建设税、所得税、城镇土地使用税等,房产税和营业税存在重复征收;对房地产的取得要征收印花税和契税,两者均以合同金额即成交价格为计税依据,显然也存在重复征收。

前几年理论界一直在研究将"房产税、城镇土地使用税、土地增值税及有关收费"合并为物业税,对个人住宅保有环节的房地产征税,但由于"土地所有权"问题和立法程序等限制,推出难度较大。2010年以来,理论界研究的重点转向现有房产税改革,把房产税作为调控房价的政策"组合拳"。改革的趋势就是把房产税的征税范围扩大到住宅领域,在个人自用房产保有环节征税。我们认为,房产税制的改革应从以下方面入手。

第一,房地产税的功能定位。短期内,房地产税改革应以"支付能力"为原则,功能定位于"发挥调节作用",以调节收入分配和产业结构为主,保护土地资源和引导地方政府行为为辅的目标;从中长期看,应以"受益论"为指导,功能定位于"成为地方主体税种",完善地方税制。

第二,我国房地产税税制模式的设计。我国房地产税应实行个别财产税模式,短期应以完善和推广房产税为主;中长期则重新构建房地产税,将房产税和城镇土地使用税合并形成不动产税,改革土地增值税,合并印花税和契税并进行调整。形成流转税、所得税和财产税相互配合的税收体系。

第三,房地产税税制改革应注意以下几个问题:①所谓住房"刚性需求"在很大程度上是由于投资渠道不畅所导致的,如果能够拓宽投资渠道,住房投资、投机需求将减少。房地产税的征收如果仍使投资成本低于房价上涨幅度,则不具备调控房价作用。因此,不能完全寄希望于房地产税来抑制房价。②房地产税不是解决"土地财政"的良方,"土地财政"根源不是地方财政收入匮乏,而是制度缺陷导致。要解决这一问题,应从政绩考核、完善制度监督入手。不过如果房地产税成为地方主体税种后,可以减少地方追求GDP的冲动,引导地方政府行为。③房地产税对房地产业不具有直接调控作用,如要引导资本在产业间合理流动，可通过房地产转让环节税种（如企业所得税、土地增值税）进行调节。④土地出让金应分解成两部分，一部分作为"租"征收，另一部分为土地增值，和房产税合并征收房地产税。成为租的土地出让金收入应归中央，和税收一起成为财政收入，通过规范的转移支付方式返还给地方，保证地方财力，实现事权与财权的一致。此外，房地产税改革应让民众达成普遍的共识，否则征收的阻力将非常大。一个良好的税制一定是老百姓普遍接受的税制，因此，适度的免税非常重要。

"十二五"时期税制改革方案的实施，显然要以触动各方面的既得利益格局为代价，所遭遇的种种难题的破解将最终取决于相关的利益主体能否跳出个人利益、部门利益、地方利益的局限而跃升至国家利益、宏观利益的层面上考虑问题。鉴于改革已经步入攻坚阶段，各方面的既得利益格局这道关早晚要过，不会自动化解。而且，将改革继续拖延下去，肯定要付出更加昂贵的代价。因而，以极大的决心攻克既得利益格局的障碍，让各项亟待进行、拟议进行的税制改革破冰而出，是推进"十二五"时期税制改革并最终完成《纲要》任务的中心环节。

参考文献

贾康、程瑜：《论"十二五"时期的税制改革》，《税务研究》2011年第1期。

高培勇：《中国财政政策报告2010/2011——"十二五"时期的中国财税改革》，中国财政经济出版社，2010。

胡怡建：《推进服务业增值税改革，促进经济结构调整优化》，《税务研究》2011年第6期。

刘尚希：《物业税抑制房价不现实——关于物业税的种种误读》，《人民论坛》2010年第5期。

朱润喜：《个人所得税课征不公的主要表现及解决对策》，《税务研究》2011年第3期。

作者简介

　　王　乔　博士，1960年9月生，江西铅山人，现为江西财经大学校长，教授、博士生导师，江西省高校中青年学科带头人，兼任中国财政学会常务理事、中国税务学会理事、江西税务学会副会长、江西财政学会副会长、江西省法学会副会长、江西省人力资源和社会保障学会副会长。先后受聘为国家社会科学基金学科评审组专家、全国税务专业学位研究生教育指导委员会委员、江西省人民政府学位委员会硕士专业学位专家委员会专家、江西省人民政府学位委员会第一届学科评议组成员、武汉大学兼职教授等。长期致力于财税理论与政策的研究，近年来，在《经济评论》《会计研究》《财贸经济》等国内权威刊物上公开发表论文40余篇，主持国家社科基金项目及财政部、江西省社科规划办等省部级课题10余项，多次获得省部级优秀成果奖。先后出版《中国税收若干问题》《比较税制》《上市公司治理与股权再融资》《非税收入管理问题研究》等著作10余部。

　　陈　荣（略）

郭杰忠

中国特色社会主义是当代中国发展进步的根本方向

　　一个党、一个国家，举什么旗帜，朝什么方向前进，是关系党和国家前途命运的重大原则问题。旗帜代表形象，旗帜指引方向。中国共产党一贯重视旗帜问题。毛泽东曾经说过，主义譬如一面旗帜，旗帜立起了，大家才有所指望，才有所趋赴。旗帜就是写进党章的党的指导思想和行动指南。我们党在民主革命时期，先后把马克思列宁主义和马克思列宁主义与中国革命具体实践相结合的毛泽东思想作为旗帜。在这面旗帜下，取得了新民主主义革命的伟大胜利，建立了中华人民共和国，并进而建立了社会主义社会。在社会主义时期，我们党经过长期艰辛探索，在党的十二大之后又把中国特色社会主义作为自己的旗帜。中国特色社会主义是当代中国发展进步的根本方向。在这面旗帜指引下，中国发生了翻天覆地的变化，取得了举世瞩目的历史性伟大成就。在当代中国，坚持和发展中国特色社会主义，最根本的就是高举中国特色社会主义伟大旗帜，坚定不移走中国特色社会主义道路，坚持和发展中国特色社会主义理论体系，坚持和完善中国特色社会主义制度，夺取中国特色社会主义新胜利。

一 中国特色社会主义理论体系既坚持科学社会主义的基本原则，又结合我国实际和时代特征赋予其鲜明的中国特色，反映了当今时代发展的潮流和中华民族振兴的要求

中国特色社会主义，既坚持了科学社会主义基本原则，又根据时代条件赋予其鲜明的中国特色，以全新的视野深化了对共产党执政规律、社会主义建设规律、人类社会发展规律的认识。

中国特色社会主义坚持了科学社会主义的基本原则。科学社会主义是马克思主义创始人在深刻分析人类社会发展规律的基础上创立的。19世纪中叶，马克思、恩格斯对整个人类历史特别是资本主义社会进行了深刻分析和研究，揭露了资本主义社会的本质，使社会主义从空想变成了科学。他们得出一个结论：社会有机体的发展是一个自然历史过程，社会基本矛盾推动人类社会不断由低级向高级社会形态发展，资本主义必然被社会主义所代替。20世纪初，列宁领导十月革命取得胜利，使社会主义从理论变为现实。以毛泽东同志为核心的党的第一代中央领导集体带领全党全国各族人民完成了新民主主义革命，进行了社会主义改造，在一个落后的东方大国建立起社会主义制度，确立了社会主义基本制度，成功实现了中国历史上最深刻最伟大的社会变革，为当代中国一切发展进步奠定了根本政治前提和制度基础。毛泽东同志还带领全党全国各族人民对社会主义建设规律进行艰辛探索。他提出要把马克思主义基本原理同中国社会主义建设具体实际相结合，制定适合中国国情的路线方针政策和办法，从中国实际出发，独立自主地进行社会主义建设；强调要处理好社会主义建设的十大关系，正确区分和处理两类不同性质的矛盾。这些创新的成果和实践，为中国特色社会主义创立与发展奠定了理论基础、物质基础和实践基础。可见，中国特色社会主义坚持了马克思主义经典作家关于科学社会主义的重要思想，贯穿了马克思主义的立场、观点、方法，在理论和实践上都遵循了科学社会主义的基本原则。中国特色社会主义是科学社会主义在当代中国的政治标志、理论标志、制度标志和实践标志。

中国特色社会主义理论体系既坚持科学社会主义的基本原则，又结合我国实际和时代特征赋予其鲜明的中国特色，反映了当今时代发展的潮流和中华民族振兴的要求。中国特色社会主义理论体系是一个科学完整的理论体系，就是包括邓小平理论、"三个代表"重要思想、科学发展观在内的科学理论体系。以邓小平同志为核心的党的第二代中央领导集体带领全党全国各族人民深刻总结我国社会主义建设正反两方面经验，借鉴世界社会主义历史经验，深刻揭示社会主义本质，确立社会主义初级阶段基本路线，明确提出走自己的路、建设中国特色社会主义，科学回答了建设中国特色社会主义的一系列基本问题，成功开创了中国特色社会主义，形成了邓小平理论。以江泽民同志为核心的党的第三代中央领导集体，在国内外形势十分复杂、世界社会主义出现严重曲折的严峻考验面前，捍卫了中国特色社会主义，依据新的实践确立了党的基本纲领、基本经验，确立了社会主义市场经济体制的改革目标和基本框架，确立了社会主义初级阶段的基本经济制度和分配制度，开创全面改革开放新局面，成功把中国特色社会主义推向二十一世纪，创立了"三个代表"重要思想。党的十六大以来，以胡锦涛同志为总书记的党中央，坚持理论创新、道路创新和制度创新，提出了坚持以人为本、全面协调可持续发展的科学发展观，提出构建社会主义和谐社会、加快生态文明建设，形成中国特色社会主义事业总体布局，着力保障和改善民生，促进社会公平正义，推动建设和谐世界，推进党的执政能力建设和先进性建设，在新的历史起点上坚持和发展了中国特色社会主义。

科学发展观是中国特色社会主义理论体系的最新理论成果。科学发展观是马克思主义同当代中国实际和时代特征相结合的产物，是马克思主义关于发展的世界观和方法论的集中体现，对新形势下实现什么样的发展、怎样发展等重大问题作出了新的科学回答，把我们对中国特色社会主义规律的认识提高到新的水平，开辟了当代中国马克思主义发展新境界。党的十八大的一个重大理论贡献和突出亮点，就是深刻阐述了科学发展观的时代背景、科学内涵、精神实质和根本要求，表明我们党对科学发展观的认识达到了一个新高度。

二 中国特色社会主义理论决定着中国特色社会主义道路。中国特色社会主义道路，其实质就是当代中国的科学发展道路

道路的实质是发展轨迹、前进方向问题。道路正则方向明，道路歪则方向偏。长期以来，在中国特色社会主义道路问题上一直存在两种错误观点。一种观点认为社会主义就是社会主义，没有什么中国特色的社会主义，质疑中国特色，尤其是否定顺应潮流开拓创新，否定改革开放，其实质是在理论上对科学社会主义的教条主义诠释，在实践上主张走封闭僵化的老路；另一种观点强调中国特色而脱离社会主义的基本原则，随心所欲地曲解中国特色，尤其是歪曲改革开放，否定科学社会主义原则，抹杀社会主义与资本主义的本质区别，其实质是主张走改旗易帜的邪路。这两种错误思想的共同点，是把社会主义与中国特色形而上学地割裂开来乃至对立起来。这些观点在理论和实践上都是错误的，十分有害的。党的十八大报告，针对性地回答了这两种不同的声音，提出"我们坚定不移高举中国特色社会主义伟大旗帜，既不走封闭僵化的老路、也不走改旗易帜的邪路"，严正申明我们党既否决走历史老路的主张，也拒绝走另类邪路的主张，而是坚定不移地走中国特色社会主义唯一正确道路的根本态度和原则立场。当然，这条道路不是说已经尽善尽美，在前进的征途上还会遇到种种风险和挑战，关键在于要朝着正确方向不断深化改革，不断前进，使这条道路越走越宽广。所以党的十八提出，我们不仅要坚持而且要坚定不移地坚持中国特色社会主义道路。胡锦涛同志在党的十八报告中提出："中国特色社会主义道路，就是在中国共产党领导下，立足基本国情，以经济建设为中心，坚持四项基本原则，坚持改革开放，解放和发展社会生产力，建设社会主义市场经济、社会主义民主政治、社会主义先进文化、社会主义和谐社会、社会主义生态文明，促进人的全面发展，逐步实现全体人民共同富裕，建设富强民主文明和谐的社会主义现代化国家。"这是中国共产党领导全国各族人民在长期革命和建设实践的经验总结，也是我国改革开放 30 多年的实践创新。

中国特色社会主义道路是中国人民在长期实践中，历经风雨、艰难探索才开辟出来的一条符合中国国情的现代化道路。自1840年鸦片战争之后的100多年间，中华民族的无数有识之士为实现国家的现代化而发奋努力，但收效甚微。历史证明，在经济文化落后的中国要实现国家的现代化，除了走社会主义道路没有别的选择。新中国成立后，我们在社会主义现代化建设中曾经取得一系列成就，但也走过不少弯路，这就是仿照苏联模式，加之我们缺乏经验，造成了现代化建设中的不少失误。改革开放后，我们在中国共产党领导下，走自己的路，创造性地提出了坚持以经济建设为中心，坚持四项基本原则和改革开放两个基本点的新思路，逐步形成了经济建设、政治建设、文化建设、社会建设和生态文明建设五位一体的发展道路。经过30多年的发展，中国特色社会主义建设取得令世人瞩目的成就。今天的中国，经济繁荣，政治昌明，思想解放，文化鼎盛，社会和谐，综合国力显著提高，人民生活水平不断跃升，国际影响力越来越大。在世界经济危机仍然持续、西方资本主义面临重重困难的今天，中国式的发展道路愈益显得光彩夺目。一句话，中国特色社会主义道路经受了历史和实践的检验，得到了全党全国人民的衷心拥护，也受到世界人民的尊重。只有倍加珍惜、毫不动摇地坚持这条道路，才能把我国建设成为富强民主文明和谐的社会主义现代化国家，实现中华民族复兴的百年梦想。

坚持中国特色社会主义道路，建设中国特色社会主义，总依据是社会主义初级阶段，总布局是五位一体，总任务是实现社会主义现代化和中华民族伟大复兴。党的十八大报告提出"在任何情况下都要牢牢把握社会主义初级阶段这个最大国情，推进任何方面的改革发展都要牢牢立足社会主义初级阶段这个最大实际"。社会主义初级阶段这个基本国情决定了中国特色社会主义建设的根本任务，必须坚持把以经济建设为中心，坚持四项基本原则、改革开放这两个基本点，统一于中国特色社会主义伟大实践，这是我们党、我们国家兴旺发达和长治久安的根本要求。

建设中国特色社会主义"五位一体"的总布局，不仅使中国特色社会主义总布局更加完善、更加科学，而且使中国特色社会主义的内涵得到极大的丰富和拓展。胡锦涛同志在十八大报告中指出，"必须更加自觉地把全面协调可持续作为深入贯彻落实科学发展观的基本要求，全面落实经济建设、政治建设、文化建设、社会建设、生态文明建设五位一体总体布局，促进现代化建设各方面相协调，促进生产关系与生产力、上层建筑与经济基础相协调，不断开拓生产发展、生活富裕、生态良好的文明发展道路。"从十六大的"三位一体"，到十七大的"四位一体"，增加了社会建设的重要内容，从注重物的增长到尊重人的发展，这是在着力解决现代化进程中人与人的关系，为现代化进程提供稳定的社会架构，是科学发展的内在要求。从十七大的"四位一体"再到十八大的"五位一体"，增加了生态文明建设，强调为人民创造良好的生产生活环境，这是在着力解决现代化进程中人与自然的关系，努力使中国的现代化走上可持续发展道路，这是科学发展的本质要求和升华之举。

建设中国特色社会主义的总任务和总目标，是实现我国社会主义现代化和中华民族伟大复兴。具体讲，就是到建党 100 年时把我国建成全面小康社会、到新中国成立 100 年时建成富强民主文明和谐的社会主义现代化国家。这个总任务又可具体化为"三大历史任务"，就是继续推进现代化建设、完成祖国统一、维护世界和平与促进共同发展。这就为中国特色社会主义现代化建设描绘了总体的宏伟蓝图。

三 一个国家的发展快慢，和它所选择的社会制度及其完善程度有密切关系。坚持和发展中国特色社会主义，必须坚持和完善中国特色社会主义制度

中国特色社会主义道路，需要中国特色社会主义制度来保障。"中国特色社会主义制度，就是人民代表大会制度的根本政治制度，中国共产党领导的多党合作和政治协商制度、民族区域自治制度以及基层群众自治制度等基本政治制度，中国特色社会主义法律体系，公有制为主体、多种所有制经济共同发展的基本经济制度，以及建立在这些制度基础上的经济体制、政治体制、文化体制、社会体制等各项具体制度。"可见，中国特色社会主义制度是由根本制度、基本制度、具体制度和法规构成的一个完整的制度体系，是新中国成立 60 多年来、主要是改革开放 30 多年来，党领导全国人民取得的制度性成果，标志着中国特色社会主义全面走向制度化。

中国特色社会主义制度，是在社会主义实践中建立、完善和发展的，在经济、政治、文化、社会等各个领域形成的一整套相互衔接、相互联系的制度体系，为中国特色社会主义事业的发展提供了根本制度保障，集中体现了中国特色社会主义的特点和优势。中国特色社会主义制度作为中国共产党和中国人民的伟大创造，与当今世界其他制度体系相比较，具有坚持人民主体地位，发挥人民主人翁精神，最广泛地动员和组织人民依法管理国家事务和社会事务、管理经济和文化事业、积极投身社会主义现代化建设，保障人民权益，保证人民当家做主，凝聚各族人民力量的政治优势，符合我国国情，代表人民利益，顺应时代潮流。有利于解放和发展社会生产力，全面推进经济建设、政治建设、文化建设、社会建设、生态文明建设，实现以人为本、全面协调可持续的科学发展，完成中国特色社会主义的根本任务；有利于推进改革开放，不断推进理论创新、制度创新、科技创新、文化创新以及其他各方面创新，不断推进我国社会主义制度自我完善和发展；有利于维护社会公平正义，努力营造公平的社会环境，保证人民平等参与、平等发展权利；有利于调整国民收入分配格局，解决收入分配差距较大问题，使发展成果更多更公平惠及全体人民，朝着共同富裕方向稳步前进；有利于加强和创新社会管理，正确处理改革发展稳定关系，团结一切可以团结的力量，最大限度增加和谐因素，增强社会创造活力，确保人民安居乐业、社会安定有序、国家长治久安；有利于通过争取和平的国际环境发展自己，又以自身发展维护和促进世界和平，扩大同各方利益的汇合点，推动建设持久和平、共同繁荣的和谐世界；有利于保持党的先进性和纯洁性，增强党的创造力、凝聚力、战斗力，提高党科学执政、民主执政、依法执政水平。

坚持和完善中国特色社会主义制度。制度化问题是一个历史范畴，需要在实践中不断完善并加以验证。实践发展永无止境，理论创新永无止境，制度完善永无止境。理论的与时俱进催生制度的与时俱进，道路的不断拓展需要制度的不断完善。当然，中国特色社会主义制度的确立，使我们有了一个制度框架与制度体系，但是制度的确立并不等于制度的定型，巩固和完善社会主义制度需要我们不懈地努力奋斗。中国特色社会主义实践依然在探索过程中。社会的不断发展当然需要制度的不断变革与创新。中国特色社会主义制度只有通过持续深化改革，才能不断培育生长点、释放生命力、展示优越性。在深化改革、扩大开放中，不失时机地推进重要领域和关键环节改革，破除一切妨碍科学发展的思想观念和体制机制弊端，不断完善中国特色社会主义制度。完善中国特色社会主义制度，需要充分发挥我国社会主义政治制度优越性，积极借鉴人类政治文明有益成果，绝不照搬西方政治制度模式。诚然，当前我国社会主义民主法制建设与扩大人民民主和促进经济社会发展的要求还不完全适应，社会主义民主政治的具体制度方面还存在不完善的地方，在保障人民民主权利、发挥人民创造精神方面还存在不足。为此，我们应积极稳妥地推进政治体制改革，以保证人民当家做主为根本，以增强党和国家活力、调动人民积极性为目标，扩大社会主义民主，建设社会主义法治国家，发展社会主义政治文明。

中国特色社会主义理论、道路和制度三者统一于中国特色社会主义伟大实践。中国特色社会主义道路是我们党在新时期实践探索的新成果，是相对于社会主义的不同道路而言。中国特色社会主义理论体系是我们党在新时期理论探索的新成果，是相对于马克思主义经典理论而言的，是马克思主义在当代中国发展的新阶段。中国特色社会主义制度是社会主义在中国的制度形态展现，它是相对于其他不同社会主义国家的制度而言的。中国特色社会主义道路是实现途径，中国特色社会主义理论体系是行动指南，中国特色社会主义制度是根本保障，这是中国共产党领导人民在建设社会主义长期实践中形成的最鲜明特色。中国特色社会主义理论、道路、制度的有机统一，使我们能从完整的意义上更好地把握、坚持和发展中国特色社会主义，更好地践行中国特色社会主义的总目标、总布局、总任务，更好地践行中国特色社会主义的基本要求和共同信念，从而坚定中国特色社会主义的理论自信、道路自信和制度自信，解放思想，改革开放，凝聚力量，攻坚克难，实现全面建成小康社会、社会主义现代化和中华民族复兴的伟大目标，实现中国共产党人和中国人民的伟大社会理想。

作者简介

郭杰忠 1964年1月生，获中国社会科学院博士学位，教授。现为江西科技师范大学党委副书记、校长。同时受聘江西省委党校、南昌大学等多所高校任兼职教授。江西省哲学学会会长，中国历史唯物主义学会副会长，江西省马克思主义理论研究的学科带头人，首席研究员。被中国社会科学院世界社会主义研究中心聘任为常务理事，为该中心聘任的江西唯一研究人员。

近年来，主持完成省级以上重大研究课题20余项。其中，主持完成国家社科基金项目2项，研究成果《实践和发展：马克思主义生产力理论研究》被评定为国家优秀社会科学成果；主持在研国家软科学项目1项，主持江西省经济社会发展重大招标课题3项，江西省社科规划重点课题2项等。先后在《人民日报》《中国政治》《前沿》等国家级刊物上发表论文、论著、调研报告80余篇，多篇文章被《新华文摘》《中国社会科学文摘》、人大《复印报刊资料》转载。获江西省社会科学院优秀成果特等奖1项，5项成果获江西省一等奖，5项成果获江西省二等奖，有的成果得到江西省委省政府领导的肯定性批示，有的被有关部门采纳。

郑克强

微博的民意表达与政府的应急管理

人们常用最具代表性的生产工具来描述一个历史时期。有人把人类文明的发展时代分为石器时代、青铜时代、铁器时代、蒸汽时代、电气时代、原子时代等。用这种思维模式来观照 20 世纪，当进入 20 世纪 50 年代以后，随着计算机的出现和逐步普及，信息对社会的影响逐步提高到一种绝对重要的地位。信息量，信息传播的速度，信息处理的速度以及应用信息的程度等都以几何级数的方式在增长。因此有人说，人类已经从电气时代走向了信息时代。在这个信息时代，信息高速公路——网络得到了广泛的应用，它深刻地改变着人类的学习、工作、生产和生活方式，上网用网成为人们生活的重要组成部分。因此，在现代网络环境下，民意表达的方式也多种多样，如网上信访、网络民调、BBS 论坛、新闻跟帖、博客与微博等。特别是 2009 年底伴随着微博这一新型网络载体的出现，网络所产生的现实或潜在影响，已超越单纯的技术范围而波及社会生活的方方面面。在南京移植梧桐树事件、大连 PX 项目迁址事件中，我们看到了网络"围观"的力量；在"李刚门"事件、郭美美炫富事件中，我们发掘了网络监督的利器；在宜黄拆迁自焚事件、乌坎民众抗争事件中，我们开启了网络维权之门。

网络民意的信息传播速度之快、舆论影响和社会震荡之大，加大了政府应急管理的难度，对政府应急管理提出了更高要求。

一 微博民意表达的现状与问题

（一）微博及其特点

微博，即微博客（MicroBlog）的简称，是一个基于用户关系的信息分享、传播以及获取平台，用户可以通过 WEB、WAP 以及各种客户端组建个人社区，以 140 字左右的文字更新信息，并实现即时分享。微博在全球受到许多人的欢迎，国际上最知名的微博网站有 Facebook（脸谱），Twitter（推特）。

微博在我国于 2009 年底问世，2010 年被称为"中国微博元年"，2011 年被称为"政务微博元年"。据统计，我国微博用户数从 2010 年底的 6311 万爆发增长到 2011 年上半年的 1.95 亿，增长率达 208.9%，截至 2011 年底，用户数已增长至 2.5 亿，继续增长 28.2%。随着 3G 技术的出现，手机与电脑实现了密切结合，从而使微博这一新型传播工具有了更丰富的表现力和强大的传播能力。微博民意表达的特点如下。

1. 即时性

即时性是指网络媒体不仅能在第一时间提供事件信息，而且还能以丰富多彩的信息使人们在短时间内对事件有一个完整而清晰的了解。庞大的微博群，简便、易用的写作方式，可以实现与新闻事件的同步，将最新的、第一手的新闻信息呈现给网友，充分体现了网络的时效性。特别是微博的发展，会催生许多"草根记者"、"民间电视台"在"第一时间"、"第一现场"将"第一手材料"发布出去。

2. 互动性

微博不仅是信息发布的平台，更是博主与网友、网友与网友之间交流的平台，他们共同参与建设。它们与传统的平面媒体完全不同，可以实现真正意义上的实时互动，甚至博主与网友可以成为真正意义上的对话者。

3. 虚拟性

互联网存在状态是无形的，它以文字、声音、图像等作为存在形式，因而，并不存在现实世界中的个体属性、地域属性。由于它的无形存在，因而形成了一种虚拟的环境。在这种环境里，博主与网友"相见"，主要是通过文字、声音和图像等方式实现"面对面"的交流，大多数网友会说真话、说实话，当然也有个别人也会放纵，甚至谩骂攻击。

4. 平等性

与现实世界不同，网络自出现以来，便以平等的姿态而存在，网络中的任何人都是平等的一员，从而消融了现实社会的职务差别、身份差别、年龄差别。微博以其平等性吸引了越来越多的人参与，平等对话随处可见，不平等的对话在网络中是站不稳脚的。

5. 导向性

微软首席执行官史蒂夫·鲍尔默曾预测："今后十年内，所有媒体消费都将通过互联网渠道进行。"可以说谁掌握了新媒体，谁就掌握了主动权、话语权。特别是在微博里面，一个意见领袖往往能够在文化思想传播、舆论引导方面发挥出关键作用。在微博里面有一个概念叫做 follow，就是"跟随"的意思，它在微博群里面会形成一个个意见领袖。比如这群人很信服某一个评论股市、房市的高手，那么一下子几十万人就跟着他走了，形成庞大的舆论力量。在突发事件中这种导向性也很明显，如云南的"躲猫猫"事件、南京天价烟事件就是典型例子。

（二）微博民意表达的发展走势

网络平台重构了社会结构和社会利益的沟通模式，实现了社会沟通模式由纵向金字塔形向横向扁平化的改变，极大地促进了基层社会利益的直接表达。尤其是微博平台，更是极大地释放了公众的话语权，微博民意表达的发展走势如下。

1. 微博民意表达的主体范围继续扩大

尽管网民的构成与现实人群的结构存在差异，但随着网民的基数及普及率的增加，随着我国经济政治体制改革进程的加快，越来越多的公众希望通过网络来表达自己的利益诉求和政策建议，以实现其利益目标。由于微博平台有着其他民意表达渠道无可比拟的优势，因而有着不同的年龄、经济状况、职业背景和教育程度的网民，会越来越多地参与到微博民意表达中来，这也使微博民意表达主体的范围不断继续扩大。

2. 微博民意表达行为日趋理性

一方面随着经济基础的发展、教育的普及、网民的文化素质和媒介素养在不断提升；另一方面随着政治民主化进程的推进，公民权利意识日益增强，盲从、非理性的网络表达方式将逐渐被有序、理性的网络表达行为所取代。此外，党和政府对于网络民意的尊重和重视，注重引导网民多角度、多维度看待问题，以及培养网民识别谣言的能力，对于遇到网民们情绪化压倒理性之时，抑制过于偏激的言论，引导正确舆论导向也有着重要作用，这也将进一步促进微博民意表达行为日趋理性。

3. 与社会管理互动作用更为明显

微博为公众的政治参与引入了一种新的力量，在很大程度上补正了过去对于多元话语平台的意见的屏蔽状态，可以让更多的人从更多的角度通过互动来参与并解决公共问题。通过微博，政府机构可以即时传递关于社会事务或公共政策的信息，也可以对公众在这些信息后的疑问或建议给予解答与回应。从某种意义上说，微博或网络民意表达平台不仅实现了公众的广泛参与，也使政府与公众的平等对话成为常态，在上情下达的同时，下情也可上传，有利于解决转型时期的各类矛盾与问题，维护社会的和谐稳定。相信随着网络平台的不断发展与完善发展，民意表达与政府社会管理的良性互动效果会愈加明显。

4. 与传统媒体的融合更为紧密

微博这一新型媒体已成为引导和影响社会舆论的重要力量，然而，其社会综合影响力较之于传统媒体尚有差距，传统媒体作为专业的新闻生产机构，其影响力更易引起政府的关注与干预，其组织资源和专业信誉使它们更具备全面跟踪事件、深入挖掘事实真相的能力，可以说，传统媒体的介入会大大加快事件的披露进程。事实上，网络媒体与传统媒体的结合所产生的社会影响力往往大于两者单独作用影响力之和。借助传统媒体提供的助力，微博民意表达可以实现更为深远的影响和轰动效果，而且这种强烈的共鸣效果会使微博民意表达与传统媒体的互动与融合更为紧密。

（三）微博民意表达面临的问题

逐步提高群众在政治生活、社会生活中的"知情权、参与权、表达权、监督权"，这是我们党根据新形势确定的新要求。微博的出现和飞速发展正适应了这一要求，它使每个老百姓都有可能进行个人意见的表达，每个人的拇指和每台电脑的键盘都有可能变成一张报纸、一部电台、一家电视台，受众逐渐由被动接受向选择互动转移。当前的微博民意表达主要面临以下几个问题。

1. "网络广场"

在微博影响舆论走势越来越明显的网络时代，我们可以看到，政府官员的言行受到越来越广泛的监督，很难再像原本相对封闭的环境下发表意见，许多工作中的失误动不动就被发到网上，成为网民的议题，引起社会各界的广泛关注，而且很容易转变为公共事件。当变成公共事件之后，官员的上级领导又形成压力要去解决这些问题。所以有人称这种现象为"网络广场"现象，即通过舆论对公权力的执行过程和方式施加压力产生影响。有学者甚至提出，最好把官员运用微博听取民声、化解危机、引导舆论、服务社会的业绩列入政绩考评体系指标。中国的互联网更是一个超强的舆论场，与网上普通网民"大量发言"、"只说坏不说好"的"愤青"表现相对照的是大量机关干部"只看不说"，言论场的"沉默螺旋"特性得以放大。

2. "坏消息综合征"

"坏消息综合征"指中国网民喜欢发布和分享负面评论。在网络的信息海洋中，往往是那些负面的有噱头的内容更能引起广泛转载和评论，微博平台更是将这一"特点"呈现得淋漓尽致。在互联网上，坏消息点击率总是很高，而好消息问津的人很少。美国尼尔森发布的亚太各国网民的用户习惯报告，也印证了这一流行病。报告称，约有62%的中国网民表示，他们更愿意分享负面评论，是亚太区域内唯一分享负面比分享正面评价多的消费者。

应该看到，在负面消息中，负面评论也有值得肯定的一面，因为负面评论的存在，很大程度上反映出了网友维权意识的增强。但是，"偏好负面评论"要朝着有效促进问题解决的方向去引导，让"习惯性质疑"有螺旋式、阶梯式的上升和改进。

3. "群体极化"

"群体极化"，是指"在网络和新的传播技术的领域里，志同道合的团体会彼此进行沟通讨论，到最后他们的想法和原先一样，只是形式上变得更极端了"。群体中已经存在的态度倾向通过个体间的相互作用而进一步加强，并使观点朝着更加极端的方向发展，保守的会更保守，激进的会更加激进。当议题涉及公众的自身利益和需求时，一般都能得到网民们的赞成，反之则是一窝蜂地反对。网络民意表达的"群体极化"现象，在一定程度上有利于网络民意的迅速形成，但同时也带来民意表达的盲目性。

4. "网络暴力"

网络是个一哄而起的地方。网络民主很难作为社会民主的一块试验田，因为它的"非程序民主"极易导致"网络暴力"。不管"左"的还是"右"的网民，常常敏感于观点的分野而淡漠于对事实真相的追寻，习惯于用情绪化语言进行渲染并代替冷静的理性切磋。

二 学习运用微博做好应急管理工作

（一）高度重视微博在提高执政能力和执政水平方面的作用

运用信息网络技术来加强和改进党的建设，要求各级领导干部要学习和熟悉信息网络，善于运用信息网络，提高运用信息网络进行引导和管理能力。

建立"中国特色社会主义社会管理体系"，要紧紧围绕全面建设小康社会的总目标，牢牢把握最大限度激发社会活力、最大限度增加和谐因素、最大限度减少不和谐因素的总要求，以解决影响社会和谐稳定的突出问题为突破口，提高社会管理科学化水平，完善党委领导、政府负责、社会协同、公众参与的社会管理格局，加强社会管理法律、体制、能力建设，维护人民群众权益，促进社会公平正义，保持社会良好秩序，建设中国特色社会主义社会管理体系，确保社会既充满活力又和谐稳定。

（二）网络应急管理中的两个案例对比

案例一　宜黄拆迁自焚及伤员转移

2011 年 9 月 10 日上午，江西省抚州市宜黄县凤冈镇在拆迁期间发生了一起自焚事件，拆迁户三人一死两伤。这件事从拆迁自焚到网络轰动，从机场截访到微博转院营救，成为全国影响极大的一起公共事件。受拆迁自焚事件影响，对事件负有重要领导责任的宜黄县委书记邱建国和县委副书记苏建国被免职。详细过程不再叙述，我们重点看一下其中应吸取的教训。

在宜黄事件第一时间，网络上几乎没有来自宜黄县政府方面的任何声音，官方的集体失语把两位建国一下子推向了更大的话语平台拷问，后续的补救动作都变成了"白鼻金刚"式的表演，而且愈演愈糟糕。

传统政府应急管理以小时计，从村—乡—县—市—省直到国务院分成若干层级，上报信息都需领导签发呈报，少说也要 6 个小时。现在的微博可以在 1 分钟之内即由任何一个自媒体把现场突发事件情况发至网上，这样在第一时间形成的舆论便为滞缓的应急管理带来无穷的被动。微博对政府应急管理提出了全新的、严峻的挑战。

江西宜黄拆迁自焚事件给我们一个严重的教训：90% 的干部不知道什么叫"微博"，剩下 10% 的干部中可能有一半人虽然知道却从没有接触过"微博"，其中 2% 的干部在事态发展过程中又不知道怎么用"微博"来反映情况、引导舆论。干部和群众在话语上完全成了两家人，焉能不对立？我们应该对宜黄拆迁自焚事件有一个性质上的判断：这是一起因失地农民的补偿、安置等民生问题与地方政府推动经济发展、维护社会安定问题纠结在一起的人民内部矛盾引发的事件。宜黄拆迁自焚事件教训很多，2012 年江西省"两会"上，江西省委书记苏荣在接受对话时指出：江西省从 2011 年宜黄拆迁自焚事件中得到的教训是深刻的，要学会从互联网了解社情民意。

案例二　上饶拆迁自焚案

2010 年 8 月 6 日，江西省上饶县罗桥街道文家村吴德烈、许麦花一家被拆迁，随后与当地拆迁办发生强烈冲突。事发后有网友爆料，继而引起舆论关注。吴家儿媳杨慧芬 9 月初赴南昌上访无果，遂发文至凤凰网博客，自此走上网络求救之路。随后可能是地方做工作的原因，出现了杨慧芬二次进京举牌"求凤凰网删帖"的事，她在手持的纸板上写："凤凰网不删帖，我们也想回家，要我们怎么办？"此图被各网站转载，引起网友热议，事件开始成为网友和媒体关注的焦点。

10 月 14 日，此事发展到高潮，一些网络名人积极推波助澜，有多家省外媒体要介入采访报道。笔者在第一时间里给上饶县主要领导打了电话，他们非常重视，当晚即召集公安、宣传等部门研究对策。据了解，吴家在拥有自家住宅（446.96 平方米）的情况下，于 2006~2009 年 12 月期间擅自在上饶县文家村抢建一幢 4 层砖混结构 2460 平方米的房屋，其建设行为属违法行为，并伪造土地权证欺骗舆论。工作人员曾 30 余次上门劝说吴家拆除违章建筑，但均无效，才决定实施强拆。吴家组织 20 多人暴力抗拆，致执法人员被打伤 20 多人，重伤 1 人，涉嫌妨害公务罪等。

在充分掌握事实和做好对策准备的前提下，第二天凌晨以上饶县政府名义在网上公布官方掌握的有关资料，包括吴家伪造的土地权证复印件，非法骗取国家补偿的证明，拆迁现场暴力妨害执行公务的视频等。同时，笔者也在微博上积极配合，说明"打击违法行为"符合大多数群众利益，上饶县领导亲自出面协调表示了对"社会舆论的尊重"等等，从而使事件发生转折，比较快地化解了这场危机。

从这件事我们可以看出，网络管理不能只会封堵网络舆论，封堵最终只会导致矛盾激化。政府应学会运用网络还原事件的真实情况、执法依据及解决问题的办法。上饶县政府及时制作专题网页公布事实，说明他们已经意识到信息透明、舆论引导的重要性。当然，我们也要谨防地方商业势力绑架政府，谨防地方既得利益肆意妄为、徇私枉法、损公肥私和与民争利，谨防在各地连续出现的恶性强拆事件，使一般性的民众利益诉求上升为政治矛盾。上饶拆迁事件的妥善处理，成为国家有关部门编写的培训教材《2010年全国10大网络危机成功应对案例》之一。

（三）重视微博在政府应急管理中的运用

作为一种全新的自媒体和交流工具，微博传播中存在双刃剑效应：发布快捷，但难辨真伪；信息丰富，但碎片泛滥；表达自由，但催生暴力；强化监督，但监管困难；聚合注意，但去中心化。对互联网的认识是随着互联网的发展逐步成熟起来的，对微博的认识同样也需要不断完善。从总体上看，微博的出现进一步打破了传统媒体在传播领域的"一家说话"的情况，在促进民众自由交换信息、平等开展对话、关注公共事务、提高民主素养、参与社会管理等方面起到一定的积极作用，符合社会发展需要和传播发展规律。政府和官员应当重视微博、研究微博，成为微博发展潮流的先知先觉者，规范微博、用好微博，引导微博发挥积极的作用。

三 政府应急管理的重要原则

在微博这个新的舆论场中，政府和公众在共同学习，共同成长。随着越来越多的政府机构与官员微博的开通，微博问政更是成为微博上一道独特风景。自2011年6月30日江西省首个微博服务平台——"江西微博"（t.jxcn.xn）正式开通以来，广东、江苏、安徽、湖南等多个省市随后开通网络问政平台。截至2011年11月初，新浪政务微博总数已增长到19104个，已全面覆盖全国34个省级行政区，其中10271个政府机构注册官方微博，8833名政府公务人员开通微博。

随着网络媒体在我国的加速发展，在普通公众与政府官员通过网络平台直接对话、交流互动的同时，其潜在的虚假信息传播、绑架公众舆论等负面影响尤其不容忽视。因此，正确看待网络民意，充分发掘和利用其积极因素，是政府应急管理必须面对的现实课题，也是政府社会管理创新的首当要务。本文结合前面提到的乌坎事件这一典型网络突发事件，提出网络环境下政府应急管理的八项重要原则。

（一）第一时间给关注，生死时速

微博的强大社会影响力很大程度上来源于它的病毒式即时传播，这就需要政府部门能够第一时间给予关注，并及时收集相关动态信息，以便在最短时间内作出回应。一起本地突发事件在网络上出现，最好5分钟内知道消息，10分钟内报告领导，这样才能在危机应对过程中把握信息主动权，还原事实真相。因此，政府部门应充分利用网络平台，最好能安排政治可靠、熟悉网络且有一定行政经验的专人值班，时刻关注舆情动向，应对舆情危机。

（二）坦诚直面给态度，勇于担当

应对微博时代突发事件的一个重要原则是坦诚态度，勇于担当。事件发生的原因、性质可以先不说，但政府或部门领导一定要对事件有明确态度。如江西农业大学廖为民副校长酒驾导致二死四伤的事件过程中，有关部门及时说明确有其事，原因在调查中，积极抢救伤员，开展安全教育等。政府或部门领导的表态和善于担当，不但不会使政府的威信受损，反而会增强其公信力，从而在应急处理中赢得主动权。

（三）真诚沟通给信息，拨云见日

舆情危机的化解有赖于实际问题的解决，因而政府部门要及时发布涉及公共利益的公共信息，做到信息公开透明，并用对话、谈判和协商的办法化解社会矛盾，使官民互动程序化。例如，在南京市民乃至全国网友发起的"南京梧桐保卫战"中，作为决策者的南京市政府，通过与民意的多次互动过程，其态度也从最初的"移树"，到"少移"，最后再到"全面叫停"。不仅如此，面对网络谣言，政府有关部门还可以建立微博新闻发言人制度，充分发挥微博在网络平台新闻发布和舆论引导方面的作用，使网络谣言在信息自由流通的语境中不攻自破；此外，构建网络民意沟通与回应机制，与群众建立线上线下有效沟通的渠道，切实解决实际问题，挽回民心，"网"住民意。

（四）适时引入第三方，间接佐证

微博不仅是突发新闻的出色载体、言论表达的开放平台，也是网络谣言的滋生温床。虽然流言止于智者，谣言止于公开，微博本身就带有自净的平台设计，但是面对复杂的舆论环境，层出不穷的新问题，尽快还原事实真相是政府应急工作的重要方面。在网络突发事件的处理过程中，可以适时引入第三方，间接佐证，如宜黄自焚病人转院案例中，笔者在微博上发帖证明南大一附一院是部队医院，是江西条件最好、规模最大的三甲医院，该院10年前就有烧伤外科博士点，烧伤病人病情稳定，植皮第一阶段都要用猪皮等。这些微博帖子对消除网络上的错误表达及偏激言论起到了重要作用，也使有关舆论逐渐理性。

（五）口径一致给说法，井然有序

微博的传播方式与途径要求政府部门对于突发事件的处理，较之微博出现以前，更为冷静、尽可能地保持事件处理的井然有序。如在明月山"驴友"被困事件的营救中，有关部门及时说明"驴友"是从武功山背面过来，行至索道时已经下班，不是索要高价金钱。同时，宜春市和学校领导高度重视，公安部门已派出力量营救，安置工作也妥善而温暖。这样就快速打消了网民的质疑，从而在随后的事件应对中井然有序。

（六）以己度人给安抚，"智"止纷争

安抚工作是政府应急工作的重要环节，领导者要本着以己度人的感情来对待安抚工作，这样才能在让社会满意的同时也孤立个别无理取闹者。如在乌坎事件处理中，广东省纪委书记朱明国一再强调，要坚持以人为本，在依法依规的前提下，站在死者家属的角度考虑问题，认真倾听死者家属的诉求，做好安抚优恤和有关善后工作，最终得到了死者家属的谅解，从而稳定了死者家属、亲友的情绪，也维持了社会的和谐稳定。

（七）保留余地给退路，化"危"为"机"

由于微博的海量用户以及病毒式传播，政府在舆情事件处理中的每一步都会引发网民的关注及热议，稍有不慎便会引起全民声讨。因此，政府部门一定要谨言慎行，掌握分寸，特别是不要武断将事件定性，或作出过度承诺。在这一点上，广东省政府对乌坎事件的处理值得借鉴，自2011年12月广东省政府正式从正面积极应对该事件以来，随着及时、透明的辟谣，以及乌坎法治秩序和社会管理秩序工作的恢复与展开，事件逐渐实现了舆情的降温。2012 年 2 月乌坎村举行的"自治选举"，村民通过不记名投票方式先后推选了村民代表、村委会成员及村民小组代表，事件进一步朝着良性方向发展，"乌坎危机"演变为"乌坎转机"，广东省政府对乌坎事件的处理模式不仅受到舆论广泛好评，也成为各地方政府处理网络群体性事件的典范。

（八）积极取证作依据，重获信任

四川"会理 PS"事件，从一开始的全民声讨，到"PS 风潮"再到现今的网民理解和包容，仅仅经过了不足四天的时间。会理县政府管理部门发挥积极主动性，及时发现问题，努力解决问题，全力善后问题，最终赢得了网友的信任与好感。微博在此事件中的作用不容小觑，它既是事件扩大严重性的"扩音器"，也是事件消除影响的"消音器"。会理县政府更是通过微博的"借力发力"，感谢网友对他们的批评及对会理的介绍，顺势推广了会理旅游。因此，"从善如流"地尊重网络民意，并积极获取相关信息作为解释或澄清的依据，是政府重获信任，也是政府应急管理过程的重要原则。

作者简介

郑克强 1949年生，研究生学历。曾任《争鸣》杂志主编，江西省社联副主席，江西省政府副秘书长兼省政府发展研究中心主任，南昌大学党委书记。现任教育部人文社科重点研究基地——南昌大学中国中部经济发展研究中心主任，研究员、博士生导师。先后主持国家社科基金、省部级社科项目近10余项，发表论文100余篇，出版著作10余部。近年来着力研究"微博民意表达与政府应急管理"问题，开设的实名新浪微博及腾讯微博均为国内有影响的实践平台，在江西省多次网络舆情危机中，主动与有关政府部门沟通和协调，积极妥善疏导民意，有效化解了危机，受到领导及网民的好评。

方志远

9 至 18 世纪江西发展论纲

一　9 至 18 世纪江西发展的机遇

比起早在春秋战国时期就已经辉辉煌煌的繁华之地，如以临淄、曲阜为中心的齐鲁地区，以洛阳、邯郸、开封为中心的中原地区，以苏州、绍兴为中心的吴越地区，以成都为中心的川中地区，以咸阳为中心的关中地区，以太原为中心的三晋地区，乃至以荆州为中心的江汉地区，江西在整个中古时期却颇有不如。

王勃初唐时盛赞江西的"物华天宝""人杰地灵"，其实是外地客人对主人盛情款待的客套。但这个好意的客套成了中唐以后江西发展的预言。

江西传统经济文化的发达和工商业的繁荣，是与全国经济重心的南移同步的。其间，具有重大影响的因素主要有两个方面。

其一，政治中心的东移和京杭大运河的开通，使赣江水道成为南北物资交流的主要通道。

京杭大运河开凿之前，中国南北水路交通的最长航道有两条：一为汉水—长江—湘江、沅江，一为汉水—长江—赣江。灵渠的开凿以及秦岭和大庾岭山路的大规模拓展，使这两条航道在陆路的连接下向北延伸到了黄河水系的渭水和珠江水系的西江、北江，并进而沟通了黄河、长江、珠江三大水系。

自秦汉到隋唐，由于政治中心一直在关中，所以从西北政治中心地区到东南经济重心地区的水路沟通主要是由汉水和长江完成的。而与以广州为起点的海上丝绸之路对接的内河交通，则是汉水—长江—湘江—西江—珠江。

两汉时期，关中地区的财力已表现出难以支持全国政治中心的无奈。从隋文帝带领政府官员和关中百姓"就食"洛阳，到隋炀帝营建东都、开凿运河，实质上反映了西部政治中心从被动到主动向东部经济重心靠拢的趋势。从五代到北宋，完成了中国政治中心的东移过程；元、明、清定都北京，更巩固了中国政治中心东移的格局。虽然比起开封，北京距离东南经济发达区更为遥远，但京杭大运河的全线开通，却将这一空间距离大大缩短。

政治中心东移及京杭大运河开通之后，汉水—长江—湘江—西江—珠江这一南北交通要道失去了往昔的地位；而运河—长江—赣江—北江—珠江则成为国内主要的南北通道。这条通道全长近3000公里，贯穿今日北京、河北、山东、江苏、安徽、江西、广东七省市，在江西境内大约占1/4。

有意思的是，政治中心的东移及京杭大运河的开通，都与一个被妖魔化的人物有关，他就是隋炀帝。

其二，江西的地理环境有利于农业生产而且较少成为兵家争夺之地，故而远离战乱。

江西经济文化的发展，与中原地区发生的三次大的长时期战乱关系密切。第一次是两晋之际"永嘉之变"前后发生的中国历史上称为"五胡乱华"的事件，这一事件的结果是北方的长期战乱和中国境内南北政权的对峙；第二次是唐朝天宝年间发生的安史之乱，这一事件的结果是北方陷入长时间的动荡和藩镇割据；第三次是两宋之际的宋金战争，这一事件的结果是宋室的南渡和宋金之间的持续战争及对峙。

这三次战乱都导致了北方居民的大规模举族南迁。北方居民迁徙的落脚点，总是在那些既远离战场又便于返回中原的地区。于是，当战乱发生在黄河流域时，移民便主要迁移至江淮之间，江西北部开始接纳移民；当战乱延伸到淮河一线，移民便迁移至长江以南，南昌、鄱阳、宜春、吉安、抚州乃至赣南也有了北方移民；当战乱蔓延到长江两岸，移民便更集中地南徙到吉安、抚州、赣州。

北方移民洪水般地涌入，既为江西的开发带来了大批劳动人手，更将相对发达的中原文化及宗族制度带到了江西，促成了近世以来江西家族的发达和"耕读治家"生产生活方式的形成。这种生产生活方式与江西的自然生态环境相结合，使江西人进可入仕取得功名、退可家居温饱无忧。孟子所说的"兼济天下"和"独善其身"，江西人为其提供了大量的实证。此后江西的发展，正是在这个基础上形成的。

二 经济重心的南移与江西地位的上升

（一）经济的发展

人口的多寡是古代衡量一个地区经济发展的"硬指标"。经过从秦汉到隋唐的积累，到两宋时期，江西已成为全国经济文化的先进地区，其人口之众、物产之富，均居各路前茅。宋徽宗崇宁元年（1102 年），全国在册户口数为 2026 万户、4532 万口，其中江西地区为 201 万户、446 万口，约占1/10，居各路之首。历元至明，江西的这一经济优势继续保持并加强。元世祖至元二十七年（1290 年），江西在册户、口数分别占全国的 20%、23%，居各省之首。明代江西在册人口仅次于浙江而居全国十三布政司的第二位。

缴纳税粮的多少，是衡量地区间经济发展和地位的又一重要参照系。安史之乱后，江西成为唐王朝财赋重心之一，"朝廷倚为根本，民物赖以繁昌"。白居易《除裴堪江西观察使制》称："江西七郡，列邑数十，土沃人庶，今之奥区，财赋孔殷，国用所系。"《宋史·地理志》述江南东西路的物产及缴纳税粮盛况："（自）永嘉东迁，衣冠多所萃止。其后文物颇盛，而茗荈、冶铸、金帛、粳稻之利，岁给县官用度，盖半天下之入焉。"[1] 北宋江西籍文学家曾巩讲洪州一州，"其赋粟输于京师，为天下最。"[2] 吴曾《能改斋漫录》记南宋漕粮数："本朝东南岁漕米……诸路共计六百万石，而江西居三之一，则江西所出为尤多。"[3] 至元代，江西仍然是朝廷财富的主要供应地，所缴赋税一直位于各行省前列。历元至明，江西的这一经济地位仍然继续保持。明代江西人口次于浙江而居全国十三布政司的第二位，但江西每年所纳税粮，据明弘治十五年（1502年）和万历六年（1578年）的统计数，却超过浙江，由此可见产粮之富，也可见其经济地位之重。清代前期，随着政治形势的变化，江西经济地位有所起伏，但大体说来，仍具有重要地位，其时江西缴纳的田赋占全国总量的一至二成。因此，自五代两宋直至清前期，江西既是人口稠密之地，又是财富聚集之处，是国家财政收入的重要来源。此外，这一时期，江西的其他农副产品，如茶叶、纸张、苎麻、兰靛、木竹、油料以及制瓷、造纸、木竹加工、夏布、火药等手工业也都在全国占有重要的地位。

（二）文化的进步

经济的发展，使江西逐渐取得了辉煌的文化成就。早在20世纪30年代，学者朱君毅在梁启超、丁文江等人的研究基础上，对中国历代人物的地理分布进行了较深入的研究。他根据二十四史列传和《国朝耆献类徵》《清史列传》及《中国名人录》《中国年鉴》等资料，统计了从汉代一直到1929年各省人物情况并加以排序。[4] 根据他的研究，江西在西汉时期人物排在第十四位，东汉第十二位，唐代第十三位，北宋第九位，南宋第三位，明代第三位，清代第十位，民国时期，在1926年以前第九位，20年代后期则在第九至十三位。也就是说，唐宋以来，特别是南宋至明代，江西已是中国封建社会后期的文化中心地区之一。

---

[1] 《宋史》卷88《地理志四 · 江南东西路》。

[2] 曾巩：《洪州东门记》，雍正《江西通志》卷123《艺文》。

[3] 吴曾：《能改斋漫录》卷13《记事 · 唐宋运漕米数》，《四库全书》本。

[4] 朱君毅：《中国历代人物之地理的分布》，中华书局，1931。

以科举而言，宋代江西一地即有进士5442人，且多一门数进士的情形，如王安石、曾巩、刘恕、孔文仲等一门三进士，洪迈一门四进士，著名的乐安流坑董氏家族更有一门同科五进士之事，时号"五桂"。更重要的是，宋代江西向华夏文明贡献了一大批大师级的人物。以节义论，有胡铨、洪皓、江万里、文天祥、谢枋得；以政治论，有欧阳修、王安石、周必大；以文学论，有晏殊、欧阳修、曾巩、王安石、黄庭坚、杨万里、刘辰翁；以史学论，有欧阳修、刘敞、刘恕、刘攽、乐史、徐梦莘、徐天麟；以哲学论，有李觏、周敦颐、朱熹、陆九渊；以科学论，有曾安止、张潜；以艺术论，有范宽、徐熙、黄庭坚等。"人才之盛，遂甲于天下"①。

迄明代，江西文化继续着这种辉煌。明朝的所有故事，无论是风光的故事还是尴尬的故事，都少不了江西人的表演，俊彩星驰的"江右王门"令人神往，"朝士半江西"的盛况至今人们津津乐道，"赤手搏龙蛇"的异端开风气之先……明代的江西至少存在三组对应的文化现象：精英文化与大众文化、正统文化与异端文化、摇篮文化与主流文化，而这三种文化又在不断地转化之中。以今天的眼光看，地位有高低、境遇有贫富，朱权、解缙、杨士奇、汤显祖、宋应星、艾南英等人所代表的，自然属于精英文化；而大量无名氏的农民、工匠、商人、术士、儒士在生产生活中所表现出来的，则应该属大众文化。3000名进士、数量居全国首位的举人，以及无数修习"举业"的士人、无数通过各种方式进入仕途的各色人等，他们身上所体现的，主要是正统文化；而朱季友、李孜省、颜钧、何心隐，以及尚未被主流思潮接受时的吴与弼及王门诸弟子、被正统儒学视为邪术但又在江西乃至全国广泛流行的种种思潮及法术，自然属于异端文化。

由于从来没有成为过全国性的政治中心，甚至也很少成为区域性的政治中心，所以江西更多时候表现出来的是摇篮文化的特征。从这里可以走出大思想家、大政治家、大文学家，也可以走出未来的富商巨贾，但在本地却很难产生大思想家、大政治家、大文学家，更难以产生富商巨贾。但

---

① 洪迈：《容斋四笔》卷五《饶州风俗》。

在明代，这里恰恰一度成为政治中心、学术中心、经济中心，所以恰恰又产生了大思想家、大政治家、大文学家，江西文化也一度由摇篮文化演变为主流文化。王阳明的心学在这里由异端变为主流，汤显祖、宋应星、艾南英也在这里完成了由大众文化向精英文化、由摇篮文化向主流文化的转变。江西发生的这些现象，在全国也具有重要的意义。而无论是精英文化、摇篮文化、正统文化，抑或是大众文化、主流文化、异端文化，以及有名无名的代表人物，均在明代社会历史中起着不可忽视的作用。

进入清代，江西文化逐渐被边缘化。首先是科举。清代江西的进士人数屡屡下降，在全国的排名也屡屡落后，明代"朝士半江西"的盛况不复再现，这预示着江西在朝廷中发言权的丧失，也使江西的正统文化不再风光。另外，无论是清统治者，还是抱着经世致用的乾嘉学者，都以"空疏"为借口，不遗余力地抨击江右王门，江西的异端文化遭受重创。尽管在整体气势上，清代江西文化不足与宋明比拟，但在一些具体的文化领域，仍然如点点繁星，闪耀着创新性的光辉。如八大山人的书画创作、蒋士铨的《藏园九种曲》、"样式雷"世家的建筑艺术等，都不逊色于此前任何一个时代，也对后世产生了深远的影响。

三 无处不在的江右商

江西社会经济的发展，也使部分地区开始出现人口过剩现象，并刺激了豪族大户对土地的兼并。从而导致鄱阳湖区和吉泰盆地等经济发达区大量农民的脱籍外流。以元末明初的"江西填湖广"为发端，一直延续到晚清，500年间，江西约2000万在册人口流出省外，并在湖南、湖北、云南、贵州、四川、广西等地留下了至少1亿后裔。在这些江西移民中，工商人口占相当大的比重，他们或久居一方，或往来于江西与各地之间，形成了人数众多的江西商人的巨流。由于当时江西又称"江右"，而江西商人又往往结成商帮从事经营，故被称为"江右商人"或"江右商帮"。

湖南、湖北是江西商人的主要活动地区，致有"无江西人不成市场"的民谚；云南、贵州、四川、广西，是江西商人活动的重要地区，特别是云贵，时称"非江右商贾侨居之，则不成其地"；福建、广东也遍布江西商人的足迹，特别是福建武夷茶的加工和经营，江西商人起着重要的作用；地处中原的河南，由于江西商人势力强大，布政使年富出于地方保护主义，甚至请求明廷将其尽行驱逐。北京是明清时期全国的政治经济中心，明人张瀚在《松窗梦语》中说："今天下财货聚于京师，而半产于东南，故百工技艺之人亦多出于东南，江右为夥，浙（江）、（南）直次之，闽粤又次之。"有学者统计，明代各地在北京的会馆见于文献者有 41 所，其中江西有 14 所，占 34%，居各省之首。清光绪时，北京有会馆 387 所，江西有 51 所，占 12%，比重虽少于明朝，但仍居各省之首，比当时势力最大的山西会馆（45 所）还多。虽然对于这些会馆的性质迄今仍有争议，但其中相当数量为商人所建或士商合资共建则不容置疑。于此可见江西商人在京的地位。

当然，江西商人最为活跃的地区，仍然是湖南、湖北、云南、贵州、四川，故此，近年来笔者多次往西南地区，对当年江西商人的活动进行考察。

湘潭在清朝号称"壮县"，本县知县号称"不贪不滥，一年三万"。这一年 3 万两的白银，全靠商人进纳。县城极盛时有 56 个商人会馆，其中 16 个属江西商人。在湘潭，我们为昔日宏伟的江西会馆牌楼和万寿宫码头所震撼，始建于清顺治七年（1650 年）的江西会馆后花园中的"夕照亭"，今天仍然屹立于雨湖畔。长沙人有时不解，来自湘潭的毛泽东为何能在长沙的橘子洲头指点江山，殊不知，由于江西商人和其他各地商人的打造，湘潭当年的繁荣程度超过省会长沙。

经过作家沈从文和画家黄永玉的渲染、经过 20 多年的维护和开发，湘西凤凰城如今已是中国名城，当年则是江西商人的重镇，至今仍有数千江西丰城石滩镇商人的后裔。使凤凰城成为文化名城的主要标志，是江西会馆"万寿宫"。苗族同胞、凤凰文馆所龙所长认为："如果说凤凰城是只凤凰，那么，凤凰的翅膀是由江西商人插上的。"晚清时期，这里成为军事重镇，贵州苗民由军功获"顶子"者甚多。因而号称有两多：江西商人的银子多、贵州苗军的顶子多。

同样地处湘西的洪江，以沅江为依托，当年是湘黔边境的商业重镇，至今仍然保留着全国最为完整的古商城。这里最大的行业是造船业所必需的桐油业，桐油业的主要经营者是江西商人。当地居民介绍，当年的洪江，每天傍晚是三种响声：军民人等的交杯换盏声、江西商人的数白银声、商船靠岸的号子声。

四川成都西南郊的洛带镇，如今已经开发成著名的古镇旅游景点。而洛带镇旅游景点的基本构成，是清代建成的江西会馆、湖广会馆、广东会馆。面对江西会馆前宏大的"万年台"，当年江西商人组织演出的"弋阳腔"戏班，宛在眼前。而史料上所记载的重庆江西会馆每年超过300场的演出，当不是出于虚构。

云南威信县政府所在地在扎西镇。1934年底，中国工农红军第一方面军和第二方面军在扎西镇会师，一方面军及中央红军总部驻江西会馆、二方面军总部驻湖广会馆。因为在这个当年汉藏杂居的小镇上，商人的会馆乃是城里最豪华的建筑。时至今日，湖广会馆和根据原貌重建的江西会馆（现名扎西会议纪念馆）仍然是扎西镇的好去处。

贵州镇远县的青龙洞周边，也建成了规模宏大的旅游点。这个旅游点的核心，是"万寿宫"。江西商人之后，福建商人、广东商人、湖南商人也来到了这里，各自建起了会馆，青龙洞遂成了"会馆"街。

在当时的中国，哪里有江西移民，哪里就有江西商人；哪里有江西商人，哪里就有江西会馆（万寿宫）；哪里有江西会馆，哪里就唱江西戏（弋阳腔）。据"青藤山人"徐渭《南词综录》，在明代的中后期，弋阳腔为国内流传最为广泛的地方剧种。现代著名学者丁文江院士在重印《天工开物》时为之作序，特别指出：作为分宜县学教谕的宋应星，之所以能够写出《天工开物》这本以介绍手工业特别是矿冶业为主要内容的科学技术著作，是因为当日中国之矿业，"皆操于先生乡人之手"。也就是说，当日中国的矿业多在西南，而西南地区的矿业，大抵上由江西商人经营。

四　19 世纪的衰退

从19世纪五六十年代至20世纪二三十年代，因国内政治经济大格局的变化，江西商人在活跃了 500 年之后，迅速走向衰落，并基本上在国内市场丧失了地位。如果分析其具体原因，大致有以下数端。

一是战乱。

如前所述，江西自唐末五代至两宋，社会经济得以发展，很大程度是因为北方战乱而导致的人口南迁。在两宋之际的宋金战争、南宋末年的宋元战争、元明之际的红巾军大起义、明清之际的农民大起义、清军入主中原及平定南方的战争、清初的三藩之乱等大规模战乱中，江淮、江汉、西南、中原乃至江南的部分地区，都一次或数次卷入战祸，江西则受害较小，社会财富及生产条件没有遭受大的破坏。但在 19 世纪五六十年代及 20 世纪二三十年代，江西却两次经历了长时期的战火蹂躏，造成了人口锐减和山林焚毁。清道光三十年（1850 年）江西在册人口为 2450 万，到 1953 年统计时，仅 1670 万，100 年间，人口不但没有增长反倒减少近 800 万。江西商人赖以生存的主要商品如茶叶、纸张、木材等的生产则因山林焚毁而受到严重破坏，景德镇的瓷业也一度陷于停产。

二是交通格局的变化。

从北宋到清前期，运河—长江—赣江—北江一直是国内主要的南北通道，它对于促进江西商品经济的发展起了重要作用。但到清中期，长期以来对山林的超量砍伐及开山造田所造成的后果开始显现，水土流失严重，赣江水运发生困难。与此同时，运河的淮河—黄河段因黄河泛滥及改道而淤塞，南北水道被拦腰截断。尤其是京汉、粤汉铁路修通后，南北运道改走两湖、河南，江西成了陆运和海运的盲区。虽然后来有浙赣线，也只是在赣北穿境而过，整个赣中、赣南因远离交通线，物资流通十分艰难，过境贸易也相当稀少。由于交通格局的变化，从外部渗入的新思潮、新风尚也绕过江西，或沿广东、湖南、湖北，或沿上海、江苏、安徽，向中原挺进和扩散。这些新思潮、新风尚在扩散过程中，又不断地被抵制、被削弱、被改造，然后再反射到江西，致使江西在观念的更新上，不仅落后于沿海，也落后于中原和南北交通线上的湖南、湖北、安徽等地。

三是经济格局的变化。

鸦片战争以后，广州、厦门、福州、宁波、上海成为通商口岸，外国资本开始渗入沿海地区。到19世纪七八十年代，广东、福建、浙江、江苏等地开始兴办近代私人企业。马关条约签订后，外国资本深入沿（长）江地区，辽东、山东、云南、广西等地相继被纳入外国资本的势力范围，近代民族资本也开始生长。

在这一形势下，江西虽然也有九江一个口岸对外通商，但在南浔铁路修通之前，九江更多的是与沿江的汉口、安庆连为一线，与江西内地的联系反倒薄弱。以明时九江钞关为例，它主要是对长江江面往来的商船收税，在没有设置湖口分司时，管不到出入湖口下行的商船。即使南浔铁路开通之后，也只有赣北地区才与九江联系较为密切。

20世纪初开始，九江、南昌也先后出现了一些近代企业，但无论从发展速度还是规模来看，不仅落后于东南沿海各省，也落后于湖南、湖北等内地邻省。除了夏布、瓷器等极少数手工业品仍有一定的市场外，江西一度居领先地位的传统手工业品已无法与洋货及沿海地区的工业品竞争。

四是自身的弱点。

鼎盛的科举文化，曾给江西带来过许多个世纪的骄傲，但也使江西人重功名、轻工商的观念根深蒂固。小有积累的江西商人一旦摆脱贫困，便将资金投放在后人的举业之上，希望子孙进入仕途，光宗耀祖。或者花数百上千两银子为自己及子弟捐个空头官衔，以改变在家族及社会中的地位。截至太平天国起义之前的清代，资本并非雄厚的江西，以捐钱为手段而获得的国子监监生的名额，竟居全国首位。不少学者曾指出，文章节义为江西人的传统美德，但这种"美德"主要是受到正统儒家思想的熏染，它有利于农业社会的巩固，却不利于商业社会的形成。背上这种包袱，使江西商人远不如闽商、粤商、晋商、浙商那样潇洒轻松。

明嘉靖末年严嵩的倒台，标志着江西士大夫开始退出中央决策圈；而人口的流动和大量俊秀子弟从事工商业，使江西在清代的科举入仕人数较明代大为减少。这样，缺乏特权为依托的江西商人很难与徽商、晋商相抗衡。与此同时,江西商人虽然有人数多、操业广、渗透力强等优势,但存在以商脱贫、资本分散、小本经营等先天不足。长时期以个体经营为主要方式,使本来就分散的资本难以集中。

尤其遗憾的是,即使在明前期江西商人独领风骚、明中后期及清前期江右商与徽商、晋商三足鼎立之时,江西商人也没有在江西营造出一个像广州、汉口、南京、上海,或者是杭州、苏州那样的大都市或消费中心,因而无法刺激消费水平的提高,也无法吸引外来的消费者而积累资金。同时,江西也没有形成以大都市为中心的市镇辐射网络,整个商业活动始终停留在以商补农、以商脱贫的低层次上。

作者简介

　　方志远　史学硕士、文学博士，江西师范大学教授，中国史学会理事、中国明史学会副会长、江西历史学会会长，国家社科基金学科评审组专家、《中国社会科学》杂志外审专家，曾任台湾成功大学客座教授。

　　研究领域为明代国家制度与社会进程、明清江西商人与地域社会、明代市民文学与社会思潮。代表著作有《明代国家权力结构及运行机制》《明清湘鄂赣地区的人口流动与城乡商品经济》等，在《中国社会科学》《历史研究》等期刊发表论文60余篇，协助主持（11卷本）《江西通史》。应央视"百家讲坛"栏目邀请，主讲《大明嘉靖往事》《万历兴亡录》。

　　获国家图书奖、中国社会科学院国家社科基金成果一等奖、江西省社科成果特等奖各1次（以上为集体项目），获江西省社科成果一等奖3次、江西省高校社科成果一等奖2次。

温世扬

保险法适用若干问题

近年来，保险业发展迅速，保险法制建设不断进步，保险纠纷也不断增加，法律适用问题也越来越多。对相关问题的关注和研究，无论是保险业界还是法律界法学界，力量都是比较薄弱的。作为一个教师或者说一个学者，我们的关注有一个缺陷，那就是比较虚，笔者希望把问题做实一点。所以尽量争取一些机会，与实务界，比如说保险业界，尤其是法律实务界开展交流。本文主要讲以下三个方面的问题。

一 "中间性保险"的法律适用问题

（一）"中间性保险"的概念

在意外伤害险和健康险的法律适用中，出现了医疗费用的赔付问题。这里的医疗费用，不是死亡赔偿金。有很多这样的案例，大致案情都是相似的，即发生了意外伤害，如果是第三人有责的情况下（第三人造成的），首先提起一个民事诉讼，如果受害人通过民事诉讼得到了加害人全额的医疗费赔付，然后又向保险公司索赔同样的金额。如果形成了诉讼，从全国的范围来看，形成了不同的裁判结果。一是人身保险不适用重复保险赔偿，受害人可以得到双倍赔偿。二是适用重复保险的限制，受保险代位权规则的约束，受害人不应得到双倍的赔偿。

（二）"二分法"的由来及意义

二分法是把保险分为人身保险和财产保险。从立法安排看，保险法在2009年修订前，在保险合同这一章，总则下来就是财产险，接下来是人身险。2009年修订后，总则接下来是人身保险合同，然后是财产保险合同。实际上保险法修订前后这种改变，意思没有改变。这种划分有它的理由，也有它的借鉴，我国台湾地区的保险法也是采取二分法。二分法的依据是保险标的。财产保险是指以财产及其相关利益为标的的保险，对象是财产及其相关利益。人身保险简单说是以人的生命和健康作为标的的保险。在这种二分法之下，就产生了"中间性保险"问题。

（三）"中间性保险"与重复保险和保险代位权

我国现行保险法对财产险和人身险采取有统有分的原则。这在理念上或在裁判规则上就形成人身保险的规则当然不能适用财产保险，财产保险的规则也不适用人身保险，例如重复保险的规则和代位权的规则。但这种区分，在面临典型的医疗费用保险时就存在问题。首先，医疗费用保险到底是财产保险还是人身保险？从这个逻辑来看，医疗费用是健康险、意外伤害险的一项内容，所以它是人身保险。根据这个结论，在法律适用上它既不适用重复保险也不适用代位权。它不存在超额支付问题，也不存在被保险人不当得利问题。但从另一方面看，这个医疗费用保险保障的是什么呢？我们所说的保险一般都是补偿，是分散和消化损失。但保险所谓的补偿损失从法理、学理来说，有抽象损失和具体损失。抽象损失典型的就是生命，生命的消失没办法具体衡量，无法货币化衡量。具体损失唯一的办法就是定额赔偿，采取定额给付的方式抵付。具体损失可以用货币量化，如伤害险、责任险、保障险。我认为医疗费用实际上是具体损失，因为医疗费用是患者向医疗机构支付的相应治疗护理费，是具体数额。

人身险在某些条件下，同时存在抽象损失和具体损失。人身险中的具体损失和财产保险所保障的损失没有本质区别。那么，人身险是否能适用财产保险补偿原则的有关法律制度和规则呢？比如重复保险和保险代位权原则。这个问题在深层次的解决方案是对保险的类型化。保险法直观地以标的为标准的划分在结果上和法律适用上存在问题，即导致在裁判思路上的偏差。如果保险一般是用于补偿，那应该把这个损害区分为抽象损失和具体损失。对抽象损失适用定额损失的模式，就不需要适用重复保险规则和保险代位权规则，因为这些规则都是为了防止被保险人获得超额利益。另一种对具体损失的补偿模式是损失补偿型保险，既包括财产保险，也包括人身保险中的某些类型，如健康险、意外伤害保险。笔者认为，医疗费应该适用重复保险规则和保险代位权规则，受害人不应得到双倍赔偿或超额赔偿。

二　免责条款说明义务问题

免责条款的说明是保险实务中，同时也是裁判实务中的一个难点。保险法第三十条规定了保险人提供格式保险条款的情况下，保险人应当对保险条款尽说明义务，同时对免责保险条款承担明确说明义务。笔者认为，说明义务具有以下特点：一是说明义务具有法定性，它是保险法规定的一项法定义务；二是说明义务是在缔约过程中适用的，称为先合同义务，并不是合同本身的给付义务或附随义务；三是说明义务具有主动性。与投保人的告知义务在前提上不一样，投保人的告知义务是以询问为前提，而说明义务并不以此为前提。这是一般性的理解。在法律适用中，说明义务出现了一些争议问题，主要表现在以下三个方面。

（一）说明义务的主体问题

从法律条文表达看，保险人负有说明义务。但是对于保险人，说明义务的履行应该落在哪个具体的主体？通常情况下，保险缔约的行为人有保险代理人和保险业务员，他们能否成为说明义务适格主体值得讨论。

（二）免责条款的范围

这里讨论的说明义务分为两部分：一部分是保险法第十七条第一款的

说明义务，即说明合同的内容。这个说明义务没有规定具体的法律后果。另一部分是保险法第二条所规定的免责条款，这个说明义务存在具体后果。即免责条款是什么，免责条款的范围怎么确定，法定免责条款需不需要履行说明义务等问题。

（三）提示和明确说明的方式及标准

说明义务首先有个提示的义务，其次是明确说明的要求。具体有以下几个方面。

1. 免责条款的界定

从法律条文看，免责条款是保险法关于免除保险人责任的规定，但在实践中产生了很多理解。从免责条款外延看，包括以下几种情况：一是法定免责和约定免责。法定免责是指法律规定的免责事由，约定免责是法律规定之外的在保险合同中增加的免责事由。例如，保险法规定故意犯罪是免责事由，有的保险公司的合同把外延扩张了，约定违法行为造成伤害也可以免除责任，后者就是在法律规定之外的。二是原因除外和责任除外。原因除外是因某些原因造成了损害，只要是因为这些原因发生的都属于免责范围，如地震、战争等；责任除外分为损失除外和结果除外，强调损失一部分或全部不予赔付。三是完全免责和部分免责，即对所有的损失免责还是部分损失免责。

此外，还有几个与免责有关系的特殊情况，一是保证条款，保证条款在保险法中没有规定，但在合同使用中有时要适用保证条款。在实践中，有的裁判将它纳为免责条款。二是义务性条款，被保险人要承担一定的义务，主要是缴纳保费义务、事故发生后及时通知的义务、协助义务。总之，免责条款从一般外延来看是很宽泛的，要从多方面多层次理解。

2. 说明义务的履行主体和受领主体

从履行主体来看，保险法规定保险人负有此项义务，实践中表现为具体的保险代理人和不具备代理人资格的保险从业人员。关于受领主体，从法条来看，不是十分明确。笔者个人理解，保险人只要是向投保人履行了相关义务即为进行了适合的说明。

3. 说明的范围

说明的范围和免责条款的外延有关联。一是既要包含责任免除条款，也要涵盖责任限制条款。二是要注意已知条款和应知条款的适用问题，即是否需要对所有免责条款负有说明义务。从保险法条文看是需要的，但从说明义务的宗旨考虑，让投保人了解免责条款的存在、了解它的含义、知晓它的内容即可。从这个角度说，应当把已知条款排除在外。那么除了已知条款之外，能否把应知条款排除在外？比较典型的情况有：

（1）同一险种到期续保的情况下，假设在原初的保险合同中正确地履行了说明义务，从法理上讲，在续保时重新订立了一个保险合同，是否还需要履行说明义务？笔者认为是需要的。至少在规则掌握上，甚至说在规则的适用上，需要另行处理，甚至说也可以排斥的。假设可以认定为是一种已知条款，在原初的合同中，已经履行了说明义务，这时可以免除。

（2）法定免责的适用。这里的法定是指法律和行政法规，就法律而言就是指保险法，关于保险的行政法规主要是指交强险条例之类，在有关章节也设有关于保险的免责条款。对这些法定免责条款，如果没有纳入保险合同，不会发生争议，那是当然的免责。如果纳入保险合同，列入了法律规定的范围，需不需要作出说明？还需要进一步探讨。

4. 提示与明确说明的标准

这个问题有两个层次，一是有和无的问题。就是你履行了没有。这个要通过举证来认定，是否进行了提示、说明，这个比较容易判断。二是提示和说明有没有具体的完成，达到说明程度。这可以分两点来看。第一点是提示，提示的判断相对比较清晰。因为提示某种程度上说保险人或者保险格式条款提供者单方对行为的要求，是只强调做了没有。免责条款要提请投保人注意，但在操作中有一定的难度。有些免责条款既有除外条款还有限制性条款，是比较分散的，能否完全集中呢？在制定免责条款时要确定是否做出了明确提示，这涉及单独印刷的问题。第二点是关于明确说明。我国保险法第十七条第一款规定为"说明"，在第二款规定对免责条款内容作出"明确说明"，因此产生了一个对"说明"和"明确说明"的理解问题，这本身是一个事实判断问题。明确说明如果从构成来看，我个人认为应该要有说明这个行为，并且要有投保人签字认可作为一个结果做判断标准。但在操作中，即使相对人签字确认了，后来发生保险事故之后，仍然主张保险公司没有全面履行明确说明义务。对于这样的主张在处理过程中，可以有两种思路。第一种是所谓的形式主义的思路，即签字就是认可了。第二种思路就是实质标准。如果相对人或者投保人一方能够举证证明即使他签字了但是保险公司并没有充分明确说明免责条款的内容以及含义，代签除外。即使是本人签字，出现这种情况也是可以审查的。这就是标准的掌握和取舍问题。

三　交强险若干问题

2006 年正式实施交强险以来，在法律适用过程中出现了很多问题。

（一）交强险的基本理念

1. 交强险的属性，属于商业保险还是社会保险

交强险属于强制保险，如强制投保、强制承保、费率统一等，这与社会保险接近。加上有些立法的引导，例如无责赔付，这带有社会保险的某种属性。所以有人认为交强险就是一种社会保险。笔者认为，交强险是商业险和社会保险的结合，本质上是商业险。

2. 有责赔付还是无责赔付

有责和无责的前提是被保险人是否对受害第三人有责任，以此为前提则是有责赔付，不以此为前提则为无责赔付。从现行法来看，或者说从立法的意图来看，道路交通安全法第七十六条和交强险条例第二十一条规定，发生交通事故，保险公司应当在保险法规定限额内赔付，并未涉及保险事故是否有责，更谈不上全责、半责、部分责任。但从法理上看，责任保险应当以"责任"的成立为前提，因此相关立法在理念上可能存在错位。

3. 直接赔付还是间接赔付，即交强险中第三人有没有直接请求权

一是从规范意义上说，或者从法条的文义上理解，交强险条例作为保险的一个特别法，并没有赋予受害第三人的直接请求权。二是作为一种责

任险，各国模式不一，某些国家和地区赋予第三人直接请求权。笔者的理解是，尽管交强险条例没有直接赋予第三人直接请求权，但在保险法中可以引申出直接请求权。那就是保险法第六十五条第二款，确定了一个附有条件的第三人直接请求权。条件有两个：第一个是赔偿责任确定，第二个是被保险人怠于请求。在操作过程中，是否要等到两个条件完全具备了才赋予第三人直接请求权还是只要满足怠于请求就行，赔偿责任在诉讼过程中确定还是在先期诉讼中确定？从文义解释上说，被保险人赔偿责任的确定并不以诉讼裁判为条件，只要其认可受害第三人的赔偿主张，又怠于请求保险人直接向第三人赔偿保险金，第三人即有权直接求偿。

4. 从车还是从人，即以车为主导还是以人为主导的问题

从道路交通安全法第七十六条和交强险条例第二十一条的表述来看，立法上保的是车。但现行的交强险条款对此作了限制，从保险原理来讲是没错。笔者得出的结论是：第一，如果车辆未纳入交强险范围就除外；第二，对被保险人造成的保险事故进行赔偿，但必须是投保人及其允许的合法驾驶人。现在实践中的做法是从车加从人。这引起了对交强险条款是否符合立法本意的质疑。

（二）交强险的具体问题

1. 请求权主体

请求权主体不仅涉及交强险，还关联商业责任险。事故发生之后请求权的主体问题不仅是实体法的问题也是程序法的问题，是一个诉讼主体的构建问题。第一，交强险的第三人有没有直接请求权？如果确定了第三人直接请求权，那能否将交强险和商业三者险合并请求？主要分以下两种情况：第一种情况是交强险和商业三者险在一家保险公司承保；第二种情况是交强险和商业三者险在不同的保险公司承保。

2. 分项赔付

交强险条款确定了一个分项赔付的模式。最高赔付限额和医疗赔付限额都不一样。医疗费用在实践中可能会很高。从立法规定来看，在实践操作中二者能否打通存在分歧，多数人认为应该区分，笔者认为应该尊重条

例的规定，实行分项赔付。

3. 保险公司的垫付追偿问题

保险公司在机动车事故中垫付抢救费用，有权向受害人追偿。垫付实际上不是一种责任，某种意义上讲属于社会保险的范畴。对在醉酒、盗抢、故意制造交通事故情形下造成的损害，保险公司是否免责问题，有两种观点：第一，免责观点。在下列情形下保险公司只负责垫付抢救费用，不承担其他责任。第二，有责观点。承担垫付抢救费用是保险公司的法定义务，并不免除保险公司对被保险人或者说受害人给付保险金的责任。笔者倾向于第二种观点，大致有以下理由：从文义解释来看，交强险条例第二十二条并没有免责的意思。从体系解释（上下文解释）来看，既有确定责任，也有免责。从目的解释看，交强险的目的并不是为被保险人提供救济，而是为受害第三人提供救济。从这个意义上说，不能因为上述情况而使受害第三人不能获得应有的法律救济。

作者简介

温世扬 1964年生，江西大余人。1988年6月毕业于武汉大学法学院，获民法学硕士学位并留校任教，教授、博士生导师，并先后兼任教研室主任、副系主任、副院长，1996年获得法学博士学位。中国法学会民法学研究会副会长、司法部国家司法考试命题委员会委员、湖北省法学会副秘书长、民法研究会常务副会长。长期从事民法总则、物权法、保险法等领域的研究。获得湖北省社科优秀成果奖、首批"湖北省中青年法学家"、教育部"新世纪优秀人才"、第三届司法部优秀科研成果奖等多项荣誉。代表性著作有《物权法要论》（武汉大学出版社，1997）、《保险法》（法律出版社，2003/2007）、《物权法通论》（人民法院出版社，2005）、《物权法要义》（法律出版社，2007）、《物权的理论探索与立法探讨》（法律出版社，2010）。

李昌鉴

以十八大的理论创新精神
推动人民政协理论研究工作

深入学习、全面贯彻十八大精神，努力完成大会提出的各项任务，是摆在全党和全国各条战线面前的首要政治任务。抓住当前这个有利机遇把人民政协理论研究工作向前推进，是人民政协理论工作者的光荣使命。这项工作成效如何，取决于我们对十八大理论创新精神的深透理解和全面贯彻。

一 增强理论创新的政治自觉，是推动人民政协理论创新的重要前提

在当前形势下，要把人民政协理论研究推向一个新的发展阶段，首先要解决好理论创新的政治自觉问题。必须真正懂得，理论创新是一个国家、一个民族发展变革的先导，也是执政党引领社会前进的强大力量。十八大之所以得到党内外的普遍拥护、受到国际社会的广泛关注，一个根本原因是理论创新，给人以耳目一新的新鲜感、时代感。以大会的"主题"为例，从党的十二大提出"中国特色社会主义"这个政治命题以后，长达30年的六届党代会的"主题"都离不开中国特色社会主义，但每届大会都有新的提法、新的内涵，这充分反映了我们党对中国特色社会主义认识的不断深化，表明党始终站在时代发展的前列，用不断发展的科学理论指引改革开

放和现代化事业，使我们的国家和民族始终保持蓬勃的生机与活力。人民政协事业同其他一切事业一样，要在现有的基础上继续前进，就必须始终坚持理论创新，用不断发展的人民政协理论正确指导政协实践。对此，我们的各级领导干部特别是广大政协理论工作者和实际工作者要有高度的政治自觉，真正做到理论自信。

那么，十八大的理论创新精神是什么呢？我们应当很好研究。十八大明确提出"实践发展永无止境，认识真理永无止境，理论创新永无止境"，为我们指明了理论创新的广阔天地。报告还指出"解放思想、实事求是、与时俱进、求真务实，是科学发展观最鲜明的精神实质"。我理解，这"十六字"也是理论创新最本质的思想精髓。因此，我个人把十八大的理论创新精神初步提炼、归纳为：坚持解放思想、实事求是、与时俱进、求真务实，在永无止境的实践发展中，不断开辟中国特色社会主义理论的新境界。我认为这就是十八大的理论创新精神。我们以十八大的理论创新精神推进人民政协理论研究工作，就是要在中国特色社会主义理论体系的指引下，勇于实践、勇于变革、勇于创新，把握国情和时代发展要求，坚持不懈地探索和把握人民政协工作的科学规律，更好地发挥人民政协作为我国政治架构和中国政治体制重要组成部分的作用，为夺取中国特色社会主义新胜利作出新的贡献。

在人民政协的理论创新中，我们一定要把握好以下原则：一是既要坚持马克思主义基本原理，又要立足于中国现实，一切从实际出发；二是要坚持继承与创新的有机统一，既一脉相承，又与时俱进；三是要始终把握时代主题、顺应时代潮流，学习借鉴人类文明的有益成果；四是要切实遵循"实践——认识——再实践——再认识"的认识规律；五是要始终以人民利益为根本出发点和落脚点。

二 根据十八大提出"健全社会主义协商民主制度"的要求，加快人民政协理论若干重大问题研究

落实十八大提出的"健全社会主义协商民主制度"部署，首先要对目前我国实行社会主义协商民主的现状有一个客观的估计。

应当说，社会主义协商民主制度在不断实践探索中取得很大进展，已经广泛渗透到国家政治社会生活中，而且在不断丰富和发展。主要表现为：一是就党和国家事业发展的重大事项、国计民生的重大问题，中共与各民主党派进行协商和在人民政协进行协商这两种基本的重要政治协商形式更加规范，各级政府还建立了定期向党外人士通报情况制度。二是确立了协商的原则就是坚持协商于重大决策之前和决策执行过程中。三是健全和完善协商民主与选举民主紧密结合的机制。每年各级人大和政协会议都在一起相继召开，而且政协委员列席人大全体会议，听取政府工作报告等重要报告，进行协商讨论，提出意见和建议。人大在宪法修改和许多重要法律的制定和实施中，也事先在政协征求意见。对国家领导人的提名，选举前中共中央都与各民主党派、无党派人士等认真进行协商。四是实行协商民主制度成效显著，不仅促进了党和国家的民主科学决策，而且大大推动了我国社会主义民主政治的发展。五是在国家协商民主制度的引领下，积极探索和建立基层民主协商制度。在一些乡村和城市社区进行了建立协商制度的探索，并形成了咨询会、公众听证会、恳谈会等一些民主协商的形式。可以说，协商民主已经广泛地运用于我国社会主义民主政治实践中，并逐渐渗透到社会政治生活的各个领域、层次和环节。

但是，社会主义协商民主制度发展过程中面临不少问题，还有许多不完善的地方。主要表现为：一是实行协商民主制度缺乏必要的法规、制度来规范和保证。二是协商民主作用的发挥与选举民主相比差距较大。三是对社会主义协商民主理论的研究还不够深入。四是作为协商民主制度主渠道的人民政协履行职能制度化建设的进程与协商民主制度发展要求还不相适应。

当前迫切需要从理论上加强研究的至少有以下若干重大问题。

1. 从国家立法上进一步完善协商民主制度的法律地位

协商民主是公民在公共权力行使过程中直接发挥作用的一种重要的运行机制，从人民政协与公共权力的关系来看，在我国现行政治制度安排下，人民政协不是权力机关，而是作为公民有序政治参与的主体和平台，对公共权力的运作发生直接的影响。协商的过程实际上是公民有序的政治参与和民主监督的过程。从目前来看，政协对公共权力的影响力至少包括调查权、参政权、议政权和监督权等，这已是政协章程和中央文件所规定的。从长远发展趋势来看，政协作为协商民主的实践主体，还应对行政机关制定的法规、规章和执法行为进行必要的审核和质询。行政机关有责任在规定时间内，按照必要程序，以口头或书面的形式予以答复。它不同于人大质询权之处在于，它的质询在内容上应较人大更为宏观，行政机关的答复是否合格仍由人大最终审查。此外，按照协商于决策之前和决策执行之中的原则要求，任何立法机关制定的法律或作出的决议，在人大或人大常委会通过前，应先在政协进行协商，取得基本一致的意见后再提交人大审议通过。如果在政协协商的时候难以达成共识或存在重大分歧，就不能匆忙提交人大会议审议通过。此外，政协委员有权通过视察、调查的方式对国家法律、政策的实施情况进行全面监督，有权对各级国家机关工作人员提出批评和监督，等等。要确保人民政协对公共权力的影响力得以正当有效的行使，就必须有相关的法律进行明确界定。

2. 进一步明确协商民主参与主体的相关问题

中共中央 2006 年五号文件中对"选举民主"主体的阐述是"人民"，这一清晰干脆的法律词汇；而对"协商民主"主体的阐述则是"人民内部各方面"，这一概念有着丰富的内涵，它不仅包括了"人民"中的一切个体，更涵盖了"人民范围"内的一切阶层、党派、集团。目前，在我国协商主体如何确定，比较明确的说法是中共中央 2005 年五号文件提出的执政党和参政党；那么社会公民、利益团体如何作为协商主体开展协商活动？人民政协是否只是一个协商载体，它可否成为一个协商主体？这既是重大的理论问题，也是重大的实践问题，都值得深入研究探讨。

过去笔者对协商民主的含义进行界定时指出，"公民、政党、利益团体和专设的政治协商组织"都可以成为协商的主体。从协商民主的制度架构设计和价值取向来说，人民政协不仅应该作为一个协商载体或平台，而且可以作为协商主体参与国家政治生活。比如，政协通过调研，对某些重大问题如对天津滨海新区建设问题形成了一个意见建议，这份意见建议通过召开专题协商会的方式与国务院进行协商，这个时候，政协应当视为与国务院对等的协商主体；又如，前几年各界人群对于春运票价问题反应较大，如果政协开个会，邀请铁道部和各方委员或各界人士参加讨论协商，那么这个时候，政协就是一个协商载体。从以往政协的工作实践来看，人民政协在事实上已经具备了协商主体和协商载体的双重属性，对此需要加以明确。

3. 进一步规范协商民主的内容和程序

关于具体内容有两个方面的问题，一是"重大决策"和"共同性问题"包括哪些内容？诸如国民经济和社会发展中长期规划及年度计划；重要规划、行政区域的重大调整方案；政府重大投资项目和建设项目决策；关系人民群众生活和切身利益的重要决策；重要的法律法规和政府规章草案；重要人事安排；爱国统一战线和人民政协内部的重要事务都应作为政治协商的内容。二是协商议题由谁提出、怎么提出？在这个问题上，目前看随意性太大，应当予以明确。应当具体规定协商议题提出的三条途径：一是按照党总揽全局、协调各方的原则，由党委牵头，会同同级人大、政府、政协共同研究确定协商议题。近年来在贯彻落实中共中央2006年五号文件过程中，一些地方党委的做法可以借鉴，比如，有的省在每年年初由省委领导或秘书长主持召开由省人大、政府、政协秘书长共同参加的联席会议，结合全省年度工作重点，共同研究并报经党委批准需要进行政治协商的议题。二是政协作为实践协商民主的主体，应根据经济社会发展情况，提出需要同党委、人大或政府就某些重要问题开展协商的动议并经党委批准后组织实施。三是政协作为实践协商民主的载体，针对社会各界和人民群众呼声很高、反映强烈的热点问题，组织各界代表人士与党政机关开展政治协商。

在协商民主制度的程序建设方面，要不断完善和严格执行协商议题的提出和确定的程序、安排协商活动的程序、通报情况和听取意见的程序、及时整理并报送协商成果的程序、认真研究处理并反馈处理情况的程序等。避免任意变更协商计划、协商议题、协商时间，避免把协商会变成通报会或把决策前的协商变成决策后的通报等。

4. 进一步完善人民政协界别的设置和功能

协商民主的实质，就是要实现公民有序的政治参与。这里的关键，一是"政治参与"，二是"有序"，并使这两个方面能够有机统一起来。人民政协作为中国人民在为人民民主奋斗的过程中创造的民主形式，其优势就在于它能够在很高的制度层次上实现公民有序的政治参与。人民政协的界别集中体现了政协的性质，也是政协发挥职能作用的重要渠道。特别是从政协作为协商主体和协商民主主要实践形式的角度看，存在一个人员构成代表性、合法性的问题。政协由界别组成，委员是界别的代表，这在理论上说得通。但在实践中委员界别色彩并不强，界别作为政协基本组成单位其性质、地位、作用并不明确。所以目前应当着眼于增强界别的代表性、凝聚力，力求使每一个政协界别都能有效地收集和表达本界别社会公众的利益诉求，从而作为利益主体在协商中形成应有的"博弈能力"。从长远看，政协的界别产生以及委员的产生，必须经过必要的法定程序来进行，可以尝试将协商与选举适当结合起来。

5. 把人民政协建成我国广大公民有序政治参与的民主平台

这几年在党中央领导下，我国的民主进程有很大发展，成绩不小。但也确实存在群众民主诉求渠道不畅等方面的问题，不仅影响了民主政治建设进程，而且造成了一些地方的社会不稳定。要改变这种情况，一个重要举措是要把公民有序政治参与的主要平台搭建起来。人民政协最有条件成为现行体制内群众有序政治参与的最大的民主平台。一是因为人民政协是目前我国唯一存在的界别组织，与各界别的群众有着天然的联系；二是因为人民政协本来就是人民民主的产物，又是我国协商民主的重要渠道和主要形式，而公民政治参与的基本方式就是协商民主，所以由人民政协作为人民群众的民主参与平台顺理成章；三是因为由人民政协作为公民有序政治参与的重要渠道和主要平台，可以避免公民无序的民主诉求，防止社会出现不稳定。为此，我们要抓紧研究这个"民主平台"的性质定位、任务要求、工作内容、机构设置、人员调配以及开展工作的方式方法，等等。可以设想，人民政协作为广大公民有序政治参与的重要渠道和主要平台建立之后，一定可以从实际步骤上推进我国的社会主义协商民主建设，一定可以推动稳定、和谐的社会建设。

6. 应积极营造坚持和完善社会主义协商民主的舆论宣传氛围

结合贯彻落实十八大精神，应当积极组织并广泛宣传社会主义协商民主制度的性质地位和它在社会主义民主政治建设中不可替代的作用，使人们充分认识协商民主制度的重大意义。从党委来讲，各级党委和政府要按照中央关于把政治协商纳入决策程序，坚持协商于决策之前和决策之中的原则，确保畅所欲言、各抒己见，真正发扬民主。从政协组织来讲，应以改革精神推进政治协商、民主监督、参政议政的制度建设，使协商民主有制可依、有章可循。目前应该在协商民主实践的公开透明上下工夫。协商民主相对于选举民主，最可能产生的弊端在于协商的过程很可能是暗箱操作的过程。所以在我国的协商民主制度建设和发展中，必须始终强调协商应当尽可能在公开透明的环境下进行。比如，党际之间的协商，界别之间的协商，包括有的机构之间的协商，除涉及重大国家机密之议题外，一般应当尽可能通过媒体公开报道，能现场直播更好。这是长远的发展趋势。

三 全面落实不久前召开的人民政协理论研究工作座谈会精神，统筹部署人民政协理论研究工作

2012年9月4日至5日全国政协召开了人民政协理论研究工作座谈会，会议深入总结了十届全国政协以来人民政协理论创新的重要成果，积极探索人民政协理论研究工作的特点和规律，谋划部署进一步加强人民政协理论建设的重大举措。这次会议是全国政协首次召开的关于人民政协理论研究的专题性会议，会议取得的丰硕成果已经充分体现在贾庆林同志的重要讲话中，对于推进人民政协理论研究工作必然会产生深远的影响。

会议着眼实际，提出了事关人民政协事业发展的若干重大理论和实践

研究课题。强调了四方面问题的研究，这四方面问题实际上也是对全国政协副主席郑万通多年研究的人民政协四个功能研究的拓展。比如，如何进一步发挥人民政协作为统一战线组织的优势和团结的潜能，以更大的包容性和更加灵活的方式，担负起促进政党关系、民族关系、宗教关系、阶层关系、海内外同胞关系和谐的重大责任；如何用更加规范的程序和机制保证人民政协建言立论更好地服务决策，提升人民政协协商咨政的有效性；如何整合社会监督体系中各种监督形式，发挥人民政协的民主监督在我国互相协调、相互制约的决策权、执行权、监督权运行机制中的应有作用；如何使人民政协反映社情民意信息工作纳入党和国家舆情汇集和分析机制，进一步发挥政协界别在利益协调、诉求表达、矛盾调处、权益保障等机制中的重要作用等。

会议还提出要形成协调配合的人民政协理论研究的长效工作机制。明确提出要建立一个"三结合"的工作机制，即全国政协与地方政协相结合，政协系统与高等院校、科研院所相结合，政协研究室与理论研究会相结合的长效工作机制。

会后，各地人民政协纷纷组织传达了会议精神，积极采取措施贯彻落实会议部署。比如，甘肃省政协召开省政协党组扩大会议，专题听取省政协理论研究会关于全国政协理论研究工作座谈会主要精神，讨论通过了研究会提出的加强人民政协理论研究工作的具体要求以及解决研究会干部编制等问题，有力促进全省的人民政协理论研究工作，为理顺研究会工作关系，获得长期支持提供了机制保障。比如上海市政协理论研究会组织学习贯彻人民政协理论研究工作座谈会精神专题会议，组织专家学者就贯彻落实会议精神提出具体意见建议，等等。

人民政协理论建设工程需要全党、全社会长期关注，共同推动。在座的都是来自党校、行政学院、干部学院和社会主义学院的院系领导和教学骨干，肩负着党政干部培训的重要任务，笔者向大家介绍人民政协理论研究工作座谈会的有关精神，是希望大家能够了解人民政协理论建设面临的重要任务，支持和关心人民政协理论建设，从自己所熟悉的研究领域出发研究人民政协理论，成为研究和宣传人民政协理论的重要力量，尽快推进人民政协理论走进党政干部培训的课堂，形成全党、全社会支持人民政协事业发展的良好局面。

四　切实采取有效措施，从具体关键环节上推进人民政协理论研究工作

从人民政协理论研究会的角度，我们今后将在具体工作环节上下工夫，推进人民政协理论研究工作。推进人民政协理论研究工作不只是研究会自身的事情，也需要社会各方面的参与和支持，在这里简要介绍一下研究会今后工作的若干设想，希望各位能够积极参与进来。第一，要认真搞好人民政协理论研究规划，把人民政协理论学科体系建设提到重要议程；第二，要建立人民政协理论研究课题制，以推动人民政协重大理论与实践问题的研究；第三，要建立常态化工作机制，活跃人民政协理论研究工作；第四，要密切研究会内外系统的联系与协作，进一步形成理论研究的合力；第五，要把培养人民政协理论研究人才作为战略性任务，不断完善学习研究和教育培训的制度；第六，要推动人民政协理论"双列入"工作，加强人民政协理论的宣传普及；第七，要加强研究会自身建设，推进人民政协理论研究会工作的制度化、规范化和程序化。我们想从以上七个具体工作环节上强化研究会工作，切实推动人民政协理论研究工作，力求取得新的进展、新的成效。

作者简介

李昌鉴 1947年6月生，海南文昌人，中国共产党党员。1970年中山大学数学力学系毕业。

现任中国经济社会理事会副主席、中国人民政协理论研究会常务副会长、海南省人民政府咨询顾问、北京大学法学院客座研究员、中央社会主义学院教授。曾在中山大学、广东省委机关、国家教育部、中共中央办公厅工作，曾担任国家林业局负责人，第九届全国政协常委、副秘书长兼全国政协主席办公室主任，第十、十一届全国政协常委。主要代表作有《对人民政协理论研究中几个重大问题的思考》《关于人民政协的若干理论与实践问题》《人民政协理论研究之现状及前瞻》《六十年人民政协理论的发展与启示》《关于中国的协商民主制度》等。

原冬平

以中共十八大精神为指导，大力推进人民政协理论研究工作

——学习中共十八大关于健全社会主义协商民主制度重要论述的体会

一 社会主义协商民主制度的提出是新亮点

十八大报告第五部分"坚持走中国特色社会主义政治发展道路和推进政治体制改革"作了七个方面的部署。其中第二点"健全社会主义协商民主制度"是首次出现在党代会的报告中，这是十八大报告的一大亮点。

第一，社会主义协商民主制度是中国共产党适应我国经济社会发展和人民群众对政治体制改革新期待的重大举措。中国共产党坚持以人为本、执政为民、维护人民主体地位，人民群众的主人翁精神，政治参与意识和自由、平等、正义观念空前提高。随着我国经济体制改革的深化，经济社会快速发展，人民群众更加关注民主政治建设和政治体制改革，有关重视"顶层设计"、"增量民主"的呼声强烈。党的十八大不失时机地把推进政治体制改革、健全社会主义协商民主制度写进党的代表大会报告，不仅是我国现阶段经济社会发展和社会利益结构多元化的必然要求，也是顺应各方面利益群体政治参与需求和人民群众对加快社会主义民主政治建设、推进政治体制改革期望的有力回应。

第二，社会主义协商民主制度是中国共产党和中国人民对社会主义民主形式的伟大创造。中国共产党成立以来，始终没有放弃过对民主的追求，人民民主是我们党一贯高举的光辉旗帜。经过多年浴血奋战，党领导中国人民建立起人民民主政权，实现了中国人民当家做主，中华民族自立、自决、自强。中国确立社会主义制度以后，我们党继续坚持人民民主方向，在建立和发展社会主义民主方面作了不懈的探索，期间也出现过一些挫折和失误。实践证明，我国民主政治运作出现的问题，往往不是因为基本纲领、基本制度有什么问题，而与民主实现形式有关。改革开放以来，我们党总结了发展社会主义民主正反两方面经验，积极稳妥地推进政治体制改革，在坚持和完善民主纲领、民主制度的同时，更加注重拓展和丰富人民民主形式。协商民主不仅是我们党在新民主主义时期治国的形式，而且成为中国特色社会主义民主的新形式，成为中国共产党成功开辟和坚持中国特色社会主义政治发展道路的重要标志和生动体现。

第三，社会主义协商民主是中国共产党顺应世界民主潮流的明智选择。民主是人类的共同追求，现代民主是资产阶级战胜封建主义的有力武器和重大成果，也是资产阶级对人类政治文明发展的阶段性贡献。资产阶级创造的民主并没有给资本主义提供长生不老的药方，更不是人类民主的共同模式、最终模式。民主已成为当代世界各国人民的普遍要求，照搬西方民主导致社会动乱和民族分裂的悲剧时有发生。资本主义国家的有识之士有关协商民主的探讨和实验，也揭示了当代西方发达国家民主的固有弊端。中国特色的协商民主具有协商民主的一般含义，但与国外倡导的协商民主有着明显的不同甚至本质的差别。坚持和实施协商民主体现了中国共产党和中国人民的政治自信和思想开明，不仅是中国对人类民主追求和政治文明的重要贡献，同时也为中国借鉴人类当代政治文明成果、置身当代世界民主潮流搭建了沟通和理解的桥梁。

我国的协商民主作为一种理论和制度，有一个从实践到理论不断形成的过程。协商民主的提出，是对毛泽东协商建国思想的继承和发展。社会主义协商民主制度的确立，是改革开放以来中国共产党坚持中国特色社会主义政治发展道路、推进政治体制改革的大胆探索和丰硕成果，具有里程碑意义。协商民主在我国不仅形成了一种政治理念，而且是一种长期的政治实践，并提升为一种国家政治制度。协商民主在中国有其深厚的政治文化传统。原全国政协副主席郑万通认为，这个概念简洁、清晰、柔和，充满了中国传统哲学中的"人同此心，心同此理"的理念。中国共产党确立协商民主理论及制度的过程，可以大致分为四个阶段。第一阶段即萌芽阶段，中国共产党在建立与国民党独裁政权相抗衡的局部政权的实践中，形成了以"三三制"为特征的统一战线政权形式和以协商为特征的新民主主义议事精神。原全国政协主席贾庆林认为，"三三制"民主政权建设中的协商民主实践是协商民主的萌芽和雏形。第二阶段即全国实施阶段，政协第一届全体会议执行全国人民代表大会职权协商建国，标志着协商民主这种新型民主形式在全国范围内实施。第三阶段即社会协商探索阶段，1987年中共十三大提出"建立社会协商对话制度"构想。这一制度的提出着眼于"正确处理和协调各种不同的社会利益和矛盾"，发扬"从群众中来，到群众中去"的优良传统，"及时地、畅通地、准确地做到下情上达，上情下达，彼此沟通，互相理解"。为此设计了建立国家、地方和基层协商对话制度。社会协商对话制度的提出标志着协商民主从党际协商向社会协商拓展，从政治领域向社会生活领域拓展，从国家层面向地方和基层拓展。这可以说是对社会主义协商民主在理论和实践上的一次有益探索。第四阶段，即从两种民主形式意义上确立协商民主阶段。1991年江泽民在当年"两会"中共党员负责人会上，首次提出"人民通过选举、投票行使权利和人民内部各方面在选举和投票之前进行充分协商，尽可能就共同性问题取得一致意见，是我国社会主义民主的两种重要形式"。这是十分重要的政治论断，可以说为社会主义协商民主制度的确立奠定了重要理论基础。2007年11月国务院新闻办发布的《中国的政党制度》白皮书首次提出"选举民主与协商民主相结合，是中国社会主义民主的一大特点"。"在中国，人民代表大会制度与中国共产党领导的多党合作和政治协商制度，有着相辅相成的作用。人民通过选举、投票行使权利和人民内部各方面在作出重大决策之前进行充分协商，尽可能取得一致意见，是社会主义民主的两种重要形式。"这是首次以正式文件公开确认"选举民主"和"协商民主"。

这次十八大报告正式提出"健全社会主义协商民主制度"，这是中国共产党和中国人民在社会主义民主形式方面的伟大创造，是对马克思主义民主政治理论的丰富和发展，也是人民政协多年实践探索的重要成果。

二 充分发挥人民政协作为协商民主渠道作用是新要求

十八大报告第五部分中的"健全社会主义协商民主制度"总共 294 个字，共 8 句话，应该说这些内容都与政协直接有关。报告科学地回答了社会主义协商民主的本质属性，协商民主制度和机制的架构，协商民主的渠道、内容、目的，人民政协在协商民主制度中的地位以及多种政协协商形式，协商民主的基本原则等重大问题。第 1 句话：社会主义协商民主是我国人民民主的重要形式。这个论断十分重要，表明协商民主的社会主义本质，表明人民代表大会是我国人民民主的表现形式，社会主义协商民主也是人民民主的形式，两者共同体现了我国人民民主的广泛性。第 2 句话：要完善协商民主制度和工作机制，推进协商民主广泛、多层、制度化发展。表明协商民主制度是一个涉及广泛领域的、多层次的制度和工作机制体系，不是一种单一的具体制度。第 3 句话：通过国家政权机关、政协组织、党派团体等渠道，就经济社会发展重大问题和涉及群众切身利益的实际问题广泛协商，广纳群言、广集民智，增进共识、增强合力。明确了协商民主的三种主要渠道，以及协商的内容。政权机关的协商包括人大立法协商，政府决策听证。政协组织是一条独立的协商民主渠道。协商的目的是经过充分协商，既达成共识，又形成合力，既有利于统筹兼顾各方面的利益，又有利于社会的和谐稳定。第 4 句话：坚持和完善中国共产党领导的多党合作和政治协商制度，充分发挥人民政协作为协商民主重要渠道作用，围绕团结和民主两大主题，推进政治协商、民主监督、参政议政制度建设，更好地协调关系、汇聚力量、建言献策、服务大局。其含义至少可以引申出三点，一是人民政协是依据多党合作和政治协商制度来发挥协商民主渠道作用的，是一种制度性渠道。二是中国共产党领导的多党合作和政治协商制度不仅是多党合作的政党制度，更重要的是体现政治协商、协商民主的国家基本政治制度。三是充分发挥人民政协的协商民主重要渠道作用，深入进行人民政协创造的专题协商、对口协商、界别协商、提案办理协商，就能更好地坚持两大主题、履行三项职能、发挥四方面作用。第5句话：加强同民主党派的政治协商。我国的政治协商有两种形式，一是中国共产党与各民主党派的协商，二是人民政协的政治协商。加强同民主党派的协商，既需要不断完善政党领袖之间的民主协商会、小范围谈心会、座谈会等形式，同时要充分发挥各民主党派在人民政协中的作用。要保证民主党派以本党派的名义在政协会议上发表意见和建议，提出提案，参加调查研究和对外交往活动。地方的党际协商大多可以安排在政协协商当中。第6句话：把政治协商纳入决策程序，坚持协商于决策之前和决策之中，增强民主协商实效性。政治协商贵在纳入决策，用必要的程序把政治协商作为决策的重要环节确定并实施起来，将大大增强民主协商实效性。直击协商薄弱环节，强调以程序保证协商民主对决策的影响力。

社会主义协商民主制度是个大设计，随着这一制度的不断健全和完善，将大大提高我国社会主义民主的广泛性和人民当家做主的真实性；将大大推进社会各阶层、各利益群体的和谐相处和社会政局的稳定；将大大改善党的领导方式和执政方式，体现执政党对人民意愿和权力的尊重。

三　健全社会主义协商民主制度是新课题

作为推进社会主义民主政治建设的重大课题，健全社会主义协商民主制度要从理论和实践两方面入手去研究。

第一，要从两种民主的理论出发论证协商民主。中国作为一个发展中的大国，选举民主和协商民主都有完善和健全的必要。我国的两种民主及其关系亟待论证，不仅是概念上的一般性论证，还要结合国外两种民主理论和我国民主政治建设的现实加以论证，要弄清中外协商民主的区别与联系，使我国的协商民主定性、定位更加准确，中国特色更鲜明，又能顺应世界民主潮流。从思想观念上进一步达成共识，即两种民主形式的结合不会导致照搬西方政治模式，反而有利于抵制西方政治模式的侵袭和颠覆。

第二，理论上还需下工夫论证人民政协在协商民主制度中的地位作用。人民政协是专门的协商机构，是一种已提升为国家制度层面的政治行为。它运行数十年，形成了深厚的历史影响和崇高的社会威望。它精英汇聚、智力密集，具有人才优势。它由众多界别组成，具有广泛的代表性和巨大的包容性。它是最为制度化的协商民主形式，拥有以宪法和章程为核心的一整套规章制度和全国、省级、副省级、地级、县级政协的五级完整组织体系。相形之下，政权组织的民主协商，不是其活动的主要的、经常性的方式，协商只能隶属于其活动和工作目标的一个环节或一种手段，都是分散的，以问题为中心的。

第三，要认真总结实践经验，对不同层次、不同领域的民主协商，要进一步明确协商主体，即谁与谁的协商；协商内容，即协商什么；协商方式，即怎么协商；以及协商成果运用，特别是各种协商成果的集成运用，包括充分协调政协各种协商形式之间的关系，例会协商与闭会期间的专题协商、对口协商、界别协商、提案办理协商避免重叠。要按照健全社会主义协商民主制度的一系列要求，抓紧修订国家政权机关有关法规、条例，修订人民政协和党派团体的章程以及基层的有关规章制度，尽快使协商民主制度和工作机制稳定下来并规范运作。

第四，无论理论还是实践上，都有一个把党的意志变为国家意志的问题，要加快启动纳入法治轨道的操作。要经过充分论证和实践，通过法定程序将健全社会主义协商民主制度载入宪法，把执政党的意志变成国家意志，使社会主义协商民主制度的健全和运作得到充分的法律保障，变成全社会的责任和义务。

作者简介

　　原冬平　全国政协系统中知名的理论专家，曾先后担任全国政协研究室副主任、信息中心主任、四局局长、研究室常务副主任，现任中国人民政协理论研究会秘书长、中国政协《理论研究》杂志执行主编，参与了《中共中央关于加强人民政协工作的意见》、政协章程修改和全国政协主要领导讲话等重要文稿的起草工作，是全国政协培训中心和多所高校、党校、社会主义学院的兼职教授。长期从事人民政协工作尤其是理论研究工作，既有丰富的实践经验，又有深厚的理论根底，为人民政协理论建设作出了重大贡献。

王子今

秦统一中国的技术条件

秦为什么能够迅速崛起，逐步强盛，逐一兼并六国，最终实现统一，建立了规模空前的集权国家？史家就此有长期的讨论。论者或以为通过变革而实现的生产关系和社会制度的进步，是秦富国强兵的主要原因。已经有学者就此辨议："睡虎地竹简秦律的发现和研究，展示了相当典型的奴隶制关系的景象"，"有的著作认为秦的社会制度比六国先进，我们不能同意这一看法，从秦人相当普遍地保留野蛮的奴隶制关系来看，事实毋宁说是相反。"[①] 有的学者甚至认为对秦国政治影响至为深刻的法家学派，"倡导的极权主义颇近于法西斯。"[②] 以生产关系、文化形态和社会制度为基点的关于秦实现统一的原因的争论，看来还可能继续下去。而技术条件对于秦的统一的作用，也应当引起秦史学界的重视。也许技术层面的考察，有助于秦实现统一的历史原因的说明。而秦王朝短促而亡原因的探索，也应当关注秦重视实用之学的学术文化倾向的历史作用。

① 李学勤：《东周与秦代文明》，文物出版社，1984，第378页。

② 李约瑟：《中国科学技术史》第2卷《科学思想史》，王玲协助，何兆武等译，科学出版社、上海古籍出版社，1990，第1页。

一 水利经营："沃野千里，蓄积饶多"

目前我们所知"水利"这一语汇的最早使用，见于成书于秦国、由吕不韦组织编纂的《吕氏春秋》一书中。

《吕氏春秋·慎人》："堀地财，取水利。"高诱解释说："水利，濯灌。"《吕氏春秋·任地》引后稷语："子能藏其恶而揖之以阴乎？"高诱注："'阴'犹润泽也。"夏纬瑛说，"'阴'指湿润之土而言，则'恶'当是指干燥之土而言了。"可知秦地农人对土壤墒情的重视，已经作为成熟的经验总结著入农书之中。同篇又讲到"泽"，俞樾以为"'泽'者雨泽也"。《吕氏春秋·辨土》也说到田土的"泽"。保证土地的"泽"，应当是当时关中农人已经掌握的生产技术。其主要方式，已经不只是单纯依赖"雨泽"，而凭借"濯灌"。

正如石声汉曾经指出的，"周民族开始经营农业生产的关中渭北平原，春旱秋涝的现象，几乎经常出现。渭、泾、洛三条河道，可以引入，也可以受纳，地理条件是合适的。大概由于这两种因素，逐渐积累了一些小规模的渠道建设技术知识。更重要的是，西周末年，冶铁技术出现之后，创制了效率很高的工具，促进了沟洫建设。"[1] 后来也成为秦人的"周余民"和来自西北的秦人的共同创造，提高了关中地方的农耕生产水准。[2] 而自商鞅变法自雍迁都咸阳之后，秦的文化重心由农耕区的边缘转移到农耕区的中心[3]，对农耕的重视达到空前的地步。当时秦人对"水利"的重视，从河川神祭祀制度可以得到体现。《史记》卷二八《封禅书》："霸、产、长水、沣、涝、泾、渭皆非大川，以近咸阳，尽得比山川祠。""近咸阳"诸水

---

① 石声汉：《中国农业遗产要略》，《中国古代农业科技》，农业出版社，1980，第78页。

② 《史记》卷五《秦本纪》："(秦文公)十六年，文公以兵伐戎，戎败走。于是文公遂收周余民有之，地至岐，岐以东献之周。"

③ 王子今：《秦定都咸阳的生态地理学与经济地理学分析》，《人文杂志》2003年第5期。

尽管"皆非大川",均得列入高等级的正统的"山川祠"系统之中,主要因素应在于咸阳附近的水资源对于秦国主要农耕区的"灌溉"发挥了重要的作用。

《战国策·秦策一》记载,苏秦说秦惠王时,说到"大王之国""田肥美,民殷富","沃野千里,蓄积饶多,地势形便,此所谓'天府',天下之雄国也"。关中"天府"地位的形成,应当与水利建设的成功有关。

秦人在关中发展水利事业的经验,又曾经在巴蜀地区推广。秦人经营巴蜀,除了继承原有的经济文化积累外,也有显著的创新。四川省青川出土秦武王二年《更修为田律》木牍有"十月为桥修波堤利津梁鲜草离"文字[①],可以说明秦本土关中地区的水利建设技术已经传布到蜀地。都江堰水利工程使成都平原的农业发展大得其利。《史记》卷二九《河渠书》记载:"蜀守(李)冰凿离碓,辟沫水之害,穿二江成都之中。"《华阳国志·蜀志》记载,李冰主持的水利灌溉工程,"溉灌三郡,开稻田。于是蜀沃野千里,号为'陆海'。旱则引水浸润,雨则杜塞水门,故记曰:水旱从人,不知饥馑,时无荒年,天下谓之'天府'也。"李冰还曾经"外作石犀五头以厌水精",又"于玉女房下白沙邮作三石人,立三水中。与江神要:水竭不至足,盛不没肩。"《水经注·江水三》引《风俗通》:"(李)冰凿崖时,水神怒,(李)冰乃操刀入水中与水神斗。蜀人慕其气决,凡壮健者,因名'冰儿'也。"则说明李冰因水利事业的成功上升,已经进入神话系统,成为蜀人崇拜的对象。

除了《华阳国志·蜀志》称蜀地"陆海"、"天府",《水经注·江水一》引《益州记》也说:"沃野千里,世号'陆海',谓之'天府'也。"其实,"陆海"、"天府"的说法,原本是用以形容秦文化的基地关中地区自然条件之优越

---

① 四川省博物馆、青川县文化馆:《青川县出土秦更修田律木牍》,《文物》1982年第1期;李学勤:《青川郝家坪木牍研究》,《文物》1982年第10期;胡平生、韩自强:《解读青川秦墓木牍的一把钥匙》,《文史》第26辑,中华书局,1986。

与经济实力之富足的。[①] 原本指谓关中最富庶地区的"陆海"、"天府"，后来被用以形容蜀地的经济地位，可以说明秦地与蜀地关系的进一步密切，也暗示蜀文化对于秦文化的某种向慕与附从。而包括水利形式在内的关中制度在蜀地的推行，应当也是导致这种历史文化现象发生的重要因素之一。

蔡邕《京兆樊惠渠颂》写道："地有堆塉，川有垫下，溉灌之便，行趋不至。明哲君子，创业农事，因高卑之宜，驱自行之势，以尽水利，而富国饶人，自古有焉。若夫西门起邺，郑国行秦，李冰在蜀，信臣治穰，皆此道也。"[②] 所谓"郑国行秦"，事见《史记》卷二九《河渠书》："韩闻秦之好兴事，欲罢之，毋令东伐，乃使水工郑国间说秦，令凿泾水自中山西邸瓠口为渠，并北山东注洛三百余里，欲以溉田。中作而觉，秦欲杀郑国。郑国曰：'始臣为间，然渠成亦秦之利也。'秦以为然，卒使就渠。渠就，用注填阏之水，溉泽卤之地四万余顷，收皆亩一钟。于是关中为沃野，无凶年，秦以富强，卒并诸侯，因命曰'郑国渠'。"

有学者认为，自商鞅时代起，即"有计划地引水输送和分配到田间，以补充农作物所需要的水分，并提高土壤肥力，发挥肥效而获得高额而稳定的收成"，"以灌溉渠道形式表现的自流灌溉制度"，即首先"推行于陕西、四川"。[③] 这样的分析是有一定依据的。石声汉总结战国水利成就，列举当时"空前宏伟的水利工程"，有"史起的邺渠、郑国的郑国渠、李冰的都江堰等"，以及"广西的灵渠"[④]，可知中国早期水利史上秦人的贡献

---

① 除前引《战国策 · 秦策一》记载苏秦语之外，据《史记》卷九十九《刘敬叔孙通列传》，娄敬建议刘邦定都关中时曾经强调："秦地被山带河，四塞以为固"，"因秦之故，资甚美膏腴之地，此所谓'天府'者也。"《史记》卷五十五《留侯世家》记载，张良对这一意见表示赞同，也说关中"沃野千里"，"天府之国也"。据《汉书》卷六十五《东方朔传》，汉武帝时代，东方朔也曾经说，"霸、产以西"，"泾、渭之南"，"此所谓天下'陆海'之地。"

② 《蔡中郎集》卷六。

③ 唐启宇：《中国农史稿》，农业出版社，1985，第170页。

④ 石声汉：《中国农业遗产要略》，《中国古代农业科技》，农业出版社，1980，第8页。

尤为突出。《史记》卷二十九《河渠书》所谓"秦以富强，卒并诸侯"，体现战国时期秦国水利事业的成功，是秦实现统一的重要因素之一。

二 交通建设："径数国千里而袭人"

秦人曾经长期经历游徙生活，与此相关，传说中秦先祖事迹多以致力于交通活动著称于世。"费昌当夏桀之时，去夏归商，为汤御。"孟戏、中衍亦才技不凡，"帝太戊闻而卜之使御，吉，遂致使御而妻之"。而"蜚廉善走"，"以材力事殷纣"。其后造父更是交通史上著名的人物。《史记》卷五《秦本纪》还写道："造父以善御幸于周缪王，得骥、温骊、骅骝、騄耳之驷，西巡狩，乐而忘归。徐偃王作乱，造父为缪王御，长驱归周，一日千里以救乱。"秦人先祖造父为周穆王驾车远行，可以"一日千里"，是中国古代交通史上著名的神异故事。①

秦人立国，也直接与一次重要的交通活动有关，即周"避犬戎难，东徙雒邑，襄公以兵送周平王"。于是，"平王封襄公为诸侯，赐之岐以西之地。"②

《史记》卷二十八《封禅书》记载秦时四方诸祠，唯地处关中者有车马之祭，谓"此皆在雍州之域，近天子之都，故加车一乘，騮驹四"。雍有四畤，"畤驹四匹，木禺龙栾车一驷，木禺车马一驷，各如其帝色。"秦人祭祀天帝时奉献车马或车马模型，可以从一个侧面反映其传统观念中对于交通的重视。

据毛氏传，《诗经·秦风》中多见体现秦人"有车马之好"的诗句。所谓"有车邻邻，有马白颠"③，"驷驖孔阜，六辔在手"，"游于北园，四

---

① 有人曾经就此质疑："人非翼鸟，安能一日千程？即使造父称神，騄耳称骏，而车中人亦不能堪此一日千里之风驰电掣而奔也。且天子，行必有副车。后乘岂能尽驾千里之马？抑岂可以一乘独驰归乎？"（清）邵泰衢：《史记疑问》卷上。我们则认为，造父传说中包含着反映优越交通条件的历史真实的内核。

② 《史记》卷五《秦本纪》。

③ 《诗经·秦风·车邻》。

马既闲"①，"四牡孔阜，六辔在手，骐骝是中，騧骊是骖"② 等，都表现出秦人对车马出行的专好。《华阳国志 · 蜀志》记蜀地风习，说到"工商致结驷连骑"，"归女有百两之从车"，并指出"原其由来，染秦化故也"。认为这种讲究车骑队列规模的习尚，是受秦风影响所致。

春秋时期，秦晋之间的黄河水面曾架设临时的浮桥。《左传 · 昭公元年》记载，秦后子铖"享晋侯，造舟于河，十里舍车，自雍及绛。归取酬币，终事八反"。黄河历史上第一座常设的浮桥，也是秦国修建，即《史记》卷五《秦本纪》所见秦昭襄王五十年（公元前 257 年）"初作河桥"。

中国早期车辆均为单辕。单辕车须系驾二头或四头牲畜，双辕车则可系驾一头牲畜。最早的双辕车应当是秦人发明。陕西凤翔战国初期秦墓 BMl03 出土两件牛车模型，牛一牡一牝，两车车辆形制相同，出土时陶车轮置于牛身后两侧，其间有木质车辕及轴。从舆等车具朽痕，可以看到车辕为两根。③ 这是中国考古资料中最早的双辕车模型，也是世界最早的标志双辕车产生的实物资料。双辕车的出现，体现了交通工具史上的重大进步。两件牛车模型出土于同一座小型墓葬中，且牛为一牡一牝，可以说明秦国民间运输生产资料的普及程度。

秦人除了拥有双辕车这种先进车型的发明权之外，所使用的运车数量之多也是空前的。《左传 · 昭公元年》记载，秦景公三十六年（公元前 541 年），秦后子铖适晋，"其车千乘"。《史记》卷七十二《穰侯列传》说，秦昭襄王三十六年（公元前 271 年），穰侯免相，出关就封邑时，"辎车千乘有余"。

《左传 · 僖公十三年》记载，"晋荐饥"，"秦于是乎输粟于晋"。史称"泛舟之役"。此外，秦史上另一次大规模粮运的记载，是《史记》卷五《秦本纪》所见秦昭襄王十二年（公元前 295 年）"予楚粟五万石"事。

---

① 《诗经 · 秦风 · 驷驖》。

② 《诗经 · 秦风 · 小戎》。

③ 吴镇烽、尚志儒：《陕西凤翔八旗屯秦国墓葬发掘简报》，《文物资料丛刊》第 3 辑，文物出版社，1980。

按照汉代运粮车辆的载重指标每车 25 石计，运送 5 万石粮食需组织多达 2000 辆运车的浩荡车队。

史籍有关于蜀王曾猎褒谷，遇秦惠文王的历史记载。①《水经注·沔水》引来敏《本蜀论》："秦惠王欲伐蜀而不知道，作五石牛，以金致尾下，言能屎金。蜀王负力，令五丁引之，成道。秦使张仪、司马错寻路灭蜀，因曰石牛道。"② 可见秦岭川陕古道的最初开通，秦人曾经有积极的努力。至于战国时期，有关秦国势的论述已见"栈道千里，通于蜀汉"③ 语，秦人对蜀道的经营为世人瞩目。由于秦人修筑通往巴蜀的栈道，显著改善了秦岭巴山道路的通行条件。秦军循栈道据有巴蜀，取得这一地区的人力物力资源，改变了与东方强国的实力对比，形成了对主要敌国楚国优越的战略态势，对于最终实现统一有极其重要的意义。

天水放马滩 1 号秦墓出土的年代为战国晚期的木板地图，可以提供重要的交通史料。图中往往明确绘出交通道路，有些还标记道里数字，如"去谷口可五里"，"宛到口廿五里"等，图中关隘称"闭"，用特殊形象符号表示，共计 6 处。④ 有学者认为，这是对两处关隘的标记。⑤ 通过标记交通条件的古地图的遗存，也可以了解秦交通制度的完备。

能够体现秦人重视交通的现象，还包括秦国君的交通实践。秦国君

---

① 《汉唐地理书钞》辑《蜀王本纪》："蜀王徙万余人传猎褒谷，卒见秦惠王。"《华阳国志·蜀志》："周显王之世，蜀王有褒、汉之地。因猎谷中，与秦惠王遇。"阚骃《十三州志》："昔蜀王从卒数千，出猎于褒谷，秦惠王亦畋于山中。"

② 《艺文类聚》卷九十四引《蜀王本纪》、《史记》卷五十五《留侯世家》，张守节《正义》引《括地志》及阚骃《十三州志》略同。而《汉唐地理书钞》辑《蜀王本纪》、《华阳国志·蜀志》以及《述异记》等，则谓秦献五美女于蜀，蜀遣五丁迎之。

③ 《战国策·秦策三》、《史记》卷七十九《范雎蔡泽列传》。

④ 甘肃省文物考古研究所、天水市北道区文化馆：《甘肃天水放马滩战国秦汉墓群的发掘》，《文物》1989 年第 2 期；何双全：《天水放马滩秦墓出土地图初探》，《文物》1989 年第 2 期。

⑤ 雍际春：《天水放马滩木板地图研究》，甘肃人民出版社，2002，第 140~141 页。

的这种交通行为，有时属于高层外交活动的内容之一，有时则是战争过程中以亲身从事实地战役组织和前线指挥督战为主要目的的。后来则又有行政视察的性质，如《史记》卷六《秦始皇本纪》记载秦始皇东巡刻石所谓"东抚东土，以省卒士"，"勤劳本事"，"临察四方"。①

在秦人军事扩张的历程中，秦军善于"远攻"②，较早创大军团长距离远征的历史纪录。秦穆公谋取郑国，即派遣大军"径数国千里而袭人"③。秦军还曾远至宋、楚等国境内作战。秦统一战争中，调动数以十万计的大军连年出击，无疑也需要凭借强大的运输力量保证后勤供给。以秦灭楚的战役为例，秦军出动兵力达 60 万，以秦汉时期通常情形折算，每天士卒口粮就多达 66667 石左右④，若无法由当地征集，以车载 25 石计，则需要 2667 辆运车转送。如若运程超过 4 日，则每日军粮都需万辆以上的辎重车队承运。这一数字尚不包括军马的食料刍藁。然而楚地战事持续长达"岁余"⑤，军运数额之巨可以想见。战争必然充分动员交通力量，即《孙子兵法 · 作战》中所谓"师者远输"，而往往实际上亦成为交通运输能力即"破车疲马"、"丘牛大车"的较量。⑥ 秦国最终能够完成击灭六国、实现一统的伟业，有强劲的交通实力以为借助，也是重要因素之一。⑦

---

① 参看王子今《秦国君远行史迹考述》，《秦文化论丛》第 8 辑，陕西人民出版社，2001。

② 《史记》卷七十九《范雎蔡泽列传》。

③ 《史记》卷五《秦本纪》。

④ 居延汉简所见戍卒口粮标准，一般每人每月为三石三斗三升少。云梦睡虎地秦简《传食律》："御史卒人使者，食粺米半斗"，"使者之从者，食粝米半斗"，与此相近。《汉书》卷六十九《赵充国传》："以一马自佗负三十日食，为米二斛四斗，麦八斛。"则日近三斗五升，或包括战马食料。

⑤ 《史记》卷七十三《白起王翦列传》。

⑥ 张预注："兵以车马为本"，"始言'破车疲马'者，谓攻战之驰车也；次言'丘牛大车'者，即辎重之革车也。"

⑦ 参看王子今《秦国交通的发展和秦的统一》，《史林》1989 年第 4 期。

三 机械发明："三军强弩"

《史记》卷六《秦始皇本纪》关于秦始皇陵工程有这样的历史记录："始皇初即位，穿治骊山，及并天下，天下徒送诣七十余万人，穿三泉，下铜而致椁，宫观百官奇器珍怪徙臧满之。令匠作机弩矢，有所穿近者辄射之。以水银为百川江河大海，机相灌输，上具天文，下具地理。以人鱼膏为烛，度不灭者久之。二世曰：'先帝后宫非有子者，出焉不宜。'皆令从死，死者甚众。葬既已下，或言工匠为机，臧皆知之，臧重即泄。大事毕，已臧，闭中羡，下外羡门，尽闭工匠臧者，无复出者。"这段150余字的记述中，连续3次出现"机"字，值得我们注意：①令匠作机弩矢，有所穿近者辄射之。②以水银为百川江河大海，机相灌输……③或言工匠为机……这种被刘向称为"机械之变"[1] 的技术优势，是因设计发明和工艺创造的长期积累而形成的。

较早的秦文化的实际遗存中已有体现"工匠为机"的文物。甘肃礼县圆顶山秦贵族墓出土四轮仿车式青铜器件。器盖的开合，也由"机"的结构控制，体现出"为机"的巧思。[2]《韩非子·难二》写道："明于权计，审于地形，舟车机械之利，用力少致功大则入多。"所谓"舟车机械之利"，可以理解为在"权计"之"明"、"地形"之"审"基点上的交通"机械"设计和制作的意义。"舟车机械之利"可以实现"用力少致功大则入多"的效益，应当是秦人很早就已经熟习的经验。《考工记》写道："一器而工聚焉者，车为多。"《续汉书·舆服志上》也说："一器而群工致巧者，车最多。"车，显然是当时能够集中表现"工匠为机"技艺的最典型的"机械"、"器械"。秦人制作的秦始皇陵铜车，体现出当时制车技艺的最高水平。

秦始皇陵兵马俑坑多出弩机。发掘者和研究者指出，弩是储蓄弹力、伺机发矢的远射程复合武器，其实物在秦始皇陵兵马俑坑一号坑出土158

---

① 《汉书》卷三十六《刘向传》。

② 甘肃省文物考古研究所、礼县博物馆：《甘肃礼县圆顶山 98LDM2、2000LDM4 春秋秦墓》，《文物》2005 年第 2 期。

件。^① 据有的学者推算，这种"强弓劲弩"的张力至于 738 斤，射程在 831.6 米以上。^② 这样的数据是否可靠还可以讨论，而秦弩有较强的力量和较远的射程，应当是没有疑问的。

《急就章》卷三："弓弩箭矢铠兜鍪。"颜师古注："弓之施臂而机发者曰弩。"可知"弩"之先进性主要体现于"机发"。《淮南子 · 原道》："其用之也若发机。"高诱注："机，弩机关。"《史记》卷六《秦始皇本纪》所谓"机弩矢"和《水经注》卷一九《渭水下》所谓"机弩"作为用于陵墓防盗的自动触发的弩机，是意义重大的发明。而实际上弩机在一般军事实践的运用，秦军久已有丰富的经验。以《战国策》为例，其中 10 处说到"弩"，特别对于韩人对于"弩"的制作和使用有甚高评价，如《韩策一 · 苏秦为楚合从说韩王》："天下之强弓劲弩，皆自韩出。""以韩卒之勇，被坚甲，跖劲弩，带利剑，一人当百，不足言也。"然而涉及秦军用"弩"的文字，出现密度最大。如《秦策二 · 径山之事》说苏代为齐献书穰侯曰："臣闻往来之者言曰：'秦且益赵甲四万人以伐齐。'……夫齐，罢国也，以天下击之，譬犹以千钧之弩溃痈也。"以"千钧之弩"比喻秦及其同盟军的攻击力。又《赵策一 · 赵收天下且以伐齐》载苏秦为齐上书说赵王曰："秦尽韩、魏之上党，则地与国都邦属而壤挈者七百里。秦以三军强弩坐羊唐之上，即地去邯郸二十里。且秦以三军攻王之上党而危其北，则句注之西，非王之有也。"^③ 其中说到秦国的"三军强弩"，似可理解为秦人制作的"强弩"作为基本装备可以武装全军。又《燕策二 · 秦召燕王》写道："秦正告

① 陕西省考古研究所、始皇陵秦俑坑考古发掘队：《秦始皇陵兵马俑坑一号坑发掘报告（1974~1984）》（上册），文物出版社，1988，第 275~296 页。

② 参看王学理《秦兵与秦卒——由秦俑谈起》，《西北大学学报》1978 年第 1 期。

③ 马王堆汉墓出土竹简《战国纵横家书》："今燕尽齐之河南，距莎（沙）丘、巨鹿之囿三百里，距黡关，北至于【榆中】者千五百里。秦尽韩、魏之上党，则地与王布属壤芥者七百里。秦以强弩坐羊肠之道，则地去邯郸百廿里。秦以三军功（攻）王之上常（党）而包其北，则注之西，非王之有也。"《战国纵横家书》二一《苏秦献书赵王章》，文物出版社，1976，第 91~92 页。

魏曰：'我举安邑，塞女戟，韩氏太原卷。我下枳，道南阳、封、冀，包两周，乘夏水，浮轻舟，强弩在前，铦戈在后，决荥口，魏无大梁；决白马之口，魏无济阳；决宿胥之口，魏无虚、顿丘。陆攻则击河内，水攻则灭大梁。'魏氏以为然，故事秦。"① 秦对于魏的战争恫吓成功奏效，所谓"强弩在前，铦戈在后"，可知使用"强弩"的士兵组成了秦军野战主攻部队。《史记》卷七十二《穰侯列传》所见苏代为齐致穰侯书，否定了秦赵联军攻齐的军事计划，其中有"夫齐，罢国也，以天下攻齐，如以千钧之弩决溃痈也，必死"语，也可以作秦军因强弩优势而势不可当的解读。

《史记》卷六《秦始皇本纪》引贾谊《过秦论》："秦并兼诸侯山东三十余郡，缮津关，据险塞，修甲兵而守之。然陈涉以戍卒散乱之众数百，奋臂大呼，不用弓戟之兵，钽櫌白梃，望屋而食，横行天下。秦人阻险不守，关梁不阖，长戟不刺，强弩不射。楚师深入，战于鸿门，曾无藩篱之艰。于是山东大扰，诸侯并起，豪俊相立。""堕名城，杀豪俊，收天下之兵聚之咸阳，销锋铸镰，以为金人十二，以弱黔首之民。然后斩华为城，因河为津，据亿丈之城，临不测之溪以为固。良将劲弩守要害之处，信臣精卒陈利兵而谁何，天下以定。秦王之心，自以为关中之固，金城千里，子孙帝王万世之业也。"所谓"强弩不射"，所谓"良将劲弩守要害之处"，也可以帮助我们理解"强弩"作为秦军主要武器装备的作用。

秦兵器中又有所谓"连弩"。秦始皇本人就有亲自使用这种"连弩"射海中"巨鱼"的经历。《史记》卷六《秦始皇本纪》："还过吴，从江乘渡。并海上，北至琅邪。方士徐市等入海求神药，数岁不得，费多，恐谴，乃诈曰：'蓬莱药可得，然常为大鲛鱼所苦，故不得至，愿请善射与俱，见则以连弩射之。'始皇梦与海神战，如人状。问占梦，博士曰：'水神不可见，以大鱼蛟龙为候。今上祷祠备谨，而有此恶神，当除去，而善神可致。'乃

----

① 《史记》卷六十九《苏秦列传》："秦正告魏曰：'我举安邑，塞女戟，韩氏太原卷。我下枳，道南阳，封冀，包两周。乘夏水，浮轻舟，强弩在前，铦戈在后，决荥口，魏无大梁；决白马之口，魏无外黄、济阳；决宿胥之口，魏无虚、顿丘。陆攻则击河内，水攻则灭大梁。'魏氏以为然，故事秦。"

令入海者赍捕巨鱼具，而自以连弩候大鱼出射之。自琅邪北至荣成山，弗见。至之罘，见巨鱼，射杀一鱼。"

战国以来，因战争形势的推促，兵器制作技术实现了历史性的跃进。其中有秦人的突出贡献。机械发明可能首先直接应用于军事。①《文子》卷下《上礼》引录老子的说法，以为"机械"作为军备形式，即所谓"设机械险阻以为备"，是"兵革起而忿争生"的原因，"虐杀不辜，诛罚无罪，于是兴矣。"《史记》卷二十五《律书》说到"兵械"。②《史记》卷一一八《淮南衡山列传》以"治器械攻战具"言备战。《史记》卷一一二《平津侯主父列传》则"甲兵器械"并称。《盐铁论 · 备胡》："县官厉武以讨不义，设机械以备不仁。"明确以"机械"指兵备。《三国志》卷四十二《蜀书 · 李谶传》所谓"弓弩机械之巧，皆致思焉"，则显现"弓弩"可能在整个秦汉时期，都是最重要的军中"机械"。《尚书 · 太甲上》："若虞机张，往省括于度，则释。"孔安国传："机，弩牙也。"班固《西都赋》："机不虚掎，弦不再控。矢不单杀，中必迭双。"李善注也引孔安国《〈尚书〉传》："机，弩牙也。"可见秦汉通行语汇之"机"，往往直接是指机弩或者弩机。弩机铭文大多自题"钀"或者"钀郭"。③"钀郭"应当就是"机栝"。④

秦人在战争"器械"方面的优势，也是实现统一的技术条件。

---

① 马克思十分重视通过军队的历史验证马克思主义关于生产力和生产关系之间联系的理论原则。他指出，"一般说来，军队在经济的发展中起着重要的作用"，"大规模运用机器也是在军队里首先开始的"，"部门内部的分工也是在军队里首先实行的。"他还认为，军队的历史对全部历史有非常明显的概括意义。参见《马克思致恩格斯（1857年9月25日）》，《马克思恩格斯全集》第29卷，人民出版社，1972，第183页。

② 张守节《正义》："内成曰'器'，外成曰'械'，'械'谓弓、矢、殳、矛、戈、戟。"

③ 参看徐正考《汉代铜器铭文选释》，作家出版社，2007，第725~727页。

④ 《庄子 · 齐物论》："其发若机栝，其司是非之谓也。"成玄英疏："'机'，弩牙也。'栝'，箭栝也。""机栝"又写作"机括"。《风俗通义 · 过誉》"司空颍川韩棱"条："棱统机括，知其虚实。"

四 动力革命："以牛田，水通粮"

开发和利用自然力，以节省人力，提高效率，是生产方式进步的重要条件。这种动力革命对于历史前进的意义，其实是十分重要的。

使用马匹作为运输动力对于秦汉时期的交通发展有显著的推进作用。因而秦汉马政以及以养马业为主的畜牧经济与交通事业的进步有直接的关系。秦人久有重视养马的传统。非子"好马及畜，善养息之"，曾为周人"主马于汧渭之间"，以"马大蕃息"开始活跃于社会政治生活中。[①] 战国时七雄兼并，秦国以"秦马之良，戎兵之众，探前趹后，蹄间三寻者，不可胜数也"[②]，显示出与其他各国军事实力对比因动力之强所实现机动性和进击速度方面的明显优势。

秦始皇陵兵马俑坑出土的形态高大强健的陶马，可以反映秦人养马业的成就。考古工作者在秦始皇陵东侧的上焦村西还探出马厩坑93座，试掘了37座，出土器物上的刻辞，有"三厩"、"中厩"、"宫厩"、"左厩"、"大厩"等字样，有的考古学家曾依此推测，"秦王朝的宫廷厩苑名称至少有8个，即大厩、宫厩、左厩、中厩、右厩、一厩、二厩、三厩等。"[③] 李斯《谏逐客书》说到"外厩"。"外厩"可能是与"中厩"相对应的其他诸厩的统称。云梦睡虎地出土秦简《厩苑律》中，也有关于"其大厩、中厩、宫厩马牛"的内容。传世官印有"龙马厩将"、"右马厩将"、"左马厩将"、"左中马将"、"小马厩将"、"小田南厩"等，著名印学家罗福颐判定为秦官印。[④] 秦养马机构之完备，还表现在地方行

---

① 《史记》卷五《秦本纪》。

② 《战国策·韩策一》。

③ 袁仲一：《秦代陶文》，三秦出版社，1987，第67~69页。秦俑坑考古队：《秦始皇陵东侧马厩坑钻探清理简报》，《考古与文物》1980年第4期。

④ 罗福颐：《秦汉南北朝官印征存》，文物出版社，1987，第5~6页。此外，《史记》卷一十八《高祖功臣侯者年表》说张良"以厩将从起下邳"，王陵"以客从起丰，以厩将别定东郡、南阳"，也证明秦时有"厩将"官职。

政部门中也有"厩"的设置。① 这些制度，应继承了战国秦的传统。《史记》卷一二九《货殖列传》："乌氏倮畜牧"，"畜至用谷量马牛。秦始皇帝令倮比封君，以时与列臣朝请。"甘肃张家川马家塬战国墓地发现的装饰豪华的车队以及用马头、马蹄随葬，用大量牛头骨祭祀的情形②，或许与乌氏倮一类畜牧业主的经营有关。而他们的成功，是得到秦执政者的鼓励和褒奖的。

云梦睡虎地秦简《金布律》规定，官吏以不同级别根据不同标准配予车牛和看牛的人。《司空律》又有关于"公车牛"和"公牛乘马"使用与管理的规定。《厩苑律》中，可见关于马牛畜牧、使用和管理的条文。规定县级行政机构有控制"公马牛"生存数字的责任。又规定每年对各县、各都官的官有驾车用牛考核一次，死亡数字超过定额的，主管牛的吏、饲牛的徒和令、丞都有罪。由内史考核各县，太仓考核各都官和领用牛的人。律文写道："以四月、七月、十月、正月肤田牛。卒岁，以正月大课之。最，赐田啬夫壶酉（酒）束脯，为旱〈皂〉者除一更，赐牛长日三旬；殿者，谇田啬夫，罚冗皂者二月。其以牛田，牛减絜，治（答）主者寸十。有（又）里课之，最者，赐田典日旬；殿，治（答）卅。"在四月、七月、十月和正月评比耕牛。满一年，在正月进行大考核，成绩最优秀的，赏赐田啬夫酒一壶、干肉十条，免除饲牛者一次更役，赏赐牛长资劳三十天；成绩最低劣的，申斥田啬夫，罚饲牛者们资劳两个月。如果用牛耕田，牛的腰围减瘦了，每减瘦一寸要答打主事者十下。又在乡里进行考核，成绩最优秀的，赏赐里典资劳十天；成绩最低劣的，答打三十下。《效律》规定，马烙印标记出现差误，官啬夫要受到惩处。③《秦律》有对军马考核的内容。

---

① 《史记》卷九十五《樊郦滕灌列传》记载，从高祖起兵，以功封汝阴侯的夏侯婴，原先即"为沛厩司御"。

② 甘肃省文物考古研究所、张家川回族自治县博物馆：《2006 年度甘肃张家川回族自治县马家塬战国墓地发掘简报》，《文物》2008 年第 9 期。

③ 《秦律十八种》，载睡虎地秦墓竹简整理小组《睡虎地秦墓竹简》，文物出版社，1978，第 58~60 页，第 81~82 页，第 33~35 页，第 30~32 页，第 121 页。

"负从马"的管理，严禁用以贸易牟利。还规定，已驾车奔驰过的马，若不及时卸套，当罚一盾。马服役的劳绩考核，不参加或评为下等的，都要处罚。① 对于入境马匹，也有严格的检疫防疫制度。② 秦国"公马牛"管理制度的严密，体现出秦行政生活中畜力开发和利用所受到的特殊重视。《盐铁论·刑德》说秦法严酷，"盗马者死，盗牛者加。"睡虎地秦墓竹简所见律文关于"盗牛"罪行的处罚，有具体的规定。③

"入刍稾"，即所谓"入刍稾之税，以供国用"，是秦政苛暴的标志之一。④《史记》卷六《秦始皇本纪》："下调郡县转输菽粟刍稾"。所谓"蜚刍輓粟"，"蜚刍"，就是刍稾转输。对养马饲料"刍稾"的强行征收，反映秦对养马的特殊重视。云梦睡虎地秦简《田律》有关于征收刍稾的条文，据睡虎地秦墓竹简整理小组的译文：每顷田地应缴的刍稾，按照所受田地的数量缴纳，不论垦种与否，每顷缴纳刍三石、稾二石。刍从干叶和乱草够一束以上均收。缴纳刍稾时，可以运来称量。刍稾的贮存，也有明确的制度。云梦睡虎地秦简《仓律》还有关于刍稾出仓、入仓、储积、核验的详细规定。⑤

秦汉时期，大量的驴、骡、骆驼等西方"奇畜"作为驮负和引车动力引入内地经济生活，成为交通发展的重要条件之一。正如《盐铁论·力耕》所说，"騾驴馲驼，衔尾入塞，驒騱騵马，尽为我畜。"这种引入"奇畜"用

---

① 《秦律杂抄》，载睡虎地秦墓竹简整理小组《睡虎地秦墓竹简》，文物出版社，1978，第132~133页，第141~142页。

② 《法律答问》，载睡虎地秦墓竹简整理小组《睡虎地秦墓竹简》，文物出版社，1978，第227~228页。

③ 《法律答问》，载睡虎地秦墓竹简整理小组《睡虎地秦墓竹简》，文物出版社，1978，第152~154页。

④ 《淮南子·氾论》："秦之时，高为台榭，大为苑囿，远为驰道，铸金人，发適戍，入刍稾，头会箕赋，输于少府。""入刍稾"，高诱注："入刍稾之税，以供国用也。"

⑤ 《秦律十八种》，载睡虎地秦墓竹简整理小组《睡虎地秦墓竹简》，文物出版社，1978，第27~29页，第38~40页。

作交通运输的动力的情形，其实秦人自战国时期已经创始。《吕氏春秋·爱士》注意到外国的"白骉"。李斯《谏逐客书》说，"必秦国之所生然后可"，则"骏良駃騠，不实外厩"。[1]

在古代经济发展史的进程中，畜力的开发有重要意义。对于《周易·系辞下》"服牛乘马，引重致远，以利天下"的理解，有学者说："牛者坚壮之物，可以牵引其重；马者健速之物，可以乘而致远。"[2]有学者提出"使民不倦"的理解。[3]或说："夫物之重者，人力不能及之；地之远者，人力不能至之。是故圣人服习其牛，调习其马，使重者得以及之，远者得以至之。"[4]也有学者解释说："不劳而得其欲，故动而悦。"[5]这些认识，都强调了畜力开发节省人力、替代人力的意义。

《战国策·赵策一》记载，赵豹警告赵王应避免与秦国对抗："秦以牛田，水通粮，其死士皆列之于上地，令严政行，不可与战。王自图之！"缪文远说，明人董说《七国考》卷二《秦食货》"牛田"条"'水通粮'原作'通水粮'，误"[6]。所谓"水通粮"，是形成"不可与战"之优越国力的重要因素。《说文·水部》："漕，水转谷也。"这种对于中国古代社会经济交流和政治控制意义重大的运输方式的启用，秦人曾经有重要的贡献。《石鼓文·霝雨》说到"舫舟"的使用，可见秦人很早就沿境内河流从事水上运输。《左传·僖公十三年》记述秦输粟于晋"自雍及绛相继"的所谓"泛舟之役"，杜预《集解》："从渭水运入河、汾。"这是史籍所载规模空前的运输活动。中国历史上第一次大规模河运的记录，是由秦人创造的。据《华阳国志·蜀志》，李冰曾经开通多处水上航路，于所谓"触山胁溷崖，水

---

① 《史记》卷八十七《李斯列传》。

② 《子夏易传》卷八《周易·系辞下》。

③ （唐）李鼎祚：《周易集解》卷十五引虞翻说。

④ （宋）胡瑗：《周易口义·系辞下》。

⑤ （宋）张载：《横渠易说》卷三《系辞下》。

⑥ （明）董说著、缪文远订补：《七国考订补》（上册），上海古籍出版社，1987，第183页。

脉漂疾，破害舟船"之处，"发卒凿平溷崖，通正水道。""乃壅江作埂，穿郫江、检江，别支流双过郡下，以行舟船。岷山多梓、柏、大竹，颓随水流，坐致材木，功省用饶。""水道""舟船"作为运输条件，使秦国的经济储备得以充实，使秦军的战争实力得以提升。

《战国策·楚策一》记载张仪说楚王时，炫耀秦国的水上航运能力："秦西有巴蜀，方船积粟，起于汶山，循江而下，至郢三千余里。舫船载卒，一舫载五十人，与三月之粮，下水而浮，一日行三百余里；里数虽多，不费汗马之劳，不至十日而距扞关。"如果这一记录可以看作说士的语言恐吓，则灵渠的遗存，又提供了秦人在统一战争期间开发水利工程以水力用于军运的确定的实例。

徐中舒曾经指出，"牛耕的普遍推行是战国时代秦国的事。""如果没有牛耕，秦国也就不能抽出更多的壮丁和积聚更多的粮食来作长期的战争。如果没有水通粮（即后来的漕运），也就不能把它所积聚的粮食，输送到远方去征服其他的国家。"[1] 所谓"秦以牛田，水通粮"，从动力开发的意义观察，也可以理解为秦统一战争中表现出突出军事优势的重要因素之一。

五 秦的技术之学

秦的学术文化具有重视实用之学的特点。其表现，在于技术之学有突出的地位。秦始皇、李斯焚书，"所不去者，医药卜筮种树之书"[2]，就显示了这一文化倾向。

以农业经营为内容的"种树之书"不在禁焚之列。[3] 可知农学理论受

---

① 徐中舒：《论东亚大陆牛耕之起源》，《成都工商导报》，《学林》副刊，1951年12月。

② 《史记》卷六《秦始皇本纪》。

③ 《史记》卷六《秦始皇本纪》："李斯曰：'……臣请史官非《秦记》皆烧之。非博士官所职，天下敢有藏《诗》《书》、百家语者，悉诣守、尉杂烧之。有敢偶语《诗》《书》者弃市。以古非今者族。吏见知不举者与同罪。令下三十日不烧，黥为城旦。所不去者，医药卜筮种树之书。若欲有学法令，以吏为师。'制曰：'可。'"

到特殊的重视。《汉书》卷三〇《艺文志》中著录的"六国时"农学作品可以说已经一无所存，我们所看到的专论农业的先秦文献，只有《吕氏春秋》中的《上农》《任地》《辨土》《审时》4篇。

《吕氏春秋》还在《十二纪》中强调，施政要依照十二月令行事。而十二月令，实际上是长期农耕生活经验的总结。《吕氏春秋 · 上农》强调治国应当以农业为重，指出，古代的圣王所以能够领导民众，首先在于对农耕经济的特殊重视。民众务农不仅在于可以收获地利，而更值得重视的，还在于有益于端正民心民志。作者从这样三个方面说到推行重农政策的目的：①"民农则朴，朴则易用，易用则边境安，主位尊。"②"民农则重，重则少私义，少私义则公法立，力专一。"③"民农则其产复，其产复则重徙，重徙则死其处而无二虑。"就是说，民众致力于农耕，则朴实而易于驱使，谨慎而遵从国法，积累私产而不愿意流徙。很显然，论者是从策略方式的角度提出这种政治文化的原则的。

《吕氏春秋》的《任地》《辨土》《审时》3篇，都是专门总结具体的农业技术的。《汉书》卷三〇《艺文志》称"农家者流"计有九家，班固以为其中《神农》二十篇"和"《野老》十七篇"成书在"六国时"。然而这两种农书至今已经无存。因而《吕氏春秋》中有关农业的这些重要篇章，成为战国末期至秦代极其可贵的农史文献资料。

《吕氏春秋》有关农业的内容，不仅体现了一种重视农耕的政策原则，还体现了一种讲究实用的文化传统。

《史记》卷一〇五《扁鹊仓公列传》记载了东方名医扁鹊曾经适应社会需要，对"小儿医"的进步有所贡献的事迹："扁鹊名闻天下。过邯郸，闻贵妇人，即为带下医；过雒阳，闻周人爱老人，即为耳目痹医；来入咸阳，闻秦人爱小儿，即为小儿医：随俗为变。"扁鹊据说"闻秦人爱小儿，即为小儿医"，名医的参与，自然会使医学的这一门类取得比较大的进步。①

---

① 参看王子今《秦汉"小儿医"略议》,《西北大学学报》2007 年第 4 期。

天文历算数术之学也为秦人所重视。里耶秦简中"九九乘法表"的发现①，为当时数学知识的普及提供了例证。

有的学者指出，"《吕氏春秋》的《荡兵》《振乱》《禁塞》《怀宠》《论威》《简选》《决胜》《贵卒》等篇，是先秦若干兵家的军事思想，其理论与孙吴、孙膑兵法相应合，又较多地反映了秦国在统一战争中的军事经验。"②又有学者这样写道，"看样子，吕不韦对兵家是作了一些理论上的集合工作。这些都可作为论兵的理论素材。"③《吕氏春秋》对于兵家之学的重视，也与注重实用之学的文化倾向有关。

虽然焚书时"所不去者"并不包括兵书，反映秦代民间依然存留兵书的史例相当多，可知这种有益于实用的技术之学并未受到禁绝。④《史记》卷七《项羽本纪》说：秦时"（项）籍避仇于吴中"，"阴以兵法部勒宾客及子弟"，又"教（项）籍兵法"。而项羽在战争实践中的表现，也体现出兵法的运用和发展。《史记》卷五五《留侯世家》记载秦汉之际张良事迹中黄石公授《太公兵法》，"良因异之，常习诵读之"的传说，也反映兵学的薪传方式。据说楚汉战争中，"良数以《太公兵法》说沛公，沛公善之，常用其策。"韩信破赵之战后人们对"背水之阵"的争议⑤，其实也是一次兵学研讨。秦时民间兵学在焚书之后的遗存，可以说明秦人对这种实用之学的爱重。在秦统一战争中，对兵学的重视，无疑对军事的成功有积极意义。

东方列国以丰厚的文化积累傲视秦人，以至"夷翟遇之"。⑥他们所忽视的秦在技术层次的优越，却使秦人在军事竞争中取得强势地位。贾谊《过秦论》所谓"及至秦王，续六世之余烈，振长策而御宇内，吞二周而亡

① 湖南省文物考古研究所：《里耶发掘报告》，岳麓书社，2007，第180~181页。

② 牟钟鉴：《〈吕氏春秋〉与〈淮南子〉思想研究》，齐鲁书社，1987，第30页。

③ 王范之：《吕氏春秋研究》，内蒙古大学出版社，1993，第6页。

④ 田旭东：《秦火未殃及兵书谈》，《西部考古》第1辑，三秦出版社，2006。

⑤ 《史记》卷九十二《淮阴侯列传》。

⑥ 《史记》卷五《秦本纪》。

诸侯，履至尊而制六合，执棰拊以鞭笞天下，威振四海”之形势的实现，自有技术条件的因素。然而可以以“长策”“棰拊”为象征的秦人在技术方面的成功，也许又在某种意义上掩盖了自身文化储积、文化创造和文化引进方面的若干不足，使秦帝国的执政者沉浸在“以为自古莫及己”，可以“永偃戎兵”，“长承圣治”的错觉之中，而不免最终迅速败亡，“及其衰也，百姓怨望而海内畔矣。”①

---

① 《史记》卷六《秦始皇本纪》。

作者简介

王子今 中国人民大学教授，博士生导师。中国秦汉史研究会会长，中国社会史学会理事，中国长城学会理事，中华炎黄文化研究会理事，中国河洛文化研究会理事。先后完成"秦汉交通史研究"、"秦汉区域文化研究"、"秦汉时期生态环境研究"等国家社会科学基金资助项目。并形成学术专著《秦汉交通史稿》《秦汉区域文化研究》《秦汉时期生态环境研究》等成果。

张国轩

我国刑事法治对人权保护面临的挑战

引 言

刑事法是尊重和保障人权的基本法律，因为刑事法的制定依据、基本任务和主要原则均涉及对人权的尊重和保护，其中刑事实体法主要是保障无罪的人不受刑事追究，刑事程序法不仅要保障无罪的人不受追究，而且要保障有罪的人公正地得到追究。陈光中教授指出，刑事诉讼领域内的保障人权，可以从三个层面去理解：第一个层面是保障犯罪嫌疑人、被告人和罪犯的权利，防止无罪的人受到刑事法律追究，防止有罪的人受到不公正的处罚；第二个层面是保障所有诉讼参与人、特别是被害人的权利；第三个层面是通过对犯罪的惩罚保护广大人民群众的权利不受犯罪侵害。其中第一层面保障被追诉人的权利是保障人权的重心所在。①

2004 年 3 月 14 日第十届全国人民代表大会第二次会议通过的《宪法

---

① 参见陈光中主编《刑事诉讼法》，北京大学出版社、高等教育出版社，2012，第11 页。

修正案》第 24 条规定，宪法第 33 条增加一款，作为第三款：国家尊重和保障人权。2012 年 3 月 14 日第十一届全国人民代表大会第五次会议通过的《关于修改〈中华人民共和国刑事诉讼法〉的决定》规定：将"尊重和保障人权"增加到《刑事诉讼法》第二条中。2012 年 11 月 8 日胡锦涛同志在十八大报告第三部分"全面建成小康社会和全面深化改革开放的目标"中指出：依法治国基本方略全面落实；法治政府基本建成；司法公信力不断提高；人权得到切实尊重和保障。在第五部分"坚持走中国特色社会主义政治发展道路和推进政治体制改革"中指出：法治是治国理政的基本方式。提高领导干部运用法治思维和法治方式深化改革、推动发展、化解矛盾、维护稳定能力。弘扬社会主义法治精神，树立社会主义法治理念，增强全社会"学法、遵法、守法、用法"意识。

当前，我国刑事法律在尊重和保障人权方面虽然做出了许多努力，也取得了长足的进步，但是也面临不少挑战。笔者认为，这些挑战主要有以下几个方面。

一　入罪的立法习惯和增设新罪的泛化性立法建议

（一）立法入罪趋势明显，罪名急剧膨胀

我国从 20 世纪 80 年代以来入罪的趋势一直是特别明显，所以刑法的罪名也就从 1979 年的 100 多个上升至 1997 年的 400 多个。在不到 20 年的时间里增加了 200 多个罪名，这恐怕在世界各国的刑法中是极其罕见的。同时在 1997 年修订刑法后，全国人大常委会又多次对刑法进行修正，并且从修正的内容看仍然是入罪趋势明显，有的直接增加犯罪行为，有的扩大犯罪构成要件，还有的是全国人大常委会通过立法解释扩大原犯罪的构成范围。

截至 2011 年 2 月通过的《刑法修正案（八）》，我国刑法的现有罪名数为 452 个，其中《刑法典》451 个，单行刑法即全国人大常委会通过的决定 1 个。①

---

① 参见张国轩《我国刑法罪名数量的演变和构成》，《中国刑事法杂志》2012 年第 2 期。

值得我们注意和思考的是，罪名越来越多，急剧膨胀，并且形成入罪习惯，私权的限制就会越来越多，特别是人身权和财产权被剥夺的机会和可能就会更大，私权的重视程度就会弱化。[①]所以有学者认为，中国刑法一直沿着犯罪化作单轨运行，主要是由于作为非犯罪化思想基础的自由主义、刑法谦抑主义、经济主义和法益保护主义在中国并未真正生根开花，而权力本位、万能主义刑法观尚根深蒂固。[②]

（二）增设新罪名的建议源源不断

近几年理论界和实务界的专家学者不断提出增设刑法新罪名，特别是一些全国人大代表和全国政协委员也提出了增设新罪名的建议。从提出的内容看，涉及刑法分则主要章节的犯罪类型。从增设的必要性和可行性看，总体而言，有必要性和有可行性的是少数，无必要或者不可行的占多数。

如关于增加"袭警罪"的建议。2003 年 3 月王午鼎等 35 位全国人大代表提出议案，建议在《刑法》中增加对袭警犯罪的处罚条款。[③] 2008 年 3 月在第十一届全国人大第一次会议上，全国人大代表、江苏省新沂市公安局局长刘丽涛建议在刑法中增设"袭警罪"。2012 年 3 月全国人大代表、著名歌唱家殷秀梅接受新华网、中国政府网专访时表示，应设立袭警罪。全国人大代表农工党中央社会服务部副部长张庆伟建议设立袭警罪，对以暴力、威胁方法阻碍人民警察依法执行职务，伤害人民警察身体的，应给予 3 年以上 10 年以下有期徒刑；情节较轻的，处 3 年以下有期徒刑、拘役或者管制并处罚金。此外，致人重伤的，处 10 年以上有期徒刑、致人死亡或者以特别残忍手段致人重伤造成严重残疾的，处无期徒刑或死刑。[④]

如何正确看待增设袭警罪的建议？笔者认为，此建议不具有必要性，因为刑法对于袭击警察的暴行有相应的罪名予以调整，如故意杀人罪、故意伤害罪、妨害公务罪等，对于一般的袭警行为也不宜通过定罪来处理。

---

① 参见张国轩《立法的"入罪习惯"》，《人民检察》2006 年第 9 期。

② 参见郑丽萍《犯罪化和非犯罪化并趋》，《中国刑事法杂志》2011 年第 11 期。

③ 参见《人民公安报》2003 年 3 月 18 日。

④ 参见《京华时报》2012 年 3 月 13 日。

又如关于增设"扰乱信访秩序罪"的建议。2010年3月全国人大代表、广西人大法制委员会副主任、民建广西副主委刘庆宁希望修改《刑法》增设"扰乱信访秩序罪"。他认为到领导办公室和生活地点闹访、不分场所找领导闹访等信访问题很严重，已经"严重影响领导正常生活秩序和正常工作秩序"，所以提交议案，希望修改《刑法》增设"扰乱信访秩序罪"。他列出了20种应受到刑罚的信访行为，其中包括信访时喊口号、打横幅、散发材料、静坐，未经批准在国家机关办公场所及其周边地区非法聚集、滞留，信访时采取自伤、自残、自杀、跳楼等行为……有其中之一的，处3年以下有期徒刑、拘役；情节严重的，处3年以上7年以下有期徒刑；情节特别严重的，处7年以上15年以下有期徒刑。[1] 笔者认为，此建议不具有可行性，建议的目的违背客观实际，建议惩治的对象具有特殊性。因为信访行为中合理和不合理、合法和不合法经常交织在一起，对信访行为的规制特别是对非正常信访行为的治罪必须慎重，只有符合刑法规定的犯罪行为才能定罪，不能违反罪刑法定原则，不能在刑法中再另设扰乱信访秩序罪。

还有些建议，从形式上看可行，但是从实质上看，罪与非罪的界限难以确定。2012年3月全国政协委员、全国工商联常委、安徽省工商联主席李卫华建议，借鉴意大利刑法把公款吃喝玩乐定为贪污罪，把公款吃喝纳入刑法范围，像治理贪污受贿一样治理吃喝腐败。[2] 有人建议，在刑法中增设"非法设立账外资金罪"，可以规定：国家机关、事业单位、人民团体、国有公司、企业违反国家财经法规及其他有关规定，侵占、截留国家和单位收入，不列入本单位财务、会计部门账内或未列入预算，私存私放各项资金的行为。数额较大的（30万元以上），对直接负责的主管人员和其他直接责任人员，处3年以下有期徒刑或者拘役，并处或者单处罚金；数额巨大的（100万元以上），处3年以上7年以下有期徒刑，并处罚金。[3] 2012年1月21日，重庆竞豪律师事务所律师李帅上书全国人大，建议对

---

[1] 参见《云南信息报》2010年3月11日。

[2] 参见《新京报》2012年3月14日。

[3] 参见《检察日报》2009年8月10日。

行人横穿公路而引发的重大交通事故进行立法，"应当追究这些行人的刑事责任，如以危险方法危害公共安全罪论处。"建议对行人横穿公路引发重特大伤亡事故的，以危险方法危害公共安全罪论罪。①

因此，现在真的已经到了防止"刑事立法狂躁症"的时候了，即我们应该纠正一有风吹草动就增设刑法新罪名予以应对的错误理念。如果构成犯罪的，可以分别以相关犯罪处理；如果行为后果没有达到犯罪的程度，则不应该去"寻找"罪名以所谓"最靠近的罪名"对行为人的行为定罪处罚。对于行为不构成犯罪但已违反诸如治安管理处罚法等其他法律、行政法规的，则应严格予以行政处罚或作民事赔偿。②

（三）部分行为入罪的正当性、合理性存在问题

德国刑法学者耶林曾说：刑罚如两刃之剑，用之不得其当，则国家与个人两受其害。入罪刑的正当性和合理性，指被入罪的行为存在严重的社会危害性，用其他法律手段不足以遏制其行为的发生，必须加以刑罚处罚。因而该行为入罪具有客观现实性、合情合理。然而在目前刑法中确实存在部分犯罪的规定不具有比较充分的合理性和现实性，实际上可以考虑出罪。

如《刑法》第225条非法经营罪的增设和修改的不断扩张。有人认为，该条第4项"其他严重扰乱市场秩序的非法经营行为"的兜底性规定使非法经营罪成为名副其实的"口袋罪"，并成为"讨论我国刑法的明确性问题的一个绝佳范例"。司法实践对非法经营罪兜底性规定的态度并非是如学界所期待的那样进行限制，而是尽量扩张。非法经营罪与侵犯著作权罪、赌博罪等之间的界限非常模糊，同类案件适用非法经营罪的比例大于后者，而且非法经营罪的宣告刑又重于后者。刑事立法背离罪刑法定原则越远，刑事司法罪行擅断的程度就越严重。司法实践不仅使非法经营罪变成了"口袋罪"，也变成了刑罚过剩的"恶罪"。在调查研究涉及的358份判

---

① 参见《重庆晚报》2010年1月22日。
② 参见刘宪权《"虐童案"处理应纳入法制轨道》，《法制日报》2012年11月13日，第10版。

决书中引用《刑法》第 225 条第 4 项的判决有 243 份，占 67.88%。[1] 自设定非法经营罪以来，"两高"先后颁布了 11 个司法解释，国务院颁布的行政法规中规定某种行为情节严重要按照非法经营罪处理的也有 17 个。北大法律信息网公布的 362 个非法经营罪的案例中有 276 个判决是依照司法解释按照《刑法》第 225 条第 4 项 "其他严重扰乱市场秩序的非法经营行为"作出的有罪判决，占整个判决的 76%，可以得出该罪已步当年投机倒把罪之后尘，成为新的口袋罪的结论。所以建议对《刑法》第 225 条第 4 项予以废止，以遏制该罪 "口袋化"趋势。[2]

《刑法》第 227 条第 2 款："倒卖车票、船票，情节严重的，处三年以下有期徒刑、拘役或者管制，并处或者单处票证价额一倍以上五倍以下罚金。"笔者认为，倒卖车票的行为比较复杂，既有票贩子的投机行为，也有车票、船票的管理漏洞，还涉及交通运输的现状。同时，目前定罪的标准也明显偏低，倒卖车票罪的起点金额是：经营金额 5000 元以上，或者非法获利金额 2000 元以上。此外，从司法实践看，倒票刑事案件的比例也很低。

表 1　南昌铁路公安局 2010 年、2011 年、2012 年春运期间打击倒票案件统计表

单位：份

案件类别	2010 年	2011 年	2012 年
案件总数	873	483	682
刑事案件	25	24	47
行政案件	848	459	635

二　有罪推定的思维定式和实践偏好

有罪推定主要是指未经司法机关依法判决有罪，对刑事诉讼过程中的被追诉人，推定其为实际犯罪人。其实质是反罪刑法定原则，它与 "无罪推定"的思维方式是存在严重冲突的。

---

[1]　参见欧阳本祺《非法经营罪兜底性规定的实证分析》，《法学》2012 年 7 期。

[2]　李松奎律师新浪博客文章，http://blog.sina.com.cn/s/blog_66c4a5a70100nrbg.htm。

关于佘祥林案、赵作海案在处理当时之所以发生重大错误，主要在于司法人员和相关人员有罪推定的思想和办案作风。

1997 年修订《刑法》第 302 条增设了盗窃、侮辱尸体罪，在司法实践中，此罪名的认定就有偏差情况。如《人民法院报》曾经报道过一则案例：被告人张某、汪某、孟某均系昆明市人。张某和欧某经常在一起吸毒，1998 年 8 月 4 日晚，欧某到张某家玩耍，后二人毒瘾发作，便一同吸食毒品。第二天清晨，张某起床后发现欧某已经死亡。由于害怕承担责任，张某便与母亲孟某和朋友汪某商量，最后商定趁无人之机，将欧某的尸体抛弃。张某等人租来一辆微型面包车，悄悄将欧某的尸体抬上车，向距昆明市 30 余公里外的晋宁县方向驶去。当汽车行至晋宁县化乐乡关岭办事处北坡时，张某等人见四处无人，便将欧某的尸体丢弃在路边的草丛中。某县人民法院审理后认为：张某、汪某、孟某将他人尸体抛弃于路边，其行为已触犯《刑法》第 302 条，构成侮辱尸体罪，依法判处张某有期徒刑 1 年零 6 个月；判处汪某有期徒刑 1 年、缓刑 1 年；判处孟某有期徒刑 8 个月、缓刑 1 年。

笔者认为，3 位被告人的行为不构成侮辱尸体罪。从字面上讲，侮辱一般是在公开场所公然进行的，必须对他人的人格造成伤害。侮辱尸体罪，是指行为人故意地对他人的尸体进行侮辱的行为。3 位被告人在主观上没有侮辱欧某尸体的故意，在客观上也没有实施侮辱欧某尸体的行为。3 位被告人的行为完全是秘密进行的，而不是公然进行的；他们是将尸体转运至城外 30 余公里的偏僻乡村的路边草丛中，而不是放置在公共场所或者乡村公路上；他们是将尸体丢弃在草丛中，而不是直接针对尸体实施侮辱或者使尸体予以裸露。这些与侮辱行为必须公开进行，必须对人体（尸体）实施具体的玷污行为，必须对他人（死者）的人格造成伤害，必须对社会秩序造成损害等，是完全不同的。他们的行为只是违反了道德规范，不构成侮辱尸体罪，也不构成其他犯罪。[①]

---

① 参见张国轩《抛尸行为构成犯罪吗》，《法学杂志》1999 年第 3 期。

再如，2012 年 10 月浙江温岭幼师虐待儿童案经公安局专案组连夜调查，25 日对两名涉案人员作出处理，颜某涉嫌寻衅滋事犯罪，被刑事拘留，另一名参与拍照的女教师童某，因寻衅滋事已被作出行政拘留 7 日的处罚。经警方深入侦查，认为涉案当事人颜某不构成犯罪，现依法撤销刑事案件，对其作出行政拘留 15 日的处罚，羁押期限折抵行政拘留。11 月 16 人温岭警方已释放了颜某。当初公安机关以涉嫌寻衅滋事罪立案，明显是认为对颜某应当追究刑事责任，所以想方设法找一个最符合的罪名来追究。

三 立法和司法上的重刑化和轻刑化

（一）重刑化现状在立法上比较明显

死刑适用罪名 55 个，无期徒刑适用罪名更加广泛。同时适用死刑的条件，立法设定不太具体。《刑法》第 48 条规定："死刑只适用于罪行极其严重的犯罪分子。"那什么是"罪行极其严重"？立法没有明确规定。此外，适用死缓的标准不很明确。是否属于"不必立即执行"，就是适用死缓的唯一标准？但什么是"不必立即执行"？立法上也没有明确的规定。2012 年 11 月 27 日，世界反死刑联盟活动组织负责人普拉塞斯（Aurélie Plaçais）女士在北京法国文化中心举行讲座时说，目前大多数保留并执行死刑的国家集中在中东、北非和亚洲。其中，98.4% 的死刑集中在亚洲。蒙古国已经暂停执行死刑，而缅甸 2011 年 5 月也已将死刑改成终身监禁；新加坡的死刑执行已由 2001 年的 100 人下降到 2011 年的 4 人。暂停执行死刑的国家越来越多，死刑适用范围也越来越小。对中国近年来在减少死刑方面的努力，普拉塞斯女士也给予了肯定。据他们观察，在已经废除死刑的国家，绝大多数老百姓是反对死刑的，而死刑废除后犯罪率并没有上升。普拉塞斯女士希望未来 10 年，有更多的国家立法废除死刑，提高死刑的透明性，进一步缩小死刑犯罪的范围，对毒品、恐怖活动、同性恋者不再适用死刑。她还透露，据他们的一项调查，美国一起案件执行死刑比不执行死刑成本更高。[①]

（二）轻刑化趋势在司法上总体显现

惩罚犯罪与保障人权并重，是指国家专门机关在进行刑事诉讼活动时，不能片面地强调惩罚犯罪，以实现刑罚的惩罚功能，也不能片面地强调保障人权，以实现刑罚的保障功能，而是应当将惩罚犯罪和保障人权、实现国家的刑罚权和保障公民的人身权有机地统一起来。从逻辑上讲，保障人权和惩罚犯罪本来是矛盾的，两者很难并重，只有以一方为重兼顾另一方。当前我国正处于刑事犯罪高发期，惩治犯罪与保障人权并重的要求面临严峻的挑战，司法机关在实践中一定有所侧重。

表2　2002~2011年中国逮捕、起诉、判刑的人数及其升降

年份	逮捕人数（人）	升降（%）	起诉人数（人）	升降（%）	判刑人数（人）	升降（%）
2002	782066		854870		690506	
2003	764776	↓ 2.21	819216	↓ 4.17	730355	↑ 5.77
2004	828180	↑ 8.29	897974	↑ 9.61	752241	↑ 2.99
2005	876419	↑ 5.83	981009	↑ 9.25	829238	↑ 10.24
2006	906936	↑ 3.48	1029052	↑ 4.90	873846	↑ 5.38
2007	937284	↑ 3.35	1113319	↑ 8.19	916610	↑ 4.89
2008	970181	↑ 3.51	1177850	↑ 5.80	989992	↑ 8.01
2009	958364	↓ 1.22	1168909	↓ 0.76	979443	↓ 1.07
2010	931494	↓ 2.80	1189198	↑ 1.74	988463	↑ 0.92
2011	923510	↓ 0.86	1238861	↑ 3.67	1032466	↑ 4.45

虽然判刑人数不断增加，但是重刑（指判处5年以上有期徒刑、无期徒刑和死刑这三种情形）适用比例却不断下降，轻刑（指判处5年以下有期徒刑、拘役、管制、缓刑、单处附加刑这五种情形）比例不断上升。提高罪犯轻刑化的比例，有利于罪犯的改造，有利于罪犯复归社会。

---

① 《世界反死刑联盟：弱势群体更容易被执行死刑》，财新网，http://China.caixin.com/2012-11-30/100467437.html。

表3　2002~2011年中国判处轻刑和重刑的人数和比例

年份	判刑人数（人）	轻刑人数（人）	比例（%）	重刑人数（人）	比例（%）
2002	690506	530182	76.78	160324	23.22
2003	730355	571793	78.29	158562	21.71
2004	752241	606004	80.56	146237	19.44
2005	829238	678360	81.81	150878	18.19
2006	873846	720122	82.41	153724	17.59
2007	916610	765232	83.49	151378	16.51
2008	989992	830972	83.93	159020	16.06
2009	979443	816768	83.39	162675	16.61
2010	988463	829182	83.89	159261	16.11
2011	1032466	883014	85.52	149452	14.48

（三）司法实践在贯彻宽严相济政策方面任务还很艰巨

有学者指出："一个法官只会死抠法律，不是一个好法官，法律是死的，法官是活的。作为一个合格的法官，既要从党和国家工作全局的高度，从经济社会发展的实际出发来考虑问题，又要善于运用法律手段，通过法律程序和法律方法去解决重大复杂问题。此外，法官既不能离开法律将社会效果庸俗化，以牺牲合法性为代价去追求所谓的社会效果，也不能脱离国家政策、社会情势和日常情理，闭门办案，单纯强调法律效果。"[①] 司法实践中，重刑适用每年都超过了10多万人，并且不断积累，其数量巨大。那么重刑对于罪犯的威慑效果如何呢？对此，司法者、民众、社会都应当有正确的认识，宽严相济的刑事政策的落实还要从具体的司法个案来体现。但是，目前司法实践在贯彻宽严相济刑事政策时存在不少的偏差。

对有些个案，司法人员不分析、不研究案件的特殊情节，一味按照传统犯罪的处罚标准量刑。如河南一位农民8个月内偷逃过路费368万曾被判无期徒刑。河南省禹州市农民时建锋使用两套假军车牌照，在8个月的时间里，免费通行高速公路2361次，偷逃过路费368万余元，拉沙挣了20多万元。2010年12月21日，此案经平顶山市中级人民法院审理，时

----

① 参见《法制日报》2008年2月4日，第5版。

建锋以诈骗罪，顶格判处法定最高刑无期徒刑，并处罚金 200 万元。2011年 12 月鲁山县人民法院宣判时建锋犯诈骗罪，改判有期徒刑 2 年零 6 个月，并处罚金人民币 1 万元。而时建锋的兄弟时军锋则被判犯诈骗罪，被判处有期徒刑 7 年，罚金 5 万元。从原来的无期徒刑到改判后的有期徒刑 2 年零 6 个月，相差如此之大，完全是受重刑思想的影响。

有些案件在裁量刑罚时只是机械地比照法律条文，而没有考虑案件的实际情况适用法律的一些特殊原则。如曾轰动一时的许霆盗窃金融机构案。2006 年 4 月 21 日晚，发现一银行设在广州市天河区的 ATM 机出现故障。在明知账户内没有足够款项的情况下，许霆先后取款 171 笔，共计 17.5 万元，24 日下午携款潜逃。2007 年 11 月 20 日广州市中级人民法院经审理以盗窃罪依法判处许霆无期徒刑，剥夺政治权利终身，并处没收个人全部财产。这一判决引起人们热议，原因很简单，一个贪官贪污受贿成百上千万元的财产也才被判处无期徒刑，但一个普通人情节并不十分恶劣的盗窃行为，竟然也被判处无期徒刑，差距如此之大，公正何在？2008 年 1 月 9 日广东省高级人民法院以"事实不清证据不足为由"裁定撤销此案，发回重审。2008 年 3 月 31 日，广州市中级人民法院重审，以盗窃罪依法判处许霆有期徒刑 5 年，并处罚金 2 万元，追缴 17 万余元违法所得。2010 年 7 月 30 日，许霆因表现好假释出狱。

有些案件对法律和政策的把握不是很准确。如关于未成年人犯罪能否适用无期徒刑的问题？《刑法》第 17 条第 3 款规定："已满十四周岁不满十八周岁的人犯罪，应当从轻或者减轻处罚。"第 49 条规定："犯罪的时候不满十八周岁的人和审判的时候怀孕的妇女，不适用死刑。"对此有人认为，对未成年人可以适用无期徒刑，[1] 也有人认为，对未成年人不宜适用无期徒刑。[2] 笔者赞成对未成年人一律不适用无期徒刑的观点。[3] 主要理

---

① 参见张波《对未成年人可以适用无期徒刑》,《检察日报》2005 年 11 月 22 日。

② 参见王威、王珍《未成年犯罪人不宜适用无期徒刑》,《检察日报》2008 年 2 月 25 日。

③ 参见张国轩《抢劫罪的定罪与量刑》(修订版)，人民法院出版社，2008，第73~75 页。

由是：第一，对法律的理解和适用依据。对于这两项条款的适用可以同时选择，不存在排斥适用的问题。如果适用了无期徒刑，那么《刑法》第17条第3款"应当从轻或者减轻处罚"的规定又如何体现呢？ 第二，坚持罪刑法定原则。罪刑法定原则的基本精神和价值在于保障人权、限制司法权。罪刑法定要求对刑法解释时应当是有利于被告人，而是不相反，这是因为罪刑法定是人权保障的原则。第三，国际司法趋势。2004年9月12日至19日，在中国北京召开的第17届国际刑法学大会通过如下建议：作为法律的主体，未成年人具有自身的特殊性。完全刑事责任年龄应该设定在18周岁。立法体系应当确定行为人达到何种年龄才可以适用特殊的刑事司法制度。这种刑事司法制度不应适用于犯罪时不满14周岁的人。死刑本身产生了与人权有关的某种严重问题，对犯罪时未成年人不得判处死刑。禁止任何形式的终身监管、肉刑、酷刑或者其他任何不人道的待遇。监禁最长不得超过15年。[1] 第四，保护未成年人的特殊立法目的。第五，坚持社会效果和法律效果的统一。对犯罪的时候不满18周岁的人判处无期徒刑与判处有期徒刑的法律效果及社会效果对未成年人的教育作用是有很大区别的，刑罚的特殊预防目的的实现也是有很大差异的。同时对犯罪的时候不满18周岁的人判处无期徒刑与判处有期徒刑，对未成年人的亲属和学校的影响也是有很大差异的。

有些案件在处理时存在许多争论。如2011年2月25日《刑法修正案（八）》增设规定：《刑法》第133条之一："在道路上驾驶机动车追逐竞驶，情节恶劣的，或者在道路上醉酒驾驶机动车的，处拘役，并处罚金。前款行为，同时构成其他犯罪的，依照处罚较重的规定定罪处罚。"江苏省2011年5月1日至9月10日查处1148起醉驾案件，起诉的超过1000件。法院宣判402起醉驾案，其中401起案件的被告人被判处实刑，只1起适用了缓刑。2011年8月广州法院判处了两宗免除刑罚，重庆、湖北、新疆均

---

① 国际刑法学协会中国分会：《第17届国际刑法学大会决议文献汇编》（中外文本），中国人民公安大学出版社，2005，第45~47页。

有免除刑罚的案例出现。① 笔者认为，当前对于危险驾驶罪的适用在实体和程序上面临一些困境。从实体上看，法院可否对被告人判处免除处罚？同时能否适用缓刑并且扩大适用范围？对拘役的期限 1~6 个月是否尽量短些而不宜适用最长至 6 个月？从程序上看，是否对行为人都适用拘留甚至是逮捕等强制措施？检察机关对侦查机关适用的强制措施如何进行监督？检察机关在审查起诉中，对犯罪情节轻微的嫌疑人是否可以适用相对不诉？

四　实体公正与程序公正面临不少考验

（一）刑事法典的修订不同步

司法公正包括实体公正和程序公正两方面。我国刑法典和刑事诉讼法典虽然是同时制定、同时施行，但是在修订和完善方面却极不同步，如刑事诉讼法典于 1996 年和 2012 年两次大修，并且两次都是经过全国人民代表大会来表决通过的。而刑法典在经过了 1997 年全国人民代表大会的修订后，则一直由全国人大常委会来修改，并且先后通过了八个刑法修正案。所以两法在修订时间、次数、层次等方面都存在较大差异，那么在司法实践中就很难做到完全一致。

（二）实体公正需要程序公正来保障

关于实体公正，虽然我国刑法存在一些不合理、不完善的方面，但是从 1979 年制定后经过了多次修订和修正、补充，截至 2011 年，其科学性和公正性还是主要方面，特别是强调罪刑法定、罪刑相适应、法律面前人人平等。罪刑法定原则，是指"法无明文规定者不为罪"、"法无明文规定者不处罚"，基本精神和价值在于保障人权、限制司法权。贝卡利亚所著《论犯罪与刑罚》（1764 年）认为："公众所关心的不仅是不要发生犯罪，而且还关心犯罪对社会造成的危害尽量少些。因而，犯罪对公共利益的危害越大，促使人们犯罪的力量越强，制止人们犯罪的手段就应该越强有力。这就需要刑罚与犯罪相对称。"我国《刑法》第 3 条规定："法律明文规定

---

① 参见《都市快报》2011 年 9 月 30 日。

为犯罪行为的，依照法律定罪处刑；法律没有明文规定为犯罪行为的，不得定罪处刑。"第5条规定："刑罚的轻重，应当与犯罪分子所犯罪行和承担的刑事责任相适应。"第4条规定："对任何人犯罪，在适用法律上一律平等。不允许任何人有超越法律的特权。"司法公正除了实体公正外，还应当包括程序公正，包括控辩对等、控审分立、审判公开、辩护、上诉、申诉等一系列原则制度的贯彻。司法公正包括实体公正和程序公正，通过实体法和程序法充分保护犯罪嫌疑人、被告人、罪犯的权利。

但是当前不尊重司法规律、不符合科学发展观的"运动式"执法，不尊重犯罪嫌疑人、被告人、罪犯基本权利的不文明执法方式，如给犯罪嫌疑人挂牌示众，将犯罪嫌疑人游街示众，搞大规模的公捕公判，为了体现严打，尽快地处理案件，等等，这些都会严重影响司法公正的实现。2011年9月20日凤凰网与人民网联合对话全国人大常委、香港立法会前主席范徐丽泰，解读程序正义。她认为，按照公平、公正原则设计的程序处理事情，无论什么结果都能接受。这是法治社会最基本的底线，是为了有效防止有公权力的人因个人好恶造成不公正裁决。她认为，结果比程序正义更重要，为了达到目的，可以不去管用什么手段，这是内地人更容易使用和接受的思维。在她看来，程序正义更为重要，用不正当的手段达到目的，会损害目的本身。

作者简介

张国轩　2006年4月至2009年6月在中国政法大学诉讼法学专业学习，获法学博士学位。2001年分别获江西省政府特殊津贴和省高校学科带头人，2003年入选江西省"百千万人才工程"第一、二层次人才。现任江西省人民检察院副检察长、检察委员会委员、二级高级检察官，兼任省政协常委、提案委副主任。

先后出版个人独著6部，主编著作7部，发表文章90余篇，主持国家社会科学基金课题1项、省部级科研课题6项，成果获最高人民检察院二等奖1项，获中国法学会三等奖1项，获江西省社联二等奖3项。

邱尚仁

网络语言文化简论

从1998年第一批门户网站建立到今天，国际互联网媒体在我国已走过了10多年的历史，中国已成为世界第一网民大国。目前全国网民统计数据达到6亿，实际数量只会多不会少。我们的网络语言就是这么多的网友包括大量的"网虫"创造出来的，既五彩缤纷、绚丽夺目，又扑朔迷离、云遮雾罩。

对于网络语言，大部分人持赞赏态度，但也遭到社会方方面面的诘难。特别是语言学界，不少专家认其为"文化垃圾"，主张坚决扫除。还有地方条规禁止学生作文用网络语言。《2012年高等学校招生全国统一考试考务工作规定》将"用汉语文授课、学习的考生，参加全国统考（除外语科外），笔试一律用汉文字答卷"改为"笔试一律用现行规范汉语言文字答卷"，有专家认为带有针对网络语言的相当成分。现拟从以下三方面对网络语言文化做一个粗略阐述。

一　扑朔迷离，山重水复的"庐山真面"

（一）整体

整体上看，网络语言即互联网语言，凡在互联网上发出来的都可以说是网络语言。如用英语表述，互联网语言就是"Internet Language"，既包括社会语言通用形式的网络应用，又包括社会语言借用形式的特定网络交际团体用语。后者把社会语言借用改造，再用到网上，用英语表述，就是"the Language of the Internet"。应当说，网络语言既包括现代社会交际的一般用语，也包括特定网络交际的团体用语。

网络语言中的现代社会交际的一般用语也就是一般社会用语，而特定网络交际的团体用语才扑朔迷离、山重水复。社会争论焦点就集中在特定网络交际环境中的团体用语上，本文讨论的主题也集中在这个方面。

（二）分类

网络语言大致可以分成以下四类。

1. 文稿语言："开门见山"

网络是独立于三大传统媒体的第四媒体。传统媒体的文稿语言，绝大部分水平较高，但也有不少模式化明显，穿靴戴帽，刻板空泛。真正的网络文稿，应当是直截了当、开门见山的。中国江西新闻网在进行"两会"网上报道时，时任江西省委书记孟建柱同志来到网站现场直播台，要求网络报道有别于传统媒体，并指导网站记者编辑可以把工作报告一段一段分解提炼，直说取得的成绩、存在的问题、努力的方向、政府的责任、大众的义务，等等，这样广大网民受众才喜闻乐见。说得十分贴切、十分中肯、十分到位。后来的网络报道《省委书记的一天》《省委书记的微笑》等新闻稿写得精练传神，深得网友好评。

2. 评论语言："就事论事"

网络评论很少面面俱到、旁生枝节的。2012年发生的"车轧女童悦悦事件"，18名路人漠然无视。笔者和很多网友一样，怀着一种悲伤、痛苦、愤怒和反思的心态反复看了这个视频。后来网上大量评论蜂拥而上，对路人、司机、父母、拾荒者、社会大众以及相关领导都有评论。焦点明晰，不管从哪个方面剖析，最后都集中在社会及大众应该如何正确对待这类事上。

以上两类，我们可以归结为其主体特征印象是社会语言通用形式的网络应用，即现代社会交际语言的一般应用。所以我们把这两大类归为

"Internet Language"。

3. 互动语言："想说就说"

有一篇博文，标题是："中国教育：死要面子，死不要脸"，表明作者对我们教育事业的某些方面极端不满意。传统媒体很少用这种标题。博客位于互联网的互动环节。没有互动就没有互联网。因而互动板块理所当然地成为互联网的标志性板块。

4. 揭示语言："有啥说啥"

"高中时，班主任老师经常苦口婆心地教导我们：'就你们这样儿的要是能够考上大学的话，那把猪圈都改成大学也不够用啊！'"这正是典型网络语言对散漫学风的某种揭示。

当然，我们在这里只是从形式上来分析的，对其内容大家都会有正确的认识。

这两大类其主体特征印象是社会语言借用形式的网络用语，即特定网络交际的团体用语。因而这两大类可称为"the Language of the Internet"。

（三）表现

特定网络用语的主要表现形式有以下几种。

1. 数字

如"886、7456、770、1314520、286"，还有"007、123"等。体操运动员最高分是 10 分，那就是完美；如果考试得到 100 分，就是很完美。另外"1775"表示我要造反了，因为美国独立战争在这一年打响；"13579"这组数字全为奇数，英语 odd 表示奇数，同时又是"奇怪"的意思，因此用以表示"非常奇怪"；而"0001000"则表示特别孤独。

2. 字母

如"BTW、VG、PM、GG、DD、JJ、MM、PLMM、BT、SB、NB"，等等。一网民炫富中了 600 万不知该怎么花，众多网民就帮他出主意。一个帖子说："买 300 辆奥拓，雇 299 个司机，自己也开一辆，然后在高速公路上浩浩荡荡前进，一会儿排成个'S'形，一会儿排成个'B'形，帅呆了！酷毙了！"实际上就是一个大大的"SB"！

3. 谐音

如"大虾、板猪、楼猪、伊妹儿、闷骚男、稀饭、粉丝、偶稀饭、粗稀饭"，等等。

4. 谐意

如"拉链门、艳照门、李刚门，犀利哥、暴牙哥，×××的那些事；菌男、霉女，菜鸟，灌水，拍砖，青蛙、鸵鸟，东东、汗、晕、抓狂、顶、狂顶、链接、下载"，等等。笔者的小孙女才两岁，前些时候给她买了一袋苹果，结果她脱口而出："我靠！这么多呀！"她妈妈赶紧制止，说："不能讲脏话！"不知小孙女从哪学来的，但不少人并不明白到底为什么"脏"。

5. 谐形

用标点符号和字母叠加表意。如"：-）、-D、-（、^_^、^·^、T_T、^o^、^！^、-P、%）%"，等等。特别是在短信中最多，有时需把手机横过来看。再如"囧"字，古代表示窗户，又表示明亮，如"目光炯炯"，但直观极像一个耷拉眉毛、歪张大口而非常狼狈、非常窘迫的脸孔。网友们信手拈来，十分形象、十分有趣，真是"太有才"了！

6. 短语

有警句式的、格言式的、歇后语式的。如"想知道什么是希望，请买一张彩票；想知道什么是绝望，请买一堆彩票"、"中国几千年解决不了的重男轻女问题，房地产解决了！"有网虫说："肠道的总面积有 400 平方米，我们的住宅还没有屎住的面积大，真是'生不如屎'啊！"有网虫回应："住宅地面积加上墙壁、天花板面积，抵得上臭肠面积了，你还是'好屎不如赖活着'吧！"还有："人生就像打电话，不是你先挂，就是我先挂。"这个"挂"字怎么回事？古诗《孔雀东南飞》中的男主角焦仲卿"自挂东南枝"，吊死在屋旁的树上，多才多艺的网友们就把"挂"字给引出来了。有的短语带有相当的哲理性："今天的优势会被明天的趋势代替，把握趋势、把握未来"，"想干事的人永远在找办法，不想干事的人永远在找理由"，"世界上没有走不通的路，只有想不通的人"，"客户不关心你卖什么，只关心自己要什么"，"没有最好的产品，只有最合适的产品"，"做人要会大事化小、小事化了，复杂的事情简单处理"，等等。

7. 短文

一篇篇独立的小文稿，包括故事、笑话，等等。有网虫曾编造所谓"经济学家打赌"的故事，把我们常引用的经济学指标 GDP 调侃成两位经济学家打赌吃狗便赚得来的，极端地夸大了 GDP 中某些不确定因素。还有网虫发出"残疾人列车遇检票"故事，借老教授的口把列车检票员给狠狠涮了一把。

8. 小说

很多在传统出版社出不了的文章，只要在网上一登录就可发出来了。网络小说五花八门，有粗制滥造的，有内容低俗甚至导向有问题的，也有写得非常精致的，比如天涯社区的文学板块，包括"左岸文学"、"右岸文学"等。笔者曾与现当代文学教授讨论过网络小说问题，觉得如果现当代文学教授不了解、不研究、不评论、不讲授、不引导网络文学、网络小说，那这样的大学现当代文学教授的专业知识就未免太局窄太过时了！

（四）特征

1. 简洁

简明扼要；简单明了，直截了当；使用简便。如"欺实马"，从杭州飙车案"70 码"转来。我们开车都习惯讲速度达到多少"码"，其实"码"为英语的"yard"，才 0.9144 米；准确的说法应当是"迈"，即英里（mile），而一英里为 1.6093 公里。还有"披星戴月上班去，万家灯火回家来"，一个对子就把上班族的繁忙刻画得淋漓尽致。

2. 生动

生气与活力并存，使人过目难忘。比如"范跑跑、郭跳跳"，揭示了一组相互对立又相互关联的道德范畴。另外，一副对联、一个谜语或一个歇后语就打开了杂色"门"，如网上曾沸沸扬扬炒弄一时的"艳照门"等。

3. 幽默

诙谐风趣，意味深长。有的尖锐甚至于尖刻。一大学生网虫戏谑说："都说女人如衣服、兄弟如手足，细细回想起来，我竟然七手八脚地裸奔了二十年！"

4. 清新

一高中生网虫写道："我急得满头大汗，索性闭上眼睛在黑板上瞎写昨天忘背的化学反应方程式。写完后低下头，等待着狂风暴雨的到来……孰料，化学老头儿看后立即让大家为我热烈鼓掌，并上前一把抱着我兴奋地喊道：'哇噻！太好了！今年诺贝尔化学奖就颁给你了！你发现新元素啦！'"

5. 粗糙

信手击键，随意借用；不讲语法，不讲逻辑，不讲规则。"你听过'高明骏'吗？答：我听过他的歌'我肚子（独自）在风雨中'。""偶稀饭粗稀饭"。

6. 晦涩

小圈子内交际，甚至局限于个体之间。如"太可惜（TAXI）"，"别迷恋哥，哥只是个传说"，"哥吃的不是面，是寂寞。"

7. 低俗

谩骂、嘲讽、低级趣味。如"I kiss you！The end！"尤其是"草泥马"、"卧草泥马"、"马拉戈壁"、"TMD"，等等。

8. 混杂

数字、汉字、拼音字母、外文字母甚至图形夹杂。如"3Q"、"I 服了 U"，等等。"上海理工学生：'你们学校英文缩写是什么？'麻省理工学生：'MIT，你们呢？'上海理工学生：'当然是 SHIT 啦！你们美国人真笨！'"一个学生网民日记："今天真是 7456！我最好的 BF 居然 BT 了我，真 TMD，我恨不得一脚 TST！"

廓清了网络语言的整体、分类和表现、特征，其原本而真实的面目也就揭示得差不多了。我们再来看看它的生辰和命运。

二 源远流长，延绵给力的"始作俑者"

不管网络语言是如何千姿百态、五花八门而变幻莫测，而其源远流长、延绵给力的始作俑者，却是我们最常说的"传统"、"现实"与"生活"。

（一）背景（传统）

1.方块汉字的特点（借用：网络语言谐形、谐意、谐音的来源）

（1）象形（谐形：借形）。

老鼠的"鼠"上面的"臼"就是张开着的长着上下两排大牙的一个嘴巴，这是鼠的典型特征，下面则是脚爪和尾巴。"婴儿"的"兒"原先上面也有"臼"，当然不是老鼠的牙齿，而是婴儿的囟门尚未长合，所以此时我们称其为"儿"。到了一定时期，小孩的头顶骨合拢，相貌也比较定形，因此就有了"皃（貌）"。中国的造字有科学规律可循。这是象形，也是网络语言谐形的传统原始理据。

（2）指事（谐意：借意）。

比如"上、下"，借的是"一"之上、下之意。

（3）会意（合意）。

人言为"信"，即人讲的话应该是有诚信的，这是古人的愿望。网语"漏洞与补丁齐飞，蓝屏共死机一色"、"KPM（肯德基、比萨饼、麦当劳）"等都是合意的。

（4）形声（谐意、谐音：借意、借音）。

（5）假借（谐意、谐音、谐形：借意、借音、借形）。

（6）转注（谐意、谐形：借意、借形）。

以上史称造字"六书"，老祖宗的做法正是网络语言的源头背景。

2.汉语表达特点（简明：网络语言的主流特征）

（1）书面形式：透彻凝练。

（2）教学形式：深入浅出。

（3）口语形式：通俗易懂。

汉语、汉字是中华民族的文化瑰宝。汉语汉字的表达要求就是简单明确。联合国五种工作语言文本，唯有中文本是最薄的。

笔者本科毕业前夕参加高中教学实习，把教案背得滚瓜烂熟，但教学预演时一上讲台，看着下面全是眼睛，掉头就跑，因为自己知道，只要一背讲稿，10分钟就完了，45分钟的课根本没法上。笔者初中毕业即做"知青"，除掌握农技外，政宣、广播、医生、水利、电工、驾驶员、电话员、会计出纳甚至打铁、造船、养蚕、养鱼什么的都做过了，可就没当过老师。后经同学好友、现任南昌大学人文学院院长王德保先生给笔者设计了一个板书方案，仅四行字。第二天实地教学按照这个板书顺序展开讲授，没承想第一节课就获得了满堂彩，即是得益于笔者的好友，得益于这简单明确而又内容丰富的四行字板书。

相声大师侯宝林、郭启儒的相声《戏剧与方言》，比较北京、山东、上海、河南人说话谁最简洁，令人捧腹，又道出了汉语简单明确的特征。

（二）观念（传统与现实）

1. 文化与民族传统文化

广义方面，文化是人类创造的一切文明的总和，包括物质文明和精神文明。狭义方面，则主要指思想观念和社会意识。所谓"民族传统文化"，广义指中华民族传统文化，狭义指中华民族文化中的汉民族传统文化，我们所讨论的内容侧重于后者。网上曾有一个普通无奇的帖子："贾君鹏，你妈妈叫你回家吃饭。"孰料数十上百万的跟帖就上去了。后有一网民发帖涉嫌诽谤被拘，名"北风"的网友发起寄明信片活动。结果两周内数以百计的明信片寄往看守所，只有一句话："×××，网民叫你回家吃饭！"该网民获取保候审后有律师认为"是被网民用明信片'喊'回了家"。日本海啸，内阁官房长官枝野信男两天时间里接连数十次发布信息，似乎没有休息过。网民也大量发帖："枝野信男，网民叫你回家睡觉！"是否也受到我们"回家吃饭"帖的影响？传统文化意识思维对现实行为方式的潜在影响是极大的。

2. 汉民族传统文化内涵

民族传统文化包含主旨（积极心理，肯定评判，正面价值）和侧翼（消极心理，否定评判，负面价值）两大方面，互为补充、互为依托而相生共存，特点都十分突出。

20世纪20年代，奉行"不负责""不谏言""不得罪人""三不"主义而八面玲珑的国民政府主席、行政院长谭延闿，人喻"水晶球"，被以对联调侃嘲讽："混之为用大矣哉！大吃大喝，大摇大摆，命大福大，大到院长；球的本能滚而已！滚来滚去，滚入滚出，东滚西滚，滚进棺材"，幽默而又尖刻。

相传清朝乾隆年间纪晓岚曾与总管太监戏联："小翰林，穿冬衣摇夏扇，一部春秋曾读否？老总管，生南方来北地，二两东西还在吗？"

这就是一种文化、一种心态。实际上，通观中外文学史，得以留存的，总以批判现实主义的东西为多。

经过几千年的风雨沧桑，民族传统文化的精华和糟粕都具备了强大的生命力，在今天的生活中，都各自不同程度地表现自己。所以会在网上出现这样的复制，一点都不奇怪。现在时兴说"代沟"，笔者以为真正意义上的所谓"代沟"其实并不存在。千百年的传统都是一代一代传承继续的，要想彻底改变还真不容易！即使确有观念上的某些不同，也仅仅在于个体所处的时间段不同、所处的环境不同而已，问题是后人延续前人传统文化时如何去粗取精、去伪存真。

（三）生活（源起、影响与造就）

民族传统不是上帝给予的，也不是什么外星人、圣人创造而强加的。民族传统源于民族生活，民族文化源于民族传统，民族语言源于民族文化，网络语言源于民族社会语言，而民族文化又再现于网络语言，网络语言最终反映的仍然是现实生活。网民曾在网上发帖戏说"校园十化"："管理监狱化、素质流氓化、Kiss 公开化、消费白领化、上课梦游化、逃课普遍化、女生恐龙化、男生痴呆化、恋爱闪电化、补考专业化"，尽管"不无虚化"，也不可不引起相关方面的重视。

再如，"犀利哥"、"龅牙哥"、"微笑哥"、"手表哥"、"皮带哥"、"眼镜哥"、"茫然弟"、"俯卧撑"、"打酱油"、"躲猫猫"，以及"钓鱼执法"、"替谁说话"、"信不信由你"，等等，都是在现实生活中有所表现的，尽管只是某种现象、某个侧面。我们通常说中国民族传统文化就是儒家文化，实际上这种说法是本末倒置。儒家文化理论仍然产生并根植于社会生活，仍然是社会生活和民族文化的反映，并非是孔子或其继承者与生俱来而固有的思想体系，亦非有了儒家文化才有了中华民族文化，更非有了儒家文化才有了整个中华民族数千年来的社会生活方式和社会价值观念。只是儒家学说较其他学说更为集中地反映了中华民族社会生活的部分核心内容，且各个不同历史阶段的社会生活内容又不断地丰富和补充了儒家学说，才使之成为民族传统文化理论的重要构件，并得以影响民族社会生活。

网络语言的特征又表现于它的技术性、虚拟性、现实性、全民性和创造性。如果国际互联网的技术联系中断了的话，则皮之不存，毛将焉附？我们的网络、我们数以千万计的网站都没有办法继续存在了。当然这是不可能的，尽管全球对于互联网掌控仍然是十分激烈的。至于其现实性、全民性和创造性，前面都已经提到了。

三　百舸争流，曲径通幽的"返璞归真"

然而网络语言的命运究竟何去何从？作为语言的创造者、使用者、研究者的广大网民大众，又将如何改造这头由传统文化衍生、由网络媒体装扮的既虚拟又现实、既恐怖又美丽的"GS（怪兽）"？

（一）滥觞（渗透）

文化滥觞于传统，传统滥觞于生活，而生活、传统、文化又无一不渗透于社会语言并进而渗透于网络语言之中。世界进入国际互联网时代以后，社会生活中的方方面面便像喷泉般顺着网络的互动板块滥觞、渗透至网络文化的各个渠道，尤其是迅速注满网络语言文化的江河湖汉。一方面，日常社会生活中不便、不能或不敢公开表达的标新立异的文化心态、情感语言通过网络予以宣泄，既直接少套、直白少饰、直露少晦、直肆少惧，又简洁实用、幽默含蓄而恰到好处；另一方面，常常视传统语法于不顾而随心所欲，从常语中翻新且反常搭配，年轻群体的求异和叛逆精神跃然网上。言辞的出轨、观念的冒险，是绝大部分青年"网虫"炫耀性的社会、网络水到渠成的互动行为。正因如此，网络语言文化洪流的大闸门便轰然洞开了。

（二）浩渺（发展）

社会有它的发展阶段性，网络有它的发展阶段性，网络语言文化亦始终与之互为依存。在社会的不同阶段、不同时期，语言有不同的表达形式。比如，"大跃进"语言："天上没有玉皇，地上没有龙王。我就是玉皇！我就是龙王！喝令三山五岳开道，我来了！"何等的气魄！又如，"文革"语言："炮打、火烧、打倒、支持、革命、造反、司令部、战斗队"，再如，"要想死得快，就买一脚踹"，等等。这些都是特定时期、特定生活、特定文化渗透在社会语言中的特定语汇组合的特定集中使用，并未创造新的意义。且当这种特定时期一过去，其所附着的特定语汇的特定集中使用阶段也就过去了，这些语汇又回到其原来的使用环境中，并无任何实质性的改变。但是，国际互联网时代，是经济社会和人类科学技术高速现代化发展阶段，并非社会发展过程中的特定时期亦即特殊时期。因此，尽管网络语言特别是网络用语仍然属于社会语言的借用形式，却由于已经具有了崭新的含义而融入了网络文化且反映着网络文化，并从而融入了社会生活且反映着社会生活，甚而至于已汇入历史文化浩浩渺渺的汪洋大海而共同潮起潮落了。

（三）分流（归宿）

网络语言的归宿是由人民大众决定的。人民大众创造了社会生活和文化传统，而社会生活和文化传统的漫漫历史长河，又渗透、影响、造就和推动了网络文化、网络语言文化的滥觞、奔流和发展，同时也必将促进和决定网络语言文化的扬弃和分流，并将决定网络语言文化的命运和归宿。网络文化并不可怕，网络语言文化也不可怕，关键在于我们如何把握、如何引导、如何运用。社会生活重要组成群体的广大网友，是网络文化、网络语言文化的创造主体，应当承担相应的社会道义和社会责任，并在此基础上不断推陈出新。广大语言文化工作者、教育工作者和广大互联网建设和管理工作者，应当以科学的态度、公正的精神，实事求是地面对我们的网络语言，分析研究，找出规律，探索未来。

时任河南省委书记卢展工曾经把媒体特别是网络媒体归结为五个"第一源"：第一信息源、第一监督源、第一疏导源、第一形象源、第一给力源。"给力"是典型的网络语言，但现在不少场合包括严肃正式的场合以及三大传统媒体及书面文本，都使用"给力"、"上传"、"下载"、"链接"、"粉丝"、"灌水"等网络语言，受众会觉得很别扭吗？不会，因为它已润物细无声地融入了我们的社会语言、我们的社会生活，既现实，又有趣。习近平总书记会见美国前总统卡特时指出，应当为发展中美关系提供正能量。"正能量"原为物理学术语，网络广泛借用后成为典型网络语言，习近平总书记的话语则使人倍觉力道，又倍感亲切、备受鼓舞。

俄国革命民主主义者、哲学家、文学家赫尔岑说过："书籍是上一代人留给下一代人的精神遗产，是已经过世或行将过世的老人给青年人的遗教。然而在书籍中留存的，不仅仅是已经逝去了的或者已经过去了的东西。书籍构成一种现存的史实文件。根据这种史实文件，我们能够进而把握现在，掌握全部真理和从苦难中找到的自勉之力，因而书籍可以说又是未来的纲领。"此论中最有价值处，就在于指出了人们不仅可以通过书籍即"书面历史文化"了解过去，更重要的是，人们可以通过这个载体进而把握现在，并规划未来。这正是人类社会赖以承先启后、延绵发达的精神动力所在。

我们都读过法国爱国主义作家都德的名篇《最后一课》，入侵者妄图禁教法语、消灭法语，实际上就是要消灭被侵国的民族文化。因为民族文化是维系国家统一的灵魂和基础，只有消灭了灵魂和基础，才可能真正占领这个国家。当然，历史往往并不以侵略者的意志为转移。

任何一种语言，只要还被人们使用，就必然会不断地发展。创新是事物的生命力所在，只有创新，才能推动语言的发展。分析和理解网民在网络语言上的创新和突破，可以更真切地了解大众的生活方式、价值观念以及社会心态的演变过程。

有句名言：文化是一种激情，文化是一种生命，文化是一种收获，文化是一种深邃。网络语言，从通用语言析出，又融入通用语言；既改变通用语言，又不离通用语言；循环往复，直至新的社会发展阶段产生，新的语言表现形式出现，终将完成其历史使命而摒弃其糟粕、保持其精华而至永恒。

诚然，我们国家的宪法保障公民的言论自由，但是任何公民在行使自己自由和权利的时候，必须以不得损害国家的、社会的、集体的利益和其他公民的合法的自由和权利为前提。网民上网并创造网络语言文化，同样必须遵守这个前提。

胡锦涛同志讲过一段十分精辟、十分深刻、既高屋建瓴又语重心长的话："能否积极利用和有效管理互联网，能否真正使互联网成为传播社会主义先进文化的新途径、公共文化服务的新平台、人们健康精神文化生活的新空间，关系到社会主义文化事业和文化产业的健康发展，关系到国家文化信息安全和国家长治久安，关系到中国特色社会主义事业的全局。"把对互联网文化的建设、管理和运用提到了空前的高度。

党的十七届六中全会提出：发展健康向上的网络文化。加强网上思想文化阵地建设，是社会主义文化建设的迫切任务。要认真贯彻"积极利用、科学发展、依法管理、确保安全"的方针，加强和改进网络文化建设和管理，加强网上舆论引导，唱响网上思想文化主旋律。

党的十八大再次发出加强网络文化建设的号召。紧密团结在以习近平同志为总书记的党中央周围，学习领会并贯彻落实十八大精神，是一项重要任务。

时任江西省委书记苏荣要求，各级党委政府必须研究网络，熟悉网络，学习网民喜欢或者能够接受的语言，掌握话语权，引导舆论。

铁打的网络流水的人。网络语言文化不因任何人的离去、任何人的褒贬而停滞、而衰微，但希望因为我们的到来、我们的存在、我们的参与而更加兴旺、更为辉煌。我们应当成为沃土，让网络语言文化的现代奇葩因为我们的培育、我们的滋养而开放得更加鲜艳、更为灿烂！我们应当成为晴空，让互联网的美丽天使因为我们的呵护、我们的瞩目而翱翔得更加轻盈、更为灵武！

作者简介

邱尚仁 厦门大学博士。历任江西省委宣传部副巡视员，省政府新闻办、省产学研办副主任，省青科协常务副主席、秘书长等；南昌大学、江西师范大学、江西科技师范大学、南昌工程学院兼职教授，研究生导师，国际互联网学科带头人；中国人权研究会、江西省社联理事，中国语言文化学会副会长，江西省语言学会、江西省传播学会会长等。

完成《老区文化建设》《中国语言学大辞典》《中国语言学发展方向》《语言学新探》及电视片《神奇的汉字》等国家和省社科课题12项，发表论著及文稿160余篇（部）、千余万字（含合作），获中国图书奖、全国社教奖、国际汉语汉字奖、中国语文奖、省社科奖、省电视片奖、省语言学奖、省新闻奖、省新闻论文奖、赣版书十佳奖及全国优秀博客奖等50余项，一等奖以上20余项。

通过国家出国外语考试，获高级证书。国务院新闻办选派赴英国大学及雅虎网总部进修新闻及新闻管理、互联网传播技术等。

何友良

苏区史研究的现状、机遇与前景

  苏区史研究是中国革命史、中共历史、中华民国史学科中的重要领域。改革开放以来，海内外学术界对苏区史的研究，呈现出不断深入的总体态势。其基本特点是，苏区史研究虽然在海内外的学术关注上，经历了由热到冷的起伏变化，但在学术实践上，不论是史料的征集刊布，还是史实的探讨研究，都得到很大的推进，现有成果可称丰富。特别是，由于研究者视野日益扩大，新的历史阐释方法得到运用，研究领域和研究对象持续拓展，人们认识苏区史的深度和广度有了很大的突破。近年来，随着党和国家日益重视中国革命史的研究和宣传，以及不断加大扶持原苏区地区经济社会发展的力度，特别是国务院关于赣南等中央苏区振兴发展若干意见的出台，为苏区史研究带来了难得的机遇和良好的发展前景。

一　主要研究方法、成绩与存在的主要问题

  苏区史研究最重要的进展，是研究和阐释方法发生了重要的变化，苏区史研究的多样性、学术性特点得到长足的提升。从视野和方法上看，出现了几种相对集中的研究方法和类型，取得了丰富的成果，当然也仍然存

在一些不足。

1. 革命史范式等传统党史方法及成绩

苏区史研究，主要还是从中共党史、中国革命史角度和方法进行的。近年来被归纳为"革命史范式"之类的方法，为苏区史研究者所习用。在这种视角和方法下，推出了一大批有影响的苏区史研究成果，推动了苏区史研究的扩展和深入。

以治苏区史为主业并推出有影响成果的，首先是在 20 世纪八九十年代十分活跃的一批老学者。如戴向青、黄干周、陈立明、夏道汉、陈荣华、文耀奎、刘勉玉、唐志全等的中央苏区、江西各苏区史研究，孔永松的土地革命史研究，谭克绳等的鄂豫皖苏区研究，温贤美、张国新等的川陕苏区研究，李忠全、雷云峰等的陕北苏区研究等。当时崭露头角，其后走在前列的学者，则有余伯流、凌步机、蒋伯英。他们是目前苏区史成果极为丰富的学者，余伯流、凌步机撰著的《中央苏区史》、中共苏区局部执政史，以及经济史、军事史、人物传等多种专题史研究等成果，蒋伯英的闽西苏区研究和人物研究等，都富有影响。此外，关于中央苏区史的三套丛书（孔永松、蒋伯英主编的丛书 6 本；林多贤主编的丛书 8 本；田延光、张玉龙主编的丛书 10 本），以及温锐的《中央苏区土地革命研究》，陈始发的苏区文化史研究，罗惠兰的苏区人权研究，李良明、曾成贵的鄂豫皖苏区研究，也各有特色。

主治中共党史、中国革命史和军史的一批著名学者如金冲及、张静如、石仲泉、李捷、陈晋、郭德宏、盖军、佟英明、黄少群、黄修荣、王新生、王健英、肖甡、阎景堂、姜廷玉、姚金果、李蓉等，不专做苏区史研究，但他们在这方面的论著，显出深厚的功力，是高层次的成果。

这些研究的基本路向，主要是从两个方面推进：一方面，开拓新的课题和领域，做成了许多新课题，填补了许多研究空白；另一方面，在许多过去有所涉及的问题上，利用新发现的丰富史料，解放思想、开阔视野，从而产生了新的认识、推出了新的成果。

事实证明，引进新方法值得提倡，但也并不妨碍传统方法在新的视野下焕发生机，重放异彩。这至少说明了两个问题：第一，革命史范式（或传统方法）运用者一直存在视野拓展、观念更新的努力，他们为革命史范式带来了与时俱进的新变化，使之在苏区史、党史、革命史研究中重显功用，仍然是解读苏区史的一种基本的和重要的方法。第二，任何一种方法、模式或范式，都有利于开阔视野、构建体系和阐释史实，促进学术研究的创新和进步，而不存在互相排斥的问题。

2. 民国史研究方法的运用及成绩

所谓民国史研究方法，就是历史学方法。其核心是不局限于仅从苏区一面看苏区史，而是从国共两面乃至多面，在民国的大时空中分析、研究苏区史，重视整体和融合，遵循严格的学术规范，力求更真实、客观、全面地认识与诠释苏区历史。

一批受过专业历史学训练，且长期从事民国史、近代史研究的学者，在史学研究上已大有建树。当他们将目光投向苏区史时，其深厚的专业功底显示出很大的优势，立即在苏区史研究上推出了引人注目的成果。如金冲及先生的毛泽东、周恩来等领袖传记（其中对苏区时期均有精当叙述）和《中华苏维埃共和国的历史地位》《中国共产党在土地革命时期三次"左"倾错误的比较研究》等论文，陈铁健先生的瞿秋白研究和《AB团肃反之"法理"依据与文化根源》、曾业英先生的《历史当事人的记述与历史真实——新见〈剿共随军日记〉释读》、杨奎松先生的《"左"倾路线与苏维埃共和国的兴亡》及其对共产国际与苏区革命关系的研究、高华先生的《"肃AB团"的历史考察》、廖信春先生的《国民党在江西势力的消长与中央苏区的起落》，等等，都是苏区史研究中的上乘之作。他们表现出全面客观地考察历史、还原历史的努力，在对苏区史的认识上显示出卓异的眼光和认识。在张宪文、李新、张海鹏、张玉法、费正清、金冲及等先生分别主编的民国通史、近代通史中，苏区史也得到充分的学术关注和深度阐述。

近年来成果最为突出的学者是黄道炫。他研究苏区革命发生与土地占有的关系、"赤白对立"、苏区群众的逃跑与回流、福建事变与中共的应对、第五次反"围剿"失败的原因、江西的农村农民与苏维埃革命等诸多问题，均是在对国共双方或三方（如福建事变）的宏观视野下，全方位地考察史实，全面分析，从而形成对历史更加充分的诠释。他的著述，在学术界富有良好反响。① 此外，台湾地区学者和北美、日本学者的有关著述，不少富有见地，值得关注。

可以说，在民国史视野和方法下的苏区史研究，实际上倡导并践行了中国历史学的专业功夫，在最容易受到西方经验影响的革命史研究领域，恢复或者说显现了中国研究的史学传统。将史学传统、专业功夫、学术规范与学科视野、时代观念相结合，注重国、共两个方面的关注和史料，是其论文成果扎实大气和全面完整的重要原因。或许可以说，他们的研究，可以视之为苏区史学术论文的范本。

3. 社会史方法的运用及成绩

20 世纪 90 年代初，著名史学家田居俭、张静如倡导运用社会史方法研究中共史、苏区史。他们的倡导，在苏区史研究中几乎产生了立竿见影的效果。运用社会史方法研究苏区史，成为苏区史研究中成果最为突出的另一个方面。

何友良撰著的《中国苏维埃区域社会变动史》（当代中国出版社 1996年版），是较早运用社会史方法研究苏区史的一部著作。其后还有关于苏维埃革命中的宗族问题等研究、农村革命早期外来和地方领导群体的系列论文等。虽然在社会史方法的运用上，还是初步的，但其成果以中国近代社会流变为背景，宏观与微观相结合，比较系统地考察了苏区社会政治权力、

---

① 黄道炫：《第五次反"围剿"失败原因探析——不以中共军事政策为主线》，《近代史研究》2003 年第 5 期；《一九二○—一九四○年代中国东南地区的土地占有——兼谈地主、农民与土地革命》，《历史研究》2005 年第 1 期；《重析福建事变中共应对方针》，《近代史研究》2005 年第 6 期；《苏区时期的"赤白对立"——阶级革命中的非阶级现象》，《史学月刊》2005 年第 11 期；《逃跑与回流：苏区群众对中共施政方针的回应》，《社会科学研究》2005 年第 6 期；《中央苏区第五次反"围剿"军事策略考察——以广昌战役为中心》，《历史研究》2006 年第 2 期；《张力与限界——中央苏区的革命》，社会科学文献出版社，2011，等等。

阶级阶层、两性关系、社会生活等结构性变动，以及苏区民众的观念与行为走向，苏区社会政策与行为的得失，受到了学界的关注。其后，黄冬娅、时广东、孙江、周建超、黄琨、万振凡、谢庐明、谢宏维、张玉龙、何朝银、钟日兴、张雪英等一批学者从社会视角观察苏区史，运用社会史方法的研究成果相继出现，相当可观。

这类成果的主要特点，是企图深入农村社会和农民群众，以寻找中国革命、苏区革命的本土源泉与地方特点，真实再现苏区社会的面貌和下层百姓的生活状态，从而将对苏区革命的关注，引向了更为广阔的社会层面，在一定程度上表现了对苏区革命的发展源流、内部结构、社会关系与乡村影响的探寻。

4. 现代化范式与博士论文中的新思维

在研究方式上，前些年在学术界讨论热烈的现代化范式问题，对苏区史研究也产生了很大影响。较早将革命史、苏区史置于现代化范式中论述的是张宪文、陈永发和罗荣渠先生等。

主要是一批青年学者，在其论著中，提出对以往习用的革命史范式的质疑，认为历史如果只按照革命史的方式进行解释，会化约和遮蔽许多问题。当然，他们也不完全认同用现代化叙事方式来观察苏区史。作为不同于传统革命史的叙事方式，他们初步尝试了一些比较新颖的研究方式，例如，黄琨将农民"个体的感受与抉择"作为"一种观察革命与革命史的角度"，研究 1927~1929 年从暴动到乡村割据的历史，来解读"中共革命根据地是怎样建立起来的"；陈德军批评自上而下的、宏观的并以对政策分析评价为主的研究范式，不关注草根农民，将革命者的主体性降到了最低点，而以自下而上并汲取多学科成果研究赣东北苏区史，来诠释乡村社会中的革命和农民是如何走向革命的；饶伟新不满足于以往大多着眼于中共党史和革命史的角度、偏重于阶级斗争和意识形态层面研究赣南土地革命的情况，从生态、族群与阶级关系及其演变趋势，来分析揭示赣南土地革命的历史机制；杨会清跳出"革命史著作的政治话语和历史叙事"模式，以政治学分析框架，研究中国苏维埃运动中的革命动员模式，来解读"共产党是如何介入农村革命的"；万振凡认为苏区革命对农村社会结构的冲击，并不像历来所说的那样大，他提出"弹性结构"概念与模式，来分析1927~1937年江西农村革命与改良下的传统社会变迁；游海华从自然地理环境、地域社会矛盾、乡村权力网络、市场环境变迁、民间宗教与信仰等多个角度，研究中央苏区失败后该地域社会的重建与整合，以补充传统的阶级斗争视角的不足。①

总体而言，这批年青学者及其代表著作，主要也属于运用社会史方法研究苏区革命，希望从乡村、下层、农民个体来叩问历史的奥秘。他们共同表现出颠覆传统学术范式、抛弃宏大叙事、创新研究路径的探索精神，其研究成果不无创见、值得关注。他们注重吸取西方理论营养，寻找历史细处史料，以相当扎实的实证个案推进了苏区史研究。

5. 政治学等方法的引用及成绩

与前述方法运用者初步形成群体的情况不同，人类学、文化学、政治学、长时段理论等方法的引用，也见于苏区史研究成果中，但运用者人数还相对较少。杨炳章著《从革命到政治：长征与毛泽东的崛起》（中国人民大学出版社2006年版），是运用政治学方法研究苏区史的力作。刘慧、谢一彪、杨会清等将政治学分析运用于苏区史研究，也分别对苏区乡村政治秩序变革、中国苏维埃宪政和苏区的政治运动、社会建设等提出了新看法。

温锐、游海华受法国年鉴学派历史学家费尔南·罗布代尔"长时段"理论的启发，曾将中央苏区放在赣闽粤三省边境20世纪百年演变的历史过

---

① 参见黄琨《从暴动到乡村割据：1927~1929——中国共产党革命根据地是怎样建立起来的》，上海社会科学院出版社，2006；陈德军《乡村社会中的革命——以赣东北根据地为研究中心（1924~1934）》，上海大学出版社，2004；饶伟新《生态、族群与阶级——赣南土地革命的历史背景分析》，厦门大学中国近现代史2002年博士学位论文；杨会清《中国苏维埃运动中的革命动员模式研究》，江西人民出版社，2008；万振凡《弹性结构与传统乡村社会变迁——以1927~1937年江西农村革命与改良冲击为例》，经济日报出版社，2008；游海华《重构与整合——1934~1937年赣南闽西社会重建研究》，经济日报出版社，2008。

程中进行考察，在长时段中考察苏区革命对这一地区农村农民的影响。^①
饶新伟是运用历史人类学方法观察苏区史的学者，他在写作博士学位论文
之后，又曾发文论述历史人类学视野下的中国土地革命史研究，企图超越
阶级斗争的角度，还原错综复杂的社会历史场景。此外，一些著作其实也
很难说就是单一地借鉴运用某一种方法，而是综合使用社会学、人类学、
心理学、经济学、比较学等诸多学科的研究方法，在苏区史研究中，取得
了引人注目的成果。

6. 近两年来值得关注的学术动态

近两年来，苏区史研究出现了一个良好的学术态势，主要表现为以下
几个方面。一是三次重要的学术会议，即近代史研究杂志社分别与河南大
学、南开大学于2011年、2012年召开的中国近代乡村研究学术会议，江
西社科院苏区史学科2011年召开的"中国革命与苏维埃运动学术研讨会"。
三次会议提出了一批学术论文，反映了苏区史研究进一步向学术性推进的
趋势。二是一部整体性的苏区史稿，即余伯流、何友良主编《中国苏区史》
（上下册，江西人民出版社2011年出版），全面地论述了全国各苏区的历史。
三是一批重要学术专著的出版，如黄道炫《张力与限界：中央苏区的革命
（1933~1934）》，何友良《苏区制度、社会和民众研究》，陈始发《多维视野
下的中央苏区文化建设研究》，江西师范大学苏区史研究丛书4本，以及一
些学者正在做的几个国家课题，反映了苏区史学术研究的持续深入。四是两
篇高质量的学术综述，即王才友《50年的江西苏区史研究》（《近代史研究》
2010年第6期），黄道炫《改革开放以来中国革命史研究及其趋向》（《史学
月刊》2012年第2期），对苏区史研究动态及其趋向做了全方位的阐述。

7. 目前研究中存在的主要问题

苏区史研究总的来说成绩很大，但从学术要求来看，也存在明显的不
足。最大的不足是整体上学术性还比较欠缺，具体表现为在学科认知和学

---

① 温锐、游海华：《劳动力的流动与农村社会经济变迁——20世纪赣闽粤三边地区实
证研究》，中国社会科学出版社，2001。

术交融上存在不足；在研究思维、视野和方法上存在不足；在个别与整体关系的把握上存在不足；在课题资源的开掘上存在不足。

二 苏区史研究面临难得的发展机遇

1. 国家振兴原中央苏区战略的出台是苏区史研究最大也是最好的机遇

新中国建立特别是改革开放以来，国家对原苏区地区的支持，一直没有中断并呈现出不断加大力度的趋势。2010 年下半年，更是出现一个新的动向，就是开始筹划原中央苏区振兴规划。这项工作，在 2011 年冬 2012年春达到高潮，2012 年 6 月 28 日，《国务院关于支持赣南等原中央苏区振兴发展的若干意见》正式出台，明确指出"赣南等原中央苏区在中国革命史上具有特殊重要的地位"，要大力支持这一地区的振兴发展。国家的这一举措，形成强大的动力，使原苏区地区经济社会振兴出现无限生机，原苏区振兴将是未来若干年内受到党和国家大力扶持的重要战略中心任务，这也使苏区史研究面临前所未有的大好发展机遇。这一机遇，既包括振兴目标中有红色文化建设的重要内容，也包括振兴发展对苏区史研究成果的强大需求。

2. 以学人为主流的对革命史研究的轻视或反感情绪逐渐消退，日益回归学术理性

包括苏区史在内的中国革命史研究，曾经是近代历史研究的中心。改革开放后，最初在"拨乱反正"中出现热潮，但不到十年即迅速降温，由热变冷，中外学者都指出了其由中心到边缘的消退态势，更有不少学者公开表示轻视或反感，认为苏区史没有什么可研究的。造成这种现象的原因很多，除了过热往往最终导致过冷的物极必反规律，以及学术关注因以经济建设为中心发生转移外，主要有两个，一是告别革命论的影响，二是现代化范式或话语体系的兴起。

到现在，不能说革命史的边缘地位有了根本改变，但人们在日益深化的学术研究中，有了更为辩证和理性的思考。例如，对于告别革命论，有学者也认为其存在很大的问题，主要是因为这是对历史的一个价值判断而不是实际判断，中国革命早已发生，是个客观存在，重要的是要对它发生

的原因和影响进行研究。美国学者周锡瑞认为，"在使革命脱离中心的过程中，我们不应该忘记它，或把它当做某个碰巧一起来祸害中国人民的外部事件"。中国学者张佩国、李金铮等也指出，"将革命从20世纪中国历史的中心移开，与历史事实也有很大偏差，毕竟革命在20世纪中国社会历史进程中扮演了相当重要的角色"，"你可以告别革命，但不能告别革命史研究"。关于研究范式或话语体系，也要全面地看。学者徐秀丽认为，任何一种方法、模式或范式，都有利于开阔视野、构建体系和阐释史实，促进学术研究的创新和进步，而不存在互相排斥的问题，指出"绝不可能有一种包罗万象、面面俱到、人人认可的历史学。从不同角度加以探讨，可以强调某一侧面，而相对忽略其他部分。任何一个侧面认识的加深，都有助于对整个历史进程认识的加深，都是对人类知识的贡献"。这些认识的重建和理性的回归，为包括苏区史在内的革命史研究，提供了更为科学和宽松的学术环境，也促进了苏区史学术研究成果的涌现。

3. 社会需求旺盛，研究主体出现多元化趋势，苏区史研究日益具备良好的社会条件

近年来，人们对党史、苏区史的出版和阅读热情持续高涨，革命历史出版物占有相当大的比重。反映革命历史的影视作品大量出现。反映革命历史的网络著述极为丰富，数不胜数，在香港凤凰网上这也是重要板块。红色资源的研究和红色旅游的开发，形成居高不下的红色旅游热潮。当然，在众多出版物和网络作品中，也存在粗制滥造的问题，存在良莠不齐的现象。这也是苏区史研究的另一个突出特点。

三 苏区史研究空间广阔、前景良好

苏区史研究，是江西省社会科学各领域中，最富有政治与学术双重价值、最富有资源与地方优势的学科之一。从学科地位、学术空间、资源优势与研究基础看，在难得机遇面前，苏区史研究大有可为。

1. 学科地位重要，前景良好

中国革命史是近代史中的经典性话题，苏区史是中共革命史的重要阶

段和内容，其研究领域与学术、政治结合紧密，意义重大。中国革命史与世界各国的革命史相比，规模最大、时间最长、参加人数最多，是一个宏大而又经典的研究对象。而中国苏区史是中国革命史的重要阶段和内容，仅以中共领导的革命史而言，从1919年五四运动起算到1949年新中国成立，在这30年中，苏区史长达10年，占了1/3的时间。苏区时期，是马克思主义中国化科学成果的最初产生时期。中共在苏区革命发生与展开过程中的理论思考、制度构建、社会治理、行为方式等方面的经验与教训，都对其后我国的国家建构与发展留下了深刻的影响。研究苏区史，对于认识中国近代历史、社会及其当代走向，阐释中共为民族独立、人民解放而艰苦奋斗的时代主题，传承党的优良传统，总结历史经验，加强执政党的建设，为建设中国特色社会主义伟大道路提供有益的借鉴，作用重大。

2. 学术空间广阔，课题丰富

苏区史领域蕴涵着极为丰富的宝藏，有着相当巨大的研究空间。主要是尚未涉及的新课题很多，而几乎所有已经涉及的问题，都可以在新视野、新资料条件下进行更深入的研究，比如与国外革命的比较问题，近年来集中讨论的革命发生原因问题，苏维埃革命的影响问题，各苏区的比较研究问题，等等。这是一个问题意识可以大大施展的领域，是一个能够不断推出学术成果的领域。

3. 资源优势突出，得天独厚

江西是中共领导苏维埃运动的中心区域，境内创建有井冈山、中央、赣东北（闽浙皖赣）、湘赣、湘鄂赣等全国最早、最大和最多的革命根据地，全省2/3以上的地区曾为苏维埃区域，被人们称为人民军队的摇篮、中国革命道路的摇篮，中华人民共和国的摇篮，是中国革命前进的伟大基地。研究苏区史，江西具有公认的得天独厚的地域优势、学术优势和资源优势，具有国家史和地方史的双重特色和优势，为其他地方所不可比拟。

4. 研究基础厚实，渐成体系

一是人才基础初具规模。从中央到省市县，形成了以革命历史陈列研究为主的革命文物队伍，以史料征集研究为主的党史征集研究队伍，以党史宣传教学为主的党校教学队伍，以党史、革命史和近现代史研究为主的社科院、高等院校研究队伍。以江西论，江西师范大学整合设立苏区研究院，江西省社科院设立有中国苏区史重点学科，赣南师范学院设立有中央苏区史研究中心，江西科技师范大学设立八一精神研究中心，井冈山大学设立井冈山精神研究中心，井冈山干部学院、江西省委党史研究室、省委党校等也将苏区史作为主要研究领域。这种分布和构成，说明江西已经具有一支苏区史研究必备的人才队伍。

二是资料基础相当厚实，文献资料的大量选编出版。在20世纪80年代，各苏区主要省，都与中央档案馆联合，编辑和内部印刷了各省革命史档案资料汇编。到20世纪90年代，各革命根据地历史资料选编基本出齐。与此同时，还选编出版了大量的专题史料。目前，更为全面、大型的资料集正在编辑之中，如中共中央党史研究室选编出版了《共产国际与中国革命资料》丛书，其中第7卷至第17卷为苏维埃时期的资料，十分珍贵；中共江西省委党史研究室正在选编《中央革命根据地历史资料文库》，2011年"党的系统"5本300多万字已经出版，2012年可望出版"政权系统"，正在选编的"军事系统"拟于2013年出版。井冈山干部学院准备选编更为全面的井冈山革命根据地历史资料集等，其他地方的党史部门也在打算汇编当地苏区的资料。这些资料的出版和继续选编，为苏区史研究提供了极大的便利。

三是研究基础比较可观。目前可以说，对苏区史各方面内容，包括一些长期无人碰触的问题，如苏区"肃反"、宁都会议、西路军等比较敏感者，均有不少成果发表，无人涉及的领域不多；从全国苏区的整体史，到单个地域、县区的地方史，从基本著作到各种专题史，乃至普及性的通俗读物，出版的著作也相当可观。因此，苏区史的研究基础，已相当不错。

总而言之，苏区史研究成绩可观，机遇难得，前景良好。当然，作为被赋予厚望的学科建设，既大有可为，也任重道远。从根本上说，苏区史研究的未来发展如何，相当程度上取决于能否抓住机遇、乘势而兴；取决于是否按学术规律办事，以及研究者的定力、视野、方法与努力；取决于是否有更多年轻学者的加入。

作者简介

何友良 江西高安人。现任中共江西省委党史研究室副主任、研究员。毕业于南京大学历史系，长期从事中国近现代史、苏区史研究。历任江西省社会科学院历史研究所副所长，当代江西研究所所长，历史研究部主任，院学术委员会副主任，首席研究员。兼任江西省历史学会、江西省中共党史学会副会长等。先后独立承担国家社科基金课题 2 项，参与主持多项省政府交办项目和省社科重大课题，有独著《中国苏维埃区域社会变动史》《江西通史·民国卷》《苏区制度、社会和民众研究》和合著《中国苏区史》等著作 20 多部，在《近代史研究》《中共党史研究》《当代中国史研究》等国家和省级报刊发表论文 100 多篇，获得省部级优秀成果奖 20 多次。《苏区制度、社会和民众研究》入选国家社会科学成果文库，是我省社科界第一部入选该文库的成果。

陈 勃

媒介信息之社会影响：社会学与心理学的探析

一　讲题的背景及其应受关注的原因

当今社会是媒介的时代。媒介曾报道过这样一个事件：山东省日照市的市民张先生与弟弟妹妹相约去爷爷家吃晚饭，饭桌上老人多次想和孙子孙女说说话，但面前的孩子们个个抱着手机玩，老人受到冷落后，一怒之下摔了盘子离席。

我们的生活几乎已经离不开媒介。一方面，传统的媒介有广播、电视、报纸、书籍和杂志。当今社会听广播的人很少，听广播最多的人群是司机，农民有时也会在田间地头听广播。但作为传统媒介的电视现在仍受到普通大众的欢迎。另一方面，新兴媒介对我们生活的影响也非常大。比如，我们的生活几乎离不开手机。我们可以用手机发短信、打电话、发微薄、聊 QQ 以及看电视。还有，值得关注的网络作为新兴媒介无处不在。在网络信号覆盖到的很多地方，连寺庙里的和尚都上网。很多人闲暇时光最主要的活动是上网。可见，媒介已经影响到我们社会生活的各个方面。

媒介为什么对我们的社会有这么大的影响？汤林森（John

Tomlinson）在《文化帝国主义》（1999年）一书中曾写道："在现代社会中，生活日渐分裂而片断，此时，大众媒介的巨大身形无所不在，已经使得其他更为悠久的社会传播工具徒具边缘的身份……人们尚且能够保持一个社会的整体感觉，察觉他们与社会的关系尚且存在的主要渠道也就只剩下了大众媒介了。"网络的兴起和电视的普及把过去纸质媒体变成了边缘的媒介。现在我们跟这个社会发生联系的媒介是手中的手机，是电脑屏幕，有的时候是电视机。

在过去的几年时间里，有很多大家记忆犹新的事例能说明媒介对社会的影响之大。有些群体的大事件，比如三鹿奶粉事件。报道三鹿奶粉中含会导致人体泌尿系统产生结石的三聚氰胺事件最初是从纸质媒体报纸开始的，随后网络媒介介入。如果没有媒介的介入，三鹿奶粉事件的曝光不会如此的顺利，解决得这么深刻，也不会影响这么广泛。另外，比如抵制家乐福事件。在2008年北京奥运会召开前，火炬传递在法国出现问题。于是好些人就发短信，号召大家不要买家乐福超市里的东西。还有些个人事件，有搞笑的，有出丑的，也有让社会倍感无奈的。比如在各大名校论坛上张贴照片的芙蓉姐姐，真假难辨的华南虎事件，父亲因女儿追星而跳海自杀的杨丽娟事件。媒介的影响也曾引起了很大的社会震动。最有名的如"艳照门"事件。虽然随后对网络上的信息进行了一些清理，但当电视上出现了"很黄很暴力"的时候，网络上马上出现了"很黄很暴力"的漫画。这是网友的一种调侃，一种讽刺，也是一种挖苦。媒介的影响把很多年轻人卷入其中。比如很火的选秀节目《快乐女生》和《快乐男声》。《快乐女生》主要依靠的是网络媒体宣传，靠歌迷发短信来支持自己喜欢的选手赢利。

媒介是这个时代缺少不了的。比如我们通过媒介直播航天员的生活场景，让国人了解地球外的生活；比如奥运会期间直播比赛赛事。值得一提的是，刘翔的两次退赛。在媒介的报道中把刘翔退赛的两个场景放在一起进行对比。一个是2008年的场面，一个是2012年的场面，两个场面，似曾相识，只有栏架的颜色不一样。媒介可以把两个相似的场景放大，然后引发全民讨论。媒介的力量也给我们带来很大的震撼，对人们的良心带来很大的浸染。2008年"5·12"汶川大地震，媒介传递的这个消息让很多残疾人加入捐款的行列。同时媒介也报道了另一些事件。一方面媒介给我们鼓舞和力量，让大家重新找回自己的良心。同时也鞭挞一些人。媒介可以把很多的事情倒回来。可能你已经忘记了，但在媒介的世界里还存在着，如果有需要，大家就会再把它翻出来。最近比较走俏的节目有《中国好声音》《非你莫属》和《非诚勿扰》。江西人民比较关注的是《中国红歌会》。《非诚勿扰》的节目中就出现过一件事情引发了全民对价值观的讨论。参加节目的一位女嘉宾说："宁可在宝马车里哭，也不在自行车上笑"。很多年轻人天天关注《中国好声音》，讨论到底谁是第一名，是吉克隽逸还是梁博，津津乐道地谈论这些人的趣闻，以及这些人的故事到底是真是假。《非你莫属》本来是个求职的节目，但这里发生的很多故事成为街谈巷议的热点。比如张绍刚因质疑某个求职者的学历而把对方说得晕倒了。举这么多例子，是要说明我们生活在媒介里。

媒介有这么大的影响，毫无疑问，社会就会给予关注。笔者主要阐释两种学术上的关注，一种是社会学的，一种是心理学的。

二　社会学的一些主要相关理论或阐述

信息社会——怎样抬高媒介的地位都不过分。社会学着重对传播媒介的社会功能、传播过程和影响效果进行整体性和综合性研究，主要是采用社会学的社会调查方法及各种定量和定性分析方法，如通过媒介接触调查、民意调查和网络调查等。《中国青年报》就有社会调查部。在美国，每一次领导人选举、议员选举或州长选举，选民最关心的就是社会调查部发布的信息。解释媒介影响的理论模型有不少，现在只列举其中之一，即斯蒂芬·李特约翰（S.W.LittleJohn）的模型（见图1）。

对于该模型有几点要强调：若把教养或者涵化理论运用到电视对人的暴力行为的影响中，指的是电视对人的影响是潜移默化的，如果天天看暴力的电视，那么久而久之就会有暴力的意识，暴力的行为取向，甚至暴力

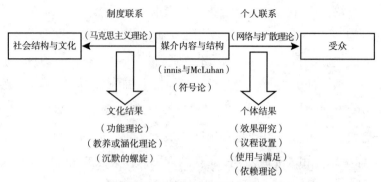

图1 李特约翰理论模型

的行为。沉默的螺旋概念基本描述了这样一个现象：人们在表达自己想法和观点的时候，如果看到自己赞同的观点，并且受到广泛欢迎，就会积极参与进来，这类观点越发大胆地发表和扩散；而发觉某一观点无人或很少有人理会（有时会有群起而攻之的遭遇），即使自己赞同它，也会保持沉默。意见一方的沉默造成另一方意见的增势，如此循环往复，便形成一方的声音越来越强大，另一方越来越沉默下去的螺旋发展过程。在互联网兴起的时候，沉默的螺旋受到了挑战。因为在互联网上大家通过匿名的方式发表言论。但只是受到了一定程度的挑战，因为大家还是有从众的压力。议程设置理论的观点之一是大众媒介往往不能决定人们对某一事件或意见的具体看法，但是可以通过提供信息和安排相关的议题来有效地左右人们关注某些事实和意见，以及议题各要素呈现的先后顺序，新闻媒介提供给公众的是他们的议程。你看到的媒介信息并不是世界的本来面目，而是传播这个信息的媒介所认为这个世界是什么样子或者他要让你认为世界是什么样子。比如，国家领导人到国外访问受到了很多人的欢迎。但国外的媒体只选择拍摄少部分游行示威的人群，在广播电视里播放"领导人的访问受到反对"。这就是议程设置。为什么会出现抵制家乐福的事件，这与法国媒体和西方媒体的报道有关，他们采用了议程设置的方法。使用与满足的需要，就像你使用手机是为了满足交流信息的需要，满足求知的需要，甚至只是满足你习惯的需要，逐渐对媒介产生了依赖。

（一）媒介的功能

赛佛林和坦卡德（W.J.Severin and J.W.Tankard）在《传播理论：起源、方法与应用》中提到媒介有以下功能。（1）媒介的积极功能。①监视功能：提供并告知新闻。预警性新闻——自然界的危险情况；工具性新闻——对经济、公众和社会生活重要的新闻；宣扬规范——人物、事件。②联系（协调）功能：选择、解释。强化社会规范——达成共识，将偏差行为曝光；赋予地位——意见领袖；阻止对社会稳定产生的威胁；监视并掌握公众意见；制约政府，保护人民。③传承社会文化（遗产）功能：教育。增加社会凝聚力——扩大社会共同经验的基础；减少社会无序性——疏离感；继续社会化过程——在学校教育之前和之后，提供帮助，进行整合。④娱乐功能。个人休息、调整、逃避压力、充实闲暇；创造大众文化——艺术、音乐——增加大众的文化接触，提高大众品味、偏好。（2）媒介的消极功能。因过分强调危险可能导致社会恐慌；麻醉作用——漠不关心、被动、吸收过量；过度接触，极少思考；强化遵从，将固定模式永久化；制造假事件、假形象或假"人格"；阻碍社会变革，阻止创新；尽量减少批评、实行多数意见专制；保护、扩张权力；减少社会亚文化群的种类，促进大众社会形成；丧失个性，缺乏人际接触；标准化趋势，阻碍文化生长；鼓励逃避主义，纵情享乐；败坏精致艺术；降低大众品味，阻碍艺术发展。

（二）大众传播的效果研究的四个主要理论观点

第一个是产生于 1900~1930 年的子弹论。该理论认为传播媒介有不可抵抗的强大力量，它们所传递的信息在受传者身上就像子弹击中身体、药剂注入皮肤一样，可以引起直接速效的反应；它们能够左右人们的态度和意见，甚至直接支配他们的行动。希特勒曾经通过媒体，宣扬自己的理念，对当时德国民众的思想产生了强大的影响。

第二个是产生于 1940~1960 年的有限效果论。该理论的主要观点是：大众传播没有力量直接改变受传者对事物的态度，在人们作出某种决定之际，许多其他因素起着重要的作用，其中包括个人的政治、经济、文化、心理的既有倾向，受传者对信息的需求和选择性接触机制，群体归属关系和群体规范，大众传播过程中的人际影响，等等。媒介对人的影响并非大家想象的那么大。

第三个是强大效果论。强大效果论重新强调大众传播有巨大的效果，但是与子弹论不同，强大效果论强调的效果不是简单的、直接的，而是复杂的、间接的；不是短期的、立竿见影的，而是长期的、潜移默化的；不是微观的、个体的，而是宏观的、社会的。该理论包括"使用与满足论""议程设置""沉默的螺旋""培养论"和"知识沟假说"。

第四个是协商性的媒介影响理论。该理论认为大众的传播效果包括两个方面：一是媒介以一种可预测和模式化的方式，通过对真实形象的架构来构建社会甚至历史；二是受众通过与媒介提供的文本的互动来构建他们自己的社会现实以及自己在其中的位置。这种方式让媒介权利和受众权利在不断协商中交替选择，并形成效果。

大众传播的效果既受到传播环境与传播内容的影响，也受到传播者和受传者自身性别、性格、职业或者爱好等的影响。在这个过程中有两个现象：刻板印象和议程设置。我们举个说明刻板印象的例子：通过播放录音的方式让两个人讲授一模一样的传播课程。一个是幼儿教育专家，一个是人民日报社社长。人们更愿意选择听人民日报社社长的讲授。听完也觉得人民日报社社长对自己的影响大。还有个关于刻板印象的例子：在美国发生"9·11"恐怖事件后，美国对阿拉伯人的检查比对其他族群更严格，这也是典型的刻板印象。关于议程设置的例子也俯拾皆是，比如前述的抵制家乐福事件之起因。

三 心理学的一些主要相关研究或阐述

心理学对媒介传播的关注，首先体现在班杜拉（Albert Bandura）的社会学习理论，再次是态度改变理论，再次是关于媒介信息的加工，以及从个体与群体的角度，重视媒介信息影响的心理过程以及心理特征、动机等因素对传播效果的影响。

　　班杜拉认为行为习得有两种不同的过程：一种是通过直接经验获得行为反应模式的过程，即直接经验的学习；另一种是通过观察示范者的行为而习得行为的过程，即间接经验的学习。班杜拉的社会学习理论所强调的是观察学习。有一句话：播种行为就收获习惯，播种习惯就收获性格，播种性格就收获命运。观察学习的全过程由四个阶段构成。第一阶段是注意过程，是观察学习的起始环节。在注意过程中，示范者行动本身的特征、观察者本人的认知特征以及观察者和示范者之间的关系等诸多因素影响着学习的效果。如果是刘德华的粉丝在电视上看到刘德华的画面就不想转台了；如果是毕业生，就容易被就业信息和公务员考试信息吸引注意力。第二阶段是保持阶段，示范者虽然不再出现，但他的行为仍给观察者以影响。第三阶段是观察学习，即再现以前所观察到的示范行为。比如，很多人会模仿刘德华或者周润发耍酷的动作。第四个阶段是强化，观察学习者是否能够经常表现出示范行为会受到行为结果因素的影响。媒体曾报道过，有的小学生的梦想是"当老大"。这是因为他们看到电视剧里的"老大"，都活得很潇洒，于是也想过那样的生活。这里值得一提的是，有一个大家很熟悉的关于暴力的实验。让一组儿童观看暴力的录像，录像里实施暴力的人得到奖励。另一组儿童也观看暴力的录像，唯一不同的是录像里实施暴力的人没有得到奖励。随后，我们把儿童带入另一间屋子，发现第一组儿童表现出更多的攻击行为。

四　结合自身做过的研究谈一些个人见解

　　笔者已有的和正在从事的相关研究主要表现在如下四个方面。

（一）老年人与传媒

　　在手机还没普及的年代，老年人是接触媒体最多的人。因为年轻人要上班，小孩子要上学，没有太多的时间接触媒体。通过对 20 世纪 50 年代、60 年代和 70 年代生人的调查发现，50 年代生人选择以看电视为媒介接触方式的比例是最高的，达到 90% 以上。在网络这个媒介选择上，70 年代生人所占的比例比 50 年代和 60 年代生人多得多。可以说，媒介接触的类型与个体的年龄有关，也与个体成长所处的年代有关。

笔者曾做过一个调查。让助手录下了 168 集在电视台黄金时间段 8 点 10 分播放的电视剧，然后统计在这些电视剧中非道具人物的年龄与性别分布，统计结果见表 1。

表 1　　电视剧中非道具人物的年龄与性别分布

年龄组	0~17 岁	18~34 岁	35~59 岁	60~74 岁	75 岁以上
各组人数	80	853	782	74	5
（男／女）	男 42/ 女 38	男 421/ 女 432	男 565/ 女 217	男 46/ 女 28	男 2/ 女 3
各组人数所占比例（%）	4.5	47.5	43.6	4.1	0.3

通过表 1 我们可以看到，虽然中国正在步入老龄化社会，但在电视媒介上能看到的关于老年人的信息却是很少的。以上述调查为例，60 岁以上的老年人以非道具人物出现在电视剧中所占的比例是很小的，只有 4.4%。于是很容易给我们造成一种印象，老年人很少。实际上，在我们周围老年人的比例远远大于我们在媒介上接触的老年人的比例。而且中国电视剧中的老年人多以啰唆、体弱、古板等形象出现。于是也容易让人形成对老年人的刻板印象。对老年人的印象会直接影响我们在日常生活中如何对待老年人的方式。

（二）媒介信息（情色信息等）对社会认知的影响

启动效应是指由于之前受某一刺激的影响而使之后对同一刺激的提取和加工变得容易的心理现象。启动效应有正负之分。先前加工促进随后的加工叫正启动效应。先前加工抑制随后的加工叫负启动效应。

1. 国外的启动效应研究

实验一：先给一组被试播放英语单词"marriage"，然后呈现有钉子和戒指的图片，观察到被试更多被戒指吸引。再给另一组被试播放英语单词"stripes"，然后呈现有钉子和戒指的图片，观察到被试更多被钉子吸引。

实验二：约翰 · 巴奇和保拉 · 彼得罗摩纳哥（John Bargh and Paula

Pietromonaco）在研究中，给不同组被试呈现含有不同数量敌意特征的词汇，随后要求他们对一个没有表露敌意的人进行评价，结果发现，被试事先被呈现的敌意词越多，对目标人物的评价越倾向于负面。

实验三：克罗斯尼克（Krosnick）等人在研究中给不同组被试呈现可带来积极或消极情绪的照片，并且要求他们根据同一人物的照片对该人进行评价，结果发现，接触了积极情绪照片的被试比接触了消极情绪照片的被试对人物的评价更加积极与正面。

实验四：在一个实验中，儿童被试分为两组，一组阅读关于战争的连环画，另一组（控制组）阅读一般性内容的连环画，阅读后让两组儿童从给定的两个词中选一个词完成句子。结果是阅读战争连环画的儿童更多地选择有对抗性含义的词。直接和间接的证据表明，观察对抗性行为节目，能唤起与对抗性有关的行为。

实验五：一些女青年被试者先分别听含有对抗性内容的喜剧录音，然后给一个申请工作的人作出评价。结果是听对抗性喜剧录音的被试对申请者的评价更苛刻。

实验六：给实验组的被试呈现一系列情色刺激，给控制组的被试呈现一系列非情色刺激（或不呈现刺激），而后要求两组被试对某事或某人作出评价，并分析其评价是否存在组间差异。布赖恩特和洛克韦尔（Bryant and Rockwell）发现，接触情色影像刺激的被试比未接触情色影像刺激的被试在评价一幅含有性爱内容的图片时认为其色情程度或危害程度更低，也即情色视觉刺激接触越多，被试对情色信息的敏感性反而越低。

实验七：伦德和布莱顿（Lund and Blaedon）也曾让一组女大学生收看含情色内容的录影带，让另一组女大学生待在没有电视的房间内，10分钟过后，向两组被试展现一个极富性爱内容的场景，让她们对此场景进行评价。结果表明，之前没有收看录影带的女生要比收看了录影带的女生认为该场景更加色情。

2.笔者关于情色信息启动效应的研究

参照国外对于情色或色情信息的启动效应的研究，笔者提出如下假设：

①情色不仅对于评价场景，更对于评价他人有影响（社会认知中的印象形成）；②对人可能是正启动，对色情场景可能负启动（失去敏感）；③图像与文字是否有差异。

研究过程如下。

（1）被试选取。

抽取72名年龄在17岁到23岁之间的南昌大学本科生作为被试，其中男性与女性各占50%。采用完全随机化设计，将被试随机地分配成两个组，即实验组与控制组。为了确保分组的合理性，实验中还专门设定问题，考查了两组被试平时接触情色信息的情况，结果表明彼此之间并无显著差异，进一步说明实验分组具有合理性。

（2）实验材料与程序。

将被试随机地分配成四个组。四个组分别接受不同的刺激：第1组（第1实验组）接受情色文字刺激，第2组（第1控制组）接受非情色文字刺激，第3组（第2实验组）接受情色图片刺激，第4组（第2控制组）接受非情色图片刺激。

目标人物图片为四张，两张为女性形象，两张为男性形象，均为穿着得体且不含任何情色暗示的普通照片。每张目标人物图片下都有10项关于该人物的描述，要求被试对各项描述与目标人物的相符合程度给予1~9分的评判（分数越高表示越符合）。

10项描述中有5项属于明显含有性倾向的评价［如"她同时和多人保持着性关系（多个性伴侣）"、"她不介意和陌生人搞一夜性"］，这5项总分为被试对该目标人物性倾向印象形成的得分；其他5项不含性倾向的评价（如"她在学校是一个勤奋的学生"、"他喜欢运动"），此5项为干扰项，目的在于避免被试对实验意图的猜测。

（3）结论。

不同材料的情色刺激所产生的性倾向印象形成的启动效果存在显著差异。情色文字对性倾向印象形成产生显著的正向启动效应，而情色图片对性倾向印象形成的启动没有呈现出单一方向的显著效应。①男性对他人的性倾向印象形成要显著高于女性，但性别因素不对启动效应产生中介影响。②情色信息接触会影响个体对他人的印象形成，特别是接触容易令人产生性联想的情色刺激会导致个体更倾向于以性的或情色的眼光看待他人。③连续阅读情色化新闻的被试组比连续阅读非情色化新闻的被试组，在随后对色情图片进行评价时更倾向于低估该图片的色情程度以及它对社会带来不良影响的程度。

（三）社会不公信息对大中学生社会认知及行为取向的影响

为什么我们上网后会觉得我们的社会很不安全呢？因为网络上存在大量反映社会不公现象的信息。有很多的事件都是炒作社会不公信息。比如"拼爹"，比如"暴力"，其实背后都是社会不公。大中学生接受信息的主要方式是通过网络，而不是传统的电视媒体。大中学生接受这些不公信息会影响到他们对公正的信念。如果他们认为这个社会是公正公平的，那么在以后的工作中他们就会用公平公正的态度来对待别人，对待自己。但如果他们认为这个社会是不公平不公正的，他们可能就会采取一些极端的方式来处理事情。在刚刚结束的十八大的会议上，报告里也提到了公平公正的问题。让老百姓相信政府的执政力，其实就是我们的政府能否做到公平公正。有一次，笔者参加公共管理的年会，有一位学法律的学者认为"行政的核心是公正"。公平公正的信念对一个国家来说是多么的重要。笔者在研究中发现，大学生阅读的社会不公信息越多，他们就越认为这个社会是不公平的。当他们处在不公平事件当事人的处境中时，更多采用和当事人一样不公平的方式处理问题。比如看到别人插队，自己也会插队；看到别人会"拼爹"自己也会"拼爹"；看到别人"走后门"找关系，自己也会"走后门"找关系；等等。这个研究对于我们国家建立一个公平公正的社会体制会带来一些启示。

五 以媒介素养培育为例谈一些应对之道

在网络时代，媒介的力量是如此强大，如果只通过简单的引导和疏导，效果甚微。比如情色和暴力的信息传播。大家上网的时候都有这样的经验，一打开网络，一些情色暴力的游戏画面就会弹出来，无法阻止。而且也无法阻止一切媒体对社会不公信息的报道。笔者认为我们应该注意的一个问题是媒介素养的培养。这是我们的应对之道首先要考虑的因素。

信息素养或媒介素养教育应该引起高度重视。它也是公民教育或道德教育必须充分考虑的内容。信息素养包括四个方面，第一个是趋向信息，第二个是发现信息，第三个是搜索信息，第四个是发表信息。媒介素养帮助学生去理解媒体是如何工作、如何处理信息、如何组织、如何报道事实的。最终，媒介素养教育要使学生们懂得媒体有自己的优点和弱点，包含自己的偏见和偏爱，有自己的角度，以及其中还含有各种技巧。媒介素养是生活、学习和工作的能力。大众如何才能理性地看待和处理信息？大众应该从多个渠道去收集信息，去研究、调查，然后对这个社会作出准确的判断。笔者建议，应该在思想教育课程里加入信息素养培养的课程。

六　在新的情势下还有哪些相关问题值得关注

在新的信息传播情势下，有待进一步关注的问题有很多。譬如，网络上充斥一些特有的暴力。网络暴力的受害者韩国影星崔真实，因为媒介信息选择自杀，她哭诉人言可畏；在"人肉搜索"的背景下，如何立法保护人们的隐私值得我们关注；青少年是否接触网络；在没有大人的监护下，青少年如何自我调控。

还有媒介对文化的影响。鸟叔的《江南 style》点击率超过了无数的新闻，有网友恶搞让奥巴马也跳上了"骑马舞"。我国的"神曲"《忐忑》也得到广泛的传播。其实没人听得懂《忐忑》到底在唱什么，也很少人知道鸟叔的《江南 style》具体内容是什么，但这都不妨碍这两首歌的传播。这个现象很奇怪，值得我们关注。

再如，电视与媒介互相作用，并对社会的表述方式产生影响。比如最近很流行的"元芳，你怎么看"。如果在高考作文中出现这样的表述"元芳，你怎么看"或者"屌丝"，那该如何评分？这给广大教育工作者提出了问题。

　　数字化的时代已经无法逆转，我们该怎样去迎接媒介传播的时代？媒介传播的发展越来越快。随着技术的进步，更快的传播速度，更新的制作方式已经近在眼前。这些都为满足我们对丰富多彩信息的需要提供了条件。媒介的传播和国家大政方针的发展是分不开的。在刚刚结束的党的十八大的报告中提到"构建和发展现代传播体系，提高传播能力"。这对传媒的发展极其重要，为传媒的发展带来了福音。作为传播者，我们应该思考的问题是：在提高了媒介传播能力的同时，如何发挥好舆论的导向作用，如何夯实媒介传播的积极效果。总之，关于媒介信息对社会影响的理论与实践还有许多问题留待进一步探讨和解决。

作者简介

陈 勃 1966年11月生，教授，赣南师范学院副院长，江西省高校中青年学科带头人，赣南师范学院硕士生导师，南昌大学博士研究生导师，江西省心理学会副理事长，江西省社会学会副会长。2000年在北京师范大学获得博士学位，所学专业为发展与教育心理学。2008年被评为江西省高校首批哲学社会科学领军人才，2012年入选"赣鄱英才555工程"领军人才培训计划。主持国家社会科学基金项目2项、国家自然科学基金项目1项、教育部人文社科规划项目2项以及其他省部级课题10项，在CSSCI或全国中文核心期刊发表学术论文60余篇，出版著作3部，参编图书6部，获省级优秀科研成果奖9项。

花　明

低碳经济背景下江西核产业链的培育和发展

党的十八大报告明确提出大力推进生态文明建设，实现中华民族永续发展。强调坚持节约资源和保护环境的基本国策，坚持节约优先、保护优先、自然恢复为主的方针，着力推进绿色发展、循环发展、低碳发展，形成节约资源和保护环境的空间格局、产业结构、生产方式、生活方式，从源头上扭转生态环境恶化趋势，为人民创造良好的生产生活环境，为全球生态安全作出贡献。

而低碳经济的发展离不开对绿色清洁能源的开发利用，相对传统的化石燃料，太阳能发电、风电、水电、核电都属于现代清洁能源，但前三种由于受一些不可抗拒的自然因素制约和客观技术瓶颈限制，目前要想大规模发展并作为替代能源使用仍然十分困难。相对而言，核电作为几乎零排放的清洁能源受自然因素和技术因素的制约要小得多，目前世界上也有少数国家将核电作为主要能源，在拥有核电的大多数国家里，核电在一国能源总量所占的比重也都要高于太阳能发电、风电、水电所占的比重。因此，在当前低碳经济背景下，核电以其高效、清洁及供能的稳定性已经成为各国发展清洁能源的必然选择，进入 21 世纪以来国际上又开始了新一轮的核电建设的高潮。①

但是发展核电最大的争议就是核电安全问题，事实上这个争议自其产生以来就从未中断过，特别是 2011 年日本福岛核事故后，国际范围内反核的声音高涨，我国核电（尤其是内陆核电）发展进程有所放缓。核电前景如何？围绕核电的核产业链发展前景如何？江西省在这个问题上采取何种态度、应如何应对？是消极回避、谈核色变，还是视之为机会、未雨绸缪？在低碳经济背景下，笔者就江西省如何围绕发展核电、服务核电，通过培育和发展核产业链支持江西省经济社会发展这一问题谈一些想法和观点，并与大家切磋交流。

一 "低碳经济"概念的提出及中国面临的减排压力

（一）低碳经济概念的提出

低碳经济是以低能耗、低污染、低排放为基础的经济模式，是人类社会继农业文明、工业文明之后的又一次重大进步。有学者认为"低碳经济"将成为继信息革命和太空居住之后的人类社会的第五次浪潮。②

早在 1992 年 6 月在巴西里约热内卢举行的联合国环境与发展大会上，150 多个国家制定了《联合国气候变化框架公约》（United Nations Framework Convention on Climate Change，以下简称《框架公约》）。这是世界上第一个为全面控制二氧化碳等温室气体排放，以应对全球气候变暖给人类经济和社会带来不利影响的国际公约。《框架

---

① 经济合作与发展组织核能机构总干事路易 · 埃克瓦利在华盛顿的一个研讨会上预计，到 2050 年，按照最保守的估计，核能发电在现有的 370 千兆瓦的基础上增长到 500 千兆瓦。如果按照乐观估计，全球核电站将在现有规模基础上翻一番以上。"我们认为将出现两个阶段：第一阶段是从现在到 2020 年，全球每年平均建设 12 座核电站。从 2020 年到 2050 年为第二阶段，这段时期全球将有 500 多座新核电站建成。"

② 邹晶：《低碳经济将成为人类社会第五次浪潮》，载张坤民等主编《低碳经济论》，中国环境科学出版社，2008，第 513 页。

公约》缔约方作出了许多旨在解决气候变化问题的承诺。1997年12月11日，第3次缔约方大会在日本京都召开。149个国家和地区的代表通过了《京都议定书》。对所有发达国家二氧化碳等6种温室气体的减排目标做了明确的规定。

2003年的英国能源白皮书《我们能源的未来：创建低碳经济》使"低碳经济"首次出现于政府文件中。2006年，前世界银行首席经济学家尼古拉斯·斯特恩牵头做出的《斯特恩报告》指出，全球以每年GDP1%的投入，可以避免将来每年GDP5%~20%的损失，呼吁全球向低碳经济转型。2007年12月在印度尼西亚巴厘岛举行的联合国气候变化大会通过一项决议，制订了世人关注的应对气候变化的"巴厘岛路线图"。"巴厘岛路线图"为2009年前应对气候变化谈判的关键议题确立了明确议程，要求发达国家在2020年前将温室气体减排25%~40%。"巴厘岛路线图"为全球进一步迈向低碳经济起到了积极的作用，具有里程碑的意义。2008年联合国环境规划署将"世界环境日"（6月5日）的主题确定为"转变传统观念，推行低碳经济"。2008年7月，G8峰会上八国表示，将寻求与《框架公约》的其他缔约方一道共同达成到2050年把全球温室气体排放减少50%的长期目标。

联合国环境规划署2012年11月21日在全球同步发布的《2012年排放差距报告》显示，目前全球温室气体排放水平比预定目标高出约14%。该报告显示，大气层中二氧化碳等温室气体的含量并未下降，相反，比2000年增加了约20%。照此发展下去，全球温室气体排放量有可能在8年后达到580亿吨。报告警告，如果各国政府不采取切实有效的减排行动，21世纪末气温将平均上升3~5℃。

（二）中国的减排压力

随着我国经济的发展，我国能源消耗及二氧化碳排放一直处于较快的上升状态，目前是全球温室气体排放第二大国（见图1）。虽然《京都议定书》没有为发展中国家规定具体的减排或限排义务，但是发展中国家日益面临国际社会要求控制温室气体排放的巨大压力。我国一次能源以煤炭为主，长期以来，煤电发电量占总发电量的 80% 以上。大量发展燃煤电厂给煤炭生产、交通运输和环境保护带来巨大压力。我国 2005 年二氧化碳排放 50.6 亿吨，占世界总量的 18.7%；美国为 58.2 亿吨，占世界 21.4%。2007 年我国增长约 18%，而美国基本持平。2005~2020 年，我国按 GDP 年增 8%，单位 GDP 能耗下降率 4% 测算，我国能源消费将达 38.6 亿吨标准煤。届时，二氧化碳排放量将达 80 亿吨，我国将成为国际施压减排的重点。电力工业减排污染物，改善环境质量的任务十分艰巨。[①] 在 2009 年哥本哈根世界气候大会召开前夕，中国政府提出了具有国内法律约束力的减排目标，即 2020 年单位 GDP 碳排放（碳强度）要在 2005 年的基础上下降 40%~45% 和"十二五"期间能耗强度下降 16%，二氧化碳强度下降 17% 的目标（也就是我们俗称的"4045 和 1617"目标）。根据中国人民大学能源与气候经济学项目组的研究结果表明，在目前的经济结构的状态下，要实现这个目标，中国要付出 2020 年 GDP 将损失 5862 亿元的成本和代价。可见中国的二氧化碳减排形势异常严峻。

2011 年 11 月 28 日的德班会议，标志着中国开始考虑被纳入国际具有法律约束力的多边减排机制。也就是说，到 2020 年或 2030 年之后，中国很有可能要从自主行动，改为参与到具有法律约束力的国际多边减排机制，承担强制减排责任——这对中国意味着，其间只有 10~20 年的调整期。如果中国现在不采取有效措施应对上述问题，未来的发展空间必将受到严重制约。

因此，不论是中国自身可持续发展的需要，还是为全球应对气候变化作贡献，转变经济增长方式，发展以低能耗低污染为基础的"低碳经济"都是我国的必然选择。

---

① 国家发展和改革委员会：《核电中长期发展规划（2005~2020 年）》。

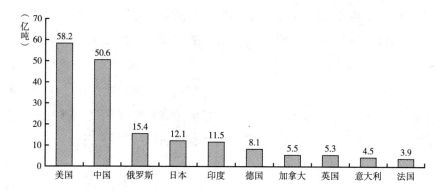

图 1　主要国家燃料燃烧二氧化碳排放情况（2005 年）

资料来源：转引自江泽民《对中国能源问题的思考》，中国电力网，http：//www.chinapower.com.cn/article/1124/art1124396.asp。

（三）江西的减排压力

江西山川秀丽，名胜众多，生态环境优良，优异的自然环境是江西贯彻落实科学发展观、实现可持续发展的重要基础。因此，江西省委、省政府明确提出"既要金山银山，更要绿水青山"的可持续发展理念。为了实现省委、省政府的以上发展理念，实现绿色崛起，必须减少污染排放，践行"低碳经济"。

但是随着经济的发展，特别是"十五"时期江西省委、省政府提出"以工业化为核心，以大开放为主战略"和"对接长珠闽，融入全球化"的战略构想后，江西省充分发挥位于沿海省份腹地、连接长江三角洲和珠江三角洲的地理优势，抓住沿海产业梯度转移的机遇，全省经济社会快速发展。"十五"期间 GDP 年均增长 11.6%[①]，高于全国及华中地区平均增长水平，经济实力在全国、在中部地区的位次不断前移。全省用电需求持续快速增长，工业污染排放也急剧增多，江西减排压力巨大。

"十五"期间江西电网统调用电负荷年均增长 16.8%，高于华中电网 3.7个百分点。近几年来全省能源消费总量飞速增长，2000 年能源消费总量仍为 2505 万吨标准煤，至 2007 年已增至 5053.76 万吨，增长 101.7%（见图

[①] 江西省发改委办公室：《在湖北湖南江西三省核电项目专家优证会上的讲话》，http：//www.jxdpc.gov.cn/ldjh/wldjh/20060419/191431.htm。

2）。而我省的能源消费结构，煤炭的比重偏大，每年均在70%以上，并呈逐年上升趋势；高热值的优质能源石油的比重很小，2005~2007年三年原油的消费比重分别为17.2%、16.9%和15.5%（见图3）。如前所述，煤炭是温室气体排放最高的一次能源，大比重的煤炭消费给江西省生态环境造成了很大的压力。随着江西省经济的发展全省污染排放也急剧增多，全省工业废气排放2000年为2220亿标立方米，2007年则上升为6103亿标立方米（见图4）。

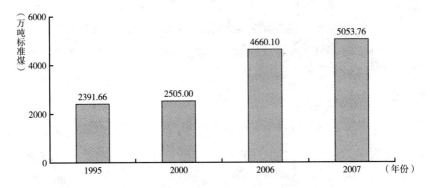

图2　江西省能源消费总量增长情况

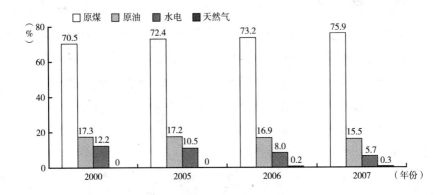

图3　江西省能源消费构成

"十一五"期间，根据江西省发改委、工信委的相关数据显示，江西省采取多种措施实现实际削减化学需氧量排放量约13万吨，削减二氧化硫排放量约 30 万吨，全省化学需氧量和二氧化硫年排放总量能够分别控制在 43.4 万吨和 57 万吨以内，基本如期完成"十一五"主要污染物减排目标，为江西省经济发展腾出环境容量空间，为鄱阳湖生态经济区建设提供环境保障。

因此，有专家提出江西省今后不宜再新建火力发电厂，尤其不要再新建大型火力发电厂，应依靠科学技术，寻找、开辟绿色能源、清洁能源。[①]

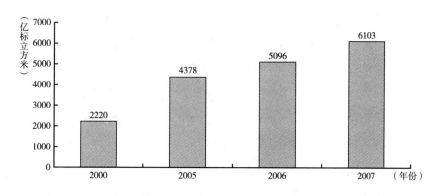

图 4　江西工业废气排放总量增长情况

数据来源：江西省统计局 2007 年公布的《工业"三废"排放及处理利用情况》，见江西省统计局网站，http://www.jxstj.gov.cn/tjsj/bsndsj/2008tjnj/0814.htm。

二　清洁能源与核电利用

（一）核电是清洁能源

尽管对低碳经济有各种不同的概念界定，但其核心是强调低消耗、低排放、高产出的增长模式。在所有温室气体中，二氧化碳（CO_2）对地球温度升高影响最大（见图 5），而无论是煤炭、石油还是天然气，碳是所有化石燃料的重要组成部分。这些燃料在燃烧提供能源时，二氧化碳就被释放进地球的大气层中。而核电站很少释放二氧化碳、硫和一氧化碳，基本

---

① 杨志远、陈葵、余裕平、刘梅影：《江西生态经济建设的一大瓶颈》，《江西能源》2004 年第 1 期。

不排放任何温室气体污染环境。煤电的二氧化碳排放为 975 克每千瓦，核电的二氧化碳的排放仅为 22 克每千瓦（见图 6）。因此，如果核电是在安全运营的情况下，其产生的污染很小，它既不像水电可能破坏河流的生态，也不像火电会排放大量废气。且与其他二氧化碳排放低的发电技术如风能、太阳能相比，核能发电可能是唯一能够一天 24 小时，一年 365 天，不论太阳光照、潮汐高低、风力大小等自然条件如何都能不间断发电的能源。

在美国、日本、法国、韩国等国，核电已成为其能源工业的重要支柱（见表 1）。欧洲委员会交通和能源部门 2004 年起草的一份报告说，如果不修建核电站，欧盟将不能实现《京都议定书》规定的减少导致温室效应的气体排放目标。美国众议院能源和商业委员会顾问约翰·吉姆森在谈到核电的发展前景时也指出，随着全球能源紧缺和环境的压力日渐升高，核电的优势越来越明显，摆在各国决策者面前的选择不是要不要发展核电的问题，而是如何规划，以及核电占多大比例的问题。[①]

2004 年我国对核电发展的政策也由以前的稳步发展核电改为积极发展核电。[②] 2008 年 3 月国家能源局局长张国宝在国务院发展研究中心举办的"中国发展高层论坛"上指出，调整能源结构的优先选择是加快发展核电。[③] 国务院通过的《核电中长期发展规划（2011~2020 年）》中明确规定核电运行装机容量将由目前的 700 万千瓦争取提高到 2020 年的 4000 万千瓦。[④] 在后来的调整构想和有关专业机构的预测，认为到 2020 年我国核电总装机容量将达到 7000 万千瓦，在建 3000 万千瓦左右。

可见，在目前条件下，世界各国将核电作为一种绿色能源、清洁能源和替代能源已达成共识。

---

① 许波：《全球核电大发展 喜忧利弊和风险》，http://www.voanews.com/chinese/w2008-09-13-voa68.cfm。

② 参见《中华人民共和国国民经济和社会发展第十一个五年规划纲要》。

③ 朱剑红、姜赟：《新任国家能源局长张国宝称发展核电是战略选择》，《人民日报》2008 年 3 月 24 日，http://news.xinhuanet.com/politics/2008-03/24/content_7845159.htm。

④ 国防科工委：《核工业"十一五"发展规划》，2006 年 8 月。

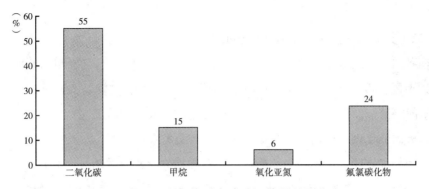

图5　主要温室气体对全球升温的贡献百分比

资料来源：《温室气体有哪些？》。

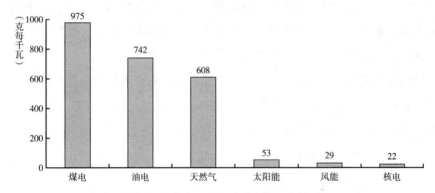

图6　核电与其他能源的二氧化碳排放量对比

资料来源：转引自王大中《大力发展核能为国家能源多元化清洁化发展作贡献》，2008年11月5日中国核学会上报告。

表1　2006年部分国家和地区核电占一次能源的比重

国家或地区	比重（%）	国家或地区	比重（%）
法国	38.9	德国	11.5
瑞典	32.6	西班牙	9.3
瑞士	21.6	美国	8.1
芬兰	19.6	中国台湾地区	7.9
比利时（含卢森堡）	14.8	英国	7.5
乌克兰	14.8	加拿大	6.9
韩国	14.9	俄罗斯	5.0
日本	13.2	中国	0.8
欧盟25国平均	12.7	世界平均	5.8

资料来源：转引自江泽民《对中国能源问题的思考》，中国电力网，http：//www.chinapower.com.cn/article/1124/art1124396.asp。

（二）其他清洁能源的发展现状及前景

在各国实现低碳经济的努力中，太阳能发电、水电、风电等清洁能源均受到不同程度的重视。那么我国以及江西省是否可通过发展太阳能、风能、水能等清洁能源从而解决经济发展所带来的巨大电力缺口呢？

1. 太阳能发电：价高、规模小、污染重

太阳能优点明显：不受煤油影响、没有枯竭危险、绝对环保、不会破坏环境、不受地的限制，随处可应用、应用范围广，从汽车到住宅无所不包。

不过，太阳能发电的缺点也同样显而易见，成本的高昂是其致命门槛之一。据2007年《中国光伏产业发展报告》数据显示，光伏发电成本约每度电4元，到2010年，可降至每度电3元，到2020年，降至每度电1元，到2030年，才能与常规火电电价竞争。

从国家能源发展战略层面来说，根据《可再生能源中长期发展规划》，到2020年，我国力争使太阳能发电装机容量达到1.8GW（百万千瓦），而核电中长期发展规划中明确规定核电运行装机容量2020年将争取提高到4000万千瓦（合40 GW），因此，太阳能的发展规模远小于核电规模。

2. 水电：受制于地形、影响生态环境

水电需水源有较大落差，且我国北方水少，只有南方水流落差大的地方才有水电开发潜力，目前我国可供开发的水电资源已经相当有限。且大型水利建设对生态环境的影响问题也日益引起国人的重视。

3. 风电：不稳定、量小

风能，是一种无污染、可再生且运行成本低廉的新能源。江西省是否可依靠发展风力发电呢？

江西省对风力发电也是非常重视的，据江西省《"十一五"新能源发展规划（风电篇）》显示，全省陆续投入开发的风场达14个，2010年，全省风电装机容量将达10万~12万千瓦，2020年约达100万千瓦。开发规模约占全省可开发风电资源的43%。

但如果将风电与核电比较，就可发现其规模仍太小，远不能成为主要的能源支柱。据报道，已经纳入国家规划的江西省彭泽核电站项目首期工程规划装机容量即为 500 万千瓦，加上后期建设 2 台 150 万千瓦机组，总装机容量将达 800 万千瓦。[①]

另外，从国际经验看，德国经过长期的学术和政策辩论，由于无法解决高能核废料的处置问题，德国政府于 2000 年决定逐步关闭全国的 19 个核电站，放弃使用核能源发电[②]，以风电代替。如果这个决策出自一个第三世界国家政府，必定会引起形形色色的嘲笑和质疑。但是，人们深信德国政府的决策必然是科学、经济、环境等高深研究的结晶，更可能成为第三世界国家解决令人头疼的能源问题的榜样。试想哪个国家没有风？德国的以风力发电代替核能源发电政策开创了改变煤、石油、水力和核能源构成有意义的电力生产能源结构因素的先河。这一政策在世界各国政府、技术界、经济界引起轰动，纷纷效仿，唯恐落后。似乎困扰人类数十年乃至上百年的能源缺乏和环境保护的平衡问题竟然可以如此轻易解决。但是，很快，就在 2003 年夏天，致命热浪横扫欧洲。[③] 仅法国直接死于热浪的人数就高达 15000 人，主要由于停电和电力不足造成的室内空调失效。丹麦和德国这些集中巨大资本于风力发电的国家突然发现，当人们最需要电的时候，风并不是总在吹！2003 年 8 月，德国宣布推迟贯彻更新电力生产方式的政策。德国国家能源政策的再次变化，否定了风力可以替代核能源成为电力生产主要能源因素的"新国家能源政策革命运动"，证实了煤、石油、水力、核能源仍然是构成国家电力生产能源结构四个有意义的因素，

---

① 《江西彭泽核电厂一、二号机组环境影响评价公众参与信息公告》，中国九江网，http：//www.jxjj.com/jrjj/0227209696.shtml。

② 《德国决定放弃核能发电》，2000 年 6 月 15 日，http：//news.bbc.co.uk/chinese/trad/hi/newsid_790000/newsid_791700/791790.stm。

③ 有关自 2003 年以来欧洲热浪情况的报道可参见：（1）2003 年欧洲热浪，维基百科,http://zh.wikipedia.org/wiki/2003%E5%B9%B4%E6%AC%A7%E6%B4%B2%E7%83%AD%E6%B5%AA；（2）《欧洲热浪已造成近 500 人死亡》，新华网，2006 年 7 月 25 日，http：//news.xinhuanet.com/mrdx/2007-07/26/content_6432830.htm，等等。

风力目前并不能取代核电。

2011年日本福岛核事故后，德国反核势力抬头并通过了关闭核电站的方案，但现在由于限核措施而导致的电价上涨已经引起社会的担忧。

（三）核电安全问题

1. 核电是否安全

核电安全吗？这已经是一个老问题了，实际上业内也早有定论，不然世界上也不会有那么多的核电站在运行。由于这个问题不是交流的主题，笔者就不展开讲了。但众所周知的是，迄今为止世界范围内只有三次核电事故，这个比率已经远远低于其他类型电站的事故率了。而且这三次事故中，第一次是1979年美国三哩岛核电站事故，主要是由于技术缺陷，但这次事故本身危害并不大，核电站内的118名职工无一伤亡，只有3人受到略高于季度允许剂量的照射，其余都在职业控制剂量以内。外泄的放射性物质也非常少，方圆80公里的200万居民中，平均每人所受的放射性剂量还不如戴一年夜光表或看一年彩电所受的剂量。三哩岛核事故是迄今压水堆核电厂发生的最严重的事故。第二次是1986年苏联切尔诺贝利核电站第四号反应堆大起火，并发生化学爆炸（并非核爆炸）。爆炸释放量相当于堆内3%～4%的核燃料。事故当时有2人被炸死，1人死于心脏病，救火中有29人受辐射损伤，其中28人因患急性放射性病致死。事故后周围30公里范围内撤离了21万居民。事实上，这是一次严重的人为责任事故，当时研究人员在做一次安全实验，切断了反应堆所有的安全措施，却又意外启动了反应堆，这个实验方案严重违反了安全规程，这是事故的根本原因，是典型的人为失控。事故的另一方面原因是苏联开发的这种石墨水冷堆具有较大的技术缺陷（它有一段正温度系数的正反馈工作区，这在反应堆的设计上是不能允许的）。另外，切尔诺贝利核电站没有绝大多数核电站应该具有的安全壳。第三次是2011年日本福岛核事故，造成这一事故的主要原因是大地震；其次是该核电站已经服役40年了，属于延寿运行；再次是由于福岛核电站是世界上最大的核电站，其将福岛第一电站（6台机组）和福岛第二电站（4台机组）建在一起共10台机组，这也使事故危害的连锁反应加重

（这在中国是绝对不允许的，我国规定一个厂址最多不得超过 6 台机组）。

现在随着核电技术的不断发展完善，核电运营管理水平的不断提高，以及对核安全文化的不断重视，核电运营的安全性能也在不断提高，总体而言，核电是安全的，而且会越来越安全。下面笔者想重点讲一下内陆核电安全问题。

2. 内陆核电是否安全

我国对待发展内陆核电的态度一直都是非常审慎的，但 2008 年冬的冰雪灾害，狠狠地摧残了内陆省份脆弱的能源体系，也暴露出了大跨度能源配置体系的缺陷，使我国政府对发展内陆核电有了更多的思考。2009 年，湖北咸宁大畈核电站、湖南益阳桃花江核电站和江西九江彭泽核电站陆续成为第一批获得国家发改委"路条"（即同意开展前期工作的批复）的内陆核电站。但 2011 年福岛核事故后，国务院决定，在《核电安全规划》批准前，暂停审批核电项目包括开展前期工作的项目。2012 年 10 月 24 日，国务院总理温家宝主持召开国务院常务会议，讨论并通过《核电安全规划（2011~2020 年）》和《核电中长期发展规划（2011~2020 年）》。这就意味着原来被"冻结"的核电项目将重启，但同时会议又明确指出"十二五"时期将不再安排内陆核电项目。这时我们会经常听到一种说法"内陆核电不安全，核电即使要发展，也绝对不能在内陆发展"，这种说法正确吗？还是一种误读？对此笔者觉得非常有必要说一说。这里笔者主要讲三个问题：中国目前的核电站为什么都建在沿海地区？世界内陆核电站运行安全吗？中国为什么要建设内陆核电站，但目前需要暂缓？

（1）中国目前的核电站为什么都建在沿海地区？

实际上中国目前的核电站都建在沿海地区是有其多方面的原因的。第一，是中国的煤炭资源集中于北方，东南沿海地区是最需要能源的地方，却缺乏能源的自然禀赋，而且中国的铁路交通还存在瓶颈。第二，是东南沿海发展得比较快，能源缺口出现得较早，而且缺口较大，相对内陆地区而言，这一问题更迫切需要得到解决。第三，是东南沿海电网比较大，一旦核电机组跳开的话，电网不受影响。第四，是在沿海建核电站相对容易一些，建设项目一般不存在什么搬迁、移民、安置、补偿等社会问题，而且水源丰富，往往常年多海风，有利于放射性元素的稀释。综合上述因素，我国早期的核电站建设都选择在沿海地区，尤其是东南沿海地区，但这并不代表沿海地区建核电站比内陆地区更安全，并不表明内陆不能建设核电站。下面我们来看一看世界核电站的建设格局。

（2）世界内陆核电站运行安全吗？

其实，在我国还在为内陆该不该、要不要、能不能、安全不安全建设核电站而激烈讨论的时候，国际上早已经有 441 座核电站在安全地运行，而且大部分就建设在内陆地区，这一比例接近 60%。比如世界上核电站所占比重最多的法国，有 65% 的核电站建设在内陆，美国的这一比例更高达 75% 左右，而且在福岛核事故之后，美国批准新建的两个核电机组都是内陆核电项目。有些地处内陆的国家比如瑞士，全国 5 座核电站都建在内陆的江河边上，而且运行得都很好、很安全。因此，从国际上这些成功经验看，内陆建核电站是完全可行的。中国工程院院士叶奇蓁认为，从安全和环保要求看，内陆核电站和沿海核电站没有本质的差别，目前成熟的核电站设计和建造技术完全可用到内陆核电站。

（3）中国现在为什么要建设内陆核电站？但目前为什么要暂缓？

随着中国经济的统筹发展，特别是内陆地区这些年的快速发展，内陆地区对能源的需求越来越大，内陆发展核电也再一次被提上议事日程。现阶段我国内陆发展核电主要是基于以下几方面的原因：一是内陆地区能源体系薄弱，能源缺口越来越大，并且找不到更合适的能源替代方案；二是目前我国在役和在建的 41 座核电站（其中包括 15 座在运行的核电站和 26 座在建的核电站），都集中在沿海地区，由于沿海空间有限，整体布局密度已经较大，不适宜再增加沿海核电站的建设；三是随着我国海洋经济的不断发展，沿海大面积建设核电站必将对其相关产业产生排斥，而且现阶段沿海建站的成本也在不断攀升，与内陆建站相比较已无任何优势。因此，无论从能源需求还是从能源供给的角度而言，都到了该发展内陆核电的时候了。这也是 2009 ~ 2010 年我国 43 个审查完成初步可行性研究报告的核电项目中，内陆核电站占 31 个的原因。[①]

那为什么 2012 年 10 月 24 日，国务院常务会议通过《核电安全规划（2011~2020 年）》和《核电中长期发展规划（2011~2020 年）》的同时，又明确指出"十二五"时期将不再安排内陆核电项目，同时要求新建核电机组必须符合第三代安全标准。这是不是否定了内陆核电的安全性呢？不是的，这主要是因为目前内陆核电项目多数采用的是美国西屋公司发明的第三代核电技术 AP1000，理论上讲相对于第二代核电技术，第三代核电技术将安全性能提高了 100 倍（也就是说如果 AP1000 技术遇到了福岛第一核电站的情况，也不会发生泄漏，甚至超过也不会发生问题）。现在的关键问题是美国于 2012 年 2 月 9 日才审批通过了两台 AP1000 核电机组的建造，世界上还没有正在运行的应用第三代核技术的已建成核电厂，也就没有一套完整的安全运行记录。我国是出于审慎的态度决定暂缓内陆核电项目，而不是否定内陆核电的安全性。这也是何祚麻院士认为"理论值"与"实践值"可能存在偏差，而反对急于上内陆核电项目的原因。但从另一个角度而言，美国人在这个问题上也是讲科学的，没有一定的把握，不会贸然上两台 AP1000 核电机组项目。笔者认为，我们可能需要更多的时间去消化、吸收和改进 AP1000 第三代核电技术，而不是去争论内陆核电是否安全的问题。否则就成了空谈误国，而不是实干兴邦了。

3. 彭泽核电项目是否安全

2012 年 2 月 8 日媒体上出现了大量关于安徽望江要求停建江西彭泽核电项目的争论，引发了人们对于内陆核电安全问题、核污染问题的担忧，把彭泽核电项目再一次推向风口浪尖。在这里，笔者把有关权威机构关于彭泽核电项目选址安全性及应急处置的可行性论证情况向大家做一个介绍。

其实，彭泽核电项目选址并不是一个新的选址，早在 1982 年就被选中，那时候并没有向社会宣传，所以很多人并不知道，这一地区的地质条件、水文条件是非常符合建设核电项目的，安全性是可靠的，而事实也证明这

① 数据来源于 2010 年 7 月 21 日的《国家电网报》。

一区域 30 年来也并未出现过严重的地质事件。针对安徽望江方面提出的核污染问题和核安全应急处置问题，有关权威机构通过对彭泽核电厂应急计划区范围内的江西省彭泽县，安徽省望江县、东至县和宿松县进行了现场调研，比较国内外已有核电厂的运行实践经验，结合 AP1000 的机组特点和江西彭泽核电厂应急计划区跨越省界的特征，对人口密度、交通运输条件、水文地质条件等应急响应条件进行分析论证认为：

（1）厂区人口密度分类。彭泽厂址半径 20 公里范围内，除 10~20 公里环形地带为 I 类厂址，5~20 公里的扇形地带为 III 类厂址外，其余环形地带及扇形地带均为 II 类厂址，厂址基本属于江西省 II 类厂址。

（2）厂区周边交通条件。彭泽核电厂厂址半径 15 公里范围有铜九铁路，距厂址最近距离约 5.2 公里。厂址 15 公里半径范围内的陆路交通条件良好，共有 2 条高速公路，2 条国道，4 条省道，15 条乡道。彭泽核电厂具有多个不同方向可供人员应急撤离的通道，完全符合核电厂场外应急条件。

（3）厂区及其附近范围水文地质情况。首先，居民用水、一般工业用水与厂址区地下水不属于同一水文地质单元，两者不存在水力联系。其次，彭泽核电厂主厂房区域地下水主要为基岩裂隙水，主厂房区北侧至长江依次为岩溶裂隙水和第四系孔隙水，主厂房区南侧至太泊湖依次为基岩裂隙水和第四系上更新统孔隙水。厂址区地下水总的径流特征受原地形地貌的控制，以凤凰山—大山—娘娘庙山为分水岭，南北两侧地下水分别向南侧太泊湖和北侧长江运移。对于不被吸附滞留的核素，由于地下水流速度较慢（平均实际流速约 0.15m/d），仅有 H-3 和 I-129 等长寿命核素在事故后较长时期内分布于厂址区一定范围的地下水中，约经过 13 年其浓度峰年到达厂区边界，约经过 23 年其浓度峰年到达太泊湖，但由于弥散和衰变作用，且源项浓度不大，这些核素在厂区地下水中的浓度很低，流出厂区后在厂区外地下水中的浓度更低。

综上所述，江西彭泽核电项目的选址是科学的，厂区核应急工作条件是完全满足现阶段的法律法规要求的，不存在不可克服的因素。

当然彭泽核电项目也从另一个方面暴露出江西省在该问题上的跨区沟

通不足和利益平衡协调工作做得不够。正如 2012 年 2 月 14 日《中国环境报》的评论直接对江西方面提出质疑："为什么一个早在 1982 年就启动选址的核电项目，直到今天才听闻各种质疑？而历经征地拆迁、移民安置、项目配套，直到进入实质性操作阶段的 30 年间，为什么始终无法获得公众的认可和支持？"在这方面我们仍需继续努力、加强沟通、协调利益、妥善处置。试想一下当初大亚湾建核电站（1982 年获批，1987 年主体工程开工建设），当时香港还没有回归，内地与香港都能通过公开透明、沟通协调、互信支持妥善处理好这一问题。更何况现在是在同一体制下的相邻省份之间，笔者相信只要肯下功夫，这一问题一定是可以得到妥善解决的。

在这里笔者想借用国家环保部周生贤部长的"绵羊猛虎论"来表达对彭泽核电项目安全性问题的看法。周生贤认为，实际上，"核并不可怕，按规律办事，核就是绵羊，可以为我所用；不按规律办事，它就是出笼猛虎，必然会伤人。对待核安全，既不能掉以轻心，也不能因噎废食"。

三 核产业链及其发展前景

从彭泽核电项目争论的另一面我们也可以看到在核电项目有安全保障的前提下，其自身和所带动的相关核产业链是可以给当地经济社会发展带来许多机遇的。无论是直接的经济投资、能源供给保障、基础设施建设、财政收入增加、劳动力就业，还是整个产业链条发展都能产生巨大的经济社会效益。这一点在国内外已经运行的核电项目中已经得到了充分的体现。下面笔者就江西核产业链的培育和发展相关问题做一个简要介绍。

（一）核产业链内涵与外延

核产业链包括核动力技术和非动力核技术两大领域。

核电是核动力技术最常见最广泛的应用领域，围绕核电的发展其产业主要有核燃料供应、核电装备制造、核电工程设计与建设、核电技术服务与保障以及核燃料后处理、放射性废物处理处置。其中核燃料供应又可分为铀矿勘探、铀矿开采、铀矿石加工、铀浓缩、燃料元件制造。

核动力技术中还有一个是核的热能运用，包括核能供热、海水淡化等。核能供热是 20 世纪 80 年代发展起来的一项新技术、新产业，已成为一种前途远大的核能利用方式。在用核能发电中，大概只有 30% 的热能转化为电能，因此，从能源节约角度看，核的热能直接运用不失为一种更经济的选择。其用途包括：大规模的工业供热，如煤的气化、液化，金属冶炼，海水淡化等；居民住宅的供暖；制冷。

核的非动力技术运用包括辐射加工、肿瘤治疗、"三废"处理等。如电子加速器、重离子／质子加速器的研发，用于开发新材料（材料改性）、辐射消毒、食品保鲜等。

核产业链涉及地质勘探、开采、冶炼、机械制造、工程管理、应急管理、农业、医疗健康、辐射防护、公众安全等，涉及面广。

（二）核产业发展前景

围绕民用核电的发展，核能利用的产业链存在很大的发展空间。以下略举二例。

1. 核电对制造业的拉动

以每千瓦核电投资 1800 美元计算，一台百万千瓦核电机组需要投资 25 亿元人民币，将拉动 500 亿元人民币的 GDP 增长，按照设备投资通常占工程投资 45% 左右考虑，每台百万千瓦核电机组的设备投资约 56 亿元人民币。

表 2　堆芯用有色金属材料一览表

堆芯相关组件所用材料	
燃料组件	UO2 芯块、锆合金包壳管、因科镍等
控制棒组件	AgInCd15-5、AgCd30、不锈钢（311、316L、304）、因科镍等
中子源组件	铜（一次中子源）、锑－铍芯块（二次中子源）
可燃毒物组件	WABA（AP10000）、钆（CPR1000）、硼硅玻璃
阻流塞组件	因科镍、304 不锈钢
结构材料	锆合金、不锈钢、因科镍（管座、导向管、定位格架）
凝汽器	钛合金及复合板（管板、传热管）

2. **核电对材料制造业的拉动**

锆及锆合金、银铟镉合金、钛及钛合金、镍基合金等都是堆芯用关键材料（见表2）。核电的发展对以上金属材料制造业也带来新的发展机遇。

如锆及锆合金，其可用于燃料包壳管、导向管、定位格架、压力管、容器管、孔道管、端塞等结构材料。目前，全球核电机组440余座，锆材的需求约为3000吨/年，我国预计2015年对核电锆材的需求为250吨/年，2020年达到400吨/年，2025年为600吨/年，2030年将超过1000吨/年。

银铟镉合金在控制棒组件中主要用作吸收体材料，起着核反应堆开启、停止及功率调节的控制作用。银铟镉控制棒的设计寿命为12~15年，一台百万千瓦核电机组约用1400支，重约3吨，2020年前需求量最少在10吨/年以上，到2030年其需求量将超过20吨/年。

钛钢复合管板通常用作冷凝器制造用的管板，一般为5毫米厚的钛板与30~40毫米厚的钢板复合在一起。一座百万千瓦级核电站用钛钢复合板约40吨。镍基合金用于蒸汽发生器传热管、定位格架、压力壳密封环、弹簧和定位销等。

根据国家发改委2007年发布的《核电中长期发展规划（2005～2020年）》，"十二五"时期核电开始批量化发展，这将意味着核产业链将面临一个新的开端，将有巨大的发展空间。近年来，有些省已经结合其核电发展，对铀资源进行规划整合做大核产业经济链，如广东拟组建从铀矿勘查、开发、水冶到浓缩等一整套核燃料体系，以保证本省核电发展，浙江也在围绕核电发展整合省内铀资源，甘肃也有打造中国"核谷"的声音。

（三）当前江西发展核产业链的意义

1. **江西经济发展的需要**

核产业的发展能为江西经济发展提供能源支持。江西经济正处于加速发展、实现崛起的重要阶段，预计到2015年，全省国内生产总值将突破1.3万亿元，年均增长11%，对能源特别是电力需求将大大增加。江西经济增长对能源的依赖性较强，根据江西省统计局现有统计数据，1999~2007年江西能源消费弹性系数均在0.50以上，其中2003年高达1.29（见表3）。

表3　江西经济增长对能源的需求强度表

年份	生产总值增长（%）	能源消费增长（%）	能源消费弹性系数
1999	7.8	5.23	0.67
2000	8.00	4.01	0.50
2001	8.80	4.91	0.56
2002	10.50	11.61	1.11
2003	13.00	16.81	1.29
2004	13.20	11.33	0.86
2005	12.80	12.38	0.97
2006	12.3	8.73	0.71
2007	13.0	8.45	0.65

数据来源：江西省统计局。

而江西省内能源资源及产量却不能满足不断增长的能源需求。随着经济的发展江西能源对外依存度逐年上升，近60%的能源消费靠从省外调入（见图7）。因此，在江西省缺油少煤的情况下发展核电能为江西省经济增长提供能源支持。

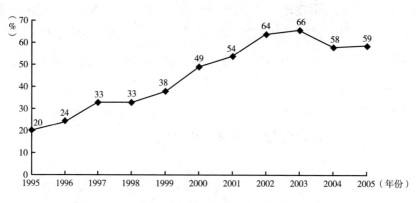

图7　1995~2005年江西能源对外依存度情况

2. 保持江西省清洁环境的需要

目前江西省的能源消费结构，煤炭的比重偏大，年均在70%以上，并呈逐年上升趋势；高热值的优质能源石油的比重很小，2005~2007年三年原油的消费比重分别只占17.2%、16.9%和15.5%（见图2）。同时，江西省万元GDP能耗高于经济发达省份。2005年，全省万元生产总值的能源消费量为1.06吨标准煤，比广东、上海、浙江、江苏高15%~30%。大比重的煤炭消费以及较高的万元GDP能耗给江西省的生态环境造成了很大的压力。

根据江西"十一五"规划纲要测算，到2010年，江西生产总值突破8000亿元，万元GDP能耗即使降低20%，全省仍然需要消耗大约5800万吨标准煤，比2005年增加1500多万吨。按燃烧一吨标准煤约产生2620公斤二氧化碳计算，2010年江西省二氧化碳排放量将达15196万吨，比2005年增加3930万吨。

因此，为了保住江西的良好生态环境资源和鄱阳湖的一湖清水，进一步建设生态文明，实现江西的绿色崛起，我们必须尊重科学、尊重规律，积极努力地去寻找和开辟新能源和清洁能源。[①] 而在现有技术条件下，加强核电的利用无疑是解决这一问题的最好选择。核产业的发展既能促进江西省经济的发展，又能降低江西省碳排放，实现低碳目标。

3.是江西省抓住机遇、实现中部崛起的需要

人类的能源经由柴草能源时代过渡到化石燃料时代，通过对煤和石油等化石能源的运用，人类有了工业，取得了现在的辉煌业绩，随着煤及石油的耗尽，我们必将进入下一个能源时代，核能的运用将是一个趋势和方向。

当前江西省如能转变思维，主动出击，积极争取国家政策，提前布局，则能抢抓我国核电大发展的历史性机遇，实现江西经济的跨越式发展，实现江西经济的中部崛起。

四 江西核产业发展优势

（一）江西是全国最大的铀矿资源基地

根据江西省核工业地质局资料，江西是我国最重要的铀矿资源基地，

[①] 杨志远、陈葵、余裕平、刘梅影：《江西生态经济建设的一大瓶颈》，《江西能源》2004年第1期。

自1955年来该局在华东地区共发现并查明铀成矿带6条（赣杭、武夷山、大王山—于山、南岭、修水—宁国—开化、长江下游）；在其已经探明的6处铀矿田中有5处在江西。赣杭火山岩铀成矿带是目前全国规模最大的铀成矿带，已查明的铀矿床数和铀资源储量均占华东地区的1/2以上，其中江西相山矿田是我国最大的铀矿田，邹家山铀矿床是我国最大的火山岩型铀矿床。此外，江西省碎裂蚀变花岗岩型铀矿也别具特色，宁都大布铀矿床是我国最大的碎裂蚀变花岗岩型铀矿床。在江西探明提交的铀资源储量占华东地区的90%。

而且，科学预测显示，江西铀资源潜力是已提交储量的3.5~5倍。根据最新铀成矿理论及分析，在未来一个时期里江西仍将是我国铀资源勘查开发潜力最大、前景最好的地区。

（二）有较齐备的核地矿产业体系

自1959年核工业华东地质局落户南昌以来，江西形成了全国最齐备的核地矿产业体系，目前江西省核工业地质局下辖10个地勘单位，7个局管公司，形成了地质矿产、工程建设、产品制造、商贸服务等四大支柱产业。近年来江西省核工业地质局先后与美国、法国、俄罗斯、加拿大、日本、韩国、新加坡、埃及等数十个国家和地区开展了技术交流与合作，并在埃及开展了多年的地质找矿工作。

中国核工业集团公司驻赣行政管理机关核工业江西矿冶局原管理有6个从事铀矿冶生产或辅助生产企业，自1958年企业陆续投产建成以来，先后建设开采了几十个矿井，保有地质储量约占全国铀资源的1/3。另外还辖有5个从事民品生产经营的公司，分别在矿山退役治理、物业管理、劳务输出、民品生产经营等方面做出了积极的努力。近几年，为贯彻落实国家对军工企业实行的改革脱困政策，3个从事铀矿冶生产企业的军品生产部门已全部剥离出来，分别成立了中核抚州金安铀业有限责任公司、中核赣州金瑞有限责任公司，都具有采、选、冶综合生产能力，作为中国核工业集团的子公司，继续承担保军任务。

（三）其他核产业也有一定的基础

1. 农业辐照技术

江西省农科院的原子能应用研究所的农业辐照技术居于国内领先水平。该所拥有多项创新技术，如农作物辐射诱变育种技术、农副产品与食品辐射保鲜技术、药品及医疗用品的消毒灭菌技术、化工产品的辐射改性技术等，在实践中得到了广泛的开发利用。

2. 核级海绵锆、铪产品生产

江西晶安高科技股份有限公司具有年生产氧氯化锆 40000 吨、氧化锆 3500 吨、碳酸锆 10000 吨、硫酸锆 3000 吨、稳定锆 600 吨的能力，该公司锆系列产品在国际上享有较高声誉，属国内知名品牌，在国内同行业名列前茅，市场占有率超过 20%，产品远销美国、欧洲、日本等市场。该公司碳酸锆产品质量达到国内先进、国际领先水平，是国内唯一与美国、英国达到同等水平的企业。该公司主持国家科技部"863"攻关计划引导项目《核能关键材料的应用开发》，攻克了 MIBK 萃取分离锆铪的工艺技术，完成了核级海绵锆、铪产品生产工艺技术的中试，取得了"甲基异丁基铜双溶剂萃取法制备原子能级氧化锆、氧化铪工艺"的专利，为核能关键材料的国产化奠定了基础。

3. 钢铁生产

新余钢铁集团有限公司是国有大型钢铁联合企业，是中国船用板主要生产企业之一，目前已形成年产 1000 万吨钢的能力，其船板的产量、市场占有率 2007 年、2008 年连续两年位居全国第一名，是 2009 年中国制造业企业 500 强之一，该公司可作为江西省发展核产业中的核级钢板和核岛型钢产业的主力。

（四）有全国核学科门类最全的高等院校——东华理工大学

20 世纪 60~70 年代，我国不少重点大学均设有核科学工程专业，为国家培养了大批优秀的核科学工程技术人才，进入 80 年代后，由于我国核工业体系的相对萎缩，各高等学校纷纷撤销核工程专业，整个核工业系统科研、生产的人才队伍出现断层。

而东华理工大学是一所拥有 50 年办学历史，具有铀资源勘查开采到核废物处置以及核安全管理、核能利用法律等全部涉核学科的高等院校，是国内仅有的仍保留核工业相关专业的几个学校之一，是全国唯一拥有全部核能利用学科门类的高校，曾被国际原子能机构官员誉为"世界原子能事业的宝贵财富"，是我国核燃料循环工程专门高级人才培养的摇篮，为国家培养和输送了大量核专业人才。其培养的学生遍布全国各涉核部门，从铀矿开采到核电站以至核废料处理，从野外地质队到实验室，中国核电摇篮秦山核电基地领导及国际原子能机构核查专家、中方代表等都是该校毕业生。

（五）有着丰富的核电厂址资源

要发展核电，厂址是一个很关键的因素，有的地区就因为没有合适的厂址而不能建设核电站，而江西有着稳定的地质条件和丰富的冷却水源，有较好的核电厂址资源。

五　当前江西培育壮大核产业的措施

核技术应用产业是一个新兴的产业领域，社会上，由于不完全了解核及核技术的科学含义，民众一定程度上存在"惧核"心理，就是在领导层也由于不完全了解核产业范围，存在对核产业链发展前景的质疑。这都会影响核产业的发展。核产业链的发展不仅需要大的资金投入，更需要政府长期稳定的支持。从国外经验看，核电及核电相关产业是政府主导、企业为主实施的高端产业，没有长期持续且强有力的政府的支持和组织协调，难以取得显著成效。江西省应加深认识，统筹规划，积极引导、加大投入，可从以下几个方面采取措施培育壮大江西省核产业。

（一）走大开放、大联合、大协作的路子，积极与国家有关涉核单位协作

结合江西省环鄱阳湖生态经济区的建设，将核产业链建设纳入江西省当前发展规划。走大开放、大联合、大协作的路子，重视发展与中核集团、中核建设集团、国家核电技术公司、中广核、中国工程物理研究院、中电

投等核企业协作；争取国防科工局、国家能源局、国家核安全局对江西的支持，充分发挥中央、地方、企业、事业单位等各方面的积极性，建立地企、地院紧密协作联合的利益共同体，创新协作联合的体制和机制，真正形成开放、联合、协作的优势，保证有能力在核工业上大做文章、做大文章。

（二）完善促进核产业链形成的政策措施

充分发挥省财政专项资金支持核产业发展的作用，在同等条件下优先支持核产业项目。

进一步完善产业政策，制订核产业链发展指导目录，引导企业和社会力量投资核产业链重点领域、工程项目和产品研发。

在用地、投资审批等方面优先支持核产业链发展。

制定鼓励外资进入核电产业链中小企业的优惠政策。

（三）充分发挥铀资源大省优势，打造铀资源供应基地

铀矿是核电的粮食，铀矿地质勘查是核工业的基础和先行。江西省委、省政府要从战略高度，重视江西铀资源的勘查和开发工作。首先，应通过铀矿山资源开发利用现状调查，掌握江西铀资源的基本情况；其次，要加强江西铀资源勘查力度，将铀矿列为重点，尽早把资源掌控在自己手中，谁掌握了铀资源，谁就掌握了核电发展的主动权；再次，整合江西铀资源，对重要成矿区带和矿集区进行规划，有序开发，避免恶性竞争；最后，建立江西铀资源战略储备制度和运行机制，为调控国内铀资源市场，应对突发事件，保障江西核电的铀资源供应安全奠定基础。积极推进江西铀资源优势向铀矿业经济优势转化。江西蕴藏着丰富的铀资源，要尽快把资源优势转化为经济优势，这是江西省政府加快发展矿业经济的必然要求。我们要认真研究积极争取国家有关开发铀资源的政策，在铀矿业开发中走出一条探采冶一体化发展路子的同时，建议江西省政府把铀矿业开发列入全省发展矿业经济的主要内容，整合有关资源，逐步做大铀矿业经济，实现江西铀资源大省向铀矿业经济大省的跨越。

同时，积极创造条件开展海外铀资源勘探和贸易。我国铀资源虽然丰富，但目前可开采的铀资源有限，所以在国际铀资源获得方面，可以实施全球战略。江西省应结合国家政策，鼓励省内企业走出去，利用江西省地勘企业在非洲等地勘探经验，积极开拓国外市场。

（四）充分利用现有涉核企业力量，大力发展相关产业

农业是人类生存的根本，近期世界各地频发的自然灾害，让已经久违的粮食危机问题再次跃入人们的视野。江西省是个农业大省，在农业及农产品加工业上有很大的发展空间，可利用江西省农科院的原子能应用研究所的前期成果，积极鼓励科研创新及成果应用，加大农业辐照技术的运用，提高江西省农业及农产品加工业经济效益，形成江西省在农业和农产品加工业的优势。

适当发展核供热产业。根据发达国家的安全规定，核供热的反应堆可以建在距离城市几公里的地方，也可以建在城市居民区的内部，甚至能够建在城市建筑物旁边，加拿大等国家则允许微型供热核反应堆建在居民楼的地下室。由于现代核科学技术的进步，使这类核反应堆的建造并不复杂，并具有很高的安全性保障能力，不可能发生核临界事故，因而可以大面积推广使用。

江西省可以依托现有的核工业企业，并与国内外有关企业和科研机构积极发展协作、联合，研究、开发、引进先进的中、小型核反应堆技术，规划和建设各类小型、微型供热反应堆，发展清洁、安全的新型核供热产业，稳步扩大核供热产业规模，增强综合能源优势，减轻传统供热产业造成的环境污染。

（五）广纳核人才，加大核领域人才培养力度

国家发改委能源研究所所长韩文科认为，中国核电事业存在核战略、规划、管理体系、核基础研究和人才等问题。其中核战略、规划等问题正在逐步解决，但是人才问题较为严重，也是短期很难解决的问题，卡脖子

最厉害。[①]"虽然在俄罗斯成批见习训练一批技术人员及 20 多年自我培养，但还是满足不了即将来临的核电高峰。"据介绍，大亚湾核电站仅仅一个技术人员的培训费用就花费 10 万。中国过去长期轻视核电站的战略，导致大批人才流失和青黄不接，高等院校的核专业不仅少，专业教育和培训也跟不上。每个核电站核反应堆工程的技术人员，一般占核电站专业人员的 10%~20%，其他的则为电力、控制等技术人员。按照一个百万千瓦核电机组 400 人计算，到 2020 年 30 个机组，总共需要 5000~6000 个核专业技术人员。

核电人才的紧缺也是其他发展核电国家所普遍面临的一个问题。例如，2009 年美国在 5 月拨发 4400 万美元给相关高校的核能源计划后，6 月又拨发 900 万美元，投资于 29 所大学的核计划的最新一轮的开支以及为 86 名学习核能学科的学生提供奖学金以加大对核能学科人才的培养力度。2010 年 5 月，美国能源部给在 42 所大学展开的核能研发项目 3800 万美元资助，7 月上旬向教育界提供大约 1820 万美元，用于帮助教育界新一代核科学家和工程师。自 2008 年以来，美国能源部通过核能源大学计划（NEUP）向美国的大学和学生提供超过 8000 万美元的资金支持。正如美国能源部前部长朱棣文所说：我们必须确保美国下一代的核科学家和工程师的培训，他们需要为美国的核电厂开展研究、设计、建造和运营工作。投资于这些学生的教育和大学里必要的基础设施和设备的工作将有助于美国在重要的零碳能源前沿研究中保持领先。

因此，我们认为江西省一方面可通过各种方式广纳人才，如通过各种途径吸引国家有关涉核部门退休人员中的核专业技术人才及管理人员，让他们发挥余热，促进江西省核产业链的发展；另一方面，江西省应充分发挥东华理工大学在核领域人才培养的优势，使江西省在核领域人才培养上形成优势，成为国内外核领域人才培养基地。

---

① 《中国核电呈现大跃进态势，人才匮乏成最大拦路虎》，http://www.htnpc.com.cn/shownews.aspx？id=1480。

结束语

落实科学发展观，构建生态文明，实现低碳发展，必须大力发展清洁能源，核电作为高效安全的清洁能源是我们的必然选择，结合江西省情，追踪我国核电发展趋势，积极培育和发展核产业链，为实现江西的中部崛起、绿色崛起作出应有的贡献。

作者简介

    花　明　教授、博士生导师，东华理工大学副校长，中国核能行业协会专家组成员、中国国防科技工业企业管理协会理事、江西省工业经济联合会常务理事。

    长期从事政治经济学、经济管理以及环境保护与可持续发展的教学与研究工作，在循环经济与环境保护等方向研究成果丰硕。首创"核资源循环经济"理论，完成了科技支疆、国防科技核能开发等国家及省部级课题 10 多项；在《环境保护》《长江流域资源与环境》《矿业研究与开发》等核心期刊发表论文 20 余篇。"核资源循环经济"研究成果获江西省社科研究优秀成果一等奖，并有研究成果刊登于《求是内参》、新疆《决策参考》、江西《决策咨询专报》，受到中央及有关地方领导的高度重视。

曾建平

环境伦理与生态文明建设

引　言

十八大报告前所未有地将生态文明作为一个专门部分来阐释，令我们从事环境伦理学研究的人员欢欣鼓舞、倍感振奋，这不但标志着社会主义建设已经形成物质文明、精神文明、社会文明、政治文明、生态文明的"五位一体"总布局，而且昭示着党的指导思想、治国理念、执政方式、政绩评价等均将发生深刻的变化，这是中国特色社会主义理论的重大创新和突破。同时，笔者也倍加庆幸自己在十几年前选择通往生态文明之环境伦理学作为自己毕生的重要研究方向。

一　环境伦理的基本理念

（一）环境伦理的提出

环境伦理思想形成于何时，这是一个颇有争议的学术问题。但作为一个学科，特别是作为应对环境问题的一种理论思潮来说，大致始于 20 世纪初。这里仅介绍两个关键性的人物。

一个是环境伦理思想的创始人之一的阿尔贝特·施韦泽（Albert Schweizer，1875~1965）。他是法国著名的医生、哲学家、神学家，当代著名的人道主义者，获哲学博士、神学博士和医学博士学位。1952年获诺贝尔和平奖，被称为"非洲之子"。1923年在《文化哲学》一书中，他提出了一个极其关键性的理念——敬畏生命。他的核心思想主要有：善是保持生命、促进生命，使可发展的生命实现其最高的价值；恶则是毁灭生命、伤害生命，压制生命的发展。这是必然的、普遍的、绝对的伦理原则。只有当人类认为所有生命，包括人的生命和一切生物的生命都是神圣的时候，他才是伦理的。

第二个是把环境思想从认识转化为实践的关键性人物。她就是蕾切尔·卡逊（Rachel Carson，1907~1964），美国海洋生物学家，其作品《寂静的春天》主要描述了以DDT为代表的化学药物使用对生物的危害及其对天空、海洋、河流、土壤、动物、植物的影响与人类之间的密切关系。此书的出版引发了美国以至于全世界的环境保护事业。此书堪比斯托夫人的小说《汤姆叔叔的小屋》。她的核心思想是：人与其他同类永远不会实现和平，除非他承认施韦泽的恰当地关心所有生命的宽广伦理对生命的真诚敬畏。

正是在此书的影响下才有了现代环境保护运动，运动催生了地球日（1970年4月22日）、世界环境日（1972年6月5日）。自此40多年来，联合国环境规划署每年均确定一个世界性环保的主题，例如，2012年"六·五"世界环境日主题为"绿色经济，你参与了吗？"（Green economy：Does it include you？），中国以此确定的主题为"绿色消费，你行动了吗？"

（二）环境伦理的争论

在环境伦理思想界，一直有两种对立的主张存在，这就是人类中心论和自然中心论。

1. 人类中心论

主张人是一切事物的尺度，要把人类的利益作为价值原点和道德评价的依据，有且只有人类才是价值判断的主体，自然界本身无所谓价值或权利。

①强人类中心主义。主张人由于是一种自在的目的，是最高级的存在物，因而他的一切需要都是合理的，可以为了满足自己的任何需要而毁坏或灭绝任何自然存在物，只要这样做不损害他人的利益；只有人才具有内在价值，其他自然存在物只有工具价值，即对人的价值。

②弱人类中心主义。认为应该对人的需要作某些限制，在承认人的利益的同时又肯定自然存在物有内在价值。人类根据理性来调节感性的意愿，有选择性地满足自身的需要。

2. 自然中心论

主张自然界本身存在自身的价值或权利，只有尊重自然价值或自然权利才能建立环境伦理学。

①动物解放权利论。有无感觉能力是评价存在物是否应视为道德关怀对象的根据。2012 年 11 月 27 日中央电视台开辟了一个新栏目"共同的家园：保护野生动物，我们在行动"。第一期报道就是江西资溪县猎杀猕猴的惨相。这引发了广泛的关注。

②生物中心论。有机体是生命的目的的中心（telological-centers-of-life）；任何动物、植物都有一种"力图"保持其自身的趋向性，能够自我更新、自我繁殖和自我调控，不断适应正在变化着的环境。

③生态中心论。强调自然之间相互联系、相互依存的关系，把物种和生态系统这类非实体的"整体"视为道德关怀的对象。

笔者认为，无论是人类中心主义还是自然中心主义，关键是协调人与自然的和谐关系，既没有无人的自然，也没有无自然的人类。

（三）环境伦理与生态文明之间的关系

19 世纪初，法国作家雨果指出：在人与动物、花草及所有造物的关系中，存在一种完整而伟大的伦理，这种伦理尚未被人发现，但它最终将会被人们所认识，并成为人类伦理的延伸和补充。毫无疑问，使人与人的关系文明化是头等大事。雨果时代并没有诞生环境伦理思想，但这不妨碍他天才地预见到，对待自然的环境伦理思想一定会产生，这种思想的最终目的是要协调人与人之间的关系，人与自然之间的关系。在笔者看来，它们二者之间的关系概括而言就是，环境伦理是生态文明的道德基础和哲学前提，而生态文明是环境伦理的最终旨归和最高境界。

二 中国环境问题的审视

（一）中国环境保护 10 年间的突出成就

党的十八大之前，环保部部长周生贤在接受《人民日报》记者采访时这样概括道：党的十六大以来，党中央、国务院把生态环境保护摆上更加重要的战略位置，推动我国环境保护从认识到实践发生重要变化。环境保护在经济社会全面协调可持续发展中的作用显著增强，投入和能力建设力度明显加大，污染防治和主要污染物减排成效明显，环境质量逐步呈现稳中向好态势。

具体而言，至少在以下 8 个方面我们的环境保护取得了突出成就：

①成为世界上投资清洁能源力度最大的国家，单位国内生产总值能耗下降 12.9%；

②"十一五"期间，全国二氧化硫排放量减少 14.29%，化学需氧量排放量减少 12.45%，基本完成了"十一五"规划纲要的目标任务；

③实行"最严格的耕地保护制度"、"最严格的节约用地制度"、"最严格的水资源管理制度"，坚守 18 亿亩耕地红线不动摇；

④全国森林面积由 23.9 亿亩增加到 29.3 亿亩，森林覆盖率由 16.55% 提高到 20.36%；

⑤2002 年七大水系重点监测断面中，仅有 29.1% 满足一类水质要求，2011 年提高到 61.0%；

⑥2002 年近岸海域一、二类海水比例为 49.7%，2011 年提高到 62.8%；

⑦水土流失治理面积达到 47.16 万平方公里；

⑧2002 年，空气质量达标城市的人口比例仅占统计城市人口总数的

26.3%；2011 年，325 个地级以上城市中，城市空气质量达到二级以上（含二级）标准的比例为 89.0%。2006 年，在世界空气污染最严重的 20 个城市中，中国占了 16 个；到 2011 年，世界健康组织资料显示，空气污染最严重的 10 个国家和 10 个城市，中国不在其列，中国城市没有上榜。

（二）当前我国环境面临的突出问题

改革开放 30 多年来，我们各个方面既有成就也有代价。

就成就而言：1979~2011 年 GDP 年均增长 9% 以上，经济增长速度全球第一；中国的经济总量全球第二，2011 年达到 47.3 万亿元人民币；外汇储备全球第一，2010 年达到 3.2 万亿美元；引进外资全球第一。

在代价方面：中国的煤炭、石油、钢等能源消耗全世界第一；建材消耗全世界第一；原材料进口全世界第一；二氧化硫排放量全世界第一；碳排放全世界第一。单位 GDP 能耗是发达国家的 8~10 倍，污染是发达国家的 30 倍，劳动生产率是发达国家的 1/30。3 亿多农民喝不到干净的水，4 亿多城市人口呼吸不到干净的空气。1/3 的国土被酸雨覆盖，"逢水必污、逢河必干、逢雨必酸"。

具体来说，我们在 8 个方面的环境问题依然很严重。

1. 空气污染问题

我国一些地区酸雨、灰霾和光化学烟雾等区域性大气污染问题频繁发生，部分地区甚至出现了每年 200 多天的灰霾天气。据肿瘤专家统计，每年 200 多万癌症病死者中，70% 与环境污染有关。2012 年 11 月 25 日，媒体报道，10 年来，北京肺癌增加 56%，成为众癌之首。研究发现，灰霾与肺癌有着"七年之痒"，即出现灰霾严重的年份后，相隔七年就会出现肺癌高发期。"灰霾将取代吸烟，成为肺癌致病头号杀手"。

导致灰霾天气的主要原因是空气污染。2011 年 11 月 10 日的一次国际气象会议上，环保部副部长张力军承认：按国家标准，目前全国 70% 的城市空气质量达标；如果增加 PM2.5 监测指数，则全国 70% 城市不达标。空气中的 PM2.5（"超细灰尘"——空中颗粒杀手）吸入人体后，经过人体的循环系统，最终会进入血液，乃至肺泡。PM2.5主要来自机动车尾气尘、燃油尘、餐饮油烟尘、硫酸盐、建筑水泥尘、煤烟尘和硝酸盐等。

2009年我国首次成为世界汽车产销第一大国。截至2012年10月，我国机动车保有量为2.38亿辆、机动车驾驶人2.56亿人，近5年来每年平均新增机动车1600多万辆，新增驾驶人2000多万人。2011年《中国机动车污染防治年报》显示，机动车污染日益严重，已经是大气环境最突出、最紧迫的问题之一。2011年我国机动车排放颗粒物近60万吨。

2. 水土流失问题

全国共有水土流失面积356.92万平方公里，占国土总面积的37.2%。因水土流失每年减少耕地266万公顷，直接造成经济损失100亿元，而且水土流失面积还以年均1万平方公里的速度扩展。960万平方公里国土，可居住的国土面积是300多万平方公里。

3. 水环境污染问题

中国七大水系的污染程度依次是：海河（重度污染）、黄河、松花江、辽河（中度污染）、淮河（轻度污染）、长江、珠江（良好），重点流域I—III类水质断面比例为51.5%，劣V类水质断面比例为15.5%。大型淡水湖泊（水库）和城市湖泊水质普遍较差，75%以上的湖泊富营养化加剧。

4. 垃圾处理问题

"十二五"期间，预计大宗工业固体废物总产生量将达150亿吨，总堆存量将达到270亿吨，堆存将新增占用土地40万亩。其中达到无害化处理要求的不到10%。一个健康人每天会排泄大约225克粪便，这个数字乘以中国人口数，就是29万多吨，相当于4艘航空母舰的重量。而且，传统废物未处理，高科技废物接踵而至。垃圾流向存在两个规律：一是"方便原则"——随意排放、丢弃在无人管理或成本较低的地域，由不特定对象承担生态后果；二是"最小抵抗原则"——废弃物丢弃在不会反抗或反抗能力很小的特定区域、特定人群那里。

5. 土地荒漠化和沙灾问题

截至2009年底，全国荒漠化土地面积262.37万平方公里，沙化土地面积 173.11 万平方公里，分别占国土总面积的 27.33% 和 18.03%。我国是世界上荒漠化、沙化面积最大的国家，荒漠化发生率居于高位，要把 53 万平方公里可治的沙化土地变成非沙化土地要 300 年左右。由于水和自然条件的限制，不管我们怎么努力，中国森林覆盖率顶多能达到国土面积的 28%。我们国家生态的承载能力只及世界平均水平的 1/3。

和全国情况相比较，江西绿化情况要好得多。江西省林业厅 2011 年 1 月 27 日透露，全省"十一五"森林资源二类调查工作调查结果显示：江西森林覆盖率 63.1%，已与福建省持平。2012 年江西省委、省政府关于实施"森林城乡、绿色通道"建设的意见提出，到 2015 年，全省森林覆盖率达到 64%，继续走在全国前列。

6. 旱灾和水灾问题

1972 年黄河发生第一次断流，1985 年后年年断流。500 多年来，长江流域共发生的大洪水为 53 次；但近 50 年来，每三年就出现一次大涝。有关专家经调查后推测：未来 15 年内中国将持续干旱，而长江流域的水灾发生频率却明显增加。

7. 生物多样性破坏问题

联合国《国际濒危物种贸易公约》列出的 740 种世界性濒危物种中，中国占 189 种。中国濒危或渐危高等植物 4000~5000 种，占中国高等植物总数的 15%~20%。

8. 能源与环境问题

2011 年，我国 GDP 占全球的 10.48%，却消耗了世界 60% 的水泥，49% 的钢铁和 20.3% 的能源。传统工业化需要的三大自然要素，一个是土地，一个是水，一个是矿产资源，中国已耗损大半。

总体而言，未来 10 年对于我国的环境保护事业，对于建设生态文明来说，十分关键。

（三）我国环境危机的严重后果

1. 第一大后果：直接制约了中国可持续发展的能力

这几年 GDP 年均增长 10%，能耗增长 10%，污染物排放量也差不多增长 10%。世界银行有个统计说，空气污染造成的一系列损失几年内将达到我们 GDP 的 13%。

2. 第二个后果：直接带来了严重的社会稳定问题

环境污染纠纷呈直线上升趋势，每年上升的比例为 25%；环境问题投诉信件以每年 30% 的速度上升。今后，包括采光权、通风权、绿色权、清洁空气权、清洁水权等可能性的环境权均可成为社会诉讼焦点。

环境不公平必然促成社会不公平，社会的不公平也反过来会加重环境不公平。

当代中国存在以下六大环境公平问题。

①国际环境公正："中国环境威胁论"日益甚嚣尘上。

②族际环境公正：始于 1982 年美国北卡罗来纳州瓦伦县环境正义运动正在成为中国思考东部与西部之间环境问题的思维方式。

③域际环境公正：污染防治投资几乎全部投到工业和城市，而中国农村几乎是环境投资的盲区 A。

④群际环境公正：主要是指富人与穷人之间的环境利益问题。加勒特·哈丁的救生艇伦理认为，发达国家和发展中国家的人都要乘坐自己的救生艇寻求生路，但由于人口原因，发展中国家的救生艇则会拥挤不堪，必然有部分人落入水中。这时候发达国家救生艇上的人应当如何应付这种局面才是合乎正义的呢？哈丁提出了三种解决问题的方法。第一，把跌落艇外的所有人都接纳到发达国家的救生艇中，但结果是艇必然要倾覆，所有人都会被淹死，"彻底的正义却换来了彻底的灾难"。第二，解救部分人。但是哈丁认为这种做法也十分不妥：其一是救生艇一旦满载就失去了安全保障；其二是我们无法选择究竟让哪些人上船，是让最好的人上船，还是让最需要的人上船？结果是"部分的正义却伴随着歧视"。第三，发达国家救生艇上的人安之若素，让救生艇保留一点空间，也让艇上的人有一份安全感。这种做法虽然会让人感到憎恶，但是这应该是"救生艇伦理学"所倡导的正义观，"彻底的冷漠就是彻底的正义"。救生艇伦理虽然是针对发达国家与发展中国家的环境利益问题，但也可

以意指当代人与后代人、富裕人群与贫穷人群之间。哈丁的正义原则显然非常偏颇。

⑤性别环境公正：据统计分析，现在，男性每毫升精液所含精子数量从 1 亿个左右下降到 2000 万～4000 万个；女性月经不调、子宫畸形、卵巢功能不健全等发病率较高。当室内空气中甲醛浓度达每立方米 1.5~4.5 毫克时，47.5% 的适龄女性月经异常，如痛经、月经减少。在环境危害面前，承受苦难是一样的，但对于女性而言，有着更深刻的含义。

⑥代际环境公正：人类的持续是与环境的持续相辅相成的，没有环境作为人类发展的基础，就没有人类的可持续性。

3. 第三大后果：带来严重的国际问题

环境已成为外交的重点问题。20 世纪 70 年代曾有问题困扰我们："谁来养活中国？"现在又有人责问："要几个地球来支撑中国？"

日本、韩国认为沙尘暴 100% 来源于蒙古国和中国，落在他们头上的酸雨 50% 来源于中国；东南亚一些国家抗议中国在上游修水电站，破坏了他们的生态；俄罗斯、马来西亚和印度尼西亚认为中国的造纸业毁坏了他们的原始森林；美国认为中国 10 年内会成为他们西海岸的主要污染源。世界上 300 多个环境公约，中国加入了 50 个。

总体来说，环境危机如果不与社会正义结合起来，是不可能得到有效解决的。

（四）中国环境问题的深层原因

总体来看，这些原因主要有思想观念上"先污染后治理"；战略决策上国土整治、产业发展缺乏规划；体制运转上不灵；但最根本的还是价值观问题。

1. 规则意识严重缺失

从 20 世纪 70 年代末起，我国共颁布了 40 部环境保护法律和法规、10 部资源法律，环境保护部门发布了 90 余项环境保护规章、1000 多件地方性环境保护法规，制定了 427 项国家环境标准，初步形成了适应社会主义市场经济体制的环境保护法律体系和环境标准体系。应该说，环境法律体系是比较完备的，但无论是政府还是官员或者百姓，他们的环境意识仍然不够强烈，对环境法规的尊重仍然不够浓烈。

2. 诚信系统令人忧心

目前，中国三个层面的诚信——国家主权信用、一般企业信用、自然人信用，即政府诚信、行业诚信、个人诚信，都不同程度地出了大问题。其中，关键是政府诚信，它起到主导作用。这是因为政府既是社会信用制度的制定者、执行者和维护者，又是公共信用的示范者，由此决定了政府诚信在社会信用体系中处于核心地位。如果政府不讲诚信，行业诚信就难以做到，个人诚信就更无从谈起。

政府诚信：包括政府本身和官员的诚信。那些贪腐官员说一套做一套、言行背离给政府诚信带来深重的危机。

行业诚信：十八大期间，作为《中国少年报》的小记者，11岁的女孩孙露源在国家机关代表团开放日采访中，向教育部长和卫生部长发问：如何吃到放心零食？正如小记者担忧的，在中国，几乎难以找到一个没有"污点"的企业。对此违背社会主义核心价值观的现象，党和国家强烈谴责。在"染色馒头"事件发生两天后，温家宝总理即对此发表看法，称这些恶性食品安全事件足以表明，"诚信的缺失、道德的滑坡已经到了何等严重的地步"。

个人诚信："不要和陌生人说话"这个电视剧的名称典型地体现了当今的社会现实——人与人之间的信任度很低，可以说，但凡有手机的人，几乎没有没收到诈骗短信的。2011年10月底笔者在日本期间，正好发生"小悦悦事件"。日本有的电视台也在分析和评论，嘉宾说，"这样的事情在日本是无法想象的"。然后，他们得出一些让我们警醒的结论：中国现在是一位金钱富翁，但同时也是世界上精神最贫穷的国家；中国社会过于追求经济的高速发展，而忽视了社会道德的建设，才导致"小悦悦悲剧"的发生；中国要想成为世界强国，光有金钱是不行的，更需要成为一个让世界各国人民尊敬的国家。

三　建设生态文明的途径

（一）生态文明的提出和内涵

关于工业文明之后的社会走势，许多学者做出了预测和分析，例如，美国的丹尼尔 · 贝尔认为是"后工业社会"（1959），日本的梅棹忠夫说是"信息社会"（1963），美国著名未来学家阿尔温 · 托夫勒称之为"第三次浪潮社会"（1980）。著名环境思想家刘湘溶教授在 1999 年出版中国第一本《生态文明论》，认为将是生态文明。2007 年党的十七大报告第一次提生态文明。

在未来，社会主义制度和资本主义制度之间的竞争当然不是比谁最能斗争，谁最革命，但也不仅仅比的是生产力，而比的是谁最公平，谁最能共同富裕，谁最能使人全面发展，谁最讲诚信道德，谁最能实现可持续发展。

十八大报告认为：面对资源约束趋紧、环境污染严重、生态系统退化的严峻形势，必须树立尊重自然、顺应自然、保护自然的生态文明理念。

生态文明是一种可持续性的文明。表现在物质层次上，它要求摒弃掠夺自然的生产方式和生活方式，学习自然界的智慧，创造新的技术形式和新的能源形式；表现在精神层次上，它要求摒弃对抗自然的文化，抛弃人统治自然的思想，建设"尊重自然"的文化，匹配人与自然和谐共处的伦理精神；表现在制度层次上，它要求改革和完善社会制度和规范，改变传统社会不具有自觉的保护环境却有自发的破坏环境的机制的性质，建立新的人类社会共同体，从而使环境保护制度化。[①]

十八大报告指出，把生态文明建设放在突出地位，融入经济建设、政治建设、文化建设、社会建设各方面和全过程，努力建设美丽中国，实现中华民族永续发展。其中，经济建设是根本，政治建设是保障，文化建设是灵魂，社会建设是条件，生态文明建设是基础。

---

① 参见曾建平《生态文明的三种阐释》，《鄱阳湖学刊》2009 年创刊号。

（二）生态文明的建设途径

目前在环境保护上的最大障碍，一是政府是否有能力为了生态文明进行制度改革？二是各级官员是否具有绿色发展理念？三是全社会是否能够形成绿色生活的观念？

十八大报告指出，保护生态环境必须依靠制度。建立体现生态文明要求的目标体系、考核办法、奖惩机制。生态文明建设能否成功取决于能否建立八大体系：①低消耗的生产体系；②适度消费的生活体系；③稳定高效的经济体系；④持续循环的环境资源体系；⑤不断创新的技术体系；⑥更加开放的金融贸易体系；⑦注重公平的分配体系；⑧开明进步的民主体系。这是国家层面的努力方向。

作为普通公民，在生态文明建设中时时处处皆有可为。

1. 低碳穿着：少买不必要的衣服

一件普通的衣服从原料到成衣再到最终被遗弃，都在排放二氧化碳。少买一件不必要的衣服就可以减少 2.5 公斤二氧化碳的排放。棉质衣服比化纤衣服排碳量少。

2. 低碳饮食：多吃素食

生产 1 公斤牛肉排放 36.5 公斤二氧化碳，而 1 公斤果蔬所排放的二氧化碳量仅为该数值的 1/9，而且本地的果蔬和水也比从外地运输来的排放二氧化碳量小。

喝酒要适量，如果 1 个人 1 年少喝 0.5 公斤酒，可减排二氧化碳 1 公斤。

笔者倡导设立素食节，例如，每人每月一天素食，能够适应者每人每周一天素食。

3. 低碳居住：选择小户型，不过度装修

减少 1 公斤装修用钢材，可减排二氧化碳 1.9 公斤。

少用 0.1 立方米装修用木材，可减排二氧化碳 64.3 公斤。

4. 低碳消耗：节电、节水

以 11 瓦节能灯代替 60 瓦白炽灯、每天照明 4 小时计算，1 只节能灯 1 年可减排二氧化碳 68.6 公斤；曾有专家测算，如果全国有 1/3 的白炽灯换成 LED 节能灯，每年能省下一个三峡工程的年发电量。

如果每台空调在 26℃基础上调高 1℃，每年可减排二氧化碳 21 公斤。

少用 1 个塑料袋，可以减排二氧化碳 0.1 克。

少用 10% 的一次性筷子，每年就能减排二氧化碳 10.3 万吨。

少用电梯，合理使用电视、冰箱、电脑等电器，及时切断其电源。

工作时，单面纸要重复利用，能电子化办公的要少用纸张。

5. 低碳出行：少开车，选小排量车

每月少开一天车，每车每年可减排二氧化碳 98 公斤，如果出行选择公共交通工具或自行车，二氧化碳排放量将会更少。排气量为 1.3 升的车比普通车每年减排二氧化碳 647 公斤。

通过及时更换空气滤清器、保持合适胎压、及时熄火等措施，每辆车每年减排二氧化碳 400 公斤。

结束语

最后要送给大家一句话共勉："如果我们无法做大事，那就怀着大爱做些小事！"迈进生态文明的新时代，靠的是大家的共识，靠的是集体的力量，天下大事必作于细。只有每个人都从我做起，只有每个单位都有全局眼光，只有每个政府都有长远见识，这个地球才能得到拯救！

作者简介

曾建平　1967 年生，哲学博士（后）、二级教授、博士生导师，井冈山大学副校长，江西省政府、国务院特殊津贴专家，主要从事伦理学理论与应用伦理学等方面研究。新世纪"百千万人才工程"国家级人选，首届中国伦理学十大杰出青年学者，"赣鄱英才 555 工程"领军人才，首届江西省高校哲学与社会科学领军人才，江西省高校中青年学科带头人，中国伦理学会常务理事，中国青年伦理学会副会长，中国环境伦理学研究会副会长，江西省伦理学会会长。9 次被评为国家社科基金项目认真负责鉴定专家。主持国家社科基金各类项目 5 项，省部级项目 10 余项，出版专著 5 部，译著 4 部（含合译），发表学术论文 130 多篇，其中 CSSCI 源刊 38 篇，获省社科优秀成果一等奖等奖项 14 项。

詹世友

论权利及其道德基础

我们先解读一下十八大报告中的两段话："公平正义是中国特色社会主义的内在要求。要在全体人民共同奋斗、经济社会发展的基础上，加紧建设对保障社会公平正义具有重大作用的制度，逐步建立以权利公平、机会公平、规则公平为主要内容的社会公平保障体系，努力营造公平的社会环境，保证人民平等参与、平等发展权利。"

"倡导富强、民主、文明、和谐，倡导自由、平等、公正、法治，倡导爱国、敬业、诚信、友善，积极培育社会主义核心价值观。"

这两段话容纳了许多普世的价值，那就是把权利、自由、平等、公正等有利于全人类发展的普遍的、基础性的价值加以肯定，并整合进我们的社会主义核心价值观中，充分表现了我们的社会主义事业海纳百川的广阔胸怀。

笔者在本文中要传达这样一个信念：权利是存在的，权利是有其道德基础的，并且权利的存在及其价值是可以得到周密的论证的。

在进入问题之前，我们要认清楚一个政治思想史上的一个现实，那就是：经过西方的启蒙运动，权利话语在当代政治哲学和道德哲学中广为流行，成为了一个中心观念，它关涉到一个政体的正义价值追求。

但是，权利概念现在在西方也饱受质疑。对权利的质疑，主要是由反对自由主义的逻辑需要所导致的，许多人似乎是把权利看做自由主义的专利。主要论点如下：一是认为自由主义的权利观主要是个人权利观，而自由主义的个人是一些无社会、脱离文化传统和具体社群的"原子式"个人，从而是一种不合适的抽象；二是有些学者如麦金太尔非常直率地反对权利概念，认为它纯粹是一种虚构，因为在西方中世纪临近结束之前，根本就没有与现代权利概念相当的词语，日本甚至直到 19 世纪中期仍然是这种情况。于是，他首先从逻辑上推论道，这种情况当然不意味着根本不存在这样的权利，而是意味着人们不知道它们的存在。但是，他随后又斩钉截铁地说："根本不存在此类权利，相信它们就如相信狐狸精与独角兽那样没有什么区别。"[①] 三是认为，主张保护权利，就是在人群中制造敌对态度，从而使人们在共同体的生活中发展出友谊、爱、慷慨等美德变得不可能。许多人把西方社会生活的衰退以及公共精神的减弱，都归咎于权利观念的盛行。面对这些诘难，"权利"成为了一个急需辨明的关键概念。

我们认为，辨明权利概念，既要把权利看做一个经历了长期的观念化过程而形成的概念，既要确定其在社会转型中客观生活实践的基础；又要确定其道德基础，确定权利的正当性，并分析其应有的结构类型。

一　权利的观念化过程

（一）米尔恩的权利概念及其内在矛盾

为了反对麦金太尔对权利的否定性观点，米尔恩采取了如下策略，即通过发现所有人类社会最低限度的道德要求来论证权利的普遍存在。他的主要观点包括以下几个方面。

第一，所有社会都必须有大家都遵守的某些最低限度的道德要求，否则这个社会就不能存在。

---

① 〔美〕麦金太尔:《追寻美德》，宋继杰译，译林出版社，2003，第 88 页。

第二，各个社会的道德要求是不一样的，这是由不同社会的生活实践的不同特点和要求所决定的。

第三，虽然在不同社会中有种种不同的道德要求，但必定有一些最低限度的道德标准是一致的。这些最低的道德标准就是权利，如生命权、得到公平对待的权利等，因为这些权利得不到保障，任何社会都无法存在。他说，他的人权概念"不以所谓同质的无社会、无文化的人类为前提，相反，它以社会和文化的多样化为前提，并设立所有的社会和文化都要遵循的低限道德标准。这种要求为多样性的范围设立了道德限制，但绝不否认多样性的存在。低限道德标准的普遍适用需要它所要求予以尊重的权利获得普遍承认。用明白易懂的话来说，它们是无论何时何地都由全体人类享有的道德权利，即普遍的道德权利。"[1]

但是，他的这个说法，必须面对着人类历史上曾经实行过奴隶社会制度这一事实。他承认，奴隶制度在道德上是不可接受的，是那个社会的重大道德缺陷。然而，如果按照米尔恩的观点，应该能够推论到，奴隶社会也必然有着最低限度的道德标准，即确认了基本的人权。但是，事实上，奴隶根本就没有权利，所以，米尔恩的观点与历史事实相矛盾。这是他观念先行的思想方式所必然造成的困局。

米尔恩并不是没有意识到这个困境。为了走出这个困境，他极力说明在处于奴隶社会的古希腊中也存在权利。他提出，在柏拉图的《斐多》中，苏格拉底的临终遗言是："克力同，我欠阿斯克勒庇乌斯一只鸡，你会记得还债吗？"既然存在债务，就表明应该对债主予以偿还，"这与后者被授予权利是同义的，即某人有权利获得偿还。希腊人没有能从字面上译成我们所谓'权利'的单词，但他们显然有对权利概念的有效理解。"[2]

---

① 〔英〕米尔恩：《人的权利与人的多样性——人权哲学》，夏勇等译，中国大百科全书出版社，1995，第7页。

② 〔英〕米尔恩：《人的权利与人的多样性——人权哲学》，夏勇等译，中国大百科全书出版社，1995，第8页。

我们认为，这个例子并不能挽救他的观念。不错，在实行奴隶制的社会中，虽然在有财产的人中可以形成对财产占有的有效理解，但是并不存在人们普遍拥有的人身和财产权利，所以，它还不会成为这种社会的核心概念，其社会关系也不可能建立在普遍的权利—义务关系之上，比如奴隶就没有权利，只是会说法的工具。川岛武宜说，"对奴隶的所有关系不是法律关系，而只是主体对客体的支配关系而已，这同我对我所有的事物、工具、动物的关系一样。"① 在这个时期，权利几乎不可能被意识到。

米尔恩对权利的这个论证是失败的，其原因是什么呢？

从我们的立场上来看，这表明米尔恩没有看到，社会生活中一种事关社会实践全局的新的概念的凸显，一定经历了一个长期的观念化的历史过程，权利概念就是如此。从以前没有与现代权利概念相对应的用词，到近代以来权利概念的凸显，进入政治哲学和道德哲学的核心地带，必定有着社会实践发展的必然性和必要性的基础，这种必然性和必要性使人们对于这种新的社会现实进行概括、反思，逐渐形成人们对这个概念的认识、认同，从而使之观念化。权利的观念化必须在整个社会都采取自由劳动制度，人们都成了独立的利益主体，人与人的交易关系、分配关系、政治关系采取严格的权利义务关系形式之后才能形成。

（二）封建时代人们缺乏权利意识的历史证据

我们可以看看西方和东方的封建社会的情况。封建社会的人与人之间关系的特点是：一些人对另一些人存在一种人身依附关系，他们的生命能得到保障，也有自己的独立家庭，但在经济上则要租种地产主的土地，而地产主则使之以佃农的身份束缚在这些土地上，并采取地租剥削的方式来使财富向自己集中。对于无土地的人们来说，地产主让他们租种土地，甚至可以形成一种恩惠关系。在由于天灾或人为因素而粮食歉收时，地产主若是减免某些地租，则是一种额外的开恩行为。这种社会是"单纯强者的社会"，"有人只是发布命令而其他人只有服从"，在这种社会关系中，就

---

① 〔日〕川岛武宜:《现代化与法》，王志安 等译，中国政法大学出版社，1994，第17页。

不可能有真正的权利义务关系，或者说没有发生权利概念的余地。它不是自由平等的人们之间的横向关系，而只是等级制的纵向关系。在这种社会中，没有真正的法意识，而只有义理和人情的习俗关系起主要作用。

这种社会把人群区分为各种尊卑贵贱的等级，居于上层的人们具有各种等级特权，而居于下层的人们则必须尽等级义务。社会财富以地租、赋税的形式流向社会上层，并以等级为基础来分配财富。所谓义理，就是下事上、贱事贵这一天下之通义。所谓人情，就是血缘亲情和上层阶级对下层人们的仁慈和恩惠。在这种社会结构中，自由平等的人们之间的权利义务关系根本不可能被意识到。我们现在说到法的关系就是权利与义务关系，但是，在中国古代封建社会中，其所谓"法"有着什么样的本质呢？正如梁治平所说，在中国古代，法被看做"王者之政"，是贯通天地、人情、事理的普遍规则，是所谓"德"的补充，地位上从属于德。古代的法，一方面是作为由国家专擅的杀伐禁诛的手段，另一方面也是王者替天行道、维持人间秩序的整个宇宙秩序的一部分。于是，"圣贤教导、历史故事，以及含义宽泛的价值如天理、人情、忠信、仁义等，如果被引入司法活动而成为法官判案的依据，也应当视为法律。"[1] 由于中国古代社会秩序就是下事上、贱事贵的等级秩序，所以，"法律的设立并不是为了保障个人权利，就是一般社会关系也不是在权利—义务关系的框架里被把握和理解的。"[2]

（三）出现普遍的权利观念的社会物质生产方式的基础

在近代，西方传统的等级制受到资本主义生产方式的冲击，社会财富在以前是以地租的方式向地产主集中，而随着社会化大生产的出现，工商业不断扩展其规模，社会财富迅速集中于资本家手中。在这一过程中，劳动力、资金、土地、机械也日益成为工业生产的生产要素，传统的土地贵族虽然仍然固守着其社会等级荣誉的残梦，但这时也只能要么进入资本家行列，要么因为鄙视生产和商业而成为没落贵族。于是，新兴资本家阶级

---

① 梁治平编《法律的文化解释》，三联书店，1994，第50页。

② 梁治平编《法律的文化解释》，三联书店，1994，第54~55页。

要求打破传统的等级制度，要求平等权利，并要求分享国家政治权力的愿望越来越强烈，从而爆发了争取平等、自由权利的资产阶级革命，并逐步建立了资产阶级政权。他们鼓吹天赋人权，主张人生而平等，质疑君权神授、质疑社会统治权的自然基础——权力世袭的合法性，转而主张把自然法作为人们生来自由而平等的基础，并主张政治权利是自由平等的人们通过契约而让渡给一部分人的，而人民则拥有最终的决定权。这种学说，显然对打破传统的等级特权制度是一件有力的武器。但在资本主义制度确立以后，这种学说必须面对这么一种现实，那就是社会分化为两大阶级即资产阶级和无产阶级，他们虽然都是自由的，也可以说是人格平等的，但是，无产者的自由仅仅是出卖自己劳动力的自由，他们的平等也仅仅是形式上的平等。换句话说，这种社会充满了社会地位和财富的不平等，以及由此而来的奴役。

（四）权利的观念化过程

所以，从历史进程来看，权利概念经历了一种长期的观念化过程。近代以来，社会生产方式的变革和发展，使人们从传统的各种人身依附关系中摆脱出来，成为独立、自由、平等的利益主体，传统的家庭经济落伍了，而转化为社会化大生产，因此，权利义务意识有可能得到彻底的确立。我们认为，在这个时代，权利的观念化经历了以下的一系列步骤。

（1）在西方近代，封建的地租剥削方式逐渐被废弃，代之而起的是商品交换成为其经济原理。社会中经济联系的方式就是商品交换，人们作为独立的利益主体而在市场中彼此交换自己的劳动。这使"从封建的或绝对主义的政治统治（政治的、社会的、道德的）下解放出来的'自由'个人的营利活动成为经济生活和社会生活的原动力。这种自由人格首先以营利的独立者的姿态出现。这是作为利己心的承担者而出现的社会成员，是奉行'人为自己而存在'、'世界为我而存在'，以利己的自我主张为目标的人的存在"①。他们虽然是孤立的，但是并不等于说这是纯粹个人主义的世界，相反，他们

---

① 〔日〕川岛武宜：《现代化与法》，王志安 等译，中国政法大学出版社，1994，第10页。

只是摆脱了一切传统的人身依附和绝对主义的统治的个人，现在他们必须以商品交换为中介进行社会的联结，创造新的社会结构形态。在商品交换的必然性要求面前，所有人都必须相互承认对方的自主的主体性地位，即所谓抽象的平等和自由。我们的思维对这种社会现实进行反映，可以形成所有人都有自主人格的理念；而在政治与法的意识中，则确认了在彼此承认其主体性的人们之间的权利和义务概念。马克思认为，普遍的商品交换的经济体系，"必须彼此相互承认对方是私有者"，也就是说，把对方视为与自己平等的人，商品的等价交换原则就是这个体系中的监护者，所以说，"商品是天生的平等派。"① 我们可能会为在这个时代中，传统等级社会中的义理、人情等价值色彩消退而感到惋惜，但是，这正是历史发展的必然选择。

（2）这种独立的、自由、平等的利益主体，在他的所有物的范围内，他可以对自己固有的利益进行自由支配，"在这个范围内他是不受他人侵犯的'主体人'，在这个范围内他将自己作为'自由'的主体人来意识。"② 正因为大家都有这种固有的支配领域，所以人们可以要求相互尊重，并且在社会上得到确认，这就是"现实形态的'权利'"。不过我们必须明白，如果经济方式不是普遍采取商品交换的方式，如果不是大家都成为平等的利益主体，人们也就不可能享有这种受社会法律保护的"权利"。这种权利意识，认为个人不依附于任何其他人或机构，政治国家也必须是所有权利人经过一致同意才能成立的保护大家的权利的公共权威机构。而在人们的商品交换中，其伦理要求就被转变为等价交换，也就是说，这要"在利己心的主体把他人也作为利己心的主体，即作为与自己同样的人格而相互交涉时才能产生"③。这样整个社会的交往结构就表现为一种权利—义务关系。等价交换的要求给那些本来无可满足的利己心设置了界限，这就是权利主体之间相互限制的义务。在这个社会中，不是纵向的等级统治关系，而是横

---

① 马克思：《资本论》第 1 卷，人民出版社，1975，第 102 页。

② 〔日〕川岛武宜：《现代化与法》，王志安 等译，中国政法大学出版社，1994，第 53 页。

③ 〔日〕川岛武宜：《现代化与法》，王志安 等译，中国政法大学出版社，1994，第 35 页。

向的平等的利益主体之间的交换关系占据了主导地位，只有这样，人们之间就既有同样的权利，又承担着同样的义务。这已经是一个新的伦理世界。

（3）这种经济领域的自主人格，逐渐在理性反思的层次上，形成了抽象的人格概念，从而获得了一个最基本的抽象价值，即个人的主体性。而这个抽象的主体性成为我们一切社会活动的出发点。我们也正是作为这种理性主体，才能在普遍法治状态下，使每个人的自由意志并存。人们的意志自由在普遍法治状态下能够并存的范围就是我们的权利范围，而遵守法律就是我们的义务。这种权利和义务，就不仅仅是商品等价交换的权利和义务，也是我们一切社会交往中的权利和义务，包括政治权利和政治义务。

二　权利的道德基础

权利，简单地说，就是自由和平等的人们在社会实践中，根据某种正当的理由而主张拥有某些东西的资格和现实可能性。我们的各种实证法律都界定了人们的许多权利，似乎权利的存在没有什么疑问。但是，进一步追问究竟什么是权利，以及判断这些法定权利是否正当的根据是什么，却是我们政治哲学和道德哲学所必须做的基础工作。

（一）思考权利的理论框架

（1）从抽象的形式层面讲，思考权利问题的基础是人的本质以及人与人之间的关系。一方面，人不同于其他动物，其本质规定的确是自由的，也就是他能自主地选定并追求自己的好生活；另一方面，人有理性，也就是说他能反思人与人之间的关系甚至反身关系，即思考自身，从而能够思考某些超出感性世界之上的普遍性的合理理由。这就是说，人不仅能够把其他人看做自己的同类，更能理解他人与自己是有着同样本质的存在者。由于人是自由的，并且是有理性的，所以他们必定有个体意识或主体意识，意识到自己与他人的边界，可以意识到自己的要求必须得到他人的认可，并且要认可他人同样的要求，等等。当然，只有在社会上普遍实行自由的劳动关系，人们都摆脱了人身依附的基础上，这种抽象的权利才能得到主张。

（2）人的共在论的存在论境域。人伦关系的最简洁的表述是自我—他人。他人是一个坚硬的事实。显然，在纯粹的个人状态中，将不存在权利，也不需要权利。这表明，权利是在与他人的关系中存在的。当然，在原始的血缘团体共同体中，由于生产力水平低下，也由于共同体成员之间是水乳交融、休戚与共的，所以共同体成员之间相互帮助，实行共产制的家户经济，没有个人财产意识，成员们自然而然地为共同体服务，共同体也关心成员的一切，所以，也就没有权利—义务的关系。权利，一定是在个人从共同体的母体的脐带上脱离而取得独立，同时又必须与其他独立的个体进行交易、交往的人伦环境下才能出现。所以，权利一定经历了一个逐渐观念化的过程。

同时，我们要明白，组成社会是我们生活的必需，这是因为社会合作能够使我们获得单个人状态下所不能获得的好处；为什么明晰产权是必要的？这是因为我们对属于自己的东西有最高的关注程度，以此为基础而进行交易、合作，就能获得彼此利益的增进，并能增进社会财富。但是个人对社会也有期待，那就是希望社会能够保持人与人之间关系的和谐和个人外部生活的兴盛。

（3）共同体结构中的权利。贝思 · J. 辛格说，"我们把共同体解释为个人、身份以及权利的必不可少的环境和条件。"[1] 许多社群主义者认为，自由主义者把个人看做无文化、无社会的分散的原子化的个人，从而认为这种个人是一种虚构。贝思 · J. 辛格虽然重视共同体的先在性，但是并没有否认权利，而是认为，虽然在抽象意义上，每个人都有被平等对待的权利，但是权利必须在具体的共同体中才能被真实赋予。条件是，共同体中的人们形成了一些共同的普遍规范，这些规范是有效的，即人们能够认同，形成某种泛化的他人态度，从而尊重并接受共同体规则的约束。正是这些有效的规则才为人们有效地赋予了权利。如果共同体没有形成相应的有效规范，则从理论上说的权利就不是有效权利。

---

① 〔美〕贝思 · J. 辛格：《实用主义、权利和民主》，上海译文出版社，2001，第 2 页。

（二）权利的道德基础

由于人的利益分立的现实，对权利的道德基础的确认，是我们的社会经济政治活动的前提。在学术界，由于认识到权利只能在某些公共规则下，并要依据其对应的义务才能确认，所以，又有人提出，义务应该优先于权利。我们只有尽了相应的义务，才能享受相应的权利，似乎想把义务作为权利的道德基础。这种说法看似有理，但是，我们在进一步的思考中，发现这一说法有误。

第一，权利这个概念之立的目的，正是为了消除传统社会权利与义务不相对称的情况。这正是权利的道德基础之一。从义务出发，有可能强化义务的单向性，即社会把义务只是强加于某部分人身上。此类说教，在古代，屡见不鲜。所以，权利概念之立，目的正在于使义务与权利取得对称。世界上还没有哪个时代权利泛滥而义务被不当消除。义务是必然存在的，不然，社会就无法运转。所以，关键在于，要让义务在平等尊重权利的前提下得到合理分担。

第二，在权利与义务的关系上，首先必须确立自由与平等的人伦关系基础（这当然是一种政治的变革），才能获得权利与义务的对称性。虽然权利并不能离开义务而被单独确定，但我们正是为了确认权利，才在平等与自由的道德主体之间所应尽的同样义务中来划定权利的边界，这主要是因为我们现在还必须实行个人财产制度，从而个体的人身、财产、自由都必须归向个人而不能被他人或社会所侵害，于是，所有个体都不得侵害对方的人身、财产、自由，这就彰显并捍卫了权利。所以，在自由平等的社会中，个人自由并不是任性的，而是要受到公共规则约束的。在这里，权利的道德基础就是公正，即把各人的东西归各人。如果有人不尽义务而侵害别人的权利，则必须受到公共规则的惩罚，他要做的就是归还所侵占之物，当然还要为他的恶意而付出法律代价，这是公正的，也是对他所侵害的对方的权利的保障。但是他并没有丧失全部权利，比如说，他不能因为有意或无意损害了别人，就剥夺他的一切权利，他只是要赔偿他对别人所造成的损失，他仍然是权利主体。所有人都不能任性地行使自己的权利，超出

273

他的权利范围就不再是他的权利，也即不是他所能合理主张的权利。

　　第三，权利的道德基础还在于关于权利的善恶法则。权利和义务究竟哪个优先？赵汀阳认为，在人权问题上，必须有严格的公正原则作为前提，也就是要保证"恶有恶报，善有善报"。于是，人并不具有天赋人权，而只能由文明社会把人权预付给所有人，然后要求他们完成相应义务，在完成相应义务的过程中，他才做成了一个"人"，才能保有人权。用他的话来说："每个人无条件而平等地获得预付人权，但并非无条件地保有人权；人权承诺了人义，履行人义就是保有人权的条件。"① 这种理论看来很好地克服了天赋人权的神秘性问题，并以承担义务为前提来保有人权，从而能够避免权利的泛滥，即造成权利与义务不能严格对应的社会不公正局面。但是，我们可以进一步追问，那就是，如果人权是预付的，那是谁预付给我们的？如果是政府预付给我们的，那么政府是否代替了天赋人权中的上帝或自然？可是，政府本身就是经过公民的同意而成立的，这表明，公民在政府成立之初就有对成立政治国家表示同意的平等权利，显然，这样的权利不能是预付的。其实，既然赵汀阳如此重视严格的公正原则，本来是可以得出权利优先于义务的结论的，因为公正原则可以理解为划分人的权利的范围的原则，禁止越权，才是公正原则加给我们要行使权利时所应履行的义务。如果不是为了行使权利，我们履行义务干什么？我们在公正原则中行使权利，履行义务，就是在做人，成为一个道德主体。于是，权利并非是所谓"预付"的，在他违背义务时就可收回。可以这样看，他所受到的法律惩罚，并不是收回他的权利，而是阻止他超出自己的权利范围而行动，并为此付出代价。尊重并保卫权利就是善，侵害他人的权利就是恶。

　　所以，把义务优先于权利，是无法保障权利的。更为严重的是，如果法律所加给我们的义务是不合理的，那么我们也必须去严格履行吗？"预付人权"的说法，其实质是把权利看做公共机构对个人的施舍，而存在任意强加义务的可能。实际上，权利之立，就是使个体能够抵抗他人和社会

---

① 赵汀阳：《每个人的政治》，社会科学文献出版社，2010，第113页。

对他们任意强加义务，制定法律的目的也在于此。

综合起来说，权利的道德基础就是："要承认每一个人的生命与尊严都应当受到尊重，由此就产生了两个原则其一是平等地对待每一个人，不应当存在歧视和区别对待。其二是特殊责任原则。由于每一个人都要过自己认为有意义的生活，所以第二个原则就要求每个人在过自己认为有意义的生活时，都要对自己所过的一生负应有的责任。"[1] 正是在这样的道德基础上，我们才拥有权利。而且只有这样，权利对人生才是有意义的。

三 权利的结构体系

只有在自由平等的人伦关系结构中，我们才能论述权利的结构体系。在人们都是独立平等的利益主体，拥有自己的财产权利，社会经济活动还只能采取市场的分散决策的形式的时代，我们看到，权利只能是以正义原则为基础的权利。由于正义是公平地分配社会基本善并且公平地分摊社会负担的原则，所以，其立足点是让所有人获得自己所应得的。只有在正义原则下，才能既让各人拥有自己的平等权利，又能让各人承担起自己的相应义务。这种权利体系包括了个人的独立人格，在社会中受到公平对待的权利，以及公平对待他人的义务。

当然，由于权利对个人而言的基础性，而且，权利只有在不同社会生活领域中才能得到保障和实现，所以，权利有着层次性和领域性。

第一，形而上学层面的自由权、尊严权和人格权。笔者看不出对权利进行形而上学层次上的思考有什么不合理的地方。拒斥形而上学，只会伤害权利的道德基础。从现象层面来思考权利，就只能采取"利益模式"，即把权利作为某种利益来思考，而不能采取"选择模式"，即把权利看做是理性选择的主动性。我们认为，只有"选择模式"才能确定人的自主性这么一个权利的道德基础。也就是说，我们作为一个有理性的存在者，我们可以拥有一种先在的选择权，也就是说，只有人，面对自己所要做的事情，

---

[1] 〔美〕德沃金：《认真对待人权》，许章润主编，广西师范大学出版社，2003，第178页。

我们始终可以行使自己的反思能力，这就是一种选择能力，也是一种形而上学层次的自由权利。

所以，存在这样一类权利，它们是所有人都平等拥有的，那就是自由权、尊严权和人格权。这类权利可以扩展到孩子，因为人类的孩子将会发展为理性成熟的成人；也可包括有智力障碍的人，因为他们只是由于先天或后天原因而造成理智的缺失，所以，他们也拥有这种权利，只是不能行使这些权利，故而需要正常人的保护和照顾。这些权利之所以具备了道德基础，是因为它们是基于人们的道德资格之上的，是人作为道德主体的资格。同时，个人拥有这种权利，也是追求好生活的前提条件，所以，如果说追求共同善是我们在社会中生存的目标的话，那么这种前提条件的获得，也是共同善的一个本质性因素。霍布豪斯说，"个人的权利是建立在人格之上的。权利是个人发展的条件。但是，人格本身也是共同善的一个要素，这是人格的各种权利有道德上的效力的原因。"[1] 在这个层次上，它们不受到任何具体结果或功利的审核，反而可以约束和制衡对具体结果或功利的追求行为。在自由平等的人伦关系确立以后，无人能有效地否定这些最基本权利的存在，从而可以在最强的意义上禁止人们相互侵害这些权利，所以，保卫人们的人格权和尊严权可以成为正义的最基本要求。

第二，现实层面的权利及其分类。形而上学层次的权利是最基本层次的权利，面对现实的生活实践，这些权利应该成为现实权利的基础。它们要下降到现实世界之中，而具备现实生活的内容。不管我们的生活实践领域如何分化，追求的目的如何多样并且处于变化之中，从而衍生出各种现实权利，都不能违背这些最基本权利，否则这种种现实权利就不具备正当的道义基础。

首先，我们考察生命权。生命权在具有独立人格和自主性的个人那里，是起点权利。我们之所以拥有普遍平等的生命权利，是因为生命是自由、尊严和人格的载体，所以，保护生命权利的目的是保护人格不致被毁灭、

---

[1] 〔英〕霍布豪斯：《社会正义要素》，孔兆政译，吉林人民出版社，2006，第22页。

贬低和受到侮辱。生命因承担着道义价值而可贵，道义价值因为有生命的承载而得以挺立。奥特弗里德·赫费不想追究生命权的形而上学理由，而是主张在人们的现实相处中，我们自由权的行使有造成对彼此生命的伤害的可能性，所以，我们必须从最全面的层次上彼此放弃残杀对方生命的自由，只有在这种放弃中，我们才能获得生命权。"除非其他任何一个人实际上都放弃了残杀（别人的）自由，就没有人能得到（自己的）生命权。"[①] 只有这种全面放弃，才能成为社会上的有效规范，构成对我们生命权的无偏颇的保护。这种说明从理论上说是精妙的，但是，我们仍然认为，之所以要平等保护所有人的生命权，就是因为生命是每个人的人格权和尊严权的载体，这是更为基础的道德理由。

其次，我们考察交易中的契约权。近代以来，自由和平等的人伦关系的确立，首先是由经济生产方式的变化而引起的。近代以来的经济生活建立在自由平等的道德主体之间的契约纽带之上。契约关系典型地体现了人们的交换关系的性质。在一个每个人都是独立的利益主体，还必须实行财产的个人所有制的时代，我们都需要通过契约来进行合作，以获得彼此利益的增进。我们看到，契约主体必然是具有独立的自由权、尊严权和人格权的平等主体。所以，人身和人格就不可能是契约的内容，契约的内容只能是外在的物质利益；同时，契约必定是双方或多方真实意思的表示，强迫契约就不是真正意义上的契约，原因是这种契约侵害了被强迫方的自由权、尊严权和人格权。每个人都有通过订立契约而彼此获利的权利，而由于契约是在平等自由的人们中间订立的，所以，契约就对双方或多方都有同等约束力，故履行契约就是大家的同等义务。

在现代社会中，生产、交换中的契约形式是最本质的经济活动形式，故而雇主和工人之间的关系不是传统的施恩与受恩的关系，工资也不是情义性的赐予，而是契约的结果，对双方来说都是权利义务关系。在存在外

---

① 〔德〕奥特弗利德·赫费：《政治的正义性——法和国家的批判哲学之基础》，庞学诠译，上海世纪出版集团，2005，第279页。

部竞争性的用工形势下，工人也有了一定的议价能力。而情义性关系只是私人性的、偶然性的。这是社会化大生产以及人力资源市场化所必然要求的。在这种现实中，财产的确是个人人格的存在，是人格的物化内容，所以，社会必须确认人们的财产权利。

再次，人们进入共同体中生存，是个体生活的延展和延伸，也是权利义务关系得到人们情感性的呼应和成为有效约束的场所。在此之中，人们不仅主张权利，而且也拥有权利，这是人们获得自己的有效权利的途径。在小型共同体中，人们由于长期的共同生活和利益交换，会慢慢形成一套有效的规范，而"规范社会共同体的社会规范是我们所认识的人类生活的先决条件"。① 即大家都认可并承认其有效约束力，人们不仅对这些规范形成了理性认识，又有情感上的认同和意志上的趋赴，于是，在共同体成员中形成了一种普遍的价值态度。这样，人们的自由权、要求权、权力权和豁免权就能够为社会规范有效地确认，并要求彼此尊重，把它看做彼此的义务。这当然是比较理想的共同体。如果不能形成这种共同体，即使颁布了一些规范，若大家都不认可它们的约束力，则自认为拥有的权利就只能是理论上的权利，而不能成为现实有效的权利。

同时，共同体的共有规范是否能够赋予人们以现实的权利，需要受到更高的道德价值的审核，也就是说，要衡量它们是否基于自由权、尊严权和人格权这些道义标准，这是防止共同体成为变态共同体的前提条件。社群主义者只把泛化的他人的态度的形成视为权利的道德基础是失当的，因为形成共同的价值态度有着多种方法和途径，比如通过貌似合理的论证、煽动狭隘的团体情绪而得到营造。亚里士多德曾论证奴隶制天然合理，并认为主奴关系可以是一种和谐的、兄弟般的友谊关系；希特勒煽动一种狭隘的种族优越论，而走向纳粹主义，等等，都是深刻的教训，因为它们直接摧毁人人拥有自由权、尊严权和人格权这些道义

---

① 〔美〕贝思．J．辛格：《实用主义、权利和民主》，上海译文出版社，2001，第35页。

基础。所以，只有在尊重并保卫人们的自由权、尊严权和人格权的基础上，去营造一种合乎道义的共同体，才是使人们获得真实现实有效权利的途径。

最后，我们考察政治权利。政治所关涉的是统治与被统治关系的建立，人们在这种关系中被政治规范确认了政治权利。从本质上说，统治与被统治关系是自由平等的人们进行公平的社会合作的政治结构，所以，我们也必须追寻政治权利的道义基础。政治权利有以下类型。

（1）表达同意权。对一种统治与被统治关系的建立，人们拥有表达同意权，因为这种关系必须得到被统治者的同意。一个未经同意而成立的政治结构，即使能够促进经济的进步、社会发展甚至某些美德的繁盛，也只能说是达到了其政治目的，而不能完全证明这种政治结构获得了其道德基础，即道义上的正当性。公民们的表达同意权是政治生活中的个人的自由和平等权利，可以表现为选举权和被选举权。当然，选举权和被选举权的普遍持有，是需要经过一个长期的政治发育过程的，并需要加以合理、周到的技术设计。

（2）政治参与权。这种权利表现为在具体的政策制定以及如何确定公共利益时人们所拥有的权利，包括制定对所有人都一视同仁地对待的法律，这也是公共利益，也需要公民广泛的政治参与。因为公民是政治行为的影响的承载者，所以，公民应该能对政治决策有相当的参与权利，公民应该有权对决定什么是公共利益进行广泛的公共讨论，政府也应该开放公共讨论平台，保障大家的参与权利。

（3）政治生活中被平等对待的权利。德沃金认为人们为什么具有权利这一点是自明的，他不愿意在这方面多费口舌，而是径直断言："人们不仅具有权利，而且在这些权利中还有一个基本的，甚至不言自明的权利。这一最基本的权利便是对于平等权的独特观念，我们称之为受到平等关心与尊重的权利。"[1] 从以上对权利的道德基础的分析中可以看出，德沃金的这

---

[1] 德沃金：《认真对待权利（修订版）》，信春鹰译，上海三联书店，2008，第8页。

一权利主张并不难以理解。从社会的角度来说，人们必定要在社会制度中才能主张、要求、希望什么，这是权利的内容，但权利的这些内容必须是合理的，也就是社会不能以合理的理由加以拒绝的。这是指国家应该对每个人予以平等关怀。

四　结束语

每个人的生命只有一次，所以，每个人的生命都不能被浪费。这是我们享有自由平等权利的终极理由。

国家是大家的国家，所以，第一，国家应该平等地对待大家；同时，我们都负有服从国家法律，并服务于公共利益的义务。第二，我们个人的生活又是必须靠自己内在地去过的，所以，我们所拥有的权利要求我们应该认真对待生活。

最后，笔者坚定主张：我们因有权利而自尊；因有权利而有义；因有权利而有福。

作者简介

詹世友 哲学博士、教授。先后毕业于江西大学（现南昌大学）、四川大学、中国人民大学，取得哲学学士、硕士和博士学位。现任上饶师范学院副院长，南昌大学思想政治教育专业博士生导师。长期从事道德教化理论、公共伦理学、美德伦理学、政治哲学研究，取得了丰硕成果。

主持完成和承担国家社会科学基金3项，教育部人文社会科学一般项目1项和省级课题6项。出版《公义与公器——正义论视域中的公共伦理学》（人民出版社2006年版）、《道德教化与经济技术时代》（江西人民出版社2002年版）等学术专著，在《哲学研究》《伦理学研究》等海内外著名刊物上发表学术论文80余篇。成果获江西省社会科学优秀成果一等奖2项，二等奖2项，三等奖3项。国务院特殊津贴专家，江西省首批哲学社会科学领军人才，江西省高校中青年学科带头人，入选江西省首批"赣鄱英才555工程"领军人才（人文社会科学类）培养计划。

钟志贤

开放大学与学习型社会

一

　　诸位，大家下午好！首先感谢井冈山大学副校长曾建平博士对我的一番溢美之词。自知者明，所以我把它当做一种礼貌和激励。不过说实话，能作为本年度江西省社会科学学术活动周的演讲嘉宾之一，本人感到十分荣幸。感谢江西省社联为我提供一次交流的机会，感谢井冈山大学为本次学术活动提供良好的平台。

　　我们知道，由江西省社联和全省高校联合举办的学术活动周是"深入学习十八大精神，繁荣发展哲学社会科学"的重要举措。它的主题是"人文兴赣：传承·创新·发展"，旨在聚焦学术经典、激励学术创新、彰显学术魅力、展现学人风采，构筑高层次学术交流平台，认识世界，传承文明，创新理论，资政育人和服务社会，充分发挥社会科学"思想库""智囊团"的重要作用，更好地服务富裕和谐秀美江西建设。我不是什么思想家，更不是什么智囊，那个层次比较高，非我等水平可及。但是作为一名人文社会科学工作者，把自己的学习心得拿出来与大家交流一番，还是应该的，要不然就像太阳不发光，月亮不反光，巡夜的不敲梆，属于不尽职业角色，大有尸位素餐的嫌疑。

二

我今天给诸位带来的交流题目是：开放大学与学习型社会。为什么选择这样一个题目呢？答案很简单，首先是因为它与我们很密切。人性都有一个特性或者说是弱点，那就是与自身不相干的东西是很少感兴趣的，你就是威逼利诱或者给他打强心剂也不顶用，所以做啥事最好顺乎人性。其次是因为它很重要，对我们提高素质、优化学习效率和提升幸福生活指数大有帮助。素质是本领，本领决定你的生活回馈和幸福指数，而本领的获得又取决于学习。再次是因为这是我的专业领域，做自己喜欢的，说自己知道的是明智的选择。

如果说上述三大理由都还是表层的，那么深层的原因就是积极策应国家发展战略，把个人的生存发展与国家和民族的命运联系起来。这也说明，我的选题还是有层次、有背景的。

关于开放大学和学习型社会这一主题，有以下三个背景需要给大家说一下。

第一，《国家中长期教育改革和发展规划纲要（2010~2020年）》明确提出了"两基本、一进入"的战略目标，即到2020年，基本实现教育现代化，基本建成学习型社会，进入人力资源强国行列。实现更高水平的普及教育，形成惠及全民的公平教育，提供更加丰富的优质教育，构建体系完备的终身教育，健全充满活力的教育体制。并且指出要"构建灵活开放的终身教育体系……大力发展远程开放继续教育及公共服务平台，为学习者提供方便、灵活、个性化的学习条件。搭建终身学习'立交桥'，促进各级各类教育纵向衔接、横向沟通，提供多次选择机会，满足个人多样化的学习和发展需要……办好开放大学，建立继续教育学分积累与转换制度，实现不同类型学习成果的互认和衔接"[①]。

---

① 《国家中长期教育改革和发展规划纲要（2010~2020年）》，人民出版社，2010，第32~33页。

第二，2012年7月31日，国家开放大学、北京开放大学、上海开放大学在人民大会堂举行成立仪式。中共中央政治局委员、国务委员刘延东在出席会议时强调，要以现代信息技术为支撑，整合共享优质教育资源，创新教育教学模式，办好中国特色的开放大学，为社会成员提供更加灵活、便捷、公平、开放的学习方式和多层次多样化的教育服务，为建设学习型社会和教育强国、人力资源强国作出积极贡献……在广播电视大学基础上建设现代开放大学，是满足人民群众多样化学习需求、促进教育公平、克服应试教育弊端和落实素质教育的重要途径，是构建终身教育体系、形成学习型社会的重要支撑，是教育服务国家发展、提高全民族素质的重要措施。①

第三，现在还散发着油墨清香的党的十八大报告指出，要"积极发展继续教育，完善终身教育体系，建设学习型社会。大力促进教育公平，合理配置教育资源……让每个孩子都能成为有用之才"。要"广开进贤之路，广纳天下英才……要尊重劳动、尊重知识、尊重人才、尊重创造……要加快人才发展体制改革和政策创新，开创人人皆可成才、人人尽展其才的生动局面"②。

诸位，这三大背景很清楚地说明了开放大学与学习型社会的关系。建设学习型社会是我们国家的战略目标，建设开放大学是形成学习型社会的重要支撑，利用开放大学资源，是我们每个人学会学习，走向成才，实现可持续发展的有效路径，也是我们对学习型社会建设应尽的责任。基于此，我们的主题也就分三个部分展开：开放大学是什么？什么是学习型社会？学会学习：做学习型个人。

三

首先，我们来看看开放大学是什么。你们或许会说，开放大学？好像听说过，但现实中却没有见过。其实，开放大学的各种形式一直或多或少、

---

① 刘延东：《努力办好中国特色的开放大学》[DB/OL]，http://dianda.china.com.cn/news/2012-08/01。

② 《新时期党的建设伟大工程——十八大报告辅导读本》，国家行政学院出版社，2012，第28页。

或隐或现地存在我们身边，从孔子的有教无类，到汉代的"著录弟子"，到隋朝开始的科举考试，一直到近现代的函授教育，都有开放的味道。而我现在任职的江西广播电视大学则是现代意义上的开放大学。世界上第一所以开放大学命名的学校是1969年成立的英国开放大学。说来可能你不相信，据英国权威的高等教育质量评估报告说，它的一些专业人才培养质量甚至可以和英国的剑桥和牛津比肩。顺便说一句，江西广播电视大学是江西省最大规模的大学，仅电大开放教育本专科在校生目前就有9万人。而作为世界上最大的巨型大学中央广播电视大学（现在叫国家开放大学了）目前拥有在校生353万人。我在江西师范大学工作了20多年，虽然江西电大就在师大边上，以前也只听说过有这样一所学校，对它的本质和运行方式却十分陌生。这说明人忽视身边事物的思维定式乃至偏见是何其强大。现在我对电大日渐熟悉，而且日益喜欢，因为它是一所老百姓自己的大学，生活化、平民化、草根化、个性化色彩很亮丽。

还要顺便告诉你一个希望你不要太惊讶的事实：电大的文凭在全球公认，你们所读的大学能不能得到全球认可，我不知道，但是我知道电大的文凭享有"文凭国际绿卡"之誉，以前我也是打死也不相信，反正现在是不得不信。为什么呢？对此问题我也纳闷了很久，后来慢慢明白了，那是因为开放教育过人的办学理念使然，它的办学贴近现实，讲究职业化，集聚全国乃至全球最优质的资源包括教师，学习方式灵活多样，最重要的是培养学生的自学能力，学生通过大学教育能获得不断优化素质的"造血"功能。教的目的是为了不教，如果说所谓素质就是指当你把大学所学的东西忘得一干二净的时候，剩下的就是素质，那么这"剩下的"主要指的是自学能力和思维能力。你想想看，一个通过大学教育而能获得自学和思维素质的人，他的文凭能不为地球人承认？

可惜在我们这个依旧讲究"出身背景"的地方，这点又要另当别论，看看现在求个职考个公务员什么的还要看你的第一学历，看看你是不是正规高校出来的，保准你会气得鼻头发白。其实，一个健康进步的社会是看能力不看学历的社会，是看本领不看背景的社会。如果人为地设置诸多不合理的条条杠杠，只会阻碍社会个体在社会各个阶层做自由的"布朗运动"，扼杀社会全体的创造力，导致社会阶层板结。还有一个其实就是"英雄不问出处"。武林高手未必都是出自少林，条条大路通罗马——陆路不通走水路，不管白猫黑猫，抓到老鼠就是好猫。"985"大学也好，"211"大学也罢，电大开放教育也罢，上大学就像是搭乘一列火车，不论是卧铺、硬座还是站票，我们都是在同一时间抵达目的地，而且目的地也不会管你是怎么来的。上大学不是目的，而是手段，你的根本目的是立业，是开创自己光明幸福的人生。

如果我们要给开放大学下个定义，那么可以这样说，开放大学是以现代信息技术为支撑，学历教育与非学历教育并举，实施远程开放教育的新型高等学校。这种大学的师生在时空上是相互分离的，主要靠信息技术来实现信息的传输和交流互动，办学类型多种多样，既有拿文凭的，也有拿资格证书的，还有什么也不拿就是纯粹的学习兴趣爱好。教学组织机构提供贴切的学习支持服务，学生则是根据自身的生活和工作特点按需学习，具有充分的学习自由。

下面我们试着给我国的开放大学绘制一张图谱。

顾名思义，开放大学的核心和本质是"开放"，具有六大开放特点：（1）对象开放（Every People）——有教无类，让所有的人"学有所教，学有其所，学有所成"；（2）时间开放（Every Times）——随时学习，2.5~8年的学分制，弹性的教学管理制度，泛在学习（Ubiquitous Learning），"365/7/24"全天候学习；（3）地点开放（Every Where）——随地学习，移动学习（Mobile Learning），泛在学习（Ubiquitous Learning），云学习（Clouds Learning），任何一个终端都是学习地点；（4）资源开放（Every Resources）——各种各样的学习资源组合（文本、课件、网络资源、PPT、流媒体等），全过程的支持服务，天网、人网、地网三网结合；（5）方法开放（Every Methods）——按需学习、个性化学习，根据自己的学习需要和学习风格、优势智能，选用最适合的学习方法、学习策略和学习方式，并且能得到相应的支持服务，自主学习＋面授学习＋网络学习；（6）观念开放（Every Ideas）——互动、交互/交流，师生/生生等互动，多种观点的发散与汇聚，展示/共享/反思与进步。同时，开放教育本身也意味着是向社会、教育等各个行业开放的、与时俱进的系统。

开放大学的根本目的或终极标志就是为构建一个"人人皆学、处处可学、时时能学、个个善学"的终身学习体系和学习型社会作出自己应有的贡献。

开放大学的主要任务包括四大方面：（1）稳步发展学历继续教育，缓解我国高等教育尤其是优质学历教育的供求矛盾。（2）大力发展非学历继续教育，满足人们多样化、个性化的受教育需求。（3）促进教育公平和教育均衡发展。将社会优质教育资源输送到广大农村、边疆和少数民族地区，为不同教育水平、不同年龄、不同职业的人提供更好的教育服务和机会。（4）搭建终身教育的"立交桥"。全面探索与实践国家"学分银行"制度，实现学历与非学历继续教育之间的学分互认与转换，不同类型学习成果之间的沟通与衔接。

开放大学在现实社会中扮演四个角色：（1）是满足社会成员终身学习需求的重要提供者；（2）是学习型社会建设的有力推动者；（3）是教育公平和均衡发展的重要促进者；（4）是促进我国教育信息化的先行者。

开放大学所要追求的是四个"一所"大学：（1）一所为社会成员提供灵活、多样、个性化学习条件，关注特定区域与人群，促进教育公平，没有围墙的新型大学；（2）一所全面实现以现代信息技术为支撑，技术与教育深度融合的新型大学；（3）一所创新人才培养模式和学习模式的新型大学；（4）一所能够实现各种学习成果认证、积累和转换，促进终身教育体系构建的新型大学。

从开放大学的社会价值来看，我们可以用四句话来概括，开放大学是"教育公平的砝码、终身学习的支柱、全民学习的平台、人生进步的阶梯"。

说到这里，在座的都会明白，开放大学与你密切相关。不错，开放大学可以为你的终身学习提供强有力的支撑，可以帮助你在学习型社会自由穿行。借助开放大学，你可以拿文凭，拿资格证书，满足自己的兴趣爱好，开展基于个性自主的终身学习，成为学习型社会中合格的一员。

是的，开放大学本着开放的本质，传载"有教无类、学有所教、随时随地、资源丰富、个性定制、灵活方便、交流共享和与时俱进"的教育理念。本质上说，它是以促进人的个性发展和可持续发展为理念，以学习者为中心，整合社会和技术的力量，为一切受教育者提供优质、方便、灵活、个性化的学习条件，推进全民学习、终身学习的学习型社会的形成，为人力资源强国建设的战略目标服务。将来，在开放大学里，每个公民都将拥有一张终身学习身份证，拥有终身学习的档案记录，开放大学对每个公民来说就是一个不知疲倦的电子教师，一个有求必应的专家系统，一个无处不在的学习场所，它将成为每个公民的日常必需品，它的教育资源是那么的丰富多样，管理机制是那么的人性化，每个公民都可以在人生有需要的时候实现自己所需的学习，在学习的时空和人生的各个领域自由穿行。①

四

如同前面所说，开放大学是构建学习型社会的重要支柱，学习型社会的建设离不开每个社会成员有效地参与学习，尽好自己的学习责任，那么，学习型社会是什么呢？

或许，听说过原始社会、奴隶社会、封建社会、资本主义社会、社会主义社会、共产主义社会或信息化社会，没听过学习型社会，是的，它们不是同一组概念，因为学习型社会并不是由生产力和生产关系、上层建筑和经济基础两大矛盾决定的。

"学习型社会"的概念，最早是由美国芝加哥大学前校长赫钦斯于1968

---

① 钟志贤：《展望国家开放大学的未来》，《远程教育杂志》2010年第6期，第108页。

年提出来的。它的原意是指一个社会在任何时候不只是提供时制的成人教育，而是以学习、成就、人格形成为目的而成功地实现着价值的转换，以便实现一切制度所追求的目标社会。他在这里所强调的是制度对人的学习、成就和人格形成的保证。

联合国教科文组织在 1972 年出版的《学会生存》一书认为：所谓学习型社会，是一个教育与社会、政治及经济组织（包括家庭和公民生活）密切交织的过程。亦即，每个公民享有在任何情况下都可以自由取得学习、训练和培养自己的各种手段，学会自我实现，学会将自己置于社会最适合的地位。

日本学者认为，学习型社会和终身教育所倡导的社会有同一的内涵，主要在于更明确地表达了终身教育的思想。我国学者则把学习型社会表述为社会的教育化和教育的社会化，认为学习型社会是为每个人的教育与学习以及发展都提供了制度上的保证和充分可能的社会。

综上所述，顾名思义，学习型社会就是强调把"学习"作为未来社会形态的基本特征。学习型社会就是以学习者为中心的社会。其基本观念是把学习当做正常的和日常生活化的事，而教育则被看做所有公民的潜在人权。它的重要目标就是为终身学习提供相应的环境。

学习型社会具有学习活动的普遍性、学习机会的充分性、学习对象的广泛性和学习内容的丰富性等特征，它以消除学习障碍，保障学习权利，促进教育公平，推动"人人皆学、时时能学、处处可学、个个善学"的理想目标实现。作为一种日渐被关注的教育思想，学习型社会的教育是在时间上的突破——终身教育，在空间上的突破——教育社会化，在对象上的突破——全民教育。建设学习型社会，对于提升全体社会成员的知识、能力、素质，满足社会成员日益增长的多样化、个性化教育学习需求，建设人力资源强国，进而推动国家可持续发展具有重要意义。

学习型社会的学习与传统的学习具有显著的不同，如表 1 所示。

表 1　学习型社会的学习与传统的学习特征比较

学习型社会的学习特征	传统的学习特征
学习是终身的，无法分为教育阶段与工作阶段	个人教育阶段与工作阶段一分为二
学习在各种环境与机构中进行，学校只是学习的一种场所	学习绝大多数在学校中进行
各种形态的学习与学校教育相互统合，人生的学习是形成经验、满足需要的创意过程	学校扮演最重要的角色，个人依赖学校学习，学校也给予个人压力
每一阶段的学习成败只具有相对意义，不能作为区分社会组成分子的指标	考试与文凭成为社会文化中的重要事物，考试结果成为区分"好"与"坏"学生和社会组成分子的重要指标
强调人的全面发展与创意，重视个人的自由发展与社会成员的不同思维方式	在学校中强调人全面发展与创意的培养
强调以终身教育的方式，协助个人接受现代思潮，建立历史观、科学态度与相对意识	在学校中加强现代思潮的教育及培养科学态度

　　显然，要有效地参与学习型社会建设或者在学习型社会体面地生存和发展，就必须改变我们固有的学习方式。这点我们留待后面再说。

　　诸位，如果我们对学习型社会稍感陌生的话，那么，另外两个密切相关的概念可能对我们来说比较熟悉，即终身教育和终身学习。

　　事实上，学习型社会是终身教育思想催产的结果。一般来说，作为一种世界性的现代教育思潮，终身教育是指人们在一生中所受到的各种培养的总和。它开始于人的生命之初，终止于人的生命之末，包括人发展的各个阶段及各个方面的教育活动。既包括纵向的一个人从婴儿到老年期各个不同发展阶段所受到的各级各类教育，也包括横向的从学校、家庭、社会各个不同领域受到的教育，其最终目的在于"维持和改善个人社会生活的质量"。它的显著特点是终身性、全民性、广泛性、灵活性和实用性。

　　1972 年，联合国教科文组织在《学会生存》报告中指出，如果说终身教育不是从摇篮一直持续到坟墓，那它无论如何也是从托儿所一直持续到养老院的。唯有全面的终身教育才能培养完善的人……我们再也不能一劳永逸地获取知识了，而需要终身学习以建立一个不断演进的知识体系。

1996 年，联合国教科文组织在成立 50 周年之际，在《教育——财富蕴藏其中》报告中又提出了一个重要观点：终身教育是人类进入 21 世纪的一把钥匙。

终身教育的内涵包括五个层面的意义：（1）时间——学习是持续一生的活动，从一个人的出生开始到生命的终了。（2）形式——学习的渠道和方式是多元的、弹性的，学习场所包括学校、家庭、社区、社团、工作场所等，学习方式包括面对面的讲授、传播媒体与电脑通信网络，等等。（3）学习方式——强调学习的自主精神，学习是有意识、有目的的活动，一个人不但要为个人的学习负大部分的责任，且要知道如何学习。（4）学习结果——使个人获得现代生活中必备的知识、技能和态度，最终目标是促进个体的自我实现，亦即学习内容无所不包，是一种全人（whole man）发展的教育。（5）学习是一项权利而不是特权。在终身教育的社会里，所有的国民在一生之中皆应有同等的学习机会。①

作为一种现代教育思潮，终身教育兴起的主要原因在于：一是社会发展的迅速变迁，人们不可能在完成一次正规教育后便能应付一生的各种挑战。二是现代科技知识的飞速发展，使每个人都处在信息剧增的恩惠和威胁中，而闲暇时间的增多又为每个人提供了更充分地利用这些信息的机会。三是现代人的生存意味着一连串的挑战。

终身教育作为一个人一生的教育和社会整个教育的综合统一，不能只限于个人的水准，而要作为国民、社会整体来加以考虑，个人一生的教育机会与社会的教育机会的统一才是名副其实的终身教育。终身教育对个人而言是贯穿人的一生的教育，对社会而言是全体国民的教育，两者统一是终身教育追求的最高目标。

从制度的角度看，终身教育是教育权利的终身保障；从学习内容的角度看，终身教育是专门教育和一般教育的统一，谋求专业与教养的统一，

①　祝智庭、钟志贤主编《现代教育技术——促进多元智能发展》，华东师范大学出版社，2003，第 70~71 页。

追求人的个性全面发展；从学习方法的角度看，终身教育认为，不知道怎样学习的人是未来的文盲，这种人不会营造自身的"造血"系统，面对新情况束手无策。终身教育要消灭未来的文盲。终身教育不是智育尖子的终身学习，也不是限于学龄期的强制入学，而是贯穿于所有人一生的自发的学习。它强调学习的自发性、学习内容的自主选择性、学习过程的自我约束性和自律精神。①

而"终身学习"这一概念是指通过一个不断的支持过程来发挥人类的潜能，激励并使人们有权利去获得他们终身所需要的全部知识、价值、技能与理解，并在任何任务、情况和环境中有信心、有创造性和愉快地应用它们。终身学习的基本内涵和外延有三方面：（1）学习型社会是终身学习的前提，亦即社会必须为人们的终身学习提供必要的条件和机会；（2）学习持续人的一生；（3）必须打破某种教育机构垄断教育的局面，实现社会处处是教育的学习化情景。终身学习强调了学习者的主体性地位，强调了把教育和学习看成以主体为核心的教育方式。在此意义上，终身学习获得了生活话语权。

终身教育、终身学习和学习型社会所倡导的教育理念，自20世纪80年代以来不断深入全面地体现在各国政府的教育战略决策中。教育为了更好地适应社会的发展和人的发展需求，就必须是：尊重个性，以个人的自发意愿为基础，个人根据需要（能力、性格、愿望）自主地选择与自己相适应的手段和方法，实现终身学习；为此，社会必须建立一个丰富多彩的、充满生活气息的终身学习型社会，在人生的各个需要学习的阶段，提供多种多样的学习机会，使学习者在任何时间、任何地点都能进行自在的学习；教育/学习应当使学习者本人体验到学习是一种乐趣和必需，走向生活、工作、学习一体化。

这样看来，为了体现终身教育思想，满足全体社会成员的终身学习，一个国家或社会就必须建设一个"人人皆学、时时能学、处处可学、个个

---

① 钟志贤：《深呼吸：素质教育进行时》，教育科学出版社，2003，第157~158页。

善学"学习型社会的特征素描。"时时能学、处处可学"是一种由国家提供的学习条件;"人人皆学"是一种由国家或社会引导或倡导的"学习意识",而"个个善学"是一种由教育机构组织或个人修炼的学习能力。学习型社会的建设和发展有赖于充裕、便捷、优质的学习资源,有赖于学习型社区、学习型组织、学习型城市的建设和发展,但最为关键的是有赖于"学习型个人"的发展。"学习型社会人人有责,学习型社会人人共享。"在我们看来,这种责任和共享就是有效地利用开放大学资源,参与学习型社会建设,其中,最重要的是要学会学习,做学习型个人。

学习型社会的发展要求学习者采取几乎全新的方式。当代学习的实质性问题是,是否知道学习什么,获取什么知识,是否知道从哪里学,能否运用所学知识来解决问题,是否具有建构知识结构、更新知识和具备创新的能力和本领。在学习型社会中,教学活动的中心正逐渐从"教"转向"学"的活动。在终身教育的环境中,受教育者不仅是教育活动中的客体,更是主动学习的主体。学习者所受的教育不再只是他的保护人赠送给他的礼物或者是对他履行的一种义务,而更多的是通过自己征服知识而获得自我升华。

在学习型社会里,学习者被视为现实社会的积极认识者和创造者。他们接受的知识虽然依旧具有继承性,但它已不再是从外部强加在学习者身上的东西,而是学习者出于自身需要自愿学习的东西。这样一种社会变化,首先对传统教育的方法提出了改革的要求,即今后的教育重点应当放在教学过程中的自学基础和自学能力的培养上。对教育和学习者来说,焦点问题是如何从被动地学到自主独立地学,发展学生的学习能力(未来的生存能力),使其成为具有分析、批判、质疑、自觉定向能力的学习者,而不只是能通过考试的知识收藏者。一个学会了学习的人将知道从哪里快而准地找到或学会自己不知道的东西。无疑,培养学习者学会学习的能力,应作为教育追求的核心目标。[①]

---

① 钟志贤:《深呼吸:素质教育进行时》,教育科学出版社,2003,第160~162页。

五

下面我们进入本次演讲主题的关键部分"学会学习：做学习型个人"。要有效地利用开放大学和体面地活在学习型社会，完善和提高自身的发展，关键是要学会学习；要建设学习型社会，关键是要做一个合格的学习型个人。

首先，让我们认识一下什么是"学习"。在学术界，有关"学习"的定义之多可以和"文化"的定义有得一比。据说，西方关于"文化"的定义达200多种。对此，一个一辈子研究文化的学者十分抓狂，他曾在一次研讨会上对同人们说，一谈文化的定义，我就想拔枪。我不知道他拔枪是杀人还是自杀，总之知道他很气愤也很无奈。我国也有文化学者发出类似的感慨，你不给我说文化的定义是什么的时候，我还知道文化是什么，你一谈文化的定义，我顿时就短路，马上不知道文化是什么了。一百多年来，以心理学和教育学界为主的学术领域也下了许多有关"学习"的定义，也是林林总总，见仁见智，弄得云山雾罩，令我辈郁闷。我没枪可拔，但是把谁摁在地上"扁一顿"的冲动也是有的，就是找不到具体的对象。

所幸，近年来，美国的德里斯科尔（M.Driscoll）下了个关于"学习"的定义比较受学界认同。这位女性学者说，所谓学习，是"人类行为表现或行为潜能方面的持久变化……这种变化是学习者的经验及其与世界互动的结果"。这一定义之所以比较受学界认同，主要是采取了兼容的态度，包含了许多与行为主义、认知主义和建构主义相关的普遍特征——即学习是一种持续改变的状态（情感、思维、身体），是学习者的体验及其与学习内容或他人互动的结果。① 这一定义有三个特点：其一，学习可以是外显的行为，也可以是内隐的心理过程；其二，学习的结果或变化是相对持久的；

---

① Siemens，G.Connectivism：*A Learning Theory for the Digital Age*（December 12，2004）［EB/OL］.［2006-10-28］http：//www.elearnspace.org/Articles/connectivism.htm.

其三，学习产生于经验而不是成熟。①

关于学会学习，国际21世纪教育委员会在向联合国教科文组织提交的报告《学习——财富蕴藏其中》中提出教育的五大支柱，其中第一支柱就是学会学习（learning to know），认为学会学习是指运用认知工具求知，学会发现问题，学会探究知识，学会构建知识，也就是要学会继续学习的本领；注重培养认知方法，通过发现、探究和意义构建的途径获取知识，培养继续学习能力。学会学习是通往终身教育的途径，同时也是终身学习的基础。追求知识以学会如何学习为前提，建立在专注力、记忆力与思考力的基础之上。

好了，以这一"学习"的定义为基础，综合学习科学的研究和人类的普遍经验，我们来谈谈如何学会学习，如何做一个合格的学习型个人。出于便捷考虑，我们将相关的研究和经验总括为七大建议，供大家参考。

（一）听毛主席的话

1939年，毛主席曾说过两段很著名的话。一是"有了学问，好比站在高山上，可以看到很远很多的东西。没有学问，如在暗沟里走路，摸索不着，那会苦煞人"。二是"我们队伍里边有一种恐慌，不是经济恐慌，也不是政治恐慌，而是本领恐慌。过去学的本领只有一点点，今天用一些，明天用一些，渐渐告罄了。好像一个铺子，本来东西不多，一卖就完，空空如也，再开下去就不成了，再开就一定要进货。我们干部的'进货'，就是学习本领"。毛主席还强调"学习应该学到底"。狼走千里吃肉，狗走千里吃屎。为什么？追求境界不同，看家本领不一样。而本领是要通过不断学习和有效学习来掌握的。②

（二）保鲜你的奶酪

所谓"奶酪"是一种隐喻，是指我们生命中任何最想得到的东西或各种美好的东西，如财富、竞争优势、社会地位、和美的感情、健康或心灵

① 〔美〕德里斯科尔：《学习心理学——面向教学的取向》（第三版），王小明译，华东师范大学出版社，2008，第4页。

② 钟志贤：《本领恐慌》，《远程教育杂志》2010年第2期。

的安宁，等等。但是，这些"奶酪"随时可能会霉变或失落。因为我们时时处在"重新洗牌"的境况中。为此，你必须打造你的核心竞争力，学会应变之道。从根本上来说，核心竞争力主要指学习力。学会持续不断地学习，是适应变化的不二法门。你竞争的核心优势就是比别人学得更快、更多、更好。懂得随机应变并享受变化的人，才能保鲜你的"奶酪"。学习是一种人生保障。[①]

（三）富有信息素养

学会学习的关键是掌握信息素养和终身学习。2003年和2005年，联合国教科文组织分别发布了布拉格和亚历山大宣言，认为：信息素养是人们有效参与信息社会的一个先决条件，是终身学习的一种基本人权。信息素养和终身学习是信息社会的灯塔，照亮了通向发展、繁荣和自由之路。信息素养是终身学习的核心，它能使人们在整个一生中有效地寻求、评价、利用和创造信息，以达到其个人的、社会的、职业的和教育的目标。它是数字社会的一种基本人权，能促进所有国家的社会内涵。

作为专业人士，我曾经长期关注信息素养研究问题。2000年我曾经提出过信息素养的八大能力，在国内有一定的影响。[②] 近年来，在不断反思的基础上，我就如何做有信息素养的人提出了十大参照标准。

①知信息需求：能以问题或目的为导向，定义、描述和确认信息需求。

②懂信息定位：根据需求分析，能确定所需信息的性质和范围。

③会获取信息：能选用或构建合适的搜寻策略，权衡成本和效益关系，有效地获取信息。

④会评价信息：能对所获取的信息进行客观公正的评价。

⑤善使用信息：能有效地使用信息实现特定的目的，产生信息效益。

⑥善整合信息：能有意义地整合新信息，并使新信息与自身的认知结

---

① 钟志贤：《论远程学习者的自我认识》，《远程教育杂志》2010年第1期。

② 钟志贤：《信息素养：培养你的八大能力》，《中国教育报》（网络版，E教育）2001年3月1日。钟志贤：《论网络时代的学习能力》，《电化教育研究》2001年第11期。

构产生联系或融合。

⑦会信息创见：能在充分整合已有信息的基础上创造新信息。

⑧懂信息规范：能合理合法地获取、评价、整合和使用信息。

⑨有个人风格：具有个性化的信息风格。

⑩有信息意识：对信息素养的意义具有明确的认识。

（四）五种学习态度

态度决定一切。要想取得良好的学习效果，必须塑造端正的学习态度。以下五种学习态度是决定学习效果的根本。

①想学。点燃学习的欲求，启动自主学习的引擎；明确学习指向，激发学习动机，锐意进取，自强不息，有所作为。

②勤学。水滴石穿，绳锯木断；持之以恒，绵绵不绝；勤学如春起之苗，不见其增日有所长；辍学如磨刀之石，不见其损日有所亏。

③真学。不随波逐流，不标榜矫饰，不把学习当做一种时尚的门面，而是真正把学习作为改变命运、增进人生动力的方式，全身心投入到学习之中。

④深学。专心致志，不心浮气躁；精益求精，不浅尝辄止，把学习落到实处、深处。

⑤善学。善于利用各种学习策略、方法和工具，善于利用各种人际关系，助推自己的学习；理论联系实际，把知识看做解决问题的工具；活学活用，急用先学，学以致用。[①]

（五）七种学习角色

高效率和高效果的学习是有意义的学习（Meaningful Learning）。这种学习是指"学习者能对学习负责，能自我控制，选定学习目标并进行自我评价；对学习充满热情，愿意持续学习；知道如何转化知识并创造性地解决实际问题；善于协作学习或工作"[②]。这种以学习者为主体的学习要求

---

① 钟志贤：《论远程学习者的自我认识》，《远程教育杂志》2010 年第 1 期。

② *Meaningful，Engaged Learning*［EB/OL］.［2006-9-17］.http：//www.ncrel.org/ sdrs/engaged.html.

学习者积极扮演以下七种角色。

①能主动。运用计算机效能工具、认知工具和信息技术学习环境，投入或浸润于信息处理的思维过程中，创建或呈现知识表征。

②善建构。将新知与已有知识建立起内在联系，真正理解所学内容，解决认知冲突、满足好奇心和化解心理困惑；利用知识建构、信息获取等工具或通过自己制作媒体作品等方式，实现知识建构的个性化理解。

③会协作。通过社会性工具，构建学习共同体，在成员之间的社会支持、示范和观察他人的学习绩效的基础上，实现知识和技能的共享。

④有意图。具有强烈的内在学习动机，在计算机学习环境中或利用计算机作为活动中介，自定学习目标，确定学习重点，自觉达成认知目标和追求学习成就。

⑤善交流。学习是一个社会的、对话的过程。通过社会性工具，在群体或共同体中开展交流，在交流中相得益彰，共同提升。

⑥入情境。完成与现实生活相联系的学习任务，实现理论联系实际，学以致用。通过案例、联系实际的任务、问题求解等真实任务的学习，有效发展实践和创新能力。

⑦善反思。通过认知和评价工具，阐释所学或所掌握的内容，反思自己的学习过程和决策过程，实现自我协商，有效反馈调控学习进程。[①]

（六）三个"三"的维度

如果你能把握如下三个"三"的维度，那么，可以说你的学习质量一定不会低，也可以说你在学会学习方面已窥堂奥，基本登堂入室。

1.顺利实现三重目的

（1）更快、更好、更轻松地学习相关技能和特定科目，提升职业生涯能力和生命品质；（2）学会将同一或类似概念应用到其他领域，提升知识和技能的迁移力和生存力，掌握概念和技能的综合、移植和衍生能力；

---

① 钟志贤：《大学教学模式革新：教学设计视域》，教育科学出版社，2007，第161~164页。

（3）培养适应自身特点且能胜任一切任务的个人化的技能和社会化的态度。这意味着，不仅要优秀，而且要不可替代，即要有核心竞争能力。态度比能力更加重要，态度决定一切。态度能决定性地影响能力的发展和职场的水准。

2. 学习中发展"三见"

（1）新见：获取和接受某种知识或观点比产生新观点更容易。善学者能有自己的见解，举一反三，触类旁通，启迪和生成新颖的看法。学习最怕的是复制式的吸取，只讲输入，忽视输出，把大脑变成知识的寄存处。（2）创见：以问题为导向，在吸纳知识的基础上，善于融会贯通，发散与聚合，整合与创新，寻求问题求解之道。创见是学习的最高境界和最本质的体现，是通向事业成功的钥匙。从农耕时代到蒸汽机、电气化和信息化时代，人类的发展过程是一个创见赓续的过程，世界发展到今天，几乎没有一种知识不是以某种方式重新组合的结果。（3）远见：对未来的发展趋势有敏锐的洞察力和未雨绸缪的执行力。"人无远虑，必有近忧。""凡事预则立，不预则废。"

3. 把握"三个关键"

（1）迅速、充分、有效地选择、存储和获取所需的信息。这既取决于需求的分析和确认，也取决于信息的搜寻和获取策略。（2）利用信息解决问题。学习的本质是一种信息加工处理的过程，目的是解决问题。有问题求解和信息效益意识，才能提升学习的绩效。（3）打破常规，重新组合，利用信息创造新知识。创新，离不开多样化的知识交汇，多角度的问题思考，电脑与人脑的智能组合，各种思维方式的综合应用，智商与情商的力量统合，等等。[①]

（七）仿专家型学习

1. 专家型学习的三大关键特征：积极参与、承担责任和善用策略

（1）积极参与学习活动，不是一个惰性的思考者或被动的读者／听众。

---

① 钟志贤：《深呼吸：素质教育进行时》，教育科学出版社，2003，第171页。

（2）承担学习责任，能对自己的学习负责。（3）善于运用策略、自我调节和反思技能。能根据既定的目标，对学习过程实施自我组织、监控、评价和调节；善于根据不同的学习任务，选用不同的学习策略、管理学习时间、选择／利用适宜的学习环境，运用各种资源，包括物质的（如网络资源）和社会的（如人力资源）。

2. 专家型学习的十大典型的行为特征

（1）主动控制学习过程，做学习的主人，而非学习的奴隶或牺牲品；（2）善于采用主动的而非被动的学习方式、方法或策略；（3）具有内在的、持久的学习动机，如喜欢和享受学习；（4）高度自律，如具有良好的学习习惯，且始终如一；（5）具有强烈的学习主体意识，能清晰地认识自我，如知晓自己的学习风格、优势和劣势；（6）不断创造学习机会，善于抓住各种学习机缘或际遇；（7）学习目标明确具体，能有效地、策略性地运用多种学习策略，不但追求"学会"（学什么），而且更重视"会学"（如何学）；（8）对具体的学习任务需求比较敏感，即明确任务／学习类型是什么，需要运用怎样的学习策略（认知的、动机的和环境的）；（9）善于实时监控自己的学习过程，进行过程性反思，及时反馈修正，随时调整目标、方法或策略，以适应学习情境的需要；（10）善于归因，如能正确地反思或寻找失败的原因，倾向于将成功归因于个人能力。

3. 专家型学习的特征

（1）学习过程表现为"知识构建"。先就新知识本身的组织来形成新结构，再与已有的知识产生有意义的联系。（2）活动特性表现为有意识的刻苦练习。从事的活动有计划、有目的，依据一定的标准而精心设计，同时，通过不断的重复和精致化过程，不断改善，日益精进。这种"有意识的刻苦练习"与一般工作和游戏有着本质区别。（3）角色意识逐步走向自主，学会承担学习责任。专家型学习过程的发展或从新手到专家的成长过程包括三个交互作用的阶段。其一，外部支持阶段。学习者更多地依赖外部环境的支持，例如父母与教师的帮助等。其二，转化阶段。学习者在社会环境支持不断减少的情形下，逐渐获取自我调控的能力。其三，自我调节阶段。学习者开始自己设置学习环境中的人与事，能主宰自己的学习，从事自我学习，获得持续学习的原动力。[①]

4. 以专家型学习为榜样

以"专家型学习"为标杆，学会专家型学习。一是行为模仿，即通过行为训练，使表现更像专家，如速度快、记忆好等；二是特征塑造，即预先确立思维发展目标，然后采用某种方法，促使自己像专家一样思考，如分析问题、自我调节等。具体来说，有三种方法可供参考，即认知学徒、成功智力和自我解释。[②]

（1）认知学徒（Cognitive Apprentice）。即以外显化的专家思维过程为参照，认真观察、模仿和反思。这种方法在提高认知技能水平，如阅读理解、写作或解决数学问题等方面比较有效。其一般步骤如下：①观察专家的示范行为；②寻求外部支持（包括暗示、反馈、示范和提醒等）；③获取概念性支撑，随着能力提高，支撑逐渐减少；④学会表达，用语言表述对所学内容和程序的理解；⑤反思自己的进步，比较当前表现、专家表现和原有表现之间的差距；⑥尝试以自己的、新的方式应用所学内容。

（2）成功智力（Successful Intelligence）。成功智力是"用以达到人生中主要目标"的智力，包括三个方面：①分析性智力，用于解决问题或对思维成效进行评判；②创造性智力，帮助个体提出好的问题或想法；③实践性智力，有效实施自己的想法或思维结果。不同人在成功智力的三个方面发展程度不一，从学校教育中成长的学生大多擅长记忆，而分析

---

① 参见胡谊、吴庆麟《专家型学习的特征及其培养》，《北京师范大学学报》（社会科学版）2004年第5期，第50~54页。

② 参见胡谊、吴庆麟《专家型学习的特征及其培养》，《北京师范大学学报》（社会科学版）2004年第5期，第50~54页。R.Sternberg. What Is an "Expert Student？"[J] *Educational Researcher*，Vol.32，No.8，pp.5‐9. 钟志贤：《大学教学模式革新：教学设计视域》，教育科学出版社，2007，第297页。

能力、创造能力或实践能力均比较弱。发展成功智力，不仅要像专家一样行动，更要像专家一样思维。

（3）自我解释（Self-Explanation）。即对所阅读的文本进行有目的的解释。自我解释是一种学习者主动建构文本意义的活动。从学习角度看，自我解释并不是一种策略而是一种活动，是一种学习者主动建构文本意义的活动。其之所以能对学习产生促进作用，乃是因为：①文本本身不可能"告知"主题的所有知识，需要个体不断对文本内容本身、内容之间、内容与原有知识之间作出推论，以更好地理解文本；②自我解释是学习者积极主动，有目的地建构文本的意义，与被动学习完全不同；③通过建构或理解文本，有益于个体修补或完善原有的知识结构。

自我解释要产生预期效应，有赖于两种认知机制：一是积极形成推论，以弥合文本意义与已有理解之间的"鸿沟或断裂"；二是主动修复自我心理模型，即修补或完善原有的知识结构。在运用自我解释来学习或解决问题时，学习者应大声说出文本的意义，即使在不理解时也尝试对文本进行解释。自我解释不同于"出声思维（think aloud）"[①]，它需要个体有意识地"干预"自己的认知过程，以促进对文本的更好理解，也不同于"精细加工（elaboration）"，它是个体有意识地处理已有知识与现有文本意义之间的关系，而不仅仅是针对文本本身。此外，自我解释并不简单地意味着自学，它还有赖于外界精心选择文本内容与习题，以促进个体更快地形成完整的知识结构和较强的问题求解能力。

1972 年和 1995 年，联合国教科文组织先后强调指出：明天的文盲是不知道怎样学习的人。学会学习是现代人适应 21 世纪生存和发展的必备能

---

① 所谓出声思维，是指学习者在问题求解或推理的过程中，将思路用言语报告的方式展示出来，不仅利用外部言语进行思考，更是将思维过程外显化，便于教师或同伴加以观察、评价、交流或提出恰当建议。

力。今日之世界，学历和专业技能是谋生的第一、第二本护照，强劲的适应能力和创造力是数字化生存的"第三本护照"，而这三本护照获签与续签的根本条件在于学会学习。世界著名知识管理学家德鲁克（P.Druker）说，知识社会要求其所有成员学会如何学习，"有教养的人"是学会了学习的人。

作者简介

钟志贤　1964年8月生。博士，国家二级教授。江西广播电视大学副校长，江西师范大学远程教育研究所所长。现为　"新世纪百千万人才工程"国家级人选，国务院特殊津贴专家，"赣鄱英才555工程"领军人才，江西省高校哲学社会科学领军人才，江西省教育咨询委员会委员，江西省教育信息化领导小组成员等。

主要从事教育信息化、远程教育、教学设计等方面的研究，承担国家和省部级项目10余项，出版学术著作《远程教育导论》《大学教学模式革新》《信息化教学模式》等10余部，在CSSCI期刊上发表论文160余篇，多次获得政府社科优秀成果等奖。

赖大仁

当代文学批评的价值观问题

新时期以来，当代文学批评不断走向开放多元的变革发展，尤其是在20世纪80年代中期"文学批评方法论"热潮之后，从文学批评方法到批评观念、批评话语等，都不断花样翻新，文学批评的功能也更多转向了描述、阐释及私语式言说。由此带来的问题则是文学评价即价值评判功能日益弱化，与此相关的便是文学批评的价值立场严重缺失，以及价值尺度或价值观念的迷乱，这也许是当今文学批评中存在的最突出也最值得关注的问题。

一

从文学批评本身的特性与功能而言，它具有价值评判的特性，因而在整个文学活动中能起到价值引领的作用。正因为如此，文学批评站在什么样的价值立场，秉持什么样的价值观念，就成为特别值得关注的问题。如果说过去所使用的"批评标准"概念，由于历史的原因如今已不大使用，但文学批评的价值评判问题依然存在。我们未必要固守在"批评标准"的范围内讨论问题，也许可以适当进行话语转换，比如转换为文学批评的价值观念问题来进行探讨。

　　所谓文学批评的价值观，是指在文学批评活动中，在对文学的意义阐释与评价中所体现出来的种种价值观念，如审美价值观、社会历史价值观、人文（或人学）价值观以及各种文化价值观，等等。通常文学批评以文学创作及其成果为基础，反过来也会在相当的意义上对文学创作起引导和促进的作用。如果说作家有什么样的价值观，就会决定他选择写什么题材，而且决定他会怎么写，那么批评家具有什么样的价值观，也会决定他对文学作品或文学现象作出什么样的评价。而这种评价，反过来又会对文学创作起引导和促进的作用，因此，文学批评中的价值观问题，值得特别关注和重视。

　　文学批评的价值观问题，根源于文学批评的基本功能。尽管文学批评实际上有多方面的功能，如描述功能、阐释功能等，但文学批评最基本也是最重要的功能，应当是文学评价或评判功能，即对文学对象做出应有的价值判断与意义分析，这应当说不言而喻。当然，在文学批评实践中，它究竟实现什么样的功能，起到什么样的作用，却又往往取决于文学批评主体的角色定位、批评立场与价值取向。然而不管怎样，只要文学批评不丧失自己的本质特性，就总归要在一定程度上表现出文学评价的特性与功能。而一旦要进行文学评价，无疑就要涉及据以进行评价的价值尺度或价值标准问题。从表面上看，文学批评的价值尺度或价值标准好像具有某种客观性和普遍性，似乎可以进行某种理论化的规定和表述，然而实际上，在这种表象的背后，隐含着颇为复杂的内在关系，值得深入思考和探讨。

　　就文学批评的价值尺度或价值标准而言，也实际上关联着两个方面的因素：一方面，是对作为批评对象的文学（主要是文学作品）本身价值内涵的认识。进行文学批评的前提，或者说之所以需要进行文学评价，是因为文学当中包含着价值内涵，它实际上会对人们的价值观产生影响。那么文学当中所包含的价值究竟具有怎样的特性，以及文学价值又是怎样生成与实现的，都有必要认识清楚。因为只有认清了文学本身的价值特性，才能使文学批评的价值标准及其价值评判契合文学本身的规律和要求。另一方面，则是文学批评主体的价值观念，尽管文学批评的对象即文学作品的因素是确定的，但文学批评主体的价值观不同，也会导致不同的评价结果。文学批评所涉及的主要价值观念，包括审美价值观、社会历史价值观、人性价值观、道德价值观、文化价值观，以及关于真善美的价值观念，等等，由此构成了文学批评的价值观念系统。

新时期以来文学批评的变革发展，是与这个时代社会生活的变革发展，以及当代文学的变革发展密切相关的；同样，当代文学批评的价值观问题，并不是孤立的，而是与这个时代社会的价值观念嬗变，以及文学创新发展所带来的价值观变化相关联的。首先是当代社会变革发展中反映出来的价值观问题。不言而喻，当代社会越来越走向开放性与多元化的变革发展，从经济发展到社会生活形态，从人们的生活方式到思想观念，包括人们的人生观与价值观等，也都越来越多样化，使整个社会显得丰富多彩，充满生机活力。应当说，在一个开放多元的社会，人们的价值观念多样化是正常的，但同时也应当看到，一个真正文明和谐的社会，还是应当有社会价值观的共同基础，有这个社会所应当倡导的主导性价值观，有关于是非、善恶、美丑的基本价值评判尺度，甚至有必要倡导核心价值体系的建设。然而从现实状况来看，新时期以来社会价值观的嬗变过程中，还是存在着诸多价值观念紊乱的现象，而这种社会价值观念紊乱又与文学和文学批评中的价值观形成互动影响，因此值得引起我们的关注。其次是在当代文学实践的变革发展中反映出来的价值观问题。文学是社会生活的反映，一方面，丰富多彩的社会生活，包括如上所说的多样化的社会价值观念，也会以各种形态在文学中反映出来；另一方面，作家在生活实践中也必然受到社会价值观念的影响，创作主体的价值观念由此形成，从而决定作家对所反映的社会生活抱什么样的态度，给予什么样的审美判断与评价，形成什么样的审美价值取向。从当代文学变革发展的总体情况来看，应当说也是呈现出开放性、多样化的发展趋向，显示出前所未有的生机与活力。从文学所反映出来的价值观念或价值取向来看，既有充分表现时代精神和民族精神的值得肯定的积极方面，也存在着精神价值缺失或审美价值迷乱等种种情况，也同样值得加以关注。

而当代文学批评正是在这样的时代背景和现实条件下变革发展的，它经历了破除过去比较僵化的批评观念与模式，引入西方现代文学批评观念与方法，然后寻求在当代社会文化语境中转型发展的曲折历程。在这个过程中，当代文学批评的价值观念也不断发生嬗变。这种价值观嬗变，一方面，受到如上所说的社会价值观嬗变的影响，同时也与当代文学创作实践中的价值观变化形成互动影响；另一方面，当代文学批评自身也力求实现观念与方法的大变革。于是我们看到，在当代文学批评的变革转型中，既有对应有的批评价值立场的坚守，也有求新求变或茫然困惑中出现的种种问题，如文学批评的价值评判弱化及其功能性缺失问题，过于倡导相对主义批评价值观所带来的价值多元主义、价值虚无主义问题，过于强调文学批评个人化所带来的批评主体性弱化及批评伦理缺失问题，还有文学批评价值观念中的非历史化、非道德化、非理性化问题，等等。如上所述，当代文学和文学批评中的价值观问题，并不仅仅是文学自身的问题，它与现实生活中人们的价值观与价值行为之间，与社会生活的变革发展之间，已经构成了一种相互影响和彼此互动的关系，因此就有必要将以上几个方面的价值观问题相互关联起来加以研究探讨。

二

首先，对于当代文学批评价值观命题中一些主要问题的探讨，一方面关联着对其理论内涵的理解，关乎我们应当坚守的价值理念；另一方面也关涉对于当代文学及文学批评中的价值观念的评析，关乎对于当代文学实践的价值导向，因而有必要把文学批评的价值观问题与当代文学艺术实践联系起来讨论。其次，就某种价值观念当中所包含的一些具体问题而言，也需要放到当代文学批评的视野中来加以观照。比如社会历史观当中所涉及的，文学反映历史生活，包括一般历史题材、革命历史题材创作的观念问题；文学反映现实生活，包括文学描写社会矛盾、文艺大众化与表现人民性的观念问题；审美观当中所涉及的文学审美理想与审美娱乐价值观的问题；文化观当中所涉及的大众文化批评、生态文化批评以及经典文化价值观的问题；等等。这些问题都各自具有一定的理论与实践意义，因此需要纳入当代文学批评的视野当中来进行价值观念的具体探讨。再次，在对当代文学批评价值观的某些具体问题的探讨中，也需要把理论批评与实际批评结合起来，将对文学批评价值观的认识思考应用到对某些文学或文化现象的评论分析中。如人性观的探讨中，对一些文艺作品中所表现的人性观加以评析；在文化观的探讨中，对一些大众娱乐文化现象的价值观进行评析；等等。这样也许可以使文学批评价值观问题的研究探讨，既从文学批评实践中来，也回到文学批评实践中去，从而实现批评理论与批评实践的交织互动。

从当今文学批评理论和批评实践的现实情况来看，当代文学批评价值观中的一些主要问题，似乎尤为值得关注。

（1）当代文学批评的审美观问题。既有必要继续重视文学"审美形式"方面的价值，更需要从马克思主义人学思想出发，着眼于人与文学的审美关系，来理解文学的审美特性与意义价值：一是审美具有令人愉悦的特性与价值；二是审美具有令人解放的特性与价值；三是审美具有使人超越的特性与价值。当代文学及文学批评理应具有这样一种"人学"视野及其审美价值观。然而从实际情况来看，恰恰是自觉不自觉地陷入了文学审美观念上的误区：一是"文学审美本性论"，将"审美"视为文学的本原特性或唯一本质，除此之外不承认文学还有别的什么特性与功能，这并无益于文学观念的拨乱反正；二是"审美快感论"，将审美学意义上的感性解放，悄然替换成生物学意义上的感官欲望的放纵，人的精神美感下降为动物式的官能快感，导致审美精神滑落，使文学审美活动中的感性与理性重新失去平衡，带来审美乃至人性的异化；三是"审美日常生活化"观念，其积极方面是使文艺从圣坛回归民间，从精英回归大众，从艺术回归生活，而另一方面也可能使文艺审美在大众化、世俗性的潮流中不断降低艺术审美水准，消解真正的艺术审美精神；四是"审美娱乐化"观念，将审美等同于娱乐，过于强化文学的审美娱乐功能而排斥其他方面的功能，导致当前文学的"过度娱乐化"、非理性化、低俗化和媚俗化，导致文艺审美精神的失落。这是当代文学及文学批评的审美观中最值得关注的问题。

（2）当代文学批评的社会历史观问题。按照马克思主义文学批评的"历史观点"，要求洞察人物事件所关联着的那些历史条件和现实关系，把握人物事件所处的历史潮流，从历史的必然要求与现实可能性之间的关系中，对人物事件作出正确而深刻的分析评价。就其中所包含的价值内涵而言，要求富有"历史理性"精神，即对文学作品所反映的社会历史生活及人物事件作出正确的理解与评价，起到推动社会变革进步和人性解放的历史作用，从而体现历史进步的价值观。然而某些文学批评有意无意地弱化"历史观点"，宣扬"新历史主义"或后现代性的社会历史观，如历史即偶然无规律，历史即想象虚构无真实，历史即争斗无是非，历史即人性的表演或展示无善恶，历史即游戏无意义，以及英雄史观、帝王史观，等等。这些所谓"新历史主义"观念，实际上放弃和消解了"历史理性"和历史进步的价值观，其结果只会带来文学创作和文学批评中社会历史观的混乱，这个问题的确值得引起足够的重视。

（3）当代文学批评中的人性观问题。在当代文学批评的价值观念体系中，建立人性价值观的维度应当说是必要的，但仍需要坚守马克思主义"历史人道主义"的人学观：一是人性本质观方面的历史主义，始终从人的社会实践及历史进程来理解人性，而不是抽象地想象和假设某种确定不变的人性；二是人性价值观方面的人道主义，对人性的扭曲和异化现象坚守历史的批判立场，始终以"合乎人性的生活"、人的解放和自由全面发展作为价值理念。无论是文学创作中对人性的描写与表现，还是文学批评对文学作品的阐释与评价，都应当坚守这个原则。但在当代文学及文学批评中，也有人有意无意地张扬人性即"性"、人性即"欲"、人性即"情"、人性即"乐"等价值观念，形成了一种很有害的价值导向。当今究竟应当如何理解人性，建构什么样的人性价值观，既关乎当代文学的健康审美价值导向，更关乎当代人性的健全发展，因而值得引起足够的关注。

（4）当代文学批评的文化观问题。在当今文化转向和西方"文化批评"

观念的影响下，当代文学批评也愈益成为一种文化批评，因而就有文化价值观的问题，即站在什么样的文化立场和秉持什么样的文化价值观来进行文学批评的问题。从当代文学批评的现实来看，显然存在着经典文化价值观与大众文化价值观的冲突。面对当今文艺大众化的现实，更需要在吸取各种理论资源的基础上，寻求对大众文化的积极肯定与批判反思两个方面的视界融合，找到一种比较辩证的价值立场：一是充分看到和肯定大众文化中所蕴涵的民主性价值诉求，防止站在"精英文化"立场贬抑大众文化；二是作为文化（文学）批评的理性批判立场不能丧失，应充分看到大众文化中的消极方面，如庸俗化、低俗化、媚俗化等，对此给予必要的批判抵制；三是应当确立这样的价值理念，即任何文化都应当有利于增强人的主体性和自主性，有必要警惕大众文化重新造成对人的主体性、自主性的淹没和消解。当代文化（文学）批评应当坚持应有的价值理念，形成良好的价值导向。

三

如前所说，当代文学批评的价值观问题并不是孤立的，而是与当代社会的价值观念嬗变密切相关的。这种价值观念的嬗变，应当说既根源于当代社会生活的变革发展，同时也无不受到当今时代愈益突出的后现代文化语境的影响。在笔者看来，西方现代主义与后现代主义文化思潮，随着我国新时期改革开放而同时传输进来，对我国当代文化的变革发展，包括当代文学与文学批评的变革发展，都发生了不容忽视的影响。尤其是 20 世纪90 年代以来，在全球化和我国市场经济发展的背景下，后现代文化思潮的影响显得更为突出。后现代主义的一些基本理论观念，如解构主义的哲学立场，多元主义与相对主义的文化观念，多极化与多向性的思维方式，世俗化与时尚化的价值取向，等等，都在相当程度上对我国当代文化产生了不可低估的影响，它不仅影响到当代大众文化形态，乃至渗透到人们的日常生活实践之中。反过来，社会现实中具有某些后现代特性的生活态度与价值观念，也会自觉不自觉地影响理论家的学术思想，影响文学家和批评家的价值观念与艺术倾向，以及各种当代文化形态的价值取向，彼此交织互动，形成当今时代后现代主义的整体氛围，成为当代中国多元融合的文化语境中不可忽视的重要组成部分。当代文学与文学批评观念的变革，尤其是价值观念方面反映出来的种种问题，都无不受到各种后现代文化观念的影响，都无不与这种后现代文化语境的作用相关。将当代文学及批评的价值观问题，放到这种当代文化语境中来观照，的确可以看出这种后现代性价值观念或价值取向的某些特点。比如从当代文学批评的整体情况来看，一元中心主义的文学观念（包括价值观念）可以说已被解构，人们对文学本质特性及价值功能的认识，越来越趋向开放性和多元化，从社会意识形态观到审美观、文化观等，都已形成多视角、多维度进行研究与评论的新格局。这一方面使当代文学批评充满活力，但另一方面也带来了某些多元混杂迷乱的新问题。正是从这个意义上说，当代文学批评的进一步变革拓展，并不仅仅是一个解构与寻求多元发展的问题，更有一个从批评形态到价值观念的重新建构问题，其中仍有不少问题值得进一步深入探讨。

按我们的理解，建设中国特色社会主义的基本国情，决定了我国的文化发展不可能走后现代主义的道路，而是需要走向自觉的文化建设。在此背景下，当代文学和文学批评，也不可能总是在后现代性的轨道上滑行，而是有必要逐渐克服前一时期转型发展所带来的"转型期综合征"，如浮躁、盲从、唯"风"是转、唯"新"是从、多元混杂等现象，从而自我超越走向积极建构，这是当代文学和文学批评进一步发展的必然要求。鉴于历史的经验教训，当代文学批评要在已经形成的多元探索局面的基础上重新建构，比较可行的可能还是走"主导多元、综合创新"的道路。这就意味着，当今文学批评形态的建构，一方面理应包含"多元建构"的含义，即任何一种文学批评的探索，都应当从混沌走向明晰，从混杂走向有序，从零散走向系统整合，逐渐形成一个由文学批评观念、方法、范式、话语构成的完整系统，这样才谈得上成为"多元"中的一元。而另一方面，当今所谓建构的主要任务，恐怕还在于"主导形态"的建构，即建构当今时代最需要提倡也最需要发展的文学批评形态。而在当代文学批评形态的重构中，最重要和最关键的，仍然是文学批评的价值立场与价值观念的建构问题。其中实际上又包括两个方面的问题：一是文学批评自身的价值功能问题，即文学批评究竟何为？笔者认为，当代文学批评最根本的特性与功能仍然是价值评判。在充分开放多元的当下社会，通过文学批评进行审美价值评判与价值选择，使之形成良好的审美精神价值导向，就可能显得尤其重要。二是文学批评当中的价值取向与价值评判问题，即文学批评如何才能有效和有为？文学批评要对文学现象及文学作品进行评价分析，必然有一个站在什么样的价值立场、以什么样的价值观念来进行评析的问题，如果缺失了应有的价值取向与价值评判，就很难说这种文学批评是有效和有为的。因此，当代文学批评形态的重构，最终还是要落到文学价值观念的建构上来。通过对当代文学价值观念嬗变的反思，我们可以看到，新时期以来文学和文学批评变革转型的总趋势，是不断走向自由开放多元的创新发展，文学价值观念和价值取向呈现出前所未有的丰富多样性。不过问题在于，在充分肯定和鼓励当代文学多元化发展的同时，是不是还应当在文学价值取向方面有所倡导，就是说在多元开放的格局中，突出应有的主导性价值取向，特别是如何体现社会主义核心价值观的引领作用。笔者认为，当代文学批评形态及其文学价值观念建构，还是应当努力适应时代要求和坚持现代性价值取向，坚持多元性与主导性、历史继承性与当代创新性的辩证统一，努力将理应倡导的主导性价值观作为文学艺术精神价值的辐射源，辐射渗透到当代文学和文学批评的实践中，从而在整体上形成当代文学和文学批评积极健康的价值取向。

我们感到，当代文学批评形态及其文学价值观念的建构，在当今开放多元的格局中，要突出主导或核心价值观的导向作用，仍然有一个站在什么样的理论立场、以什么样的文学批评形态作为思想资源与理论参照的问题。笔者认为，在当代中国的文化语境中，仍然有必要突出马克思主义文学批评的主导性作用。那么，这就关涉到对马克思主义文学批评的基本精神及其当代意义如何认识理解的问题。在我们看来，继承马克思主义文学批评传统来推进当代文学批评的创新发展，需要在两个方面下工夫：一方面，是对马克思主义文学批评的精神实质，尤其是它的基本价值立场和价值观念等有深刻的理解把握；另一方面，则是对当代中国的社会现实和文学现实问题有切实的认识分析。只有将这两方面的因素结合起来，才能真正对当代马克思主义文学批评的创新发展有所推进。按照我们的认识理解，马克思主义文学批评的基本精神，主要体现在其唯物史观视野，社会的合理健全发展和人的自由全面发展的价值理念，以及建立在这种价值立场上的现实批判精神等方面。马克思主义文学批评的这种基本精神，对于当代文学批评来说，甚至具有一种"思想源"或"价值源"的意义，它对于当代文学批评形态及其文学价值观念的建构，仍具有不可忽视的重要作用。而对于当代文学批评来说，实际上已经不缺少理论资源，也不缺少批评方法的借鉴，如今真正缺乏的是唯物史观视野的观照，以及当今时代应有的价值观念和现实批判精神。因此需要我们努力从马克思主义理论资源中吸取思想智慧，在这种思想智慧的启示和感召之下，努力关注和回答当今社会现实与文学现实中的重要问题，推动当代文学批评不断创新发展。

作者简介

　　赖大仁　文学博士，江西教育学院副院长，江西师范大学教授、博士生导师。主要从事当代文学理论与文学批评研究，主持并完成国家社科基金课题 2 项，重大项目子课题 2 项，教育部人文社科课题 1 项，省社科重点课题 5 项。目前主持国家社科基金重点课题 1 项、省社科重点课题 1 项。出版《文学批评形态论》等学术著作 5 部，在《文学评论》《人民日报》《光明日报》等报刊发表论文和文艺评论等 190 多篇，其中《新华文摘》全文转载 3 篇，人大复印资料全文转载 43 篇。获中国文联文艺评论奖 3 项，省社科成果一等奖 1 项、二等奖 5 项、三等奖 2 项，获省高校社科成果一等奖 1 项、二等奖 3 项、三等奖 4 项，省文艺评论奖 1 项，《文学评论》优秀论文奖、《人民日报》优秀论文奖等多项。

曹慧丽

社会管理创新视野下行政救济机制的完善*

    我国自古以来行政权独大，社会管理领域中各种行政权力的显性和隐性的过度膨胀无时无刻地严重侵蚀着公民权利。而行政权力的滥用和公民权利得不到救助，一直是我国社会生活中存在的诟病，无论从上海的"钓鱼执法"到四川的"拆迁自焚"，还是辽宁的"索命书记"，无不体现着行政权力的极度扩张和无序状态，其直接威胁着社会公民权，甚至公民的生存权，导致群体事件的频发，社会公众对政府的不满，国家权力与社会公民权利的冲突。著名法学家博登海默说过："纠纷的存在必须被看做社会有机体的健康出现了问题，律师与法官则是在执行社会医生的任务，如果纠纷没有得到解决，社会有机体上就留下了一道伤口，如果纠纷是以错误的方式解决，那么社会有机体就留下了一道疤痕。"今天我们探讨社会管理创新视野下行政救济机制的完善主要从四个方面来说明：简要介绍行政救济机制的理论基础；当前我国行政救济机制的现状；实践中行政救济机制运

---

* 声明：本讲课稿的内容主要来自本人相关课题研究以及相关互联网、期刊网和参加学术研讨会所获得的研究论文和相关资料。

行中存在的不足；社会管理创新视野下行政救济机制的完善。自古有损害就有赔偿，有权利就有救济。法律作为社会行为的基本规范，是评价人们社会行为的是非曲直、正当与不正当、合法与非法、违法与犯罪的根本标准，是评价社会行为、化解社会矛盾、解决社会纠纷的根本要诀。行政法治以稳定的法律秩序为社会救济设立了一道保护屏障，以行政权之规制与公民权之救济为中心，以行政立法、行政执法、行政司法为弧线，力促行政救济之逐步发展与完善。行政救济一般是指公民、法人或者其他组织认为行政机关的行政行为侵犯其合法权益，向法定有权机关提出，请求改正、补救的行政法律制度。我国于 1989 年制定《行政诉讼法》，1994 年制定《国家赔偿法》，1999 年制定《行政复议法》，行政救济的法律体系已经形成。但随着经济社会的发展和法制环境的变化，这三部法律在实践运用中无论从功能导向、制度设计还是程序运转上都存在不相适应的问题。《国家赔偿法》已于 2011 年修改，现在迫切需要进一步完善《行政诉讼法》和《行政复议法》。而我国当前行政救济的现状主要表现为大信访、中诉讼、小复议，这个特点主要是从实践受案数据显示出来的，关于这一点，后面会详细讲到。

一　行政救济机制的理论基础

（一）法治理论

什么是法治？简单地讲，"法治"就是"法统治"，即"基本正义规则统治"。如何保证法高于人？针对实证的法律体系，"法治"描述的是一个具有下述两个特征的实证法律体系：（1）法律是"至上的"；（2）法律是"公正的"（即满足基本正义原则、限制原则、平等原则、透明原则、稳定原则和理性原则）。如果一国的法律体系具备这两个特征，我们就把这个国家叫做"法治国"。法律至上性的实现，是有条件的和相对的。立法层面的宪法至上，法律体系的统一，需要制度和文化的支持。制度上需要司法独立、司法审查以及一整套配套有效的对违法者的惩罚和对受害者的补偿机制。而文化上最重要的是公民必须对法律和法官的权威具有普遍的认同。

北京大学姜明安教授在谈法治社会建设时说道：要把纸面上的法律，变成生活中的法治，需要老百姓的力量，需要广大社会公众的参与。

法律的"公正性"，是指法律符合正义六原则。实质正义原则包括基本正义原则、限制原则和平等原则，程序正义原则包括透明原则、稳定原则和理性原则。实践中大量存在"草鞋与皮鞋的不同待遇"、执法不公的现象。

（二）社会管理理论

社会管理主要是政府和社会组织为促进社会系统协调运转，对社会系统的组成部分、社会生活的不同领域以及社会发展的各个环节进行组织、协调、监督和控制的过程。

社会管理创新的背景：经济快速发展、社会管理相对滞后、社会结构的深刻变化要求创新社会管理体制，社会组织方式的深刻变化要求创新社会管理体制，社会行为规范和价值理念的变化要求创新社会管理体制。立法是法治的基础和前提，有法可依也是实现依法治国和社会管理的前提条件。既要加快社会管理立法，又要加强社会管理立法的实施；既要大力推进社会管理创新，又要切实尊重法律权威，防止社会管理创新脱离法治轨道与损害法律尊严。"社会管理创新是法律内创新，不是看着绿灯你就跑，看到黄灯赶紧跑，看着红灯绕着跑。"

（三）权力监督理论

阿克顿定律：绝对的权力导致绝对的腐败。第一，掌权者容易为个人任期内的利益打算。第二，他们认为权力有扩张的特性，扩张就是膨胀，政治权力特别是政府的权力，如果过分扩张就会损害社会的公共利益以及国家和社会的长远利益。第三，权力对人有腐蚀作用，这就是人们讲到的权力和腐败的关系。权力结构设计不合理，或者掌权的人自我约束力不够就可能导致腐败。第四，人非圣贤，是人就有不足和缺陷。

（四）人权保护理论

尊重和保障人权已经成为中国共产党和中国政府治国理政的重要原则，以人为本的执政理念也已经成为国家建设和社会发展的重要主题。

2004年，"国家尊重和保障人权"写入宪法，首次将"人权"由一个政治概念提升为法律概念，将尊重和保障人权确立为国家根本大法的一项原则。2006年，"尊重和保障人权，促进人权事业的全面发展"被载入《国民经济和社会发展第十一个五年规划纲要》。2007年，中共十七大将尊重和保障人权的内容写入党章。2009年4月13日，国务院新闻办公室发布了《国家人权行动计划（2009~2010年）》，这是中国政府第一次制订以人权为主题的国家发展规划，是中国政府贯彻落实"国家尊重和保障人权"的宪法原则和以人为本的科学发展观的重要举措。

我国人权保护的法制化进程。1989年之后，江泽民提出，要从思想上解决"如何用马克思主义观点来看待'民主、自由、人权'问题"，说明"中国党和政府是十分关心人权的。对于中国来说，最重要的人权就是生存权"。1991年，中国政府发表《中国的人权状况》白皮书，首次以政府文件的形式正面肯定了人权概念在中国社会主义政治发展中的地位。1997年，中共十五大召开，首次将"人权"概念写入党的全国代表大会的主题报告，使人权成为党领导国家建设的主题。

二 当前我国行政救济机制的现状

我国行政救济制度的法律依据。《宪法》第四十一条："中华人民共和国公民对于任何国家机关和国家工作人员，有提出批评和建议的权利；对于任何国家机关和国家工作人员的违法失职行为，有向有关国家机关提出申诉、控告或者检举的权利，但是不得捏造或者歪曲事实进行诬告陷害。对于公民的申诉、控告或者检举，有关国家机关必须查清事实，负责处理。任何人不得压制和打击报复。由于国家机关和国家工作人员侵犯公民权利而受到损失的人，有依照法律规定取得赔偿的权利。"

（一）行政复议

《中华人民共和国行政复议法》由第九届全国人民代表大会常务委员会第九次会议于1999年4月29日通过，自1999年10月1日起施行。《中华人民共和国行政复议法实施条例》已经于2007年5月23日由国务院第

177 次常务会议通过，自 2007 年 8 月 1 日起施行。

立法目的：为了防止和纠正违法的或者不当的具体行政行为，保护公民、法人和其他组织的合法权益，保障和监督行政机关依法行使职权，根据宪法，制定本法。公民、法人或者其他组织认为具体行政行为侵犯其合法权益，向行政机关提出行政复议申请，行政机关受理行政复议申请、作出行政复议决定。

（二）行政诉讼

行政诉讼是指人民法院基于公民、法人或者其他组织的请求，对行政机关具体行政行为的合法性、合理性进行审查并作出裁判，解决行政争议的诉讼活动。1989 年 4 月 4 日第七届全国人民代表大会第二次会议通过《行政诉讼法》，自 1990 年 10 月 1 日起施行。《最高人民法院关于执行〈中华人民共和国行政诉讼法〉若干问题的解释》于 1999 年 11 月 24 日由最高人民法院审判委员会第 1088 次会议通过，自 2000 年 3 月 10 日起施行。《最高人民法院关于行政诉讼证据若干问题的规定》于 2002 年 6 月 4 日由最高人民法院审判委员会第 1224 次会议通过，自 2002 年 10 月 1 日起施行。

近年全国行政诉讼数据。2008 年各级人民法院共审结一审行政诉讼案件 109085 件。2009 年各级人民法院共审结一审行政诉讼案件 120530 件，审结国家赔偿案件 1531 件。2010 年，各级人民法院共审结一审行政诉讼案件 129806 件，审结国家赔偿案件 1419 件。2011 年，各级一级法院共审结一审行政诉讼案件 136361 件，审结国家赔偿案件 2035 件，决定赔偿金额 5019 万元。

行政诉讼有以下特点：第一，行政诉讼是人民法院运用国家审判权解决行政争议的活动。第二，行政诉讼的原告恒定为作为相对人的公民、法人或者其他组织，被告恒定为作为行政主体的行政机关和法律法规授权的组织。第三，行政诉讼主要是对行政机关的具体行政行为的合法性、合理性进行审查，其核心是合法性审查。第四，行政诉讼的根本目的是通过司法权对行政权的监督，确保行政机关依法行政，保障相对人的合法权益。

（三）行政赔偿

我国的《国家赔偿法》于1994年5月12日由第八届全国人民代表大会常务委员会第七次会议通过，自1995年1月1日起正式实施。2010年4月29日第十一届全国人民代表大会常务委员会第十四次会议通过《关于修改〈中华人民共和国国家赔偿法〉的决定》的修正案，自2010年12月1日起正式实施。

行政赔偿是指国家行政机关及其工作人员违法行使职权，侵犯了公民、法人或其他组织的合法权益并造成损害，由国家承担赔偿责任的制度。

中国确立国家赔偿制度，对国家机关和国家机关工作人员行使职权时给公民、法人和其他组织的合法权益造成的损害，国家依法予以赔偿。2010年修改的国家赔偿法健全了国家赔偿工作机构，畅通了赔偿请求渠道，扩大了赔偿范围，明确了举证责任，增加了精神损害赔偿，提高了赔偿标准，保障了赔偿金及时支付，进一步完善了行政赔偿、刑事赔偿和非刑事司法赔偿制度。近年来，国家刑事赔偿标准随经济社会发展不断提高，侵犯公民人身自由权每日赔偿金额从1995年的17.16元人民币，上升到2012年的162.65元人民币。2011年，各级法院审结行政赔偿案件（一审）、刑事赔偿案件、非刑事司法赔偿案件共计6786件，其中，审结刑事赔偿案件868件，赔偿金额3067余万元人民币，与2009年相比，分别增长16.04%、42.9%。

三　实践中行政救济机制运行中存在的不足

（一）行政复议制度的修改与完善

我国自1990年由国务院颁布《行政复议条例》作为实施1989年《行政诉讼法》的配套行政法规，建立起我国较系统、完整的行政复议制度，到1999年全国人大常委会颁布《行政复议法》，2007年国务院颁布《行政复议法实施条例》，都力图在政府系统内部建立起对行政机关行政行为的监督约束机制，为日益紧张的官民关系提供制度性的缓和和消解空间。但遗憾的是，法律法规的调整和增加，并未能为解决中国日益增多的行政纠纷提供有效的制度资源，包括行政复议在内的行政法上的监督和救济制度整体陷入了制度困境。相对于不断增长的中国经济和快速转型的中国社会而言，相对于每年数以亿计的行政行为而言，相对于每年难以胜数的行政纠纷而言，相对于每年大量的信访案件，据国家信访局有关数据，2008年以来每年均超过3000万件的信访维权和暴力维权事件而言，与英国的行政裁判所每年受理的100多万件复议案件比较，无论我国的行政复议所受理的案件数量，还是行政复议解决的行政争议，都成为一种"空中楼阁"，虚拟摆设。

首先，行政性和行政监督功能定位错误。片面强调行政复议的"内部监督"功能，而对行政复议更为重要的"权利救济"和"纠纷解决"功能有意淡化甚至漠视；片面强调行政复议程序的"行政性"，拒绝作为纠纷解决机制的行政复议制度对最低限度的程序公正的渴求；简单地将行政复议主体的行政性与行政诉讼程序的司法性相对立，没有对司法程序在行政领域的援用给予必要的关注。行政复议的行政性和行政层级监督的观点不仅主导了立法而且主导着行政复议法的实施，是导致行政复议制度困境的深层次的理论根源。要使行政复议制度走出困境，必须重新定位行政复议的性质和功能。无论是英国的行政裁判所制度、美国的行政法官制度，还是日本的行政不服审查制度、韩国的行政审判委员会制度、中国台湾的诉愿制度，这些公法制度的一个共同特点就是为权利受损者提供权利救济，体现"无救济就无权利""救济优于权利"的权利及其救济观。因此，行政复议从本质上来说，是一种通过解决行政纠纷而为公民权利提供法律救济的制度。行政复议机关通过撤销或变更行政机关的违法或不当的行政行为进而监督并追究其违法的行政责任，是在维护公民权利解决行政纠纷过程中实现的，因而层级监督功能是行政复议的"副产品"，而不是制度本身的主要目的。

行政复议制度究竟是行政机关的内部监督制度还是公众的权利救济制度？《行政复议法》第1条规定："为了防止和纠正违法的或者不当的具体行政行为，保护公民、法人和其他组织的合法权益，保障和监督行政机关依法行使职权，根据宪法，制定本法。"该规定将我国行政复议制度直接定性为"行政机关的内部监督制度"，行政复议制度无论是实体上还是程序上都是按照"行政化"的特点来设计和运行的。一直以来，我们越来越强调行政复议的行政内部审查职权，而越来越忽视其行政救济职能。对行政相对人而言，行政复议是一种救济途径；对行政机关而言，行政复议已从一种监督机制逐渐转化为内部考核机制。如公安机关内部每年定期进行行政执法质量考评，对于经过行政复议的行政案件，如果复议裁决撤销或者改变原公安机关做出的具体行政行为，在定期的执法质量检查和执法质量考评中一旦被抽查到，将取消该案件所在的整个公安机关的先进指标，实行一票否决。鉴于如此严重的后果，基层公安机关（甚至包括各地市公安机关）在审查行政复议案件时，即使明知执法行为存在瑕疵，仍然以维持原具体行政行为结案。最后导致当事人只有寻求司法救济，以期望权利得到保障。如此运作，行政复议制度的救济功能被淡化。根据《行政诉讼法》第 25 条的规定："公民、法人或者其他组织直接向人民法院提起诉讼的，作出具体行政行为的行政机关是被告。经复议的案件，复议机关决定维持原具体行政行为的，作出原具体行政行为的行政机关是被告，复议机关改变原具体行政行为的，复议机关是被告。"因此在实践中，上级行政机关在履行行政复议职权时，因为成为行政诉讼的被告而一律维持原具体行政行为，致使行政复议制度形同虚设。而不少申请人因为行政复议机构不能依法撤销违法的具体行政行为，认为政府机关"官官相护"，丧失对政府的信赖，降低政府的形象和权威。

其次，行政复议机构独立性欠缺。根据《行政复议法》的规定，我国行政复议机构是各级行政复议机关的法制工作机构。行政复议机构是县级以上人民政府及其所属工作部门的法制机构，而全国各级法制部门的设置没有统一的规定，有的是工作部门，有的是内设机构，有的根本没有行政复议机构和专门的行政复议工作人员。从表面上看，法制工作机构不同于机关内部的其他执法机构，较之其他业务部门和机构则相对独立，从而在复议审查中作为主持人与执法者身份相分离，超脱于审查对象之外，体现法律审查中的自然公正法则。但是，从行政组织结构上看，其在组织关系上与其他内设机构并无二致，因而在具体承办复议事项时难免出于行政机关内部的上下级领导关系而受部门利益或偏私的影响，其复议活动实际上无法独立进行，从而无法保证在复议审查中公正、中立的立场。

在实践中，大多数行政机关的领导将复议机构与一般的内设机构无论从体制还是从管理上都同等对待，把行政复议审查的法律行为当做一般的行政管理行为运作，甚至根据行政首长的个人意志来决定。审查程序"行政化"，多方征求意见，多方考虑，平衡关系和利益，样样兼顾，导致效率低下。加入世界贸易组织时我国曾经承诺："负责审查行政行为的法庭将公正处事并独立于行政执法机构，并且不会与事务的处理结果有任何实质性的利害关系。"司法公正和独立应属于裁判机构的基本要求。而行政复议制度作为我国重要的行政救济制度之一，其角色和性质的定位应更多地体现专业性、公正性、权威性和独立性。

《中华人民共和国地方各级人民代表大会和地方各级人民政府组织法》规定了下级服从上级和行政首长负责制。行政复议机构无疑要服从上级，缺乏独立性。个别地方的行政复议机构坚持原则，依法办案的，机构被精简合并，复议人员遭到打击报复和调离处分等现象曾有出现。

再次，行政复议审理模式过于书面化，决定过程过于行政化。《行政复议法》第22条规定："行政复议原则上采取书面审查的办法，但是申请人提出要求或者行政复议机关负责法制工作的机构认为有必要时，可以向有关组织和人员调查情况，听取申请人、被申请人和第三人的意见。"该规定设置的目的是为了简便、省时、方便申请人，以及复议机关及时审查复议案件，提高行政效率，有利于迅速解决行政争议。但是由于"书面审查"过于注重行政效率，而忽视复议的公开性，降低了透明度。从保障和监督行政机关依法行使职权，防止行政机关越权或滥用权力，从而保证公民、法人和其他组织的合法权益不受侵犯的立法目的和立法角度看，在行政复议的审理方式上，其立脚点首先应放在对行政权力的控制上。如果将侧重点放在行政效率优先上，不利于有效地保障和监督行政权的正确行使，也不利于维护行政相对人的合法权益、纠正违法或不当的具体行政行为。书面审理的原则主要审查被申请人提供的证据材料不再重复调查取证。具体实践中，该原则不适用较为复杂的行政复议案件，行政复议机关如果对其只进行书面审查，无法核实证据的真实性和合法性，难以全面了解案情并作出正确决定。书面审理减少了复议当事人参与的机会，剥夺了当事人的知情权和申辩权。这样的复议决定做出后，不仅申请人不满意，认为复议机关"暗箱操作"，就连被申请人也有抵触情绪，相应地削弱了复议机关化解矛盾的职能作用。另外，在行政复议决定的过程中，对审查意见基本上采用逐级审批的模式，最后经行政复议机关的负责人审核同意后作出复议决定。一般来说，对于有分歧的案件应当集体讨论通过。对此类复议案件的处理如果不是建立在合法与公开的基础之上，一味由领导说了算，是难以保持其公正性的。因此行政复议制度的书面审查缺乏公开性和透明度，从而丧失其应有的救济功能。

最后，行政复议程序和行政诉讼程序的衔接不畅通。行政复议和行政诉讼均是我国重要的行政救济制度，二者本应相互衔接和相互配套。行政复议制度是行政程序的内部监督，行政诉讼制度是司法程序的外部监督。行政复议程序是行政诉讼程序的前置救济程序。由于《行政复议法》与《行政诉讼法》的立法时间和内容的差异，二者在衔接上存在着较多的矛盾，导致行政救济机制体系的缺失，公民的救济权利保护不到位，实践效果不理想。

行政复议制度的完善

第一，建立职业化、专业化的行政复议人员对实现我国行政复议制度的公正性也尤为重要。首先，行政复议活动是查清事实、适用法律的过程。由于行政复议审查涉及大量的行政专门知识和技能，需要复议工作人员具有相当的法律法规和政策判断能力，因此行政复议工作人员应属于专门职业者。通过组织严格的、统一的复议工作人员任职资格考试，保证基本的业务水平。某种意义上，他们应与法官具有近似的制度角色，只是在具体的知识构成上有所不同。复议人员具备了专门化的知识将为其独立审理和最终裁决提供可能性。相对于法律程序构成的独立空间，知识的专门化将形成一道"知识的栅栏"阻隔不正当的干涉。其次，对于重大复杂和专业化程度较高的复议案件，建立"专家陪审"制度。鉴于对复议人员的专门知识和业务技能的要求，对于我国目前行政机关工作人员的素质现状而言，显得有些勉为其难。因此，有学者指出，可在复议机关内设立类似于诉讼中的陪审制度，聘请行政系外的具有法律或其他专门知识和技能的人参与复议案件的审理。如我国台湾在其新诉愿法的修订中已明确规定了这一规则。"……诉愿制度逐渐司法化，故诉愿委员会之构成上要求有相当比例之社会公正人士、学者及专家。"据了解，目前实际上已有个别行政复议机关聘请非本机关的专家作为复议"顾问"，以保证行政复议制度的公正性和权威性。

第二，建立和完善行政复议程序，采用行政化和司法化相结合的审查方式。程序是保证合法正确地作出复议决定的先决条件。如果说实体权利的实现是公民追求的终极目标，那么正当程序则是实现终极目标的最佳途径。行政复议的过程应当在坚持合法、准确、及时、便民原则的基础上，增加公开性和可操作性，增加必要的程序规定，做到既保证行政效率，又注意维持行政复议的公正性，保障当事人能够有必要的机会了解、参与和监督行政复议的整个过程，从而避免给人以"官官相护"的感觉，增加复议的透明度。

第三，行政复议司法化，完善《行政复议法》和《行政诉讼法》的立法衔接，保证行政救济制度的畅通。

美国行政法学者施瓦茨说："行政法的基本目标在公民受到不法侵害时为他提供充分的救济……要尽可能保障在法庭而前，把个人和国家放在平等的地位上，这也是衡量行政法体系完备程度的标准。"

总之，随着人们法律意识和认知程度的提高，人们"民告官"不再机械地选择法院。行政复议以其受案范围广、效率高、不收费等特点，以使行政相对人避免行政诉讼所带来的旷日持久的诉累和更多一次的救济机会等优势为人们所选择。因此修改《行政复议法》，完善行政复议制度势在必行。

（二）行政诉讼的现状

《行政诉讼法》颁布的 1989 年，全国法院受理一审行政案件 9934 件。自 1990 年 10 月 1 日起该法正式实施。1991 年全国法院受理一审行政案件 25667 件，约为 1989 年的 3 倍。经历了 20 世纪 90 年代中期的快速增长和此后一个时期的停滞、波动后，最近几年继续增长。2010 年达到历史最高点，全国法院受理案件 129133 件，接近 13 万件。从 1990 年的 1.3 万件，5 年后的 1995 年达到 5 万多件，1999 年翻了一番，达到 10 万件。以后大约维持在这一水平。但到 2011 年，受理案件的总数为 13.5 万件。一年 13 万件行政案件是什么概念呢？按全国人口平均计算，大约每一万人一件行政案件。一家典型的基层法院大约受理 40 件行政案件。在法院当年受理的 700 万件各类一审案件中，行政案件只占 1.8%。

以 2006 年全国法院审理一审各类案件情况来看，近 10 万件行政案件，只占全国法院审理各类案件总数 5178838 件的 0.18%，与民事案件 4382407 件相比，只有它 0.21% 的比例，也就是说民事案件是行政案件的将近 50 倍。以 2010 年为例，全国一审法院裁定不予受理的行政案件 2373 件，驳回起诉的行政案件达 10014 件。在当事人上诉后，二审撤销不予受理或者驳回起诉的一审裁定、指令立案受理的行政案件 335 件，裁定驳回上诉的 4369 件。此外，在一审法院受理并作出判决的案件中，有 1740 件被二审法院裁定驳回起诉。

全国 22 年来法院行政诉讼案件判决维持、撤销和变更三种判决之间的关系值得关注。在比例上，对具体行政行为的维持判决明显高于撤销判决，在许多情况下高出的比例占到 50%。只是在 20 世纪 90 年代末期之后的一段时间，二者之间的比例基本持平，个别年份撤销判决甚至略高于维持判决（1996~1999 年）。这是在最高法院感觉到维持判决高于撤销判决状况的危害，威胁到行政诉讼制度和影响法院的权威的情况下，多次发文强调才出现的情况。

1. 非正常撤诉现象严重

一是撤诉率高。法院本来受理的案件数量就少，在这数量有限的案件中，又有相当部分案件最终以撤诉结案。全国一审行政案件撤诉率从未低于 1/3。最高年份 1997 年达到 57.3%。2010 年为 44.5%。

二是与法律规定相左。在制定行政诉讼法过程中，立法者对撤诉问题可谓用心良苦。本来撤诉是原告对自己诉权的处分，根据当事人意志自由的原则，原告享有起诉的权利，也应有撤回起诉的权利。但是，立法者却规定，原告的撤诉必须提出申请，撤诉申请必须经过法院审查后并得到批准，这种规定的目的在于，原告在行政诉讼中势单力薄，一旦起诉后受胁迫而撤诉，行政诉讼就无法进行。这一制度安排透出浓重的司法职权主义色彩。

自愿申请撤诉常见于以下几种情况：①原告在被告行政机关未改变具体行政行为的情况下，认识到被告的具体行政行为合法，自愿放弃起诉的权利；②在诉讼期间，被告行政机关认识到自身具体行政行为存在违法之处，撤销具体行政行为，原告申请撤诉；③被告行政机关私下作出让步，改变或减轻原具体行政行为，原告申请撤诉；④法院出于对原告的同情，迫于被告的压力以及追求审判的社会效果，动员原告撤诉。在非正常撤诉案件中很多原告撤诉时其合法权益并未得到法律保护，其撤诉行为也并非是对行政机关具体行政行为无异议，更多的是基于外力的影响或错误的认识。

2. 行政诉讼执行的困惑

行政诉讼执行在司法过程中虽然是一个不起眼的环节，但是非常重要的环节，它不仅关系到案件最终结果的实现，而且涉及国家的司法权威。判决并非是案件的最后的终结，只有实现了依赖于判决的执行，行政案件才算结束。从历年的统计数据来看，在行政诉讼案件总体增长的同时，对行政裁判的执行案件（包括对原告和被告的执行）却逐年下降。经过法院裁判的行政案件进入强制执行的比例，从《行政诉讼法》实施初期的 73.7%，到 2010 年减为 7.2%，不到原来的 1/10。行政执行案件的非正常比例从统计数据来看，全国非诉执行案件的数量远远高于行政诉讼案件，虽然它在 20 世纪 90 年代快速上升，1999 年达 36 余万件的高峰，以后出现下降，但最少也有近20万件。这不但远远高出对行政裁判的执行的数量，甚至明显高于所有行政诉讼案件的数量。一些基层法院行政庭的主要业务不是审理行政诉讼案件，而是处理非诉执行案件。以至于有人戏称人民法院为行政机关的"执行局"。

3. 行政诉讼制度的完善

随着社会的进步，1989年制定的《行政诉讼法》已经很难满足社会的需求，难以有效地对行政相对人的权利进行救济和保护，因此《行政诉讼法》的修改和完善迫在眉睫。从受案范围、受理程序、管辖、调解等制度方面，为增强法院独立审判和有效解决纠纷的能力，完善制度漏洞，保护相对人合法权益，提供有效救济提供制度保障。

第一，强化行政诉讼的审查强度。我国目前规定：第5条合法性审查；第54条具体审查标准：适用法律、法规错误；违反法定秩序；超越职权；滥用职权等违法情形，必须予以审查。同时规定行政处罚显失公正的，可以判决变更。立法机关应当明确滥用职权作为审查行政自由裁量权的重要主观标准，并加以具体化。司法机关应当积极依法审判，并通过典型案例逐步细化滥用职权的标准。在有关自由裁量权涉及科学技术等专业性问题上，通常要求法院在一定程度上尊重行政机关的判断和认定。如考试成绩的评定、质量安全检查等。涉及公民生命、健康、人身自由等基本权利的，法院的审查强度要大。尤其可能对当事人造成利益减损，行政机关程序方面应当履行告知、听证等必要程序，不允许存在裁量。

第二，增强法院依法公正处理行政诉讼案件的能力和执行力。

第三，真正做到"案结事了"。解决纠纷是行政诉讼的主要功能之一。然而，由于行政诉讼制度设计上存在一些问题，很多争议和纠纷并不能通过诉讼得到一次性解决，反而增加了当事人负担，使其在诉讼之后还要经历重重关卡才可能实现纠纷解决的目的。

第四，完善现有行政诉讼制度中的漏洞。《行政诉讼法》以保护公民、法人和其他组织的合法权益为目的，应当为相对人提供及时、有效、全面"无漏洞"的司法救济。

总之，行政法治是各国法治的重中之重，当前我国行政救济和社会治理的重心所在，则是以正确、实现、完整、迅速、经济的标准来完善我国的行政救济机制。行政法治在于以法治手段保障社会管理创新成果。实践证明，法治是以理性平和方式解决社会矛盾纠纷的最佳途径，是社会治理的基本手段和最佳模式。真正实现对公民权的救济，是社会管理创新的基本方向。

作者简介

曹慧丽 江西南昌人，江西警察学院教授，三级警监，江西省省级中青年骨干教师，南昌大学法律硕士生导师，江西省法学会行政法学研究会理事，江西省妇联女法律工作者协会理事。主持并主要参与省部级以上课题 16 项；在省级以上刊物公开发表论文 38 篇，其中在全国中文核心期刊上发表 12 篇；获得国家级奖励 1 项，省级奖励 10 项。长期为江西省各市局级公安机关各警种培训班开设专题讲座：《人民警察法》《公安行政败诉问题与国家赔偿问题研究》《从行政救济谈公安行政执法》《公安行政执法细则》"解读《国家赔偿法》修正案"《行政强制法》对公安行政执法的影响与完善"。在公安部组织西部支教行中，赴陕西省公安厅开设讲座《司法监督视野下的公安执法规范化》。

夺取中国特色社会主义新胜利的政治宣言和行动纲领

2012 年 11 月 8 日至 14 日，中国共产党在北京成功召开了第十八次全国代表大会（简称十八大）。十八大是在我国进入全面建成小康社会决定性阶段召开的一次十分重要的大会，可谓全党期待，全国关注，世界瞩目。学习宣传和贯彻十八大精神，是当前和今后一个时期全党的首要政治任务。

一　十八大召开的历史背景和现实背景

1. 从党章规定看，党代会是党的最高领导机关和监督机关

十七大修改的《党章》第二章第十条第三款规定：党的最高领导机关，是党的全国代表大会和它所产生的中央委员会。第三章第十八条规定：党的全国代表大会每五年举行一次。第十九条规定党代会有 6 个方面的职权：①听取和审查中央委员会的报告；②听取和审查中央纪律检查委员会的报告；③讨论并决定党的重大问题；④修改党的章程；⑤选举中央委员会；⑥选举中央纪律检查委员会。党代会的这种地位和职权，决定了它在党的建设中的重要意义，决定了它的召开是全党全国政治生活中的一件大事。

2. 从党史看，党代会的召开决定着党在一定时期的前进方向

①开得好的党代会。1921 年的一大，1945 年的七大，1956 年的八大，改革开放后连续召开的十二大、十三大、十四大、十五大、十六大、十七大，都对党的建设产生了积极的影响，在党的历史上写下了光辉的篇章。

②开得不好的党代会。如 1969 年的九大，1973 年的十大，给党的事业带来了消极的影响甚至严重的危害。从正反两方面的经验教训看，开好党代会至关重要。

3. 从现实看，完成"两个 100 年"的伟大使命要求开好党代会

当前，中国共产党肩负完成"两个 100 年"的伟大使命：建党 100 年时全面建成小康社会；新中国成立 100 年时建成富强民主文明和谐的社会主义现代化国家。完成这两个伟大使命当前面临 4 个重大问题：①旗帜问题；②道路问题；③精神状态问题；④发展目标问题。

4. 从世界范围看，世界政党中的新变化警示我们要开好党代会

①一些长期执政的大党老党丧失政权；②一些发达国家政党寻求变化。

二 十八大的主要精神和重大创新

十八大主要取得了三大成果：一是通过了胡锦涛所作的《坚定不移沿着中国特色社会主义道路前进，为全面建成小康社会而奋斗》的报告；二是审议通过了《中国共产党章程（修正案）》；三是选举产生了以习近平同志为总书记的新一届中央领导集体。顺利完成了各项议程，取得了圆满成功，是一次高举旗帜、凝聚力量的大会，是一次继往开来、团结奋进的大会。

（一）政治报告的主要内容

报告全文 3 万多字共 12 个部分。胡锦涛同志的政治报告，高屋建瓴、总揽全局、主题鲜明、内涵丰富、意义重大，是新的历史起点上继续发展中国特色社会主义的政治宣言和行动纲领，是一篇马克思主义的纲领性文献。政治报告的结构可分三大板块：第一板块是引言，规定大会的主题；第二板块是正文，首先总结过去的工作，接着提出今后的奋斗目标，然后

重点部署社会主义经济、政治、文化、生态、社会和党的建设；第三板块是结束语，面向全党发出号召。

1. 郑重提出十八大的主题（报告引言）

胡锦涛在报告中郑重提出，党的十八大的主题是：高举中国特色社会主义伟大旗帜，以邓小平理论、"三个代表"重要思想、科学发展观为指导，解放思想，改革开放，凝聚力量，攻坚克难，坚定不移沿着中国特色社会主义道路前进，为全面建成小康社会而奋斗。

这既是十八大的主题，也是当前和今后一个时期党和国家全部工作的主题。这个主题鲜明地宣示四个重大问题：（1）旗帜——高举中国特色社会主义伟大旗帜；（2）道路——坚定不移地走中国特色社会主义道路；（3）精神状态——解放思想，改革开放，凝聚力量，攻坚克难；（4）目标——全面建成小康社会。

2. 充分肯定十六大以来 10 年间党和国家取得的新的历史性成就（报告第 1 部分）

（1）10 年来战胜一系列重大挑战，奋力把中国特色社会主义推进到新的发展阶段；（2）10 年来的成就为全面建成小康社会打下了坚实基础，国家面貌发生新的历史性变化。

3. 突出强调科学发展观的指导地位（报告第 1 部分）

（1）总结十六大以来 10 年的基本结论。形成和贯彻了科学发展观。

（2）科学发展观的地位。第一，是中国特色社会主义理论体系最新成果；第二，是中国共产党集体智慧的结晶；第三，是指导党和国家全部工作的强大思想武器；第四，科学发展观同马克思列宁主义、毛泽东思想、邓小平理论、"三个代表"重要思想一道，是党必须长期坚持的指导思想。

（3）科学发展观的深入贯彻。必须把科学发展观贯彻到我国现代化建设的全过程，体现到党的建设的各方面。第一，更加自觉地把推动经济社会发展作为深入贯彻落实科学发展观的第一要义；第二，更加自觉地把以人为本作为深入贯彻落实科学发展观的核心立场；第三，更加自觉地把全面协调可持续作为深入贯彻落实科学发展观的基本要求；第四，更加自觉地把统筹兼顾作为深入贯彻落实科学发展观的根本方法。

（4）科学发展观的精神实质：解放思想、实事求是、与时俱进、求真务实。

4. 全面阐述中国特色社会主义道路（报告第 2 部分）

（1）道路的重要性。道路关乎党的命脉，关乎国家前途、民族命运、人民幸福。

（2）对建党 90 多年道路的评价。第一，以毛泽东为核心的第一代领导集体为开创中国特色社会主义提供了宝贵经验、理论准备、物质基础；第二，以邓小平为核心的第二代领导集体成功开创了中国特色社会主义；第三，以江泽民为核心的第三代领导集体成功把中国特色社会主义推向 21 世纪；第四，十六大以来的党中央成功在新的历史起点上坚持和发展了中国特色社会主义。因此，既不走封闭僵化的老路，也不走改旗易帜的邪路。

（3）规定中国特色社会主义的内涵。

第一，道路的内涵：就是在中国共产党的领导下，立足基本国情，以经济建设为中心，坚持四项基本原则，坚持改革开放，解放和发展社会生产力，建设社会主义市场经济、社会主义民主政治、社会主义先进文化、社会主义和谐社会、社会主义生态文明，促进人的全面发展，逐步实现全体人民共同富裕，建设富强民主文明和谐的社会主义现代化国家。第二，理论的内涵：就是包括邓小平理论、"三个代表"重要思想、科学发展观在内的科学理论体系，是对马克思列宁主义、毛泽东思想的坚持和发展。第三，制度的内涵：就是人民代表大会制度的根本政治制度，中国共产党领导的多党合作和政治协商制度、民族区域自治制度以及基层群众自治制度等基本政治制度，中国特色社会主义法律体系，公有制为主体、多种所有制经济共同发展的基本经济制度，以及建立在这些制度基础上的经济体制、政治体制、文化体制、社会体制等各项具体制度。

（4）建设中国特色社会主义部署。总依据是社会主义初级阶段，总布局是五位一体，总任务是实现社会主义现代化和中华民族伟大复兴。

（5）对待中国特色社会主义的态度。

第一，丰富四大特色：实践特色、理论特色、民族特色、时代特色。第二，做到八个必须坚持：必须坚持人民主体地位；必须坚持解放和发展社会生产力；必须坚持推进改革开放；必须坚持维护社会公平正义；必须坚持走共同富裕道路；必须坚持促进社会和谐；必须坚持和平发展；必须坚持党的领导。第三，坚定三大自信：道路自信、理论自信、制度自信。

5. 明确提出全面建成小康社会和全面深化改革开放目标的新要求（报告第 3 部分）

（1）五大目标。在十六大、十七大确立的目标的基础上，明确提出五大目标：经济持续健康发展；人民民主不断扩大；文化软实力显著增强；人民生活水平全面提高；资源节约型、环境友好型社会建设取得重大进展。

（2）全面深化改革的新要求。要加快完善社会主义市场经济体制；加快推进社会主义民主政治制度化、规范化、程序化；加快完善文化管理体制和文化生产经营机制；加快形成科学有效的社会管理体制；加快建立生态文明制度。

6. 全面部署社会主义经济、政治、文化、社会和生态五位一体的建设（报告第 4、5、6、7、8 部分）

（1）加快完善社会主义市场经济体制和加快转变经济发展方式；（2）坚持走中国特色社会主义政治发展道路和推进政治体制改革；（3）扎实推进社会主义文化强国建设；（4）在改善民生和创新社会管理中加强社会建设；（5）大力推进生态文明建设。

7. 提出国防、军事、统战和外交等方面的重要观点（报告第 9、10、11 部分）

8. 提出全面提高党的建设科学化水平的新要求（报告第 12 部分）

（1）牢牢把握一条道路主线。即牢牢把握加强党的执政能力建设、先进性建设和纯洁性建设这条主线。（2）始终做到两个坚持。即坚持解放思想、改革创新；坚持党要管党、从严治党。（3）塑造三种党建新形象。即建设"学习型、服务型、创新型"的马克思主义执政党。（4）着力增强四种能力。即增强"自我净化、自我完善、自我革新、自我提高"的能力。（5）扎实加强党的五大建设。即全面加强党的思想建设、组织建设、作风建设、反腐倡廉建设和制度建设。当前，要抓好八项重点工作：一是要坚定理想信念，坚守共产党人精神追求。二是要坚持以人为本、执政为民，始终保持党同人民群众的血肉联系。三是要积极发展党内民主，增强党的创造活力。四是要深化干部人事制度改革，建设高素质执政骨干队伍。五是要坚持党管人才原则，把各方面优秀人才集聚到党和国家的事业中来。六是要创新基层党建工作，夯实党执政的组织基础。七是要坚定不移反对腐败，永葆共产党人清正廉洁的政治本色。八是要严明党的纪律，自觉维护党的集中统一。

9.面向全党发出号召（报告结束语）

（1）振奋精神。必须增强忧患意识；必须增强创新意识；必须增强宗旨意识；必须增强使命意识。（2）寄托青年。关注青年，关心青年，关爱青年。（3）加强团结。用坚强的党性保证团结，用共同的事业促进团结。

（二）党章修正案的主要内容

大会通过的党章修正案，体现了党的理论创新和实践发展的成果，体现了党的十八大确立的重大理论观点、重大方针政策、重大工作部署，对坚持和完善党的领导、加强和改进党的建设提出了明确要求。

认真学习党章，严格遵守党章，是学习贯彻党的十八大精神的重要内容。要把学习党章同学习党的十八大精神紧密结合起来，同学习中国特色社会主义理论体系紧密结合起来。

（三）十八大中央领导集体的特点

列宁1920年强调建设无产阶级政党领袖集团；邓小平1989年提出建设成熟的、有能力的党中央。十八大中央领导集体有6个特点：政治素质好；新老交替幅度大；精干高效；年富力强；领导经验丰富；亲民务实。

（四）十八大的重大创新

（1）对科学发展观有新定位；（2）对中国特色社会主义的认识达到新高度；（3）对改革开放提出新要求；（4）对全面小康社会奋斗目标有新内

容；（5）对中国特色社会主义总体布局有新构建；（6）对治国理政有一系列新部署；（7）对推进党的建设新的伟大工程有新自觉。

三 十八大的历史地位和贯彻落实

（一）历史地位

党的十八大是在我国进入全面建成小康社会决定性阶段召开的一次十分重要的会议。认真学习宣传贯彻党的十八大精神，关系党和国家工作全局，关系中国特色社会主义事业长远发展，对于动员全党全国各族人民在以习近平同志为总书记的党中央领导下，高举中国特色社会主义伟大旗帜，满怀信心为全面建成小康社会、夺取中国特色社会主义新胜利而奋斗，具有重大现实意义和深远历史意义。

（二）贯彻落实

总的要求：把思想统一到十八大报告精神上来，把力量凝聚到实现十八大提出的任务上来。

（1）坚持理论联系实际。①紧密联系改革开放和现代化建设的实际。②紧密联系本地区本部门的工作实际。③紧密联系广大党员的思想实际。

（2）坚持学以致用、用以促学。落实到推动科学发展、加快转变经济发展方式上来；落实到促进社会和谐、保障和改善民生上来；落实到全面推进党的建设新的伟大工程上来；落实到解放思想、改革开放、凝聚力量、攻坚克难上来。

（3）坚持以党员干部为重点。①做社会主义道德的示范者。②做诚信风尚的引领者。③做公平正义的维护者。

（4）坚持抓好进教材、进课堂、进头脑的工作。

作者简介

　　陈小林　1963年10月生，江西新干人，现任中共江西省委党校科研部主任、教授。江西省委中心组学习辅导专家，国务院特殊津贴专家，江西省"新世纪百千万人才工程"人选。任中国井冈山干部学院、南昌大学、江西师范大学、南昌航空大学和赣南师范学院等多所院校兼职教授。主要教研方向为执政党建设研究。

周建新

何谓客家？客家学何为？[*]

一　何谓客家？

（一）客家概说

1. 族群维度

客家是汉族的一个重要支系（民系／族群）。罗香林先生（1933 年）将南迁汉民族分为五大民系：越海系（江浙系）、广府系、闽海系（福佬系）、湘赣系和客家系，认为"客家并非一个独立的民族，而是汉民族内部一个系统分明、具有独特个性的民系"。客家人具有强烈的"吃苦耐劳，开拓进取，崇先报本，和衷共济"的民系特征和寻根意识、认同意识与乡谊情结，他们不仅在世界各地组织了客家公会、客家同乡会、崇正会，而且不断举办各种聚会以加强团结与认同。每隔一年或两年轮流在不同客家地区举办的世界客属恳亲大会，就是当今最有影响力的华人盛会之一。

* 本论文为国家社科基金重大招标项目"客家文化研究"（编号：12&ZD132）和省社科规划重点项目（编号：12LS01）研究成果。

2. 空间维度

"凡是有太阳升起的地方就有华人，凡是有华人的地方就有客家人。"

2004 年在江西赣州市举行"世界客属第十九届恳亲大会"。据大会发布的"赣州宣言"，目前全球有客家人口近 8000 万，主要分布在江西、广东、福建、四川、湖南、广西、台湾、香港等地，以及东南亚和欧美等世界各地。中国境内纯客住县 41 个，非纯客住县 246 个。而赣、闽、粤毗邻区是全球客家的大本营，分布有客家摇篮——赣州，客家首府——汀州，世界客都——梅州，客家古邑——河源。

3. 时间维度

客家的形成是一个长期的历史过程，目前学界普遍认为客家的形成区域是赣、闽、粤三省交界，但关于客家民系的形成时间，目前众说纷纭，有秦汉说、两晋说、南朝说、唐宋说、明清说，等等，至今仍多歧见。

多数学者从客家方言的角度来判定客家的形成时间，如罗香林先生认为客家人形成于五代宋初，房学嘉认为客家共同体在南朝末年就已产生，罗勇和谢重光均认为是在南宋，王东则提出把客家民系的形成划定在明代中叶，而蒋炳钊先生则从畲族与客家的关系入手，认为"根据畲族历史发展变化分析，客家可能始于元代"。

4. 方言维度

客家方言被学界称为研究古汉语的"活化石"。作为汉语的七大方言（北方方言、吴方言、湘方言、赣方言、客家方言、闽方言和粤方言）之一，客家方言是最重要的客家文化事项，也是界定客家的一个核心指标。

5. 功绩维度

在中华民族发展史上，客家先民及其后裔对长江流域和赣、闽、粤三角地带的开发，对华南地区经济和文化的繁荣，对汉民族大家庭的发展、壮大和汉文化及中原文明的传播、发扬、光大，对促进中外经济、文化的交流，都产生过不可估量的影响，作出过彪炳史册的贡献。

太平天国运动、辛亥革命、中华苏维埃共和国等近现代著名革命运动，不仅都在客家地区首先爆发，而且洪秀全、杨秀清、石达开、孙中山、朱德等主要领导人和基本力量都是客家人。日本著名学者山口县造曾在《客家与中国革命》一书中说过："没有客家，便没有中国革命。"

（二）我是谁——"客家"称谓的由来

众所周知，我国汉族各大民系，几乎都是以所在地域命名，如闽南人、广府人、潮汕人，唯独客家人虽流布于世界各地却不以所在地域命名。这是为什么呢？

何谓客家？自从客家问题引起学术界和社会各界的广泛关注以来，"客家"一词的由来，即客家何以被称为客，成为客家研究中的重要论题。近百年来，海内外客家学研究界、汉语方言学界等，都从各自的角度，提出了自己的见解。综而观之，主要有客户说、夏家说、河洛说、HAKKA 说、客与土相对说等几种主要观点。史料中关于"客家"一词有以下几则：

民国 9 年《赤溪县志》曰："边界虽复，而各县被迁内徙之民能回乡居者已不得一二。沿海地多宽旷，粤吏遂奏请移民垦辟以实之。于是惠、潮、嘉及闽赣人民，挈家赴垦于广州府属之新宁（今台山），肇庆府属之鹤山、高明、开平、恩平、阳春、阳江等县，多与土著杂居，以其来自异乡，声音一致，俱与土音不同，故概以客民视之，遂谓为'客家'云。"

清《长宁县志》云："方言有二，一水源音，一客家音。相传建邑时人自福建来此者为客家，自江右来者为水源。"长宁即今新丰，建县于明隆庆三年（1569 年）。由该材料可知，当时客、赣方言已有明显分别，即客、赣方言的分化已经完成；客家的名称已出现。

清康熙二十六年（1687 年）《永安县次志》载："民多贫，散佚逋赋，县中雅多秀氓，其高曾祖父多自江、闽、潮、惠诸县迁徙而至，名曰客家。"

客家称谓是不同区域相互排斥的产物，是区域意识强化的结果与标志。美国人类学家妮可 · 康斯坦布（Nicole Constable）认为，客家人是广府人对清初由粤东迁来珠三角新移民的称谓。起初并无恶意，后来两个族群为争夺土地互相仇视。客家人便和自称"本地人"的广府人对立，最后以方言为识别，形成以"客家"为名的族群。

澳大利亚国立大学、华裔学者梁肇庭在其著作 *Migration and Ethnicity in Chinese History*：*Hakkas，Pengmin，and their Neighbors*《中国移民与族群的历史：客家人、棚民及他们的邻居》中论述道："十三、十四世纪山区出现经济萧条，是客家酝酿期。该期演化了客家人自己共有的特点。经过二百年的独立，这个集团因经济核心的繁荣，他们便下山顺河流向核心移动。在同别的汉人接触，并在经济社会、政治上发生竞争时，自觉感便发生了。"

徐旭曾《丰湖杂记》（1815 年）记载："粤之土人，称该地之人为客；该地之人，亦自称为客人。……客人语言，虽与内地各行省小有不同，而其读书之音则甚正。故初离乡土，行径内地，随处都可相通。彼土人以吾之风俗语言，未能与吾同也，故乃称吾为客人。吾客人亦以为彼之风俗语言，未能与吾同也，故乃自称为客人。客者对土而言，土与客之风俗语言不能同，则土自土，客自客，土其所土，客自所客，恐再千数百年，亦犹诸今日也。"

《丰湖杂记》的意义在于，首先，将客家从一般性的"土著／客家"的区分，转换为用以指涉特定的人群。其次，特定的人群指的是这些人群在具体时间与空间背景里，拥有一个特定的位置。最后，整体地位的提升："本地／外来"的土客对比，经此转换变成"中原／远地"之比，客家人因此自认获得历史和文化上较土著更崇高的地位。

罗香林在《客家研究导论》（1933 年）中论述道："南部中国，有一种富有新兴气象，特殊精神，极其活跃有为的民系，一般人称他为'客家'，他们自己也称为'客家'（Hakka）。他们是汉族里头一个系统分明的支派，也是中西诸社会学家，人类学家，文化学家，极为注意的一个汉族里的支派。"

（三）我从哪里来？——学术界关于客家人源流的解释及其论争

1. 中原汉人的血统和文化最纯正的承载者

这个观点是客家研究的创始人罗香林在他的著作《客家研究导论》和《客家源流考》中首先提出来的。"客家人是汉族里头一个系统分明的、富有忠义思想和民族意识的民系，因受到了中国边疆少数民族侵扰的影响，才逐渐从中原辗转迁徙到南方来的。而且自认为是中原最纯正的正统汉人的后裔。"罗氏认为客家人经历了五次迁徙：两晋、唐代、两宋、明末清初、近代。

2. 以南方土著为主，融合中原南迁汉人而形成

这个观点是房学嘉在《客家源流探奥》中首先提出来的，在学界引起了很大的争议，直到现在还在延续。他从历史学、文化人类学、社会学的角度出发，结合大量的田野调查资料，论证了客家共同体是由古越族遗民中的一支与历史上南迁的中原人融合、汉化而成。后来他又从文化人类学、考古学、民俗学的角度撰文分析，认为客家先民不是来自中原的移民，其主体是南方的古百越族人，客家人的根就在闽赣粤边区。

叶智彰在《客家民系本质的自然科学证据》和《试从自然科学的角度探讨客家源流》这两篇文章中，从体质人类学和客家群体的分子遗传学研究的角度出发，用免疫球蛋白同种异型研究方法分析中原汉人与南方类群（指客家人）在血缘上的百分比，说明了客家先民在血缘与南方类群很相似，据此认为客家先民是以南方土著为主，并融合中原南迁的汉人而形成的。

3. 以中原汉族为主兼融当地土著而成

这是当今学界大多数人所持的观点，如陈支平、谢重光、蒋炳钊等。客家血统与粤闽赣等省的其他非客家民系的血统并无差别。客家民系是南方各民系融合而成的，他们都是中华民族1000多年来大融合的结果（陈支平，1996年）。客家的形成与畲族关系密切。客家是入迁的汉人和当地的畲族文化互动于闽粤赣交界处形成的一个新的文化共同体。

综上所述，笔者认为，所谓客家是汉族的一个支系，是历史上由于战乱、饥荒等原因，约略从唐代中叶始，以江淮汉人为主体的北方汉人渐次南下进入赣、闽、粤三角区，与当地土著居民经过长期的互动与融合，至宋代时彼此在文化上相互涵化，形成了一种新的文化。这种新型文化就是客家文化，其载体就是客家人。"客家"一词，是他称到自称的产物。明末清初以后，"客家"在族群摩擦中不断凝聚并完成族群意识构建。客家是一

个文化概念，不是一个种族概念。使客家人与其他民系或族群相区别的是文化的因素，而不是种族的因素。

二　客家学何为：起源及发展

自20世纪30年代罗香林先生始立"客家学"（Hakkaology）名词后，客家学之研究遂为世人所重。自先生开此一门研究客家民系历史、现状与未来发展学科之风气至今，已演为国际"显学"之一。罗香林先生在《客家研究导论·自序》中说"客家研究差不多已成一门新兴专学"。而著名历史学家吴泽先生则在《建立客家学刍议》（1990年）中提出："客家学是一门运用科学的观点和方法去研究客家民系的历史、现状和未来的一门学问。"

（一）发轫期（1815~1904年）

1. 土客矛盾

客家研究发轫于土客矛盾。客家先民南下，经过长期的艰辛拓殖，经济发展迅速，人口剧增，原有的山多地少的社区，已不足以繁衍生息，遂有向外扩张之势；另外，当时的统治集团对客家人实行歧视政策，更加剧了土客矛盾，致使闽粤地区土客械斗事件时有发生。当时较有见地的学者，恐其交恶不休，致伤民族和气，便有一些有关客家源流及其语言习俗的讲述。

2. 太平天国

1851年，洪秀全发动太平天国起义，历时14载，纵横18省，震惊中外。其主要将领和基本力量，均为客家子弟，客家方言成为太平天国的"国语"。中外人士为之瞩目，引起了对客家研究的浓厚兴趣。

3. 土客大械斗

清咸丰六年（1856年）广东西路六县（高要、高明、鹤山、恩平、开平、新宁）发生客家人与广府人的大械斗，持续时间长达12年，双方死伤、逃亡人数百万，连前往弹压的清朝官兵也死伤几千人。这场旷日持久、死伤惨重的械斗案，使中外人士认识到客家研究的必要。

此期间，曾有诸多中外学者对客家人的历史、语言及其他相关问题进行了初步探讨。主要论著有欧德尔（德国）:《客家人种志略》《客家历史纲要》，肯比尔（英国）:《客家源流与迁移》，林达泉：《客说篇》，温仲和:《光绪嘉应州志》，黄遵宪:《书林太仆说客后》《梅水诗传》，古直:《客人对》，饶芙裳:《客家源流》，等等。

这些早期的客家研究者主要是欧美传教士和客家知识分子。欧美传教士主要探讨客家人团结进取、不畏强暴和富于抗争精神的历史根据。这些外国传教士对客家人称赞有加，给予了很高的评价甚至是过分的夸奖、溢美之词。尤其是对客家妇女、客家教育、客家斗争精神大肆宣扬，诸如："中国最卫生、勤劳和进化的民族"（史禄国语）;"客家人是刚柔相济，既刚毅又仁爱的民族，而客家妇女，更是中国最优美的劳动妇女的典型，客家民族犹如牛乳中之奶酪"（英国人哀德尔语）;"客家是中国最优秀民族，客家精神是中国的革命精神"（日本人山口县造语）。

其实以外国传教士为代表的海外客家研究者的评论是有其深刻的社会背景及用意的，关于这一点，专家学者早有明确认识。日本学者中川学先生一针见血地指出:"当时入侵中国的欧洲人……看到土客对立有利可图，便把已经遭受挫折的客家称赞为'血统纯正的汉民族'，借此激化汉民族与少数民族的对立情绪，从而削弱中国人团结成一个整体抵抗的力量，并进而使之四分五裂。他们站在最前线，满脸堆笑，赞不绝口，实际上是在构筑残酷的思想体系，这才是从19世纪后期到20世纪初欧美人的客家研究的历史本质。"

这些研究比较零星和散乱，但研究结果都是追寻出客家是几经战乱而南迁的中原汉族后裔。这些研究成果主要限于少数客家知识分子和欧美传教士中，在民间大众中没有引起太多注意，因而其影响是十分有限的。不过，对客家问题第一次进行了学术探讨，可谓客家学的开端。此外，由于外国传教士的加入，使客家研究自一开始就呈现出其他地域文化所少有的"国际性"特征和优势，成为一门具有世界影响的"显学"——客家学。

（二）鼎盛期（1905~1949 年）

20 世纪上半叶，多次对客家的恶意中伤却促使了客家文化研究的鼎盛期的到来。特别是罗香林先生的《客家研究导论》和《客家源流考》等著作则是客家文化研究的奠基之作。

第一次：清光绪三十一年（1905 年），广东顺德人黄节编撰的《广东乡土历史》教科书，在介绍"客家"时，把客家说成"非粤种"，也非"汉种"，言下之意，客家人是杂种、野种。这正好与社会上言及客家时，在文字表达上将"客"字加"犬"旁，写成"猎家"如出一辙，这对客家人是莫大的侮辱。由此引起客家各界人士的愤慨和抗争。丘逢甲、黄遵宪联络广州、潮州、韶关等地客家人成立"客家源流研究会"，散发传单，出版著作，对客家源流进行论证。最后迫使广东提学使出面道歉。

1905~1919 年，有很多论著问世，主要有以下几种：温廷敬《客族非汉种驳辩》，胡曦《广东民族考》，章太炎《岭外三州语》，钟同和《客家考源》，杨恭桓《客话本字》。这些研究或论证客家为汉族支脉，或驳斥教科书之谬误，使一般人逐渐了解客家的真相。

第二次：1920 年上海商务印书馆出版了一本《世界地理》，说到广东人种时写道："其山地多野蛮的部落，退化的人民，如客家等等便是"。于是，香港、上海、北京各地客家人组成"大同会"，出版各种著述，说明客家不像某些人说的那样落后、野蛮，指出客家地区是文化昌盛的地方。最后，上海商务印书馆声明认错，停发旧课本，新编课本改为"客家是中国进步民族"。

此期间，以孙中山为首的一大批客家人，如廖仲恺、邓演达、姚雨平、张发奎、陈铭枢、陈济棠等，在中国政治舞台登上了举足轻重的地位，此为客家人活跃的一种表现。这些因素无形之中驱使学术界重视客家研究，各种论著纷纷面世。如赖际熙《崇正同人系谱》，韩廷敦《种族的品性》，王力《两粤音说》，李绍云《岭东地理与客家文化》。

第三次：1930 年 7 月，广东省政府建设厅主办的《建设周报》发表了一篇关于客家风俗的短文，说"吾粤客人，各属皆有……分大种小种二类，大种语言嘲啾，不甚开化；小种则语言文化，取法本地人"。这对客家又是一种侮辱！因而又一次引起客家人的抗争。不久，客家人在广州召开大会，推选代表与当局交涉。此外，还上书广东省政府主席陈铭枢请为严禁。陈铭枢是合浦县（时属广东）客家人，而且，国民党军政要员中也有不少客家人。结果由省府主席陈铭枢亲自出面，宴集双方人商议，最后省建设厅对该杂志主编作出降职调离的处分，并公开道歉，方告平息。

这个事件引起客家人更大的不满，也再度引起舆论界和学术界的哗然，在此期间，"客家源流研究会""客家源流调查会"之类的社团组织纷纷成立；大批学者如顾颉刚、洪煨莲、罗常培、章太炎、钟用和、黄遵宪等都热心倡导并努力进行客家研究；一些正式的研究机构，如燕京大学国学研究所，更是热心倡导、精心组织，并委派罗香林先生编辑《客家史料丛刊》及实地考察客家历史和文化；旅居海外的客家人亦纷纷成立社团，联络情谊，编纂专书，阐扬客家源流和文化风俗，与大陆客家研究遥相呼应；当时的粤地军政要人如陈铭枢等，亲自出面调停、处理事件，无形中对客家研究起到推波助澜的作用。这一切，把客家研究推上了鼎盛时期。

1930 年以后，客家问题研究得到初步发展，逐步成为一个独立的新兴的学术研究领域。特别是陈寅恪派罗香林去调查、研究客家，使之成为客家研究的奠基人。主要著述有以下几种。罗香林：《客家研究导论》《客家源流考》，韩廷敦（美国）：《自然淘汰与中华民族性》《种族的品种》，赖里查斯（法国）：《客法辞典》，山口县造（日本）：《客家与中国革命》。此时期的研究内容侧重于历史渊源、语言、文化教育等方面，肯定了客家人是汉民族的一支民系，而且是中原汉族在历次南迁的过程中形成的具有客家话和客家文化等共同而独特的稳定的人类群体。

（三）沉寂期（1950~1978 年）

1949 年后的 40 年间，大陆客家研究滑入低谷，可称之为"沉寂期"。在此期间，过去对客家研究起过重要作用的社团已不复存在；官方的研究机构没有着力组织过客家研究；只有极少数学者从自己的爱好出发，做些零打碎敲的探索，发表过数量有限的论文，如何炯《以梅县为代表的客家话与北京语的对应规律》、李映川《梅县方言的一些词汇》、何耿丰《广东东北部客家方言词汇点滴》等，真可谓凤毛麟角。至于专著，更无一部问世。

由于缺乏研究，人们在思想上对客家问题普遍缺乏认识，因而经常发生一些误会。例如，1957年科学出版社出版的中国科学院历史研究所和北京大学历史系合编的《中国史学论文索引》，把《粤西北部客家方言》《述客家方言之研究者》等论文编排在"少数民族语言"类，把《客家源流考》《客家研究》等14篇专门研究客家的论文排在"少数民族史"类；朝鲜战争时，《人民日报》在报道天安门举行的"抗美援朝群众集会"消息中，就有"客家族代表×××讲了话"的提法。

（四）振兴期（1980年至今）

此期可以分为两个阶段：1980~1989年，是客家学研究重新兴起和恢复时期。随着中国改革开放和祖国统一大业之需，客家问题再度引起国内外学术界的广泛关注，使得客家学研究重新兴起并得到恢复。1988年，著名史学家吴泽教授在原全国人大常委会副委员长陈丕显的支持下，在华东师范大学成立"客家学研究室"，创办《客家学研究》杂志，支持客家研究。1989年，原全国政协副主席、时任广东省省长叶选平倡议成立专门的科研机构研究客家历史与文化。国学大师饶宗颐先生亦曾撰文指出客家研究的重要意义，倡设客家学。目前，有关客家研究机构已经遍布客家大本营的粤闽赣三省以及上海、广东、四川等地。

在海外，客家研究在中国香港、中国台湾以及美国、日本、法国有较大影响。台湾中央大学、台湾联合大学、台湾交通大学、台湾师范大学等高校已经成立了客家研究中心或独立的客家学院，建立了以客家文化为中心的本科生和研究生培养体系。香港中文大学和香港科技大学多次举办国际客家学研讨会，并发起成立了国际客家学会。此外，美国哈佛大学、明德大学、哥伦比亚大学、法国高等研究实验学院、英国牛津大学、日本首都大学等国际著名高等院校都有一批学者从事客家研究。这些学术研究在客观上促进了客家学的发展，尤其值得一提的是，这种从20世纪80年代出现的客家学研究繁荣局面一直持续到现在，而且出现愈加热烈的趋势，客家研究受到历史学、人类学、民俗学等诸学科的青睐。美国华盛顿大学教授郝瑞（Stevan Harrell）在《人类学年鉴》上介绍客家研究，这充分反映出国际学术界对客家文化日益浓厚的兴趣和客家学的地位和影响。

1980 年至今，是客家学蓬勃发展并逐渐形成独立理论体系，从而真正建立起客家学这门新兴学科的时期，再次掀起了一股"客家热"。特别是在海外客属团体与客籍华侨华人的推动下，各种客家联谊会、研究会等机构相继建立，期刊、新闻报纸大幅刊载，时有新出，学术会议、文章论著也推陈出新，使客家研究掀起一个新的高潮。据已有的成果与笔者所掌握的资料来看，与前面几个阶段相比，20 世纪后半期兴起的新一轮客家研究热潮具有这样几个明显特点。

1. 研究机构与队伍的扩大

从 20 世纪 80 年代到 90 年代初，中国的客家研究机构已经遍布客家大本营的粤闽赣三省以及北京、上海等地，其中又以大专院校和科研机构为主，比较有代表性的是华东师范大学客家研究中心、广东嘉应大学客家研究所、赣南师范学院客家研究中心、江西师范大学客家研究所、福建省社会科学院客家研究中心等。20 世纪 90 年代中期以后，逐渐扩大，先后成立的有四川社会科学院客家研究中心、北京大学历史系客家研究所、华南理工大学客家研究所、广东外语外贸大学客家研究所、广西师范大学客家文化研究所等。研究人员与队伍也相应地增多。

2. 研究内容的拓展

除客家渊源、客家方言、客家妇女等方面外，有关客家传统墟市经济与现代化、客家乡村社会变迁、客家民间宗教、客家海外移民与原乡社会等也成为学者们研究的重点。此外，还特别注重客家内部的差别以及客家与其他族群的比较分析，如粤东、闽西、赣南客家文化差异与原因；客家人与广府人、客家人与潮汕人的比较。

3. 研究方法的多样化

在传统的历史学方法以外，目前客家研究愈加重视多学科知识的运用与整合。如人类学、文化学、社会学、经济学等学科理论与方法成为客家研究越来越重要的工具，与此相对应的是，客家研究的学术交流在保留原有的以客家为主题的理论性的学术研讨会以外，以田野考察报告会的形式召开的客家会议也先后在广东梅州、韶关以及福建龙岩、江西赣州举办了 9 届。此外，诸如族群理论、华南社会、民间信仰、海外移民等学术研讨会上，客家方面的研究学者与论文也占有不小的分量。这更加有利于引起学术界对客家研究的关注，有利于客家研究在一个规范化、学术化的氛围里更加理性地发展。

4. 不同身份和学术背景的研究学者的参与

近年来，随着客家研究的升温，越来越多的研究者开始把目光转向客家。这集中体现在两方面，一是中国非客家籍贯的学者加入了客家研究阵营，并取得了不错的成绩。这种非客籍人士的"加盟"，改变了以往客家人研究客家的单一局面，有利于客家研究朝着更加客观、理性的方向前进。二是海内外不同学科的高学历的研究者的加入，将客家文化作为他们博士、硕士学位论文的选题。仅嘉应大学客家研究所，自 1994 年至今就先后接待了来自美国哈佛大学等地的 20 余位学者，他们在客家地区的调查成果不少已出版发表，对丰富客家文化研究发挥了很大作用。

三　客家学何为：价值与意义

开展客家文化研究具有重要的学术价值、应用价值和社会意义。正如原全国人大常委会副委员长许嘉璐先生所言："客家文化可以说是中华文化的缩影、典型、样板，或曰范式，是中国人民献给人类的一份厚礼。保护、弘扬和创新客家文化，是客家之所急需，中国之所急需，世界之所急需。"

（一）学术价值

（1）作为一个历史悠久的移民性族群，开展客家文化研究，可以丰富我们对中华民族形成发展历史的重新思考和理解，深化我们对中国民族统一多民族共同体的深刻认识，对于增强中华民族凝聚力、弘扬中华优秀文化，具有十分重要的意义。

（2）作为一种特色鲜明，至今仍鲜活的区域文化，开展客家文化研究，对我们深刻认识和理解中国传统文化有重要价值。既有利于掌握同一文化的区域性和多元性，又有利于加深对中国传统文化的认识和理解。通过深入考察客家文化以及与之相邻文化和海外华人华侨文化的内在关联，达到对中国传统文化更为深入的理解。

（3）客家文化研究是开展多学科合作与跨学科对话的重要领域，客家学的发展将对建构具有中国特色的哲学社会科学作出重要贡献。客家文化研究不仅是一门蓬勃发展、方兴未艾的新兴学科，同时又是开展多学科研究十分优越的"样本"和"试验田"。通过在理论假定、研究方法、资料分析和过程重构等多个层次进行有深度的理论探索，建立起客家学的学科理论体系，并结合中国社会历史发展的特点，有利于从学理上探讨建立中国地域文化和族群社会新的解释框架，并以此回应国际人文社会科学的潮流动向。

（二）应用价值

（1）作为汉民族里一个独特的族群，客家文化是构成中华传统文化的重要组成部分，它突出反映了我国文化多元性的特质，因此，对客家文化进行研究，将有助于我们理解中华文化的多元性，也为世界文化增添一个精彩的案例。

（2）客家文化保留了大量优秀的中华传统文化，从语言到习俗，从建筑到饮食，都是文化遗产研究的对象，对客家文化遗产与文化产业的研究，将活态客家文化保护展现于世人面前，是客家文化研究的一项重点工作，其对客家地区经济、文化乃至精神面貌都有着不可低估的作用。加强客家文化遗产与文化产业研究，这不仅是客家文化创新的内容，也完全符合《中共中央关于深化文化体制改革 推动社会主义文化大发展大繁荣若干问题的决定》这一重要文化的精神。

（3）挖掘客家人文资源，推动社会经济发展。客家地区大部分属于经济欠发达的山区，但有着丰富的自然资源、人文资源和旅游资源。因此，当前必须结合客家社会的现实及面向现代化的需要，深入挖掘和开发利用客家文化资源，有利于实现客家文化产业化，加速客家山区现代化进程，早日实现脱贫致富，也为其他落后地区的发展提供有益借鉴。此外，海外华侨华人中有许多是客家人，他们遍布世界五大洲，有着较深厚的经济实力，并对中华民族均有着强烈的认同。通过客家文化研究，有利于加强祖国大陆与海外华人华侨的联系和情感交流，扩展招商引资，促进客家地区社会经济的发展。

（三）社会意义

（1）承继客家精神，促进国家统一。在台湾，客家人有 450 万人之多，他们对台湾的政治、经济和文化起着举足轻重的作用。通过客家历史文化研究，可以充分体现海峡两岸客家同根同源、同文同种，台湾地区与中国大陆不可分割的血脉联系，让包括台湾在内的全体海外客家人更加清楚地认识自身族群历史与祖国大陆的深层联系，使其更加自觉地弘扬客家人"崇先报本"的优良传统，从而主动加强与祖国大陆的联系与交流，加强台湾民众对中国、对中华民族的认同和归属，反对"台独"，促进祖国和平统一。

（2）凝聚中华民族，加强华夏认同。客家是中华民族的重要成员，客家文化是中华传统文化的重要组成部分。以客家文化为纽带，以客家学术研究为媒介，可以充分发挥客家人在海内外交流"文化使者"的作用，开展文化交流和经贸洽谈活动，为国家的统一和文化交流作出重要贡献。对客家族群与认同的研究，将有助于我们深刻地理解中华民族多元一体的格局，是阐释作为文化传统一直具有延续性的中华民族认同的一个典型案例。

（3）弘扬优秀传统文化，建构和谐社会。在长期的迁徙和发展中，客家人吸纳了中华民族不同时期、不同地域的文化养分，汇成了蔚为大观、源远流长的客家文化，凝练出了"吃苦耐劳、开拓进取、崇先报本、和衷共济"的客家精神和崇文重教、诚实守信、爱国爱乡等优良传统。这种精神和传统根植于中华文化的沃土中，又彰显出自己鲜明的个性特色，是客家人生生不息的力量源泉，也是我们进行人文教育的极好内容。而且，作为一种土生土长，至今仍然鲜活的地域文化，通过群众喜闻乐见的方式，弘扬客家文化，能为民众所接受，也能比较生动而自然地培养民众爱乡爱土进而爱国的情操。所以，通过对客家文化的研究和挖掘整理，对于我们弘扬祖国优秀传统文化，培养爱乡、爱土、爱国的高尚情操，推动社会主义精神文明建设以及和谐社会的构建，具有十分重要的现实意义。

作者简介

周建新　1973 年生人，教授、博士、硕士生导师。赣南师范学院研究生院党总支书记、客家研究院副院长，兼任学校社科联副主席、秘书长，中国社会学会理事，中国人类学民族学研究会客家学专业委员会副主任。曾获国务院特殊津贴专家、"赣鄱英才 555 工程"领军人才、"新世纪百千万人才工程"人选、省政府学位委员会学科评议组专家、省高校中青年学科带头人、省文化艺术学科带头人、省青联委员、赣州市十大杰出青年等荣誉称号。国家社科重大招标项目"客家文化研究"首席专家，主持完成国家社科基金项目、教育部人文社科项目等科研课题 10 余项，出版著作 5 部，在 SSCI、CSSCI 等专业期刊发表论文 100 余篇，科研成果曾获江西省社会科学优秀成果一等奖 2 次，二等奖、三等奖各 1 次，先后赴日本、新加坡、中国台湾、中国香港等地讲学。

彭印㟝

明清时期外销欧洲的景德镇瓷器

——以贸易全球化为视角

一 景德镇瓷器融入全球陶瓷贸易网络

明永乐三年至宣德八年（1405~1433 年）的 29 年间，明政府派遣郑和率领由 200 艘宝船、27000 多人组成的船队七次下西洋，不仅使所到各国之间的睦邻关系得到了加强，也使东南亚、南亚、阿拉伯半岛南端和非洲东海岸地区的一些国家增进了对明朝的了解和认识，与明朝建立了友好外交关系。郑和下西洋，极大地推动了明代造船技术的提高和航海技术的飞跃，肃清了海道障碍，保证了西洋与中国之间海上交通安全，为此后明朝与西洋之间海上陶瓷之路的繁荣奠定了坚实基础。郑和下西洋的成就，极言之，政治上建立了亚非国家间的和平局势，提高了中国在国际上的威望；经济上发展了亚非诸国同中国的国际贸易，促进了海上陶瓷之路的繁荣发展；文化上传播了当时世界上最为先进的中华文明，增进了中国与亚非国家的相互了解和友谊。郑和下西洋是中国航海史上的空前创举，也是世界地理大发现的先导。郑和船队规模大，人数多，培养了一批又一批掌握和熟悉航海技术的专业人员，在与所经国家贸易的过程中，使相当数量的随员了解和熟悉了国外市场，因此可以说，在郑和船队七次下西洋的刺激下，中国成为新航路开辟以前世界上最大的海上贸易强国。繁荣的海外贸易，推动了包括景德镇制瓷业在内的中国手工业飞速发展，瓷器贸易大幅增长，输出范围更广，囊括亚非，甚至远达欧美，形成了一个世界性的中国瓷器市场。

在新航路开辟之前，欧洲和东方之间有奥斯曼帝国、伊朗萨法维王朝和印度莫卧儿王朝3个强大的伊斯兰国家，阻隔了两地的陆上交通。15世纪初葡萄牙人开始沿非洲西海岸向南航行，寻找航道通往富庶而又神秘的东方。1497年7月8日，葡萄牙人达·伽马率领船队从里斯本出发，沿非洲西海岸南行，1498年绕过非洲南端好望角，到达印度卡里库特港（Culicat，明代称为古里），返航时带回了大量东方货物，它们在欧洲出售后获得的利润，据说超过其航行费用的60倍，这批货物中就包括达·伽马在加尔各答（Calcutta）购买的瓷器，还有当地苏丹赠给他的6盆瓷器和6个瓷瓶，回国后，达·伽马送给了唐·曼努埃尔国王1个瓷罐、6个瓷碗、6个瓷盘，立即引起了里斯本宫廷的兴趣。新航路开辟后，葡萄牙人以澳门为中心，通过数条国际航线将中国瓷器转运至欧亚各地，中国瓷器对外贸易形成了以广州为中心，以澳门为转运港口，向全球扩散的海上陶瓷之路国际贸易循环网。主要有3条航线，其一为广州—澳门—果阿—欧洲航线，这条航线可分为两段，澳门至印度一段航线途经马六甲、古里、科钦、果阿等地，是中国与南洋、印度洋一直有往来的"西洋航路"，而由果阿经好望角至欧洲的航路则是新航路开辟的直接产物。1990~1992年，越南头顿省沿海发掘的康熙年间中国沉船，出水景德镇瓷器约6万件（套）。1998~1999年，越南金瓯省沿海发掘的雍正年间中国沉船，出水中国景德镇瓷器约5万件，该船出水地点正好位于中国瓷器西运欧洲的航线上，以实物证明这条航线的存在。其二为广州—澳门—日本长崎航线。在中日贸易航线上，1550~1638年的90年中，葡萄牙船队共航行四五十次，每次起码有五六艘船一起航行。1639年日本颁布锁国令后，荷兰取代葡萄牙成为中国货物运销日本的中间人；当然，中国民间海商的走私船队也经常航行在这一航线上。其三为广州—澳门—马尼拉—美洲、拉丁美洲—欧洲航线，这条航线可分为两段，中国沿海港口直航菲律宾群岛各港口，是明代中国人新开辟的中菲航线，1571年西班牙占领菲律宾后，开辟了一条由马尼拉横渡太平洋通往墨西哥阿卡普尔科、再延伸到欧洲的航线。马尼拉大帆船，一般从墨西哥阿卡普尔科或秘鲁利马进港，运销包括今美国南部、墨西哥、巴西、秘鲁在内的新西班牙地区。需要继续运往欧洲的货物，则经过一段陆路运输，再从墨西哥湾韦拉克鲁斯港转运到西班牙本土。1574年沉没在墨西哥北部下加利福尼亚州的圣菲利普号沉船打捞出中国瓷器，该船装船货单显示总共有中国瓷器22300多件。在这条航线上，中国至菲律宾段多数为中国人往来贸易；菲律宾至欧洲段航行的是西班牙大帆船，人们称此种大帆船进行的贸易为大帆船贸易。在1565~1815年，西班牙殖民政府每年都派遣1~4艘大帆船，来往于墨西哥与马尼拉之间。在上述三条航线中，以广州—澳门—果阿—欧洲航线最重要，是明清时期景德镇瓷器外销欧洲的主要航线，葡萄牙、荷兰、英国分别在16、17、18世纪的大部分时间内主导这一航线，通过这条航线，大量的瓷器源源不断地运往里斯本、阿姆斯特丹、伦敦等欧洲沿海港口。东方新航线开辟后不久，一个新兴的景德镇瓷器消费市场于16世纪在欧洲形成。

新航路开辟以后，欧洲各国东印度公司贩运中国瓷器，不同时期各有相对稳定的发货地、中转地以及往返航线。贩运的方式主要有直接贩运和间接贩运两种。直接贩运即在中国的澳门、台湾、广州、厦门等港口装船，运往其在东南亚的基地再运回欧洲，或运往东南亚各地销售，澳门和台湾在相当长的时间里分别成为葡萄牙和荷兰与中国之间进行直接贸易的基地。间接贩运即由中国船或其他从事亚洲区间贸易的船只将中国瓷器运至马尼拉、巴达维亚、巨港、万丹等南中国海以外的亚洲主要集散地，西班牙利用马尼拉殖民地东运西属美洲，或经由那里转运欧洲；葡萄牙、荷兰、英国、法国等国则利用巴达维亚等其他集散地装运到印度苏拉特、科罗曼德尔、卡利卡特、果阿等港口。

葡萄牙人首次直接从中国大量贩运瓷器到欧洲，但将其推向高潮的是以荷兰东印度公司为代表的各国东印度公司，尤其是1715年，英国东印度公司率先在广州开设贸易机构，接着法国在1728年，荷兰在1729年，丹麦在1731年，瑞典在1732年相继设立贸易站，直接从中国贩运瓷器，将中欧瓷器贸易推向新高潮。在以机械为驱动力技术发明以前的帆船时代，海船依靠风帆驱动，欧洲各国东印度公司的商船一般于每年冬季从欧洲起航，利用季风沿着非洲西海岸向南航行，绕过好望角后再向东航行，大约于第二年农历十月以前抵达中国广州，停泊在黄埔古港。在广州期间，欧洲商人可以进驻洋行附近的夷馆，那里有营业区、货栈区和生活区，等待十三行商人为其销售所带货物，并配齐将要运回欧洲的中国货，第三年东北季风季节结束以前，从广州起航，七八月间抵达欧洲，整个航程60000多公里，耗时一年半以上。罗伯特·芬雷认为，1777~1778年的航季期间，荷属、英属，连同其他欧洲各国的东印度公司，总共22艘船，从广州运走了697吨约合870万件瓷器。据初步估计，从葡萄牙人来华算起，3个世纪内约有3亿件中国瓷器运抵欧洲。

二 外销欧洲瓷器的种类

早期景德镇外销瓷大多数是为亚洲市场烧制，从器形、纹饰到用途，对欧洲人来说都是陌生的，当时进入欧洲市场的精美瓷器，由于浓厚的东方气息使欧洲人耳目一新，成为人们象征自己身份、地位的奢侈品和观赏品，这一方面是由于当时流传到欧洲的瓷器数量稀少且价格高昂，另一方面也说明过于纯粹的东方形制使瓷器脱离了欧洲人的日常生活需要。于是他们就改颜换貌，镶嵌上各式金属附件，改为适合自己文化习俗的器具，比如，一只瓶能改变为执壶，一只盘改为果篮，等等。中国餐具的式样很少，不能适应欧洲人饮食习惯和多样化餐具的需要，中式瓷碟在欧洲的餐桌上只能用来放糕点，把瓷质笔筒作为冰酒器，把瓷质鱼缸用作花盆，被限制了用途的瓷器，其市场销路也必然受到限制。

明末清初是景德镇瓷器大量销往欧洲市场的繁盛时期，也是制瓷业达到巅峰的时代，在工艺水平和器物造型上空前绝后，在外销上也采取了较为灵活的运作方式，主要有成品订货、来样加工等数种，器物尺寸、形状和装饰图案在订购合同中都有明确规定，景德镇工匠只要严格按要求照样制作就可以。为了让景德镇制造出符合自己要求的器物，欧洲商人往往提供彩色画稿或模型，模型有陶瓷器、玻璃器、银器、锡器及木器等，还有一些是在景德镇烧好素瓷胎后运到广州再加彩即所谓广彩，或运到欧洲后再加彩，总之是根据欧洲市场的需求来设计、制作。输往欧洲的外销瓷中，有些造型是国内罕见的，如带柄的杯、罐、碗，船形或头盔形的调味瓶、咖啡壶，鹅、鸭、鱼之类动物形汤盆，等等，都是专门为欧洲市场特制的。在欧洲市场旺盛需求的推动下，景德镇逐渐产生了洋器工业："洋器专售外洋者。商多粤东人，贩去与洋鬼子载市。式多奇巧，岁无定样。"所谓"式多奇巧"，是指瓷器的形状和装饰为欧洲形，不像中国人常见的式样，比如，我们中国流行的瓷杯一般没有把手，带把的啤酒杯就是英国人从土耳其移植过去的；中国的盘子是圆形的，输出欧洲的盘子就有长圆形、多边形、贝壳形等数种形体，边缘也做了加宽处理。所谓"岁无定样"是由于欧洲各国每年订货的要求不同。

欧洲各国东印度公司为了开发中国瓷器贸易的潜力，使之更适合欧洲市场的需要，逐步把中国瓷器的基本式样和装饰花纹改造成西方式样。荷兰是第一个主动设计、开发中国瓷器的国家，1635年荷兰侵占台湾后，在中国近海找到了一个稳定的据点，便开始向中国直接定购他们所设计的瓷器。如1734年11月12日荷兰东印度公司总部通知巴达维亚，要求寄一些烧得好的瓷器式样，以便在中国依照生产。当时在荷兰和英国，中国瓷器主要是作为生活日用品，这就决定它们必须适应欧洲的生活习惯，于是就产生了一种所谓的"中国形"瓷器，即融合西方式样的中国瓷器。明清时期中国瓷器文化在欧洲的传播对当时东西方的瓷器生产都起到一定的积极作用，正如美国学者科比勒（C.Le Corbeiller）在《中国贸易瓷器》一书中写道："如此众多的瓷器满足了西方人对中国瓷器的兴趣，它深深地影响到荷兰、德国和英国瓷器制造的风格，但是，更重要的是买主有目的地特别定制的瓷器，发展了东西方的联系，即使是完全由西方人提供的设计亦常常下意识地表现出中国风格的影响。"

　　我国著名古陶瓷专家冯先铭先生曾多次应邀在欧洲荷兰、比利时、葡萄牙、法国等国家进行工作访问，参观了里斯本古典艺术国家博物馆、海牙博物馆、布鲁塞尔中国宫、集美博物馆、大英博物馆、大维德基金会等众多收藏中国瓷器丰富的博物馆，据他观察，欧洲收藏的中国瓷器造型比较丰富，有中国传统式样与外国式样。中国传统式样有各式瓶、壶、罐、碗、盘、杯等，象首军持、提梁壶、葫芦瓶、筒瓶、罐、炉、笔筒等也是明代晚期至清初常见的器形。外销瓷中以康熙时期的器形最为丰富，常见的有棒槌瓶、凤尾尊、锥把瓶、方瓶、梅瓶、葫芦瓶、将军罐、莲子罐、平顶盖罐、鼓式狮钮盖罐、花觚、盖缸、双耳盖缸、花口碗等，乾隆时期有茶壶、绣墩、成套餐具、带盖六方瓶、将军罐、盘、碗、人物雕塑和洋狗等。不少器形在中国传统式样的基础上，加入西方所喜爱的元素，创烧出具有新意的造型，比如，将军罐、瓶、莲子罐等器形明显比传统式样高；瓶口有多种变化，有渣斗式口、杯口；还有加双耳的，双耳杯、双耳盖杯、双耳盖缸、双耳盖碗；加双柄的有双柄盖瓶；还有把器形加以装饰和改造的，把瓶、樽等改作水器、灯具或在口、流、柄等部位加饰金属双柄、盖、链子等饰件。具有完全欧洲风格器物造型的有杯、汤盆、剃须盘、执壶、单柄壶、双口瓶等。奶壶，有大小数种，明代晚期出现，清代更为流行，有直筒式、直筒束腰式，有的一侧口部带流，多带有手柄。另一种高脚带柄杯，口部曲线有变化，有的还配有托盘，类似今天西餐具用于盛放汁料的器皿。汤盆也是欧洲人喜爱的餐具，式样较多，有椭圆形、长方倭角形、六方形、花瓣形、菊瓣式多种样式，多数配有盖。执壶造型似锥形，下广上窄，顶部有盖，很别致。

　　从目前各地所能见到的明清时期中国景德镇外销瓷器来看，装饰纹样大致可以分为两类，一类虽然为国外市场专门制作，但基本上是中国传统式样，或虽然器物造型有欧洲特点，但装饰题材仍然为中国风格的花鸟、人物和山水等，因而具有鲜明的中国情调，此类产品占多数，成套器具往往绘有相同的纹样。有时，在同一器物上也出现东西方两种不同文化艺术的混合现象。比如有的瓷盘，中部主题图案为西洋社会生活场面，边框则衬以中国式图案；有的瓷器上的航海图，描绘了大航海时代中国和欧洲两种不同式样的大型远洋船舶风帆竞张、桅樯高扬的远航场面。十三行题材也是外销瓷中一个很有特色的品种，珠江外围的长洲岛和十三行对来华贸易的西方商人来说有着特殊意义，所以许多人在离开中国时，都会特别设计定制或者购买此类瓷器作为纪念品或礼品，绘有十三行的街道、厂房、仓库等建筑，一般在前面画有岸边和栏杆，并竖立各国国旗，前景则是珠江和江面上的船只，这类产品在 1765~1795 年特别流行，常见器形有大碗和大盘。

在外销欧洲的瓷器中，5 件一组的花瓶、花觚组合极为有意思，包括 3 个盖罐和 2 个花觚，一般是放在西方家庭壁炉上方。盖罐原型是康熙时期的将军罐，和花觚组合在一起，会觉得上面的盖子太大，为了相互协调，就进行适当改造，把盖子做小一点，相应地把颈部拉长、肩部收窄，花觚的流畅线条和盖罐起伏变化的流线相互呼应，组合在一起就显得很协调，有青花、五彩、粉彩数种，一时间成为欧洲室内装饰的时尚。

另一类瓷器，装饰纹样按照欧洲商人的要求、适合欧洲消费者需要特别绘制，大部分是严格依照顾客所提供的版画及图样来绘制，通常称为"订烧瓷"。17 世纪以来，欧洲诸国通过它们的东印度公司与中国进行贸易，输入西方市场的货品如茶、丝和瓷器，加深了西方对中国的向往。这种对远方充满魅力的中国所产生的幻想，随即在所有艺术领域中发展成对中国事物的热潮。在 18 世纪，这种对"中国风格"的狂热达至巅峰，使遥远的中国大受影响，特别制作外销瓷。这些瓷器的特色之一是其形制迎合西方人士的需求，其纹饰则是源自西方人想象中的中国景物，或是掺揉了欧洲人品味的"订烧中国瓷"纹样。这类瓷器品种丰富，个性鲜明，但数量并不大。在当时，"订烧瓷"的运作程序，一般是欧洲商人每年八九月到达广州后，把物品模本、画稿与定金一并交给中国十三行的买办，通过买办把订单送到景德镇，第二年再从买办处取回上一个贸易季的订烧瓷。由于从准备所需品目录或订单到完成订单之间有一漫长阶段，这就要求人们必须周密计划。例如在 1725 年春定制的回运货物目录在 9 个月后才送达巴达维亚，而 1725~1726 年这一季的返程船队则装载着过去所需的货物刚离开——返程船队在 11 月~次年 3 月出发。订购的货物只能在一年后装船，9 月运抵国内。因此在定购货物到收到货物之间有两年半时间的空当。

由于"订烧瓷"成本较高，占用资金时间长，手续复杂，商业风险大，不可能成为当时外销瓷的主流产品，大多数"订烧瓷"是用作私人交易，有些则是商人及船员们作为纪念品或礼物。"订烧瓷"的装饰题材有西洋人物、肖像画、花卉、城市港口、田园风景、贵族生活、希腊罗马神话、历史传说、圣经故事、德国式纹样以及标示家族的徽章，也有欧洲设计师特别设计的式样，比如荷兰东印度公司曾在 1734 年聘请阿姆斯特丹著名画家科尼利厄斯·普龙克设计了持伞仕女、三博士、四博士、花亭人物等 5 款图样，这些水彩及铅笔素描设计图稿收藏在荷兰国家博物馆。1737 年，第一批持伞仕女系列瓷器共 1279 件运抵荷兰，青花和青花矾红描金者各一半，由于这类产品价格太高，很快就停止订烧。这个样式的部分记录和设计稿，现在仍保存在印尼雅加达。意大利画家范萨斯高·雅宾尼（1578~1669 年）创作的一系列反映古典传说火、水、土和气四行的绘画也是 18 世纪销往欧洲瓷器上流行的题材。

在 16~18 世纪欧洲各国的订烧瓷中有一类被人们称为纹章瓷的瓷器比较特别，在器物的显眼部位绘有欧洲一些国家的贵族、显赫家族、都市、公司、军团、团体等特有的标志，与当时欧洲各国流行使用纹章有关。纹章可能是一个标记、盾状物、特殊设计的框格，或附有文字缩写、箴言等，一个完整的纹章包括冠、头盔、披风、盾牌、托器以及写有铭词的绶带，其中冠是等级的标志，英国以不同的冠代表公、侯、伯、子、男各等级爵位。盾牌按持有者意愿而定，盾形纹的纹地有蓝、红、黑、绿、紫 5 种颜色。纹章图记有神鸟、神兽、龙、鹰、犬、鱼、狮子等，以狮子最为常见。纹章瓷始于 16 世纪，盛行于 18 世纪，在欧洲十分流行，特别是西班牙、葡萄牙、荷兰、法国、英国、德国、波兰、匈牙利和意大利等国。据文献记载，18 世纪中国销往欧洲市场的各类纹章瓷约 60 万件，其中 1722 年运到英国的 40 万件瓷器中多数为纹章瓷。由于英国东印度公司的船长一般是贵族，大多数人会顺便订制自己家庭的纹章瓷，有的人还帮亲戚朋友定制，所以英国东印度公司的船长及其亲戚和公司相关成员的家庭纹章瓷在全部纹章瓷中占有相当比重。据瑞典学者统计，曾有 300 多个欧洲家族到中国定制过纹章瓷。早期的纹章瓷多用青花，纹章画在器物中央，图案很大；晚期多用五彩和粉彩，图案缩小，常置于器物边缘。18 世纪中期，纹章瓷形成了巴洛克式、洛可可式和新古典主义式等几种不同的风格，巴洛克式追求奢华的外表，讲究对称，在当时颇受欢迎；洛可可式图案不对称，风格淡雅、洗练，形式活泼；新古典主义式构图简单，图案对称，常为铲形或椭圆形，1780~1800 年风行一时。纹章瓷都是按订户的要求特别制作，大致可划分为名人徽章、省城徽章、机构或公司徽章、军队徽章等，名人徽章中既有国王、王后，也有名门望族或知名人士订烧的瓷器，比如葡萄牙国王曼努埃尔一世、佩德罗三世，西班牙国王菲力普五世，普鲁士国王腓特烈二世，俄国彼得大帝，奥地利查尔斯六世及女王多纳 · 玛丽亚等，还有清嘉庆皇帝为庆祝葡萄牙国王约翰六世加冕典礼赠送的绘有该国王徽章的五彩盘。

当时葡萄牙的贵族、船长及教会长老都十分喜爱中国瓷器，要求把自己的名字或徽章画在瓷器上，耶稣会的教士还把教义写在瓷器上。这类瓷器存世量少，其中较早的是属于曾两度任马六甲总督（1526~1529 年，1539~1542 年）的 Pero de Garia 的 2 只瓷碗，一只现收藏在那不勒斯的 Duca de Marino 博物馆，上面印有曼努埃尔国王的徽章。英国维多利亚阿伯特博物院收藏的一件 1542 年左右的大明嘉靖年制款青花纹章执壶则是最早的一件绘有船员纹章的瓷器，该壶绘有葡萄牙安东尼奥 · 裴素图家族的纹章。裴素图曾于 1542 年到达中国泉州，在海上与中国商人进行了交易，该壶当是此后数年间委托中国商人向景德镇订烧的。

如遇授勋、结婚之类喜庆典礼时，往往要定制纹章瓷，绘上家族徽号和甲胄做纪念，以此相炫耀。为纪念新婚而特别定制的纪念瓷，往往要饰以男女双方家族的徽章，如比利时布鲁塞尔皇家历史博物馆收藏一件墨彩描金人物纹盘，盘心饰以描绘婚礼寓言主题纹饰，在殿堂中，一对新婚夫妇站在有 2 只鸽子的爱坛前，婚姻女神茱奴为他们加冠，女神豢养的孔雀立在她身旁；其他人物包括婚礼之神希文雅斯，手持火炬，其后为其他女神，而其左方则为佩戴花环的舞蹈少女，女海神及鱼尾海神正从前景的芦叶丛中冉冉上升。这对新人于 1736 年 11 月 18 日结婚，柱上端绘凡德捷和凡布蒙·哥尼利斯 2 个家族的徽章。拱门顶上刻有誓言"生生世世，此爱不渝"。

作者简介

彭印㪤　1966年出生，江西省星子县人，1987年毕业于江西师范大学历史系，2004年获四川大学历史学博士学位。现任江西省博物馆馆长，研究馆员，享受国务院津贴专家，被评为文化部优秀专家，列入"江西新世纪百千万人才工程"第一、第二层次人选和"赣鄱英才555人才工程"人选。用笔名彭明瀚出版《吉州窑》《江西出土瓷器》等学术著作10部，公开发表学术论文100余篇。

吴一丁

稀土行业整合的背景、问题及策略

一 稀土及稀土产业

稀土又称稀土元素，科学家经过近 200 年的不断探索，发现了 17 种稀土元素，分别是镧（La）、铈（Ce）、镨（Pr）、钕（Nd）、钷（Pm）、钐（Sm）、铕（Eu）、钆（Gd）、铽（Tb）、镝（Dy）、钬（Ho）、铒（Er）、铥（Tm）、镱（Yb）、镥（Lu）、钪（Sc）和钇（Y）。

由于稀土元素具有特殊的物理和化学性质，被广泛应用于冶金机械、石油化工、玻璃陶瓷、农业以及电子信息、生物、新材料、新能源、航空航天等高新技术产业。特别是在材料领域独树一帜，稀土永磁材料、稀土发光材料、稀土贮氢材料、稀土抛光材料等都是现代产业不可缺少的原材料，在计算机、电动汽车、核磁共振、镍氢电池、移动电话、汽车尾气净化器、液晶显示、高温超导、热电发热、激光材料等许多领域中，稀土具有不可替代的关键作用。稀土在航空、航天和国防工业中也发挥着特殊作用，激光制导、雷达、侦察卫星和自动指挥系统等尖端设备，均使用稀土以提高关键部件的性能。目前，稀土元素的应用还在继续向新的科学技术领域扩展，几乎每隔 3~5 年人类就会发现稀土的一种新用途，每 4 项高新技术发明中就有一项与稀土有关。由此，稀土曾先后被誉为"工业味精""材料维生素"和"21 世纪高科技和功能材料的宝库"等。随着稀土元素的研究开发，将会引发一场新的技术革命。美国、日本等发达国家，都将稀土列为发展高新技术产业的关键元素和国家战略元素。

稀土产业的界定还没有一个统一而公认的标准。一种观点认为稀土产业是稀土开采、选矿和冶炼分离的集合，不应包括稀土应用产品的部分；另一种观点认为稀土产业除应包括稀土的开采、选矿和冶炼分离外，还应该把稀土新材料的生产包括在内。从稀土产业的特殊性和长远发展角度看，把稀土新材料包括在稀土产业当中是科学的。

20 世纪 50 年代以来，经过艰苦不懈的努力，我国稀土行业取得了很大进步，已经形成了采选、冶炼分离、深加工、新材料以及稀土应用产品生产的较完整产业体系，并且成为世界上最大的稀土资源国、生产国、出口国和消费国。然而，我国稀土资源在开发利用过程中也存在着严重制约稀土产业健康发展的诸多"稀土问题"：稀土资源开发利用过程中的环境破坏问题突出；资源无序粗放开采、浪费严重、利用效率低下、资源消耗过快；稀土高端应用水平低、与国外存在着巨大差距、产业结构不合理；稀土价格严重背离价值、大量稀土初级产品廉价外流、稀土定价话语权缺失；围绕稀土的各方利益冲突激烈；等等。

二　稀土行业整合的背景

在围绕解决稀土问题的讨论中，稀土行业整合是最热的话题，不管是政府、学界，还是社会公众，对于通过稀土行业整合达到解决行业存在的诸多问题都抱有极高的期望。行业（或产业）整合的概念，在理论界并未形成统一的认识，尽管行业整合在研究侧重点和研究方式上各有不同，但其核心内容都是指通过企业的兼并重组，提高产业集中度，进而形成垄断势力。需要注意的是，国外的行业整合主要是企业的一种市场行为，而国内的行业整合则强调政府在整合中的作用。绝大多数的研究认为，我国稀土行业的企业数量多、规模小、竞争力差、行业集中度低是稀土行业存在诸多问题的主要原因。因而，对稀土行业进行整合，形成少数稀土大企业集团可以有效地解决稀土行业存在的问题。

（一）解决稀土出口的定价权问题

稀土是重要的战略资源，在高科技领域和军事领域有巨大的应用价值，稀土又是相对稀缺的。我国稀土资源尤其是中重离子型稀土资源在世界上具有垄断优势，同时，我国又是世界上稀土原料产品的主要出口国，各种稀土原料产品占世界市场份额的90%以上，全世界对我国稀土产品具有极强的依赖。一般认为，对于高价值的稀缺资源，既然我国在供给上具有垄断地位，就应该能够形成较高的垄断价格，应该有稀土定价的话语权，而现有的稀土出口状况显然没有体现出我们对稀土的垄断地位。和世界石油市场相比，欧佩克组织还远不具有我们对稀土的垄断优势，却拥有石油价格的定价权。

稀土企业规模过小、行业过于分散、恶性竞争被认为是稀土出口丧失定价权的最主要原因。即便是2010年以后稀土价格大幅度上涨，也被认为是由于政府出口管制所为，而非稀土行业垄断所致。2011年下半年稀土价格大幅度下降，价格极其不稳定，再一次印证了稀土行业缺乏垄断势力。因而，迅速进行稀土行业整合，形成行业寡头垄断局面，从市场主体角度而非政府角度真正获得稀土出口的定价权。

（二）解决稀土生产的环境破坏和资源浪费问题

稀土在采选、分离等生产过程中会产生巨大的环境成本，而我国的稀土价格中并没有完全包含环境成本，因而稀土出口收益远远不能弥补稀土生产的环境代价。事实上，由于稀土原料产品生产过程中污染大、环境代价高，一些发达国家不愿生产稀土原料产品，这是导致我国生产的稀土原料产品占全球较高比例的一个主要原因。另外，由于我国稀土生产过程中采富弃贫、回收率低、非法开采严重、产能扩张过快，稀土资源浪费严重，致使我国稀土资源储量迅速下降，在国际上的优势地位正在丧失。

稀土行业的企业规模小、数量多、技术水平低、难以监控被认为是造成环境破坏和资源浪费的主要原因。一般认为，不管是在环境污染方面，还是在产量控制方面，大企业比小企业更易监管。大企业在环保投资上更具资金优势，生产技术水平更高，大规模处理污染更经济。同时，大企业也更具有社会责任感。因而将分散的小规模稀土企业整合成少数大企业集团，可以有效地解决环境破坏和资源浪费问题。

（三）解决稀土高端应用研发滞后问题

稀土的真正价值在于应用，越是高端应用，其价值越高。我国稀土的优势主要在低端产品上，在稀土高端应用和研发方面，与国外存在着巨大差距。目前不但稀土的知识产权、核心产品缺乏，而且现有应用产品技术含量低，产品附加值不高，低端产品供过于求，自主创新不足，高端产品严重依赖进口。从长期来看，真正能使稀土产业良性发展、彻底解决"稀土问题"的关键，是稀土高端应用的研发和稀土应用产业的建立。如果国内稀土的应用技术和应用价值始终落后于国外，那么"稀土问题"将会一直困扰着我们。

大企业比小企业更有实力发展高端技术和产业，因而对稀土行业进行整合，是希望整合成的大企业集团能够在稀土最为关键的高端应用环节实现突破。北大长江学者、稀土材料博士生导师严纯华建议通过央企的兼并整合来推进稀土行业技术升级，"央企可以利用自身在资金、人才、技术等方面的优势，加快稀土行业整合进度，更重要的是可以推动稀土应用领域的科技水平快速提升。"

三 稀土行业整合历程及存在的问题

（一）整合政策及企业行为

针对稀土行业存在的问题，国家很早就试图通过整合的方式来加以解决。20世纪70年代以来，在稀土主产地包头，分别由国家、自治区、市主管单位推动进行了4次稀土集团的组建，虽然形成了松散的组织形式，但因不同主体的利益差异难以一致，形式上的组织维持不久便告解体；2002年，国务院同意了原国家经贸委会同原国家计委、财政部、国土资源部、外经贸部上报的《关于组建全国性稀土企业集团的请示》，批准组建南北稀土集团。然而，计划于 2003 年 5 月挂牌的中国北方稀土集团落了空，打算于较晚完成组建的中国南方稀土集团也逐渐无声无息；2006 年颁布了《国务院关于全面整顿和规范矿产资源开发秩序的通知》，明确提出做好稀土资源整合工作；2008 年颁布了《国务院办公厅转发国土资源部等部门对矿产资源开发进行整合意见的通知》，将稀土列为重点整合矿种；2010 年 6 月工信部和国家发改委选定几家国有骨干企业对中国稀土资源进行整合；2011 年 5 月颁布了《国务院关于促进稀土行业持续健康发展的若干意见》，提出积极推进稀土行业兼并重组，加快实施大企业大集团战略，进一步提高稀土行业集中度，同时明确提出稀土行业整合的目标为：用 1~2 年的时间，基本形成以大型企业为主导的稀土行业格局，南方离子型稀土行业排名前三位的企业集团产业集中度达到 80% 以上。

在国家整合政策的推动下，包括央企和稀土资源地企业都参与到稀土行业整合之中，并且展开了争夺稀土地盘的激烈竞争。在北方的内蒙古自治区，轻稀土资源高度集中，由包钢稀土直接控制，其他企业很难介入，整合一直都由包钢稀土独自进行。包钢稀土的前身是成立于 1961 年的"8861"稀土实验厂；1997 年改制并于当年在上海证券交易所上市；2003 年整合了包头华美稀土高科有限公司、包头京瑞新材料有限公司、淄博稀土高科技有限公司 3 家民营企业。2007 年包钢稀土产业实现整体上市。2009 年收购了北京三吉利公司 44% 的股权；2011 年在地方政府的强力推动下，包钢稀土对呼和浩特市、包头市和巴彦淖尔市 35 户稀土上游企业进行整合。目前北方稀土整合从形式上看大局已定，包钢稀土成为从事稀土上游产业经营的唯一企业，同时包钢稀土还积极参与到江西稀土的整合之中。四川冕宁地区是仅次于内蒙古包头市的第二大轻稀土资源供应地，江铜集团 2008 年参与四川稀土整合，作为江西大型有色企业，未参与江西稀土整合，却已实际控制了四川稀土。

相比北方轻稀土，南方中重稀土的价值更高，也更为稀缺。由于资源赋存状态和历史原因，稀土资源的控制权极为分散，这使得南方稀土的整合之路异常艰难。2003年中国五矿就参与了江西稀土整合，经过近10年的发展，五矿的整合主要在稀土分离环节，并未介入稀土的开采环节。2004年赣州市成立了赣州稀土矿业有限公司，对全市稀土资源开采企业进行整合，实施总量控制和矿山统一管理，目前赣州稀土矿业有限公司是南方离子型稀土资源的最大拥有者。2009年以后，南方稀土整合局面骤然升温，除五矿外，中铝和中色等央企也强势加入到南方稀土整合之中，在南方各稀土资源地展开了激烈的资源争夺。以江西省赣州稀土矿业有限公司、广东省广晟有色集团、广西有色集团公司、福建省厦门钨业股份有限公司等为代表的地方大型稀土企业，在地方政府的有力支持下，除加大本地区稀土行业的整合力度，也将整合的触角向其他省区延伸。到目前为止，南方稀土行业整合局面仍不明朗。

（二）整合中存在的问题

从表面上看，围绕稀土行业的各方利益难以协调，整合困难重重，进展迟缓，距离整合目标差距过大。事实上，稀土行业整合过程中还存在着更深层次的问题。

1. 整合主导问题

整合不管其表现形式如何，最终都要落实在企业身上，表现为企业间的兼并重组，整合的主体是企业，因而由企业来主导整合是最自然不过的事。然而，在体制转换过程中，政府对市场还有着强大的影响力，甚至在某些方面有着决定性的影响，这使政府常常扮演行业整合主导的角色。稀土行业整合过程中参与了央企、地方国企、民企、中央政府、地方政府等多个主体，由央企还是由地方国企、由国企还是由民企、由政府还是由企业、由国家还是由地方政府、由稀土企业还是由非稀土企业等来主导稀土行业整合并不明确。

任何一个主体来主导整合都有其优势的一面，同时也有其劣势的一面，因而并不能一概而言由某个主体来主导稀土行业整合就一定是最好的。比如，由政府主导整合会有很高的效率，在短时间内就会在形式上形成稀土寡头企业，但是政府主导会对市场产生破坏，不利于行业今后的发展，极有可能还需要二次改革。由央企主导整合可以打破地区间的界限，形成行业寡头，而不是区域寡头，但央企与地方利益难以协调，其自身也存在诸多问题，并不是中国市场化改革的方向。中国在电力、石油等多个行业的整合已充分表明，由央企整合，虽可以做大行业规模，但并未能做强行业，事实上，央企自身改革的任务同样繁重。由地方主导整合，可以更容易处理各方利益关系，地方稀土资源也能够得到更切实的保护，但短期内只能形成区域寡头，难以形成跨区域的行业巨头。

由谁来主导稀土行业整合，关键是要明确稀土整合的目的、整合中的利益平衡以及整合所应具备的条件。这类问题没有厘清，整合主体当然难以明确，整合进程自然会迟滞。

2. 整合环节问题

稀土产业链很长，特别是在高端应用领域延伸得极为广阔。为了说明问题的方便，我们可以粗略地将稀土划分为开采、分离冶炼、应用等产业环节。稀土整合可以在产业链的不同环节横向进行，也可以沿产业链进行纵向整合。国家在稀土整合的环节上并不明确，地方政府希望央企利用自身优势在稀土下游环节整合，稀土开采环节的整合由地方国企完成；央企虽然在稀土分离冶炼环节进行了一定程度的整合，但其目标是在稀土开采环节整合，分离冶炼环节的整合仅仅是为能够在开采环节整合增加一个砝码；包钢稀土则利用其对稀土资源的垄断进行了稀土全产业链的整合。目前，整合的焦点在稀土开采环节，对稀土资源采矿权的争夺最为激烈，而在稀土高端应用环节的整合基本没有涉及。

从产业的经营流程来看，包括了研发、采购、生产、销售等环节，在经营流程的不同环节进行整合属于较高层次的整合形式，它符合专业化分工的发展趋势。如果是为了控制原材料成本，可以在采购环节整合；如果是为了控制生产量，可以在生产环节整合；如果是为了掌握价格话语权，可以在销售环节整合；当然也可以进行经营全流程整合，产业链上每一个环节的企业间并购基本上都属于经营全流程整合。由于中国稀土整合的注意力全部放在了产业链的整合上，因而在经营流程的各环节上基本未展开整合，这也表明目前的稀土行业整合还处于一个比较低的层次。

3. 整合手段问题

行业整合有市场化和行政化两种手段。在市场体制比较完善的国家和地区，行业整合是企业对市场竞争的一种正常反应，整合活动是一种纯市场行为，企业在自由谈判的基础上找到共同点从而完成整合。即便整合是政府的意图，政府也必须采用市场化手段、符合市场规则地间接促成整合，任何违背企业意愿的整合都难以实现。在市场没有出现重大变化的情况下，市场化整合手段可能会有整合速度较慢、整合成本较高等问题，但其整合效果较好、整合目的较易实现，更符合市场的要求，企业和行业竞争力往往能得到实质性的增强。

用行政手段进行整合，只有在市场体制不完善、政府对经济有强大影响力的情况下，才有条件运用。行政手段整合可能使得整合速度更快，但整合效果不佳，整合后遗留的问题更多，往往是行业在形式上完成了整合，规模得到了扩大，竞争力却没有得到实质性提高。中国在石油、电力、航空、金融等行业的行政整合，虽在短时间内形成了行业巨头，但并没有增强这些行业的国际竞争力，在整合已完成多年以后，反而惧怕竞争、排斥竞争，不断地一再寻求政府对其垄断地位的保护。

目前稀土行业的整合对行政手段的依赖度过大，这也是社会各界期望稀土行业整合能在短时间内完成的一种必然结果。从已有的整合来看，也仅仅只是在形式上形成了几个稀土巨头企业，其内部矛盾并未解决，整合的目的远未达到。另外，由于稀土行业整合是在全国范围内进行的，在运用行政手段整合时涉及了各级政府，而各级政府运用行政手段的方式和范围不同，对不同类型企业的控制能力也不相同，因而在稀土企业由行政干预而被动整合的状况下，行业整合就很自然地由企业间的博弈演变为企业与政府间以及各级政府间的博弈。

4. 整合模式问题

整合的目的有多种，比如实现协同（管理协同、营运协同、财务协同等）、降低生产能力、实现管理层利益、谋求增长、获得专门资产、提高市场占有率（获得垄断地位）、多元化经营、收购低价资产、避税、投机，等等。出于不同的整合目的，在不断创新的金融工具的支持下，世界上衍生出来的整合模式极为繁多。仅就获得市场垄断地位这一目的来说，行业整合就可以采用公司合并、资产收购、股权收购、股权置换、承债接管、企业联盟等市场化整合模式，也可以采用政府行政划拨、行政授权等非市场化整合模式。

不同整合模式所需要的整合条件不同，比如，资产收购模式至少需要收购企业有强大的资金实力、雄厚的人才储备和高效率的资产管理系统；企业联盟模式（以卡特尔组织为典型代表）需要市场有较小的需求价格弹性、各联盟企业的生产差异较小以及能够订立有约束力的协议等；行政划拨模式要求政府能够完全控制所要整合的企业和资源，并能妥善地解决整合中的利益受损者。不同整合模式下，整合的效率、成本、时间耗费等不同，整合后的企业运行方式以及利益分配格局也不相同。

稀土行业整合表现出多种整合模式并存的现状，这也是稀土行业整合局面看起来较为混乱的一个原因。稀土资源地政府利用其对稀土资源的直接控制，大多采用将本地稀土企业合并成立新稀土企业的整合模式；央企和部分地方国有稀土巨头企业则主要采用对中小稀土企业进行资产收购、股权收购等整合模式；部分地方政府采用了将本地稀土企业与央企建立战略联盟的整合模式；行政授权稀土专营的整合模式也已经出现。根据不同条件，采用不同模式进行整合有其一定的合理性，但当整合经过一段时间后，稀土巨头群雄并起，同时，在各种整合模式下会形成更为复杂的利益关系，这将会使稀土行业的再整合遇到更大的困难。

四 稀土行业整合的策略

（一）由企业主导整合

通过企业对自身利益的合理追求实现稀土行业整合的国家意图。稀土行业整合的目的可以分为：体现国家意图的宏观目的和体现企业利益的微观目的。通过稀土行业整合达到解决稀土出口价格定价权缺失、稀土生产环境破坏和稀土高端应用研发滞后等问题，基本属于宏观目的，而企业参与稀土整合的目的则是为了追求自身利益的最大化。当为了宏观目的的行业整合并不能实现微观目的时，企业对微观目的的追求可能并不能实现整合的宏观目的。由于行业整合的实质是企业的行为，因而宏观目的必须转化为微观目的。让企业来主导稀土行业整合，就是让企业在追求自身利益的同时实现国家目标。

只有企业才知道自己最想得到什么，由政府来主导行业整合往往只关注到宏观目的，而忽略了企业的微观目的，且不说在整合过程中由于目标不一致，会使整合无果而终。即便是政府可以采用强有力的行政手段能够形成行业寡头，最终还是要由寡头企业自身进行经营管理，很难相信寡头企业能够为了国家利益而放弃自身利益。在合法的范围内，企业追求自身利益是正当的，并且是企业发展壮大的持久动力，只有将国家利益与企业利益很好融合，国家利益才能真正地得到保证。

由企业主导稀土行业整合并不是说政府可以完全无所作为，事实上，政府对于引导稀土企业整合以实现国家目标起着至关重要的作用。企业间的兼并重组完全是企业自己的事，谁来兼并、兼并谁、兼并的条件等都应该由企业自己作出判断，政府不应代替企业作出整合决策。但是政府在确立整合规则、创造整合条件等方面有着不可推卸的责任，作为规则的制定者和维护者，政府可以充分利用规则的调整来使国家利益与企业利益相融合。政府也可以通过提供有利于整合的条件，引导企业朝着实现宏观目标的方向整合。

由稀土企业来主导稀土行业整合，整合成本相对较低，信息的不对称性相对较小，是稀土行业整合的首选。如果由国有企业主导稀土行业整合，最终形成国有稀土寡头，最大的不利点在于，国有企业身份在 WTO 框架下对于解决稀土国际贸易争端极为不利。另外，国有企业身份对于稀土企业向海外发展可能会遇到极大的阻力。

（二）充分考虑利益平衡

整合本身就是一种利益的再分配，整合中所涉及的各个主体只有在愿意接受新的利益分配结果后，整合才可能完成。稀土行业整合的特殊性在于，围绕稀土的利益主体众多，相互间的利益关系错综复杂，整合造成的利益冲突较多。目前在稀土资源开采环节的整合，所引起的利益矛盾最为突出，其焦点表现为稀土资源地区的利益可能会因为稀土行业整合而难以得到保障。比如，如果通过央企对稀土资源进行跨地区整合，稀土资源地区在经济利益上就可能蒙受损失。在现行财税体制下，与原来地方企业利税均归地方所有不同，跨地区经营的外来投资者向当地缴纳的资源税税率多年偏低。而且，由于跨地区经营的大型企业集团客观上需要在整个集团内部统一筹划运营收入和税收支出，以便实现收益最大化，因此常常通过转移定价等方式将账面利润集中到总部所在地，致使资源开发地或生产地分享的所得税等收入份额大大减少。同时，所得税等收入的转移，假如是集中到中央财政手里，最终还可以通过转移支付等手段返还稀土资源地区。问题是这种账面利润和随之而来的税收转移，相当一部分落到了大型企业总部所在地，从而加剧了区域之间发展的不平衡，这有违公平原则。

稀土开采有资源耗竭成本和环境成本，这种成本基本上都要由稀土资源地区承担。如果稀土行业整合导致稀土资源地区利益受损，那么整合受到来自稀土资源地区的阻力就是再正常不过的事了，稀土资源地区的阻碍行为不但是正常的，而且是合理的。稀土行业的任何整合方式，如果得不到稀土资源地区的支持，就不可能获得成功。

为了消除来自稀土资源地区的阻力，也为了稀土资源地区的可持续发展，国家在制定稀土行业整合规则和创造稀土行业整合条件时，必须明确稀土资源地区的合理利益。给稀土资源地区留下足够的利益份额，不仅用于稀土资源地区的经济社会发展，而且用于修复当地的生态环境和培育未来的替代产业。稀土行业整合应该是给整合各方带来更大的利益，而不应该是加剧利益的不平衡。

（三）在稀土产业链的应用和分离环节先进行整合

从稀土产业链的各环节整合现状看，稀土资源开采环节整合的利益冲突最大。稀土资源地区利用其对稀土资源的实际控制各自独立进行整合，而央企千方百计地想进入稀土开采环节，由此形成了这一环节上的整合僵局；稀土分离冶炼环节整合的利益冲突较小，早期的稀土行业整合即在这一环节展开，特别是央企在这一环节的并购比较顺利。但在分离冶炼环节远未形成跨地区的行业寡头时，这一环节的整合却基本停顿下来，显然各方整合的真正意图并不在这一环节，而是利用这一环节的整合，获取在稀土开采环节整合的筹码；稀土应用环节的整合基本没有利益冲突，稀土资源地区极为期望跨地区的大企业集团尤其是央企能够在这一环节有所作为，甚至将稀土下游的应用开发作为央企进入稀土资源开采环节的一个重要条件，但遗憾的是，稀土应用环节的整合并未大规模展开。

由下游向上游整合属于后向一体化整合，其整合的目的通常是为了有效控制原材料等投入的成本、质量以及供应的可靠性，确保生产经营活动的稳定。目前稀土资源的开采规模、质量、成本等足以保证国内稀土下游生产对稀土原料的需求，从企业后向一体化整合的动因来看，稀土分离冶炼环节向开采环节整合的必要性并不充分。从整合的目的是为了获得稀土出口定价权的角度来看，在稀土分离冶炼环节进行整合形成寡头垄断市场就已经足够了，因为需要控制出口的是稀土冶炼分离产品，而稀土原矿本身就是禁止出口的。从通过整合来达到解决环境污染的目的来看，分离冶炼环节更需要大规模集中生产，以便能更经济合理地处理生产所带来的污染。因此，稀土在分离冶炼环节的整合最为必要，也最为紧迫。

众所周知，稀土的最大价值在于其应用环节的开发，按产业链整合的逻辑顺序，稀土应用环节的整合应该对各方具有最大的吸引力。之所以舍弃应用环节而在资源开采环节激烈争夺，说明目前稀土开采环节的投入最低、利润最高、风险最小、收益最快，而应用环节需要有较高的投入，承担较大的风险，并且收益期可能较长。但是，稀土应用环节的整合是必须要进行的，因为只有稀土应用能力的提高才能从根本上解决困扰我国的各种稀土问题，而稀土应用产业发展更需要强大资金和技术支持，更适合以大企业、大集团模式发展。

稀土行业在分离冶炼和应用环节的整合不仅是必要的，而且是阻力最小的，各方最容易达成利益上的一致。政府可以利用财政、税收、环保标准、研发资助等手段，降低企业在稀土开采环节的利益，提高在分离冶炼和应用环节的利益，引导稀土行业率先在这两个环节进行整合。在稀土下游整合成功并发展壮大后，再向稀土上游进行纵向整合。

（四）为稀土开采环节整合创造条件

目前南方离子型稀土在开采环节的整合最为困难，主要是因为离子型稀土资源在南方分布广泛、赋存在地表浅层、开采相对容易、进入门槛较低、涉及的利益主体众多，更重要的是开采环节利益巨大，已成为非正常的暴利行业，由此吸引了各方在这一环节激烈争夺。

稀土资源之所以在开采环节有巨大的利润空间，是因为该环节的最终产品——稀土精矿的供给成本过低。供给成本包括生产成本、税收成本和社会成本，离子型稀土资源开采相对容易，属于劳动密集型行业，资金进入的门槛较低，劳动力成本低廉。这些有利因素决定了我国稀土精矿的生产成本较低。税收成本主要包括征收的资源税、生产环节的各种税收等，我国稀土精矿的税收成本极低，基本没有反映稀土资源的稀缺性和战略价值。稀土生产的社会成本主要是环境成本，在我国这一成本被外在化了，没有实质性地进入稀土的供给成本中。当稀土精矿的价格有几倍的上涨后，供给成本却没有太大的上升，其利润空间就可想而知了。在这种情况下，协调各方利益变得极其艰难。

因此，要想在稀土开采环节整合成功，就必须降低这一环节的利润水平，使稀土开采变成正常产业。所谓正常产业，就是指其利润水平与同类产业的利润水平相近。降低利润水平的办法当然不能通过提高生产成本的方式实现，只能通过大幅度提高相关税收和建立风险保证金的方式内在化社会成本，从而提高供给成本、降低利润水平。另外，提高稀土开采环节的环保准入门槛，不但可以很好地内在化环境成本，而且可以直接推动行业整合。因为要想达到环保门槛，就必须增加环保支出，并且大企业集团由于环保技术更高、大规模处理污染的经济性远远好于小企业，大企业集团的环保竞争力更强。在较高的环保准入门槛作用下，达不到环保门槛的小企业自然就会被淘汰。

　　总之，稀土开采环节的整合难度最大，要想顺利整合成功，必须先为整合创造出有利的条件。在整合条件尚不具备时，为了临时达到限制产量和绿色开采的目的，可以考虑在稀土开采环节采用企业联盟的方式进行整合，按经营流程在销售和绿色开采技术研发环节率先建立联盟。

作者简介

吴一丁　1967年出生，北京市人，江西理工大学经济学教授，硕士生导师，中国注册会计师。研究方向为理论经济学、区域经济、产业经济学、投融资决策。主持并完成了1项国家自然科学基金项目，1项国家社科基金项目，2项省社科基金项目。主要参与并完成了国家社科基金、国家自然科学基金、教育部重点研究基金项目等4项。主持并完成了地方政府和大型企业委托研究项目7项。主要参与完成了地方政府委托研究项目3项。参与新疆维吾尔自治区"九五""十五""十一五"社会发展规划。直接指导了2个公司的改制重组并完成了上市工作。完成17份研究报告。出版专著3部，发表论文60余篇。获国家级奖1项、省级奖6项，培养研究生20多名。

苗元江

幸福指数：发展脉络与社会应用

幸福是哲学、伦理学、经济学、社会学的中心问题，幸福感则是心理学的科学命题，幸福指数则是政府关注的时代课题。如果说 GDP（国内生产总值）、GNP（国民生产总值）是衡量国富、民富的标准，那么，国民幸福指数（Gross National Happiness，GNH）就是衡量人的幸福快乐的标准，国富是为了民乐，是为了"创造我们的幸福生活"（十六大报告结束语）。正如奚恺元所言：我们的最终目标不是财富最大化，而是人们的幸福最大化。[①] 幸福是个人追求，幸福指数是安居指标，人民福祉是国家使命。从幸福—幸福感—幸福指数的演化脉络，折射出人类永恒的美好生活追求。

一 幸福感的理论沿革

自 1967 年威尔逊（Wanner Wilson）撰写《自称幸福感的相关因素》以来，心理学对幸福的科学研究，已经走过 40 多年的历程。其兴起并得到广泛重视，主要与以下因素有关：一是积极心理学的产生与发展，积极心理学关

---

① 奚恺元等：《从经济学到幸福学》，《上海管理科学》2003 年第 3 期。

注人类的健康幸福与和谐发展，倡导了"幸福革命"；二是"二战"后国际社会发展价值观发生了由物本到人本的转换，关注人的主观感受成为社会科学的重要研究主题；三是 20 世纪 60 年代开始的社会指标运动、生活质量运动极大地影响了社会科学理论研究议程，幸福问题研究成为社会科学研究的热点问题。

英语中幸福感的表达有 happiness，well-being，subjective well-being，psychological well-being 等。在现代心理学研究中，使用的是合成词 well-being，反映出西方人对人类存在的思考取向，有幸福、健康、福利之意。韦氏英语词典 1997 年版对 well-being 的解释是：一种良好的或满意的生存条件；一种健康（health）、幸福（happiness）、兴旺（prosperity）的状态。新英汉词典释义为健康、幸福、福利。哲学家倾向用 flourishing，well-being 和 eudaimonia 来表示幸福，包含着"lead the good life"的意蕴，幸福就是过美好生活。

心理学家在对人类心理行为的探索中隐含着的理论框架或理论设定无不体现其独特的文化精神，西方的幸福观念受其文字和文化的影响，在使用"幸福"一词进行交流时，含义是完全不同的。我国 1989 年版的《辞海》（缩印本）将"幸福"定义为"在为理想奋斗过程中以及实现了理想时感到满足的状况和体验"。在《汉语大词典》中，"幸福"的含义是：第一，谓祈望得福气；第二，使人心情舒畅的境遇和生活；第三，指生活、境遇等称心如意。虽然"幸福感""幸福指数"是近年来才出现的新名词，但我国"福文化"有很长的历史源流，中华福文化是中华民族文化的重要组成部分，所谓"福"，在过去是指福气、福运，而现在人对福的理解是"幸福"。"福"是一切美好事物和谐的集合，同时又是一种现实的存在。另外一个概念"乐"也与现代的幸福含义颇为接近，其内涵很丰富，乐是个体在心理上一种愉悦舒适满足的心理体验，是主体意识（主要是情感意识）自我完成、自我实现中的自我享受而又超越自我的精神境界。①

---

① 张晓明：《中西心理学传统中"乐"的比较研究》，《吉林师范大学学报》（人文社会科学版）2009 年第 1 期，第 79~82 页。

人类的发展史就是一部对幸福的追求史，就是一部通过对幸福追求而不断探究人的存在意义、存在方式、存在内容的反思史。当代的研究者已将幸福概念的哲学起源追溯到古希腊时代。"快乐主义幸福观"（hedonic view）始自阿里斯底波（Aristippus）的哲学。阿里斯底波提倡将快乐的最大化作为生活的目标和幸福的源泉。伊壁鸠鲁学派（Epicureans）后来追随这一观点，虽然是以更温和的方式来阐释。而以约翰·密尔为集大成者的功利主义，则在苦乐原理上以快乐原则通感所有的幸福心境。这是与现代主观幸福感的概念联系最密切的观点。另一种观点——完善论的幸福观（eudaimonic view），来自亚里士多德学派（Aristotelian）的视角。亚里士多德认为，一个人在生活中善的程度是评价幸福的决定性标准。过善的生活，而不只是快乐的生活，是获得幸福的关键因素。反映这一观点的理论关注于自我实现，以及与个人成长和发展有关的活动。这一观点的继承者已经开始使用心理幸福感（psychological well-being）这一术语。人们对幸福的理解总是徘徊于客观主义与主观主义、理性主义与感性主义之间，尽管分别赞同两种不同观点的学者对幸福的定义和主要来源经常持有异议，他们的理论最终都丰富了关于幸福本质的看法。①

在 20 世纪中期，有关幸福的争论由哲学转移到心理学。道奇（Dodge）1930 年提出幸福理论但并未超出古希腊哲学家们的界定，威尔逊 1960 年在其博士学位论文中提出主观幸福感（SWB）个体差异的理论假设。在具有里程碑意义的嘉哈（Jaha）的论文里，他认为在幸福的定义中应包含积极状态，没有心理疾病并不意味着心理健康；幸福同样重要。以 1967 年威尔逊撰写《自称幸福感的相关因素》为标志，心理学中的幸福感研究开始纳入实证研究科学，经历了四个阶段。第一阶段主要是调查比较研究（20 世纪 60 年代到 70 年代中期）。这一时期的兴趣和重点在于比较不同人口

① 　王露璐：《幸福是什么——从亚里士多德与密尔的幸福观谈起》，《光明日报》2007年 12 月 02 日。

统计维度幸福感的差异，此阶段最重要的研究结论是年龄、性别、教育、婚姻状况等人口学变量在解释主观幸福感变异方面的作用是有限的。阿盖尔（Argyle，1999）对这一阶段有关研究进行了总结，估计人口学变量对主观幸福感变异的解释率为 15%。第二阶段主要是理论模型建构（20 世纪 70 年代中期到 80 年代中期），研究者依循不同的理论基础，建立起不同的解释幸福感的理论，这些理论解释的重点是个人幸福感产生的心理机制。主要的幸福感理论包括人格理论（personality theory）、目标理论（telic theory）、活动理论（activity theory）及判断理论（judgment theory）。上述理论可分为由上而下／由下而上模式（top-down / bottom-up models）两种思考模式，第一种思考幸福感来源的方法是由上而下（top-down models）的思考方法，支持这类思考模式的理论认为幸福是来自整体人格特质影响人对事物的反应方式；第二类思考方式认为幸福感是由短期、微小的生活目标达成或者是个人需求获得满足之后逐步累积而成，这是一种由下而上（bottom-up models）的思考方法。二者最大的共通点皆认为个体的幸福感是透过生活经验的累积来满足自我需求所获致。第三阶段侧重测量技术发展（20 世纪 80 年代中期到 90 年代末期），建构并应用具有更高信度、效度的多种测量技术与方法，形成了以结构化问卷测量为主体并结合其他评估技术的多样化测量体系，主观幸福感测量的方法愈加丰富，实验研究的方法更多地被用于主观幸福感研究领域。[①] 第四阶段则走向社会指标应用（21 世纪至现在）。迪纳（Diener，2000）在其《主观幸福感——快乐科学与社会指标》中指出，关注与促进人类生存与发展，是幸福感研究的最终目标所在。社会指标系统应该包括经济指标、生活质量指标和幸福感指标，幸福感应该成为社会目标实现程度的重要"指示器"、了解民众情绪波动和变化的"晴雨表"、检测社会良性运转的"预警器"。[②]

---

①   E.D. Diener "New direction in Subjective well-being research：the cutting edge." *Indian Journal of Clinical Psychology*，2000：27（1）：21-33.

②   E.D. Diener."Subjective Well-Being-The science of Happiness and Proposal for National Index"［J］. *American Psychologist*，2000：Vol 55（1）：34-43.

二 幸福感的理论模型

幸福是一个概念，一个实体，一门学问，还是一个具体，一个关系，一种"实际存在物"呢？这是"言说"幸福的立论前提和认识起点。人们对幸福的理解，是伴随着时代变迁与文化价值的转移而不断发生变化的。在现代心理科学中，主要有主观幸福感（SWB）、心理幸福感（PWB）和社会幸福感三种研究取向，它们从不同视角丰富着人们对幸福的理解，这些视角的互补、交融、统合而成的有机体构成了幸福的总体框架。

主观幸福感源自哲学上的快乐论。伊壁鸠鲁认为：幸福生活是我们天生的善，我们的一切取舍都从快乐出发，我们的最终目标乃是得到快乐。沿着这种思路，心理学家迪纳把幸福感定义为正向情感、负向情感以及生活满意的认知评价。迪纳等研究者提出了主观幸福感多层次结构模型，将SWB分为"三个层次四个领域"，其中处于最高层次的就是主观幸福感，它反映了对人们生活的整体评价。第二层次包括积极情感、消极情感、一般生活满意度和具体领域生活满意度。最底层的部分分别是四个次高层次更为具体的可操作的成分，如积极情感的具体可操作成分包括喜悦、满足、快乐和爱等，整体生活评价包括充实感、有意义感和成就感等。①

心理幸福感是建立在亚里士多德提出的幸福论或自我实现论基础上的，认为幸福不能等同于快乐，而应该定义为"努力表现完美的真实的潜力"。心理幸福感涉及良好的心理机能、生命意义、自我实现等，是对完美实现个体真实潜能的追求。心理学家来福（Ryff）提出了心理幸福感六维度模型，每一维度都表明了个体在发展过程中面临的挑战，是个体努力发挥潜能和实现才能的过程：①自我接受。对自己拥有积极的态度，承认和接受多样化的自己，积极面对过去的生活。②机能自主。具有自我决定和独立

---

① 〔美〕威廉·佩沃特：《主观幸福感研究综述》，李莹译，《广西社会科学》2009年第6期。

性，能抵制要求自己以某种方式思考或行动的社会压力，由自我内部调节行为，用个人标准评价自己。③生活目的。生活有目标，并有一种方向感，感觉现在和过去的生活有意义，持有给予生活以目的的信念，有生活的目标和方向。④人格成长。有一种继续发展的感觉，看到自我在成长和扩展，敢于尝试新鲜经验，有实现自己潜力的感觉，不时看到自己和自己行为的进步，更多反映自己知识和效率的变化。⑤积极关系。与他人建立温暖、满意、信任的友谊，关心他人，有较强同情心，能欣赏他人，与他人有亲密关系，懂得人际关系的给予和获得。⑥环境控制。感到自己有能力，能够应付复杂的环境，选择和创造适合个人的环境。心理幸福感思路更为开阔，更为深刻，深入幸福感的表现、性质和内在根据，是一个人之所以幸福的体现。①

如果说心理幸福感主要集中在人的个人生活领域中所面临的挑战，那么社会幸福感则更加重视人的社会生活层面。社会幸福感研究最初源于社会混乱与社会疏离问题的出现。克耶斯（Keyes，1998）提出了社会幸福感五个维度：①社会整合。感觉自己是群体中的一部分，感觉自己属于社会，能得到社会的支持，分享社会福利。②社会认同。对他人抱有积极的态度，信任他人，认为他人是善良的，相信他人是勤奋的，与他人在一起感到舒适，承认别人并接受大部分人。③社会贡献。相信自己对社会的重要性，以及能够为社会创造价值的信念，觉得他人有奉献价值和社会价值。④社会实现。对社会的发展潜力具有信心，并且相信能够通过社会的法律规范和公民行为得以实现。⑤社会和谐。包括对认识世界的关注，认为社会是可知的、公平的、可预料的，关心社会，对社会充满兴趣。社会幸福感把个体与他人和环境的联系作为主要目标，强调个体在社会中面临的挑战，从个体的社会价值、社会贡献和良好的社会存在诠释幸福。②

---

① 严标宾、郑雪、邱林：《SWB 和 PWB：两种幸福感研究取向的分野与整合》，《心理科学》2004 年第 4 期。

② 苗元江、陈浩彬、白苏妤：《幸福感研究新视角——社会幸福感概述》，《社会心理科学》2008 年第 23（2）期。

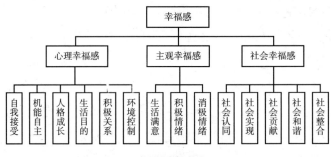

图1　幸福感理论框架

幸福感丰富多彩、复杂多变的理论模型构成了一幅深邃的心理画卷，从早期对幸福感的哲学理解到现代的心理学科学研究，研究者不断丰富着幸福概念的理解，从主观幸福感的一统天下到主观幸福感、心理幸福感的双峰对峙，发展到现代主观幸福感、心理幸福感、社会幸福感的三足鼎立，幸福这个神秘莫测的映象，终于在现代心理科学实证研究中现出真形。幸福的内涵是开放着的，幸福的理解是历史性的，有人认为，幸福感是单一成分，subjective well-being，psychological well-being 和 happiness 这几个词都是等价的不能搞"概念崇拜"[①]，但这种简单的处理掩饰了幸福概念的复杂性和多面性。"我们应该对幸福的多元意义与表现保持开放的态度"[②]。正如 Jorgensen，Nafstad（2004）指出的，美好生活的轮廓，具有一种从简单到复杂的发展特性，也是达到最佳机能的发展，可分为四个层次，包括愉快的生活（the pleasant life）、美好的生活（the good life）、有意义的生活（the meaningful life）以及全人的生活（the full life），因此，美好的生活不是一种固定状态，而是一种始终用一种更好的方式，努力实现自身真实的正向人类潜能。[③]

---

① 任俊:《积极心理学》，上海教育出版社，2006，第106页。

② 〔美〕诺丁斯:《始于家庭：关怀与社会政策》，侯晶晶译，教育科学出版社，2006，第186、19、13、25页。

③ 曾文志:《大学生对美好生活常识概念与主观幸福感之研究》，《教育心理学报》2007年第4期。

第三节　幸福感的现代趋势

迪纳 1999 年在其《主观幸福感 30 年发展》一文中，对幸福感 30 年的发展进行了全面总结，指出今后的研究方向：①因果方向的研究，通过更成熟的方法——非自我报告纵向法因果模型、跨文化调查等来研究幸福与其相关因素的因果方向；②重点放在内部因素与外在环境的交互作用上，找出人格在塑造人的环境时所起的作用，以及人格如何使人在相同的环境下作出相异反应；③进一步了解适应过程，研究应对策略和改变目标如何影响适应了解适应发生的时机过程和局限性；④理论研究精细化，从而可以具体预言输入变量如何影响 SWB 的不同内容。[①] 那么自那以后的 10 年，幸福感研究领域发生了什么变化呢？

首先，影响因素从经济转移到非经济因素。在传统的经济学视野里，财富的增加是提升人的幸福程度的最有力手段，因此，财富增加似乎就意味着幸福增加。但是，心理学科对于财富数量与幸福程度之间关系的研究却得出了一些值得注目的发现：当一个国家的收入水平处在较低阶段时，人们的收入数量与幸福感受之间的相关度非常紧密，但是，一旦超过了这个水平线，这种相关性就会减弱，甚至消失。在影响人们幸福感受的所有变量中，收入水平决定其幸福感受的比例不会超过 2%。这种幸福与收入相悖的现象又被称作伊斯特林悖论（Easterlin Paradox）、幸福鸿沟（Happiness Gap）。高速驰骋的物质主义，响应并鼓励了生产力以及创新力的发展，全球都在收获经济增长，却也一致性地付出代价：幸福的感觉开始变得飘摇不定。各种研究都表明，在收入水平非常低的时候，收入与快乐之间的关联度更为紧密，当经济发展达到一定水平之后，财富对幸福感的影响逐渐减弱，而其他诸如职业成就、教育程度、婚姻质量、宗教信仰、生活事件、社会支持等都会对幸福感的影响逐渐增强。前美国总统罗

---

① 吴明霞：《30 年来西方关于主观幸福感的理论发展》，《心理学动态》2000 年第 8 期。

伯特 · 肯尼迪认为 GDP 衡量一切，但并不包括使我们的生活有意义这种东西。因此，现代研究重心逐渐从经济因素逐渐转移到非经济因素，从单变量转移到多变量，并注意到多变量的综合作用，前期大多数研究都是横断面的调查研究、相关研究，未来必须重视跨时间的纵向设计研究、交叉滞后调查设计来确定预测变量和被预测变量之间可能出现的因果关系，以便理解幸福感产生的因果关系。①

其次，心理机制从特质论转移到建构论。美国心理学家塞利格曼认为，人的总体幸福取决于三个因素：一是个人先天的遗传素质，二是后天的环境事件，三是能主动控制的心理力量。早期把心理看成静态、固定的系统，把遗传和环境视为幸福感最重要的决定因素，忽视了人的认知加工在幸福感中的作用，现代研究更加重视认知建构在幸福感中扮演的重要角色。建构主义认为，人不是被动接收信息刺激，而是主动地建构意义，是根据自己的经验背景，对外部信息进行主动地选择、加工和处理，对新信息重新认识和编码，是认知主体，是意义的主动建构者，在这个过程中，建构自己的理解，从而获得自己的意义。社会联想论（Social Association Theory）认为，基于人的记忆、认知模式等因素，每个人都有自己的记忆网络及认知模式，不同个体激活的积极或消极记忆网络不同，采用的认知方式及应对方式各异，由此诱发个体不同的情绪反应，产生幸福或不幸福感。荷兰阿姆斯特丹大学心理学教授尼科 · 弗里达提出"幸福不对称论"。他认为，即便引起愉快感觉的环境一直存在，这种感觉也很容易消散。然而，消极的情绪却会伴随着环境而持续存在。也就是说，人类很容易适应快乐，却永远不能习惯悲哀。情感是不对称的。塞利格曼也提出了"乐观型解释风格"和"悲观型解释风格"，"悲观型解释风格"的人就容易形成压抑、焦虑等心理问题。Lyubormirky（2001）等人研究发现，人不是被动地体验事件和环境，相反，所有的生活事件都是"认知过程"，是个体的

---

① 陈惠雄：《快乐经济学的理论难点、发展向度与现实价值》，《光明日报》2006 年 12 月 01 日。

分析和建构，预期与回忆，评价与解释过程，理解人的认知差异具有重大的理论与实践意义，这种研究途径为实施积极的心理调控与干预提供了一个有效的方向和可行的策略。[①]

再次，测量工具从分离到系统整合。迪纳指出，不管研究目标是什么，建议尽可能分别评价幸福感的多个组成因素。早期大量主观幸福感的研究以"非系统化"的方式进行。许多研究只注重主观幸福感的某一方面，如积极情感或生活满意度，而不包括对主观幸福感其他方面的测量。虽然有很多研究都涉及了主观幸福感的各个维度，但是很少有研究涉及主观幸福感的全部维度。从历史发展看，心理学对幸福感的测量系统化经历了三次重大变革。第一次是情绪幸福感与认知幸福感的融合，奠定了经典主观幸福感模型。第二次是主观幸福感与心理幸福感的融合，形成主观与客观融合的潮流。Corey L.（2002）对 SWB 与 PWB 的结构关系进行了拟合，认为 SWB 和 PWB 是积极心理机能的两个截然不同却相互联系的方面，只有将 SWB 与 PWB 整合起来才能更好、更全面地理解幸福感。第三次则是主观幸福感、心理幸福感与社会幸福感的融合，推动积极心理健康模型（positive mental health，PMH）的发展。克耶斯、来福在《美国中年人调查》（the Midlife in the United States，MIDUS）中就对主观幸福感、心理幸福感和社会幸福感三种幸福感模型进行整合，构建全方位测量平台，成为现代幸福感测量的标准测量框架。[②]

最后，幸福干预从实验走向实践。进入 21 世纪以来，提升幸福感的技术开发也日益得到青睐。积极的心理干预可以给人们的生活带来更多的快乐、投入和意义，为现代人们的积极心理治疗以及获得长久的快乐提供了契机。佛德斯（Fordyce）最早尝试干预幸福感，采用 14 种技术对大学

---

① Sonja Lyubomirsky. "Why are Some People Happy Than Other-The Role of Cognitive Motivational Processes in Well-Being".*American Psychology*, 2001, 56（3）: 239-249.

② 苗元江、朱晓红、陈浩彬:《从理论到测量——幸福感心理结构研究发展》,《徐州师范大学学报》（哲学社会科学版）2009 年第 2 期。

生进行训练，这些技术包括花时间进行社交、着眼于现在、停止担忧、进行积极思考，等等。索雅（Sonja Lyubomirsky）也研究了感恩训练、利他或善良行为对幸福感的积极影响。塞利格曼与其两名助手拉西德和帕克斯（Rashid and Parks）经过六年的不断试验和研究，设计出了一整套建立在真正幸福论上的临床积极心理疗法（Seligman, Rashid and Parks, 2006）。他们为真正幸福论中的快乐生活、充实生活和有意义的生活设计了相关的积极心理疗法练习，[①] 并率先在宾夕法尼亚州立大学开设了幸福课程。泰勒 · 本－沙哈尔博士（TalBen-Shahar, Ph.D.）2007 年在哈佛大学开设"积极心理学"，讲授幸福的方法，深入浅出地讲授如何更快乐、更充实、更幸福。开课以来，已经成为该学校上座率最高的课程。其被誉为"最受欢迎讲师"和"人生导师"。英国最具名气的私立贵族学校威灵顿公学幸福课由剑桥大学教授尼克 · 贝里斯设计，旨在增进学生获得完美人生的可能性。课程将涉及如何获得更多的幸福体验，如何获得健康身心、成就感和永恒的友谊。现代人心理面临巨大的挑战。而积极心理学干预激发每个人自身所固有的某些实际的或潜在的积极品质和积极力量，从而使每个人都能顺利地走向属于自己的幸福彼岸。

四　幸福感的社会应用

虽然以前人们已经认识到幸福感许多研究结果的实际作用，但进行应用的非常有限。经济的繁荣昌盛，以人为本理念的深入发展以及综合发展理念，对幸福感的关注程度骤然升温，大大地促进了幸福感研究的社会应用。幸福是发展的最终目标，也是检验发展的最终标准。迪纳 2000 年敏感地捕捉到这一趋势，在其《主观幸福感——快乐科学与社会指标》中提出幸福感应用的新方向——幸福指数，以往更多地沉浸于纯学术兴趣的心理学，以其独有的视角，在"幸福指数"这个领域终于得以大显身手，一展宏图。

---

① 　陈虹、张婷婷：《真正幸福论的临床实践：积极心理疗法》，《中小学心理健康教育》
　　2009 年第 1 期（上半月），第 20~23 页。

目前幸福指数显示出以下研究取向。

第一类是宏观层面的国民幸福指数。从单纯关注经济的增长，到注重经济的真正发展，再到重视人类的发展，最后回归到人类的幸福生活，人们的价值观已经发生了极大的转变。世界各国掀起了构建幸福指数指标体系、测算国内幸福指数的热潮。澳大利亚墨尔本大学心理学专家库克教授等人认为幸福指数应该包括个人幸福指数（生活水平、健康状况、在生活中所取得的成就、人际关系、安全状况、社会参与、自己的未来保障等7个方面）和国家幸福指数（国家的经济形势、自然环境状况、社会状况、政府、商业形势、国家安全状况）两种。[①] 世界各国从不同角度、不同层面研究了国民幸福理论，如不丹的"四轮驱动式"、丹尼尔·卡尼曼的"微观体验式"、日本的"文化驱动式"等，不同国家的国民幸福离不开特定的社会环境、精神世界和伦理传统，同时体现出宏观治国理念。

第二类是中观的社会学层面的幸福指数。"欧洲社会调查"计划从2001年开始进行的抽样调查，调查结果为幸福感研究提供了宝贵的数据资料。此外，"欧洲晴雨表"舆论调查和汇集多国数据的"世界价值调查"也为幸福感研究提供了大量有价值的数据。北京市统计局在2005年2月发布了《北京市和谐社会状况调查》，涉及健康状况的满意度、家庭和睦的满意度、工作状况的满意度、幸福感比较、幸福感主因分析等七类指标。[②] 深圳市《个人幸福量表》分三类指标测量居民的幸福感：A类指标包括认知范畴的生活满意程度；B类指标包括情感范畴的心态和情绪愉悦程度；C类指标包括人际以及个体与社会的和谐程度。[③] 叶南客主持的南京居民幸福感指标体系共包括三个层次，由2大类7个因素19个指标组成。第一层次为社会生活和个人生活两大类别；第二层次由社会生活中的经济、政治、社会和文化建设四个因素，个人生活中的经济、人际关系、个人状态三个

---

① 罗新阳：《和谐社会的新追求》，《桂海论丛》2006年11月，第21~24页。

② 马士龙、单之卉：《北京先行试算国民幸福指数》，《数据》2006年8月，第15~17页。

③ 乐正：《幸福指数的构成和影响因素》，《南方日报》2006年06月22日。

因素，共 7 个因素组成；第三层次由 19 个具体的有关社会和个人生活的指标组成，其中每个二级因素分别有 2~4 个指标，涉及社会生活中与老百姓利益关系密切的和谐南京建设的主要内容及个人生活中与其幸福感密切相关的主要方面。①《瞭望东方周刊》发起并主办的"中国最具幸福感城市"调查推选活动已经持续了 5 年。幸福感城市的调查采用了美国芝加哥大学商学院教授奚恺元（Christopher K.Hsee）的幸福学评价体系。调查内容涉及自然环境、交通状况、发展速度、文明程度、赚钱机会、医疗卫生水平、教育水平、房价、人情味、治安状况、就业环境、生活便利等 12 个具体指标②。

第三类是微观层面的心理学研究。美国密西根大学（University of Michigan）教授罗纳德 · 英格哈特（Ronald Inglehart）负责的世界价值研究机构（the World Values Survey，WVS）公布的幸福指数（Happiness Index）。问题只有一个：把所有的事情加在一起，你认为你是非常幸福？比较幸福？不很幸福？还是不幸福？迪纳等人编制的《国际大学调查》③，以主观幸福感理论为基础，包括生活满意感、积极情感、消极情感、外在准则、自我体验 5 个方面内容。邢占军从体验论主观幸福感的研究思路编制了《中国城市居民主观幸福感量表》（SWBS-CS），从知足充裕体验、心理健康体验、社会信心体验、成长进步体验、目标价值体验、自我接受体验、身体健康体验、心态平衡体验、人际适应体验、家庭氛围体验等 10 个维度对城市居民主观幸福感进行测量。④ 笔者从整合心理幸福感和主观幸福感的理论框架与测评指标角度出发，编制了《综合

---

① 叶南客、陈如等：《和谐社会的主体动力、终极目标与深层战略——现代城市居民的幸福感评估与提升路径》，《南京社会科学》2008 年第 1 期。

② 《2008 中国最具幸福感城市报告》，http：//www.blog.sina.com.cn/s/blog-4fofbadd0100btii.html。

③ 严标宾、郑雪、邱林：《中国大陆、香港和美国大学生主观幸福感比较》，《心理学探新》2003 年第 23（2）期。

④ 邢占军：《测量幸福——主观幸福感测量研究》，人民出版社，2005。

幸福问卷》（MHQ），包括一个指数（幸福指数）、两个模块（主观幸福感、心理幸福感）、九个维度（生活满意、正性情感、负性情感、生命活力、健康关注、利他行为、自我价值、友好关系、人格成长），对幸福指数进行测评。[①] 陆洛的《中国人幸福感量表》（CHD）包括自尊的满足、家庭与朋友等人际关系的和谐、对金钱的追求、工作上的成就、对生活的乐天知命、活得比旁人好、自我的控制和理想的实现、短暂的快乐、对健康的需求9个方面的内容。[②]

"幸福"属于主观感受的范畴，而"指数"属于经济学领域，指数是经济学的强项，幸福是心理学的强项，幸福指数界定与测量是现代研究的核心与难点，幸福指数内涵的多元化影响指标的科学性，幸福指数测量体系的不一致影响评估的可比性。幸福指数跨年代和地区的宏观比较缺乏有效性。尽管幸福指数研究的不同层面和视角存在差异，但幸福指数的意义，是从关注公民的物质需要、经济条件，转移到关注公民的精神追求和心理感受，以新的视角去审视公民的物质需要、经济条件、生活质量、生存环境和社会环境，这一点是确定的，其核心和基础是人的主观感受，那么，幸福感是一种心理体验，它既是对生活的客观条件和所处状态的事实判断，又是对生活的主观意义和满足程度的一种价值判断。幸福感表现为在生活满意度的基础上产生的一种积极的心理体验，而幸福指数就是衡量这种感受具体程度的主观指标数值。[③] 简言之，幸福包括"好收入""好生活"与"好心情"。如果说经济指标衡量的是经济状况，生活质量衡量的是生活状况，则幸福指数衡量的是人的心理状况，尤其是主观感受状况。

---

① 苗元江：《心理学视野中的幸福——幸福感理论与测评研究》，天津人民出版社，2009。

② 陆洛：《中国人幸福感之内涵、测量及相关因素探讨》，《国家科学委员会研究汇刊》（人文及社会科学）1998年8月，第115~137页。

③ 沈杰：《从GDP崇拜到幸福指数关怀——发展理论视野中发展观的几次深刻转折》，《江苏行政学院学报》2006年第3期。

社会进化史可以用三个主题词来概括，农业化的主题词是"温饱"，工业化的主题词是"富强"，而信息化时代的主题词是"幸福"。步入幸福指数关怀的人文取向综合发展阶段，是心理学及其相关学科大显身手的时期，构建社会主义和谐社会的实践为人民的幸福开辟了通道。2002 年诺贝尔经济学奖得主之一丹尼尔 · 卡尼曼（Daniel Kahneman）提出构建一门新型科学——幸福学（Hedonomics），幸福学如今已经成为热门学科。对幸福问题的研究，将突破传统学科的壁垒，形成更加开放自由的格局，充分利用人类的一切智慧成果，在研究方法上整合，在内容上创新，在应用中拓展。如果说，经济学为我们创造了一个富裕的世界，那么，幸福学将会为我们创造一个幸福的世界。

作者简介

苗元江 南昌大学教育学院院长，教授，博士，兼任中国心理卫生协会理事。研究方向主要为积极心理学及幸福指数。发表论文 130 多篇，多篇论文在中国人大《报刊复印资料》《光明日报》《教育文摘》上转载或转摘，出版《心理学视野中的幸福——幸福感理论与测评研究》等 10 多本著作。主持国家社科基金"中国公民幸福指数测评与应用研究"（12BSH050）、全国教育科学"十一五"规划课题"教育与幸福的理论与实证研究"（DAA080081）等 10 多项课题。

赖章盛

生态文明与哲学革命

一 时代呼唤生态文明

（一）人类文明的起源与演化

何为"文明"？《周易·贲卦》说："文明以止，人文也。"我国古代对文明的解释是指人文教化。近代以来，有人认为文明与文化同义，而文化则被定义为由人类创造出来的一切；有人认为文明仅是文化在一定历史阶段上的产物，这个阶段始于文字与阶级的出现，它同蒙昧与野蛮相对立，反映着人类进步的程度。摩尔根的《古代社会》、恩格斯的《家庭、私有制和国家的起源》，都是从最后一种意义上论及文明的。总的来说，文明就是人类文化发展的成果，是人类改造世界的物质和精神成果的总和，是人类社会进步的标志。

文明始终反映并体现着人类与自然的矛盾的相互作用及其结果。正是这对矛盾，推动着社会文明的演进，推动文明不断更新其形态，即从原始文明到农业文明，再到工业文明，进而到生态文明，与此相应的是不同的自然观。

1. 原始文明——人类慑服于自然威力之下

原始文明是人类文明的萌芽阶段。这个时期，人与自然是浑然一体的。这个阶段，人类利用自然界现成的东西，采集和狩猎是主要的生产方式，其生产力水平低下。人类活动的结果，并未给自然环境带来危害，即或有，如过度的捕猎导致某些动物数量的减少等，依靠自然界自身固有的再生能力，也完全可以自发调节和恢复。

原始文明时代的自然观是"万物有灵论"和原始宗教（拜物教）。

2. 农业文明——人类对自然的初步开发和利用

农业文明的出现，实现了人类历史上第一次文明的转型。产生了以耕种与驯养技术为主的生产方式，初步改变了人对自然的依附地位，标志着人对大自然的有限开发和利用。农业文明主要利用自然的水土资源，人类在利用和改造自然的同时，出现了过度开垦、砍伐和战争等破坏现象，导致了水土流失、土质下降、沙漠化、盐碱化，而且使气候反常，生态失去平衡，甚至导致一些文明（如古埃及文明、巴比伦文明、古希腊文明、哈巴拉文明和玛雅文明）的毁灭。这说明农业文明具有反环境性。但从总体上看，人类开发利用自然的能力仍旧有限，对自然环境的影响也只是局部的、地域性的。

农业文明时代的产品是在自然状态下也会出现的生物体、自然物，需要适应自然、顺应自然，这个时代的自然观是"天人合一"。

3. 工业文明——人类对自然的掠夺和征服

18世纪60年代，英国纺纱机和蒸汽机的运用，标志着工业文明时代的到来，这是人类文明出现的第二次重大转型。近代工业同古代农业的重要区别在于以下几个方面。①广泛采用机器进行生产。②科学技术进步在生产中的广泛引用，极大地促进了社会生产力的发展，并以空前的规模作用于自然界，为人类社会创造了巨大的物质财富。③工业生产引起自然界不可能出现的变化，它的产品是在自然状态下不可能出现的、人工制成的产品。④工业文明大量利用石化资源。

工业文明的出现使人类和自然的关系发生了根本的改变，人类利用现代科学技术这一巨大力量，对自然界展开了无情的开发、掠夺与挥霍，自然界成了人类征服的对象，人类成为主宰和统治地球的唯一物种，成为主导生物圈变化的最重要力量。同时，人化自然得到了前所未有的拓展。

工业文明时代的自然观是"天人相分"。

工业文明取得了辉煌的物质成就，却造成了全球性的环境污染和生态危机，并且严重地威胁着人类自身的生存。这是工业文明内在形成的矛盾，又是自身无法解决的一个矛盾。人类通过反思深刻地认识到，在工业文明的框架内，采用"头痛医头，脚痛医脚"或修修补补的方法，不能从根本上解决问题。工业文明的时代已经走到了尽头，人类必须寻找一条新的发展道路，必须对工业文明形态改弦更张，突破工业文明的旧框架，建设一种新的文明形态，实现人类文明的第三次转型，那就是走可持续发展的生态文明之路。

4. 生态文明——人类与自然的和谐发展

生态文明是一种新的文明，是比工业文明更先进、更高级的文明。生态文明不仅追求经济社会的进步，而且追求生态进步，它是一种人类与自然协同进化，经济、社会与生物圈协同进化的文明。生态文明应该避免工业文明的弊端与缺陷，保证资源的永续与社会的持续发展。

生态文明是指人们在改造客观物质世界的同时，积极改善和优化人与自然、人与人的关系，建设有序的生态运行机制和良好的生态环境所取得的物质、精神、制度方面成果的总和。生态文明反映的是人类处理自身活动与自然界关系的进步程度，是人与社会进步的重要标志。生态文明既包括尊重自然、与自然同存共荣的价值观，也包括在这种价值观指导下形成的生产方式、经济基础和上层建筑。

生态文明的核心是人与自然的和谐，所以生态文明的自然观可以概括并表达为"天人和谐"。

（二）生态文明是理想也是现实

生态文明是一场文明的全面变革，它既是历史的必然，又是主体的自党选择；既是我们所憧憬的理想境地，又是已经发生在我们身边的现实。

在 20 世纪 60 年代，一些有识之士就开始反思与批判近代工业文明以来的生产和生活方式，对人类的前景发出了警告。如美国学者雷切尔·卡逊在 1962 年出版的《寂静的春天》，1972 年罗马俱乐部发表的著名研究报告《增长的极限》等。具有划时代意义的就是在 1972 年 6 月 5 日，联合国在斯德哥尔摩召开了人类环境会议，通过了《人类环境宣言》。宣言明确提出，整个人类只有一个共同的地球，保护和改善人类环境已经成为人类的一个迫切任务。联合国环境与发展委员会 1987 年发布的研究报告《我们共同的未来》，是人类建构生态文明的纲领性文件。1992 年 6 月联合国在巴西里约热内卢召开的环境与发展首脑大会，制定了实现可持续发展的《21世纪议程》。2002 年，联合国在南非的约翰内斯堡又举行了可持续发展的世界首脑会议，进一步要求各国采取具体步骤，更好地完成《21 世纪议程》中的指标。可以说，这两次联合国关于环境与发展的首脑会议是人类建构生态文明的重要里程碑。

自 20 世纪 70 年代以来，人类社会已经开始向生态文明转变。要完全实现这个转变，还需要相当长的时间，但生态文明将成为 21 世纪的主流文明形态，这是不容置疑的历史潮流。

（三）中国在文明转型中的积极应对与理论创新

中国改革开放以来，面对日益严重和凸显的全球环境问题和生态危机，中国共产党领导中国人民积极应对，生态文明建设理论不断创新。

党的十五大报告明确提出实施可持续发展战略。党的十六大报告把建设生态良好的文明社会列为全面建设小康社会的四大目标之一。党的十七大报告首次提出"建设生态文明。"

党的十八大报告首次专辟一章对生态文明加以阐述和部署（即第八部分"大力推进生态文明建设"），将生态文明建设摆在中国特色社会主义事业总体布局的高度，明确提出我国建设生态文明的战略思路。报告关于生态文明的论述，有许多新观点、新思想，包括新的语言表达，令人耳目一新。比如"把生态文明建设放在突出地位，融入经济建设、政治建设、文化建设、社会建设各方面和全过程"，比如"努力建设美丽中国，实现中华民族永续发展"，比如"着力推进绿色发展、循环发展、低碳发展，形成节约资源和保护环境的空间格局、产业结构、生产方式、生活方式"，比如"保护生态环境必须依靠制度"，比如"加强生态文明制度建设"，等等。同时，"自然"也成为报告中的又一个关键词，比如"必须树立尊重自然、顺应自然、保护自然的生态文明理念"；比如"加大自然生态系统和环境保护力度"，"给自然留下更多修复空间，给农业留下更多良田，给子孙后代留下天蓝、地绿、水净的美好家园"。党代会报告中少见的这种动情的文学式的叙述方式，体现了对待自然的基本态度。报告首次把"美丽中国"作为未来生态文明建设的宏伟目标，把生态文明建设摆在五位一体的高度来论述，表明我们党对中国特色社会主义总体布局认识的深化，也彰显出中华民族对子孙、对世界负责的精神。

二　工业文明"生态危机"的哲学基础

工业文明产生了全球性"生态危机"。追根溯源，"生态危机"是人与自然对立冲突的必然结果，也是社会异化的产物。工业文明首先是资本主义的文明，奉行"资本的逻辑"和"物质主义"，它促推着高投入、高产出、高消费、高遗弃的生产消费方式，把人与自然的对立推向了高峰，这是造成生态危机的最主要原因。"生态危机"也是由传统的发展观把发展等同于经济增长、单纯地追求经济增长所致。

在工业社会，人与自然的关系发展到了尖锐对立的状况，这同过去三四个世纪中人把自己视作自然的统治者和主宰者的观念和态度有密切关系。"这种统治、征服、控制、支配自然的欲望是现代精神的中心特征之一。"[1]

这种现代精神的哲学基础是起源于西方近代的机械唯物主义自然观并发展至今的西方现代性哲学。西方现代性哲学有以下几个主要特征。

1. 把自然简单化、机械化

近代科学所揭示的自然界就是一幅简单的、机械的和线性的世界图景。

---

① 〔美〕大卫 · 格里芬：《后现代精神》，中央编译出版社，1998，第5页。

并认为自然界是按固有规律运转的，人类可以认识其中的所有规律，包括各个细节。这样，自然界就像一个机械时钟，人类能够熟知其中的每一个零件和发条，可以预测它如何进行运动。

2. 人与自然分离、对立

机械唯物主义过分强调分析方法，过分强调人与自然的分离和对立的方法论，把统一的物质世界分为人类社会和自然界，而人类社会与自然界是互不关联的。如果说有关联，最多也只是把自然当成人类活动的对象，能满足人类需要的用之不尽、取之不竭的资源库，以及堆放人类不需要的遗弃物的垃圾场。

3. 主客二分，突出人的主体性，自然界被客体化、对象化

一般认为，笛卡尔是近代主体性哲学和主客二分的思维框架的奠基人。他从"我思故我在"出发，确立了"我"在宇宙中的中心地位，同时把自然界的其他存在者都看成依赖于"我"的存在。从此，人成为主体，而一切其他存在物则被看成人的客体或对象。人把世界对象化了，世界只是作为人（主体）的对象而存在。

4. 人类中心主义

作为主体的存在与作为对象的存在具有根本不同的性质：对象是一种只有依赖于主体才能获得意义的存在。对象性思维消灭了人以外的存在的存在论基础，使世界成为一个围绕着主体（人）旋转的轮盘，这必然导致人类中心主义。

所谓人类中心主义，中国环境伦理学会前会长余谋昌在《走出人类中心主义》一文中说："人类中心主义，或人类中心论，是一种以人为宇宙中心的观点。它的实质是：一切以人为中心，或一切以人为尺度、为人的利益服务，一切从人的利益出发。"

在这种主体性哲学的引导下，人对自然的实践活动，便成了一种主体性极强的活动：它总是以主体的需要为尺度去衡量事物；它总是把对象视为可利用之物，也总是只见到对象的有用性，而无视对象的丰富性、多样性，也很少考虑如何使人的需要和满足这种需要的实践活动适合和适应自

然的特性、法则和生态规律。这就是人类中心主义对自然、对人与自然关系的基本态度及其表现方式。

5. 征服自然

同时，由于科学技术的发明和应用，人们的自信心极大地增强。于是，在强调人的主体地位、高扬人的主体性的同时，"知识就是力量""征服自然""统治自然""人定胜天"等观念逐渐形成和强化。自然成为征服的对象，人不再敬畏自然、尊重自然、爱护自然。

现代工业文明导致了人类生活世界的双重危机：全球性的生态危机和物质主义的意义危机。这双重危机都与现代性哲学密切相关。

三　文明转型与哲学革命

人类需要一场文明的转型，但首先需要一场哲学的革命。西方现代性哲学根深蒂固，现在仍在误导人类的价值追求，人类的大多数现在依然是西方现代性哲学的信众。在21世纪，人类正面临生死存亡的抉择。我们必须扭转现代工业文明的发展方向，实现一次文明的革命；必须克服现代性哲学的错误，实现一次哲学的革命。哲学革命，就是一场用生态哲学取代西方现代性哲学的革命。

有什么样的科学认知水平就有相对应的价值观和世界观。而当科学改变了或发展了之后，以科学为基础的人们的世界观和价值观或迟或早地也会实现相应的变化。

哲学革命除了对生态危机的深刻反思外，还具有其深层科学基础和根据，即现代自然科学革命。

20世纪以来，现代科学技术出现了一系列划时代的新发现和新革命，如相对论革命、量子力学革命、混沌学革命、生命科学革命、系统科学革命等。上述自然科学领域的发现开启了人类观察自然的全新视角，并以崭新的方法重新刻画了自然界及其演变的真实面貌：系统演化、复杂性、非平衡、非线性、非稳定、不可逆和不规则才是自然界的真实图景。人类对自然的认识在许多领域也表现为模糊性、不可预测性、统计（大数）规律等。

生态科学从这场科学革命中获得了理论支持，它扬弃了传统的生物学和经典平衡生态学的思维方式，吸收并综合了物理学、化学、生物科学、系统科学等领域所取得的最新成果，开创了一门关系人类及整个生物圈持续存在和演化的综合性、横断性、开放性研究的先河。根据系统科学、环境科学和现代生态学的理论，整个地球生物圈是一个大的生态系统。生态系统是指由生物群落及其地理环境相互作用所构成的一个功能系统。它是生物群落与其环境之间由于物质循环和能量循环而形成的统一整体，是在一定时间和空间里，生物和非生物相互作用、相互依存的统一体，是一种复杂的、动态的系统。

一个多世纪以来，生态学由自然生态学扩展到社会生态学，扩展到人类的文化生态、精神生态层面上来，形成了"人类生态学""社会生态学""城市生态学""经济生态学""政治生态学""生态哲学""生态伦理学""生态美学"等。现在，"生态"已成为一个全球性的流行话语，并"衍化为一种观点，一种统揽了自然、社会、生命、环境、物质、文化的基本观念，一种革新了的，尚且有待进一步完善的世界观"。

我们说的哲学革命，就是要让生态哲学作为一种新的世界观，重新审视人类的生存理念和行为准则，并以此去"颠覆"300年来支配人类为了自身需要而企图征服自然、疯狂地掠夺自然、为所欲为的价值观、世界观。"颠覆"同时意味着一种观念体系和文明范式的转换，即人类社会从工业文明时代向生态文明时代的重大转型。

四　生态哲学的基本理念

作为生态文明之灵魂的生态哲学包括存在论、价值论、伦理观、发展观等。以下着重谈谈生态哲学的存在论、价值论和伦理观。

（一）存在论：重塑人与自然的"存在论关系"

生态哲学应当超越主体形而上学的"属人自然观"，重塑自然存在论的根基。人与自然之间实际上有两种关系：一是"存在论的关系"，二是

"实践论的关系"。在实践论的关系中，人与自然物才有主客之分和主客体关系；而在人与自然的存在论的关系中则相反：自然界整体是人和一切自然物存在的基础，人和其他自然物都只是这一整体中的普通一员，都依赖于这一整体才能存在。人与自然界整体之间的关系是且只能是"存在论关系"，而不能是"实践论的关系"，没有什么主客体的区分，人与其他自然物一样，都是作为自然界整体之中的一个普通的"存在者"；自然界整体的稳定平衡，对于一切生物和人的生存来说具有最高的价值。生态哲学必须重新找回被西方近代主体形而上学所遗忘了的人与自然之间的存在论关系，把人之改造自然的实践关系放到自然存在论的统摄、决定之下，把人从自我膨胀的神位上拉回到现实世界中，重塑自然的权威。

概言之，生态哲学认为，人类必须重新认清自己在自然中的地位，重新摆正人与自然的关系。人并不是最高存在者，也不是仅有的主体，大自然才具有绝对的主体性，大自然是人类生存所绝对依赖的终极实在。人类对自然应保持绝对的敬畏！

（二）价值论：重新揭示和强调自然的价值

主体性哲学在主体与客体的实践关系中来理解价值问题；把价值看成客体的属性与主体的需要之间的关系，看成客体对于主体的某种意义。所以传统的主体性哲学和人类中心主义认为，人是宇宙间的最高存在者，唯有人才是主体，才有内在价值；非人存在者即其他自然物是自身无意义的存在，至多只有工具价值。现代人类中心主义也承认自然物对生态系统的稳定平衡所具有的不可替代的功能作用，即"生态价值"。但生态价值最终仍然是对人类生存的价值，并非是自然界自足的价值。

主体性哲学否认自然的内在价值，其根据是自然没有人那样的主体性、目的、主动性、智慧、创造性等。而生态哲学认为，不仅人类是主体，生命和自然界也是主体，即它的自主生存，生存和发展的自主性；不仅人类有目的，生命和自然界也有目的，追求自己的生存和发展是它的目的；不仅人有智慧，生命和自然界也有智慧，所有物种都有生存能力、适应能力和创造能力；不仅人有主动性和创造性，生命和自然界也有主动性和创造性，物质和生命的自主运动和发展，创造出了全部自然价值。

因此，生态哲学强调，自然不仅有工具价值，还有其"内在价值"，"自然的价值"是内在价值和外在价值的统一。而且，"生态系统的完整性本身就是价值"——一种超越了工具价值和内在价值的系统价值。

（三）伦理观：超越传统伦理学框架的环境伦理学

1. 环境伦理学简介

环境伦理学，又称生态伦理学，是以人与自然之间的道德关系为研究对象的伦理学。环境伦理学通过对人与自然之间道德关系的研究和探索，把人类的道德关怀扩展到整个生态环境领域，从而为人类保护地球家园，解决生态危机，提供新的价值导向和科学的理论指导。环境伦理学的诞生，是人类价值观的一次根本性变革，标志着人类对人与自然关系的认识的一个质的飞跃，是一种伟大的进步。以至于国外学术界有人把这种变革称为"我们这一代人正在经历的一场新的哥白尼式的革命"。

2. 环境伦理学的主要研究内容

第一，环境价值观。环境价值观属于环境伦理学理论研究领域，它涉及如何对待自然生态价值，以及我们应该选择怎样的环境价值观问题。

第二，环境意义上的人类道德行为准则。环境意义上的道德行为准则不仅属于环境伦理学理论研究的领域，更属于实践研究的领域，它旨在为人与自然相互作用过程中，特别是人的利益与自然的利益发生尖锐冲突时，确立一套人类应遵守的伦理规则。

第三，生活实践领域中的环境伦理问题。环境伦理学确立了新的自然价值观和环境意义上的基本原则，其目的就是要指导人们的生活实践。因此，现实生活实践中的环境伦理问题便成为环境伦理学研究的又一重要任务。

3. 环境伦理学对传统学科的突破和影响

第一，环境伦理学扩展了伦理学的研究范围，使伦理思想上升到一个新阶段。

传统伦理学以一定社会关系下人与人的道德现象为研究对象，其研究

407

范围终究不超过人与人之间的关系，而环境伦理学进一步将人与自然环境的关系纳入伦理学的研究范围，要探讨的是人们如何对待生态环境，怎样才能调整好人类与环境的关系。这可以说是环境伦理学最大的突破。

第二，环境伦理学使传统伦理学的一些基本概念和范畴被赋予了新的意义。

在环境伦理学中，道德权利与义务、内在价值、平等、利益等范畴已不仅仅用在对人与人关系的阐述中，其范围已扩展到所有生命和自然界中其他实体领域。以利益概念为例，环境伦理并不否认人类利益的存在，但它又从新的角度重新阐述利益概念：所谓人的利益不仅包括现实的，而且包括未来人的利益。同时还将利益扩大化，指出自然界万物同样具有自己的特殊利益，人类不能只看重自己的利益，也要对非人存在物的利益表示尊重。

第三，环境伦理学还衍生出一系列新的伦理范畴。

如，凡是尊重与维护自然权利的行为就是"生态善"，反之则是"生态恶"；又如，人类对自己在维护和尊重自然权利方面的意识和行为的内省和自我评价就是"生态良心"，而将尊重和维护自然的权利作为人类应尽的职责即"生态义务"等。

第四，环境伦理学所提倡的行为规则对解决环境问题、生态问题具有指导作用。

比如，关于环境污染治理，环境伦理提出了资源享用平等原则，风险共担、成本分摊原则和保护地球资源措施的鼓励原则；关于环境管理，提出了废弃物最小量化原则、物质生命周期管理原则以及生态恢复原则；针对消费现象，提出了适度消费原则和绿色消费原则；等等。

生态哲学不是凭空产生的，有着深刻的历史背景。我们考察哲学的历史，也可以体会到生态哲学是一种"哲学转向"，生态哲学是一种新的哲学方向。

作者简介

　　赖章盛　1955 年生人，厦门大学哲学专业毕业，获哲学学士学位；江西理工大学教授，硕士生导师，中国作家协会会员，历任江西理工大学文法学院院长、红土地与客家文化研究中心主任等职；江西省高校重点学科"马克思主义基本原理"学科负责人，2001~2006 年度江西省高校中青年学科带头人，江西省高校思想政治课名师。主持并完成省级课题 10 余项，出版专著 8 部，主要有《生态文明时代的环境法治与伦理》《我的外公陆定一》等；发表论文 50 余篇，1 篇被《新华文摘》全文转载。分获江西省第九次、第十三次社会科学优秀成果奖，江西省第一届、第三届"谷雨文学奖"，浙江省"七·一"征文中篇小说一等奖，赣州首届文学艺术奖。

黄世贤

推进绿色发展，加快苏区振兴

赣州有江南宋城、客家摇篮之说。之所以说是江南宋城，是因为宋城文化盛行。北宋理学派开山鼻祖周敦颐和南宋朱熹均当过南康军知军，"军"是宋代县以上的一个行政区域，一个军等于一个州或府。军的长官称"知军"。著名词人辛弃疾曾任职赣州，写了一首诗，讲郁孤台，"青山遮不住，毕竟东流去"。苏东坡被贬广南惠州时到过赣州，此外，岳飞、文天祥、王阳明等人也到过赣州。王阳明在赣南做了两件大事，也可以说是他一生中最了不起的两件事：一是剿匪，二是平叛。当时江西南部以及江西、福建、广东交界的山区爆发民变。朝廷命王阳明镇压民变，镇压民变别人是剿，历史上是越剿越多。王阳明是劝，搞招安，于是他说"破山中贼易，破心中贼难"。他一生最大的军事功绩，是平定洪都的宁王朱宸濠之乱。

之所以说是客家摇篮，是因为赣州客家人口众多。唐五代时期，尤其是安史之乱之后，北人迁至粤赣闽交界山区，地广人稀，相对于本土的人来说是"客"。目前，赣州840万人口中，客家人占到了95%以上，客家人称之为"中国犹太人"。美国《国际百科全书》载文："客家

410

人是中华民族中最优秀的一支，是最卫生、克勤节俭、重伦理道德、忠厚勇敢、进化之民系"。那么，为什么赣州客家人迄今还处在如《国务院关于支持赣南等原中央苏区振兴发展的若干意见》（以下简称《若干意见》）中所说的"三仍然"处境？即"经济发展仍然滞后，民生问题仍然突出，贫困落后面貌仍然没有得到根本改变"。主要原因也正如《若干意见》指出的，战争创伤的影响，以及自然地理等。马克思曾经从地理环境、资源要素等方面论述区域发展的自然条件作用，赣南等原中央苏区的脆弱生态环境无疑严重制约了当地的经济社会发展。今天我主要讲的就是生态问题。

一 劳动和资源是苏区振兴的源泉

大家一讲到苏区振兴，高兴得不得了，因为有政策了，好像有政策什么事都好办，等着振兴。

1. 区域规划政策已经普惠

现在，江西有两个国家战略，一个是在南部实施的苏区振兴，一个是正在北部全面展开的鄱阳湖生态经济区建设。自 2005 年国务院批准上海浦东新区为中国第一个综合改革示范区以来，已获国务院批准的区域经济规划达 40 多个。

我国为什么要搞这么多区域规划呢？

一是改革开放 30 多年来，我国以年均 9.8% 的速度快速发展，创造出世界经济发展史上持续时间最长、增长率最高的"经济奇迹"。但在"经济奇迹"背后，问题不少，其中之一就是"城乡、区域、经济社会发展不平衡"。长期以来，我们更多地关注"时间维度"，而忽视"空间问题"。现在"时间"出了问题，要考虑空间问题。

二是经济安全的需要。中国目前三大经济区（京津唐、长三角、珠三角）集中了全国 40% 的人口、50% 的大中城市、70% 的 GDP、80% 的外资、90% 的出口企业，它们处在中国沿海地带。从安全考虑，中国经济格局要重新考虑。于是就有区域性的规划。十八大也强调了区域经济的协调发展和区域功能区的划分。现在看来，当今区域规划政策的优惠已经普及。

我想，现在规划能吊起大家兴趣的是"国家级新区"。现在全国有6个国家级新区：上海浦东新区、天津滨海新区、重庆两江新区、浙江舟山群岛新区、兰州新区和广州南沙新区。事实上，在中央给予地方的各种区域安排中，以"国家级新区"的竞争最为激烈。行政区划调整因为涉及面较广，获批的可能性基本为零。于是大家都盯着"新区"。南昌有了红谷滩新区，形成一个区划，但顶着一个尴尬的身份，不是一级政府。

现在大家都发现了这点，很多规划的政策预期并没有达到，有的还把你套住了。鄱阳湖生态经济区规划，从国家层面上讲，当然希望是搞生态。这次十八大报告将生态文明作为一个部分，在中共历次代表大会政治报告中未有，明确提出了生态文明是中国特色社会主义总布局中"五位一体"的一体。

一般情况下，发展就会破坏环境，保护则意味着落后。发展，尤其是发展制造业就会产生污染。而江西最大的问题是发展，贫穷是一切污染中最大的污染，穷地方之所以要破坏生态，是由于破坏比保护要值钱。清洁的环境对穷人来说只是一种奢侈品，那些为生存而奋斗的穷人是无暇顾及污染问题的。生存权优先于保护权，贫穷迫使人们生活在垃圾堆中，无论污染多严重，在工厂里上班总比生活在垃圾堆中好。环境不可能在贫困的条件下得到改善，从保护生态的角度看，只有开发资源才能有效保护生态，保护需要资金和技术。时任江西省委书记苏荣在多个场合作了概括：核心是发展；特色是生态；关键是转变发展方式；目标是科学发展、绿色崛起。

2. 苏区振兴不能寄托于政策支撑

最近我到陕甘宁，听取了《陕甘宁革命老区振兴规划》出台后它们的情况。规划以原西北革命根据地为核心，包括陕甘宁三省区的8个地级市及其他地市的9个县，包括陕西省的延安、榆林。我们知道，延安、榆林有很多石油、煤炭，中央一直给它们优惠政策，资源税都留在地方，中央在延安砸了不少钱。延安生产总值人均突破 8000 美元；财政收入 400 亿元，比南昌市（325 亿元）还多，延安只有 230 万人，南昌是 500 万人。城镇居民人均可支配收入、农民人均纯收入分别达到 21188 元和 6565 元，6 个县区先后跨入陕西十强县。原油产量 1623 万吨，原煤产量 2918 万吨。（江西全省原煤产量是 2443 万吨。）榆林更富，神木县号称中国第一富县，中国第一产煤大县，中国首开"全民免费医疗"县。

表 1   2011 年江西苏区主要指标占比情况表

	人均 GDP	人均财政收入	人均地方财政收入	人均固定资产投资	人均消费品零售额	农民人均纯收入
江西苏区（元）	16219	1724	1130	10706	5114	4949
占全省比重（%）	62.6	46.9	48.0	54.7	66.2	71.8
占全国比重（%）	46.2	22.3	29.0	47.6	37.4	70.9
占延安比重（%）	31.9	9.4	20.5	35.3	86.4	75.4

资料来源：《2011 年江西统计年鉴》《2011 年全国统计年鉴》。

表 2   2011 年赣州主要经济指标在全省的地位

	人口（万人）	GDP		地方财政收入		工业增加值（亿元）	城镇居民人均收入（元）	农民人均纯收入（元）
		总量（亿元）	人均（元）	总量（亿元）	人均（元）			
全省	4488	11585	25884	1053	2346	3910	17495	6892
赣州	837	1336	15962	110	1314	430	16058	4684
占比（%）	18.6	11.5	61.7	10.4	56.0	11.0	91.8	67.9
排位	1	2	11	2	11	3	11	11

资料来源：《2011 年江西统计年鉴》。

原本延安、榆林对做陕甘宁革命老区振兴规划没什么兴趣，发起三个省做这个规划还是甘肃省的庆阳，因为庆阳很穷，穷则思变。我们分别在兰州、西安开了两个座谈会，两个省发改委领导态度明显不一样。在兰州，由一位副主任和一位西部处处长与我们一起座谈了一个上午，他们热情很高，就是抱怨优惠政策太少，远不如西部开发政策。而在西安时，只来了个处长，不到半个小时就谈完了，他们对这个规划没什么兴趣。陕甘宁革命老区振兴规划的实质就是：以生态保护为前提，以能源开发为依托，全面推进老区发展。三省均出台了《实施意见》，成立了联席会议，每年一个主题。

据我了解，目前大家对苏区振兴的政策给予了很高的期望。当前对苏区振兴的政策主要体现在两个方面：一是国家层面，二是省一级层面。我们先讲国家层面。《若干意见》中有很多政策，其中有一条，执行西部大开发政策，按 15% 征收企业所得税（全国现在是 25%）。有人说，这是推动赣南苏区振兴发展的最优惠政策。这条政策有个前提，就是你要有能征收到企业所得税的企业，没有这种企业，等于画了个饼，苏区现在最大的问题是没有能征收到企业所得税的企业。我们多以低端的劳动密集型低附加值的产业为主。进入全省百强企业的均集中在少数几个稀土、钨业等资源矿产型产业。苏区纳税上千万元的工业企业仅 87 家，部分县除供电、烟草等垄断企业外，没有一家纳税超千万元的企业。

对江西来说，21 世纪以来的发展主要靠招商引资（大开放、全民创业）。大开放建立在要素成本优势和区域优势的基础上，江西成为新一轮产业承接地最大的受益者之一。但我们要清醒地看到，我们承接的主要是沿海地区产业的片断，而不是整体；承接的大多数是中小企业，而不是大的、领先的企业；承接的多是加工制造业等物质经济，而不是现代商务服务产业等非物质经济。从严格意义上说，我们只是沿海的"生产车间"或"生产线"，只能开车间，而不是开工厂。工厂是创造，所以要创新，车间是制造，可以不需要创新。赚钱都是靠帮别人做衣服、做鞋子，很累，很难富裕。你总是想打苦工，那是发不了财的，世界上哪有做苦工可以发财的？我们生产了很多东西，但创造的财富很少。目前，我省铁路运输主要干线运力已经趋于饱和，某些路段超饱和。拉进来的是能源，拉出去的是东西。分工是社会不平等的根源。马克思有一段话说得很好：人们以什么方式加入生产，就以什么方式加入分配。在国际上，产品制造是制造业的低端，产品制造是"吃草"的，装备制造是"吃肉"的。所以，没有企业，即使你不征收企业所得税也无济于事。当然，企业所得税优惠对引进企业有帮助。

对苏区振兴的政策还体现在省一级层面上。2012年初，江西省财政就已安排了赣南等原中央苏区发展振兴专项补助资金，每县补助1000万元，集中用于支持扶贫主导产业加快发展，用在扶贫上。最近时任江西省委书记苏荣说，涉及正在实施的项目，省里配套资金全部予以保证。问题是省里配套资金很少，江西穷，是吃饭财政，能拿多少？有1000万元当然比没有要好，但对穷地方来说还是杯水车薪。

看来，一个地方的发展，一是靠自己，二是靠资源。政策是给予，是伸手要，要看人家的脸色，看关系，靠感情，人家是看在赣州是共和国摇篮、红色故都的分上，没有机制保证。

3. 劳动与自然界一起才是财富的源泉

赣州不仅是共和国摇篮、红色故都，还是世界钨都、世界橙乡、稀土王国。钨矿保有储量居全国第二位，约占全国的30%，其中高品质黑钨矿保有储量约占全国同类矿的70%、世界的60%，拥有全国第一大钨矿山——大吉山钨矿。赣州是稀土王国。2012年10月，赣州正式被国家工信部命名为"稀土王国"。赣州具有丰富的离子型稀土资源，储量居全国、世界同类矿种第一，占全国保有储量60%以上，在全国乃至世界都具有举足轻重的地位。近几年，国家下达的中重稀土开采指标，70%以上分给了赣州。

恩格斯说过："劳动与自然界一起才是财富的源泉，自然界为劳动提供材料，劳动把材料变为财富。"劳动与自然界是理解经济发展的两个基本因素。按照比较资源禀赋优势理论，拥有丰裕自然资源的国家或地区，应该发展与其资源禀赋结构相符的产业。但是实际情况往往是资源禀赋条件好的国家和地区，容易躺在资源上高枕无忧，不懂得珍惜资源之重要，也就不在资源配置效率和水平上下工夫，以致资源不断流失，招致经济贫困。这就是经济学家所说的"资源的诅咒"。有的国家的经济发展成亦资源，败亦资源。"自然资源的诅咒"最典型的例证便是资源丰裕的非洲和资源贫乏的日本迥然不同的经济发展结果。同样有说服力的还有石油丰富的印度尼西亚、委内瑞拉等国家与资源贫瘠的东亚新兴经济体（中国香港、中国台湾、韩国和新加坡）之间的经济差距。以国内为例，历史上江苏盐城因盛产食盐而贫困落后，扬州反因不产食盐而成为富有的盐业之都，"扬州繁华以盐盛"。浙江嘉善不产木材而成为全国最大的木材市场，浙江海宁不产皮革而形成全国最大的皮革市场。马克思说过，资本的祖国不是草木茂盛的热带，而是温带。他引用托马斯·曼的话：过于富饶的自然"使人离不开自然的手，就像小孩离不开引带一样"。记得郭沫若先生写过一篇文章，其中讲到某些自然条件优厚的地方，不用穿衣服也不觉得冷，晚上想睡哪儿倒下便可睡，早上醒来不用起身，手一抬就可以摘到香蕉，这种地方不太可能自行进入文明社会，因为没有必要性。有压力才会有创新。世界上贫穷国家或地区缺的不是"资源"，缺的是"想法"。

古人讲江西是两句话，"文章节义之邦，白鹤鱼米之乡"，后面这句说的是江西生态环境好，1万年前江西就发明了人工栽培稻，是现今所知世界上最早的栽培，与江西的生态环境、气候条件绝对是密不可分的。这主要是老天爷照顾。江西2/3是山区，有山就有树，有树就有水。江西的地形很特别，其结构是U字形。江西5大河流（赣江、抚河、信江、饶河、修水）有个明显的特点，就是由四面八方汇集于鄱阳湖，"江西九十九条河，只有一条通博罗"（其实江西共有2400多条河），这条河就是定南县的九曲河，是香港同胞饮用水——东江水的源头。鄱阳湖的水是一年换20多次，而滇池是76年换一次水，污染了很难治理。如果讲鄱阳湖流域的话，很大，其面积占江西省国土面积的97%，占长江流域面积的9%，其流量占长江流量的15.5%，相当于长江中下游北部所有流入长江的水。江西要科学发展，要与发达省份一样人民富裕、社会和谐，必须要有新的发展模式。发展模式的选择取决于你的比较优势和后发优势。江西最大的优势是生态。建设鄱阳湖生态经济区，目的就是充分发挥江西生态环境好的优势，打生态这张牌，把生态优势转化为发展优势。

二 "荷兰病"和制度缺失是苏区发展滞后的两个根本原因

对江西苏区经济发展滞后，我们可以找出许多理由，我主要从资源的利用上讲两个原因。

1. "荷兰病"效应明显

在比较资源禀赋优势理论的影响下，我省苏区的资本财富集中于初级产品生产，制造业普遍萎缩，经济结构单一，所形成的"荷兰病"和产生的"荷兰病"效应明显。"荷兰病"，是指某一初级产品部门异常繁荣而导致其他部门的衰落现象。20世纪50年代，荷兰已经是制成品出口国，但那时他们发现了石油和天然气，于是把很多要素放在发展石油、天然气工业上，出口剧增，经济显现繁荣景象。可是，这样一来，却严重打击了荷兰的农业和其他工业部门，削弱了出口行业的国际竞争力。到20世纪80年代初期，石油、天然气价格下降，天然气采没了，制成品又萎缩，于是收入增长率降低、失业率增加，这就是"荷兰病"。荷兰最后还是推进经济转型，实行自由开放的外向型经济体制。

赣州的钨产业占全市工业的1/4以上，稀土占到1/5以上。无疑，一方面，稀土的开采与出口给赣州一些地方带来了财富，促进了当地的经济发展，也改善了当地民众的生活水平。但另一方面，由于资源部门具有更高的边际生产率，物质资本和人力资本转移至初级产品部门，制造业部门便因此而萎缩。另外，在前一轮我国制造业递增规模报酬的背景下，专业化于资源采掘业就损害了经济效益，短期的资源收入却削弱了长期增长的动力。我省苏区工业占比低，尤其以新材料、生物等为主导的战略性新兴产业比重低就是"荷兰病"带来的效应。

2. 约束式制度缺失

马克思说："良好的自然条件始终只提供剩余劳动的可能性，从而只提供剩余价值或剩余产品的可能性，而决不能提供它的现实性。"从客观上说，原中央苏区特别是赣南地区，是在战争的创伤上发展的，在生存优先于环境的前提下，为摆脱贫穷，许多自然资源被乱采滥伐，造成了空气、河流和土壤的严重污染和资源的严重浪费。而从主观上说，资源丰裕的经济体更容易通过传统要素的投入获得与其资源禀赋相符的增长，对依赖技术制度创新的意愿不如资源缺乏的经济体那么强烈。

总体来看，江西苏区主要依靠加大资源要素投入驱动发展的模式还没有根本改变。造成资源的经济回报得不到最大化的根本原因就是约束式制度缺失。"资源的诅咒"并非是由自然资源的丰富所导致的，而是源于不恰当的发展战略及其政策，如果"开放式制度的悲剧"让稀缺的资源继续"搭便车"使用，那么有资源地区的贫穷也就会继续下去。

赣州是个周高中低、南高北低的漏斗地形，新构造运动造成基岩裸露，山坡陡峭。由于都是崇山峻岭，交通不便，赣州可选择的发展项目并不多。因此，在"一优一劣"的约束条件下，多年来只好凭借资源禀赋优势，选择木材与矿产等资源型产业作为自己的支柱产业。在"村村开，乡乡开"的"搬山运动"中，过度的开采，带来了地表植被损坏、水土流失、土壤污染等一系列生态环境问题。我省水土流失面积最大的是赣州，然后是抚州、吉安，水土流失最快的时期是 20 世纪 70 年代到 80 年代。虽然 20 世纪 90 年代后水土流失的速度得到一定程度的遏制，但不断破坏且破坏的速度比生态保护设施建设的速度还快，致使保护的效果被稀释。赣州市市长冷新生在谈到 2011 年生态建设时说，赣州完成废弃稀土矿山水土保持综合治理 1915 亩，而目前涉及废弃稀土矿山 302个，遗留的尾矿（废渣）达 1.91 亿吨，被破坏的山林面积达 97.34 平方公里。按这个治理速度，需要治理 70 年，并且还是在没有新增污染的前提下才能实现。

问题是这种资源依赖型的增长加剧了苏区高质量的生产要素的不断流失，随着贫穷引起要素"倒流"，贫困地区就更贫困，而更贫困就更"倒流"。温州一个商人投资 100 万元，在赣州市信丰县安西镇开发稀土矿，只用了一个多月的时间就赚了 1000 万元，利润回报率高达 10 倍。据说，盗采一吨稀土最少赚 10 万元。而我们自己非但没有从宝贵的稀土资源中获得应有的利益，反而一直在做赔本买卖。

还有一个缺失，就是生态补偿制度的缺失。

赣南苏区是长江第二大支流赣江、香港和珠三角饮用水源东江的源头，鄱阳湖水系 25%、东江水系 12% 的水系都源于赣南。赣江和东江的发源地，涉及石城、安远、寻乌、定南等 4 个县。根据省里要求，保护区要建成污染零排放区和生态示范区。由于矿产资源乱采滥挖、森林资源长期过度采伐利用，面临的环保压力巨大，同时又牺牲了一定的发展机会和经济利益。安远、寻乌为国定贫困县，石城是全省 100 县（市、区）中财政最穷的一个县。2011 年石城、安远、寻乌、定南县的人均 GDP、农民纯收入仅是赣州平均水平的 76.6% 和 78.6%。截至目前，江西东江源没有从广东和香港特别行政区政府得到一分钱生态补偿经费。

三 绿色发展是苏区振兴的路径

1. 绿色发展体现了苏区振兴物质文明和生态文明的高度统一

《若干意见》强调，牢固树立绿色发展理念，大力推进生态文明建设，正确处理经济发展与生态保护的关系，坚持在发展中保护、在保护中发展，促进经济社会发展与资源环境相协调。并从三个层面提出举措：一是加强生态建设和水土保持；二是加大环境治理和保护力度；三是大力发展循环经济。绿色发展的根本理念是"在保护中发展，在发展中保护"，是生态与经济的共赢思维，是一种辩证的价值思维，反映出事物之间普遍联系的共同性和统一性。当以生态文明为标志的人类文明新形态为时势所趋，经济欠发达地区迫切需要寻求一种新的发展模式。显然，如果遵循环境库兹涅茨曲线所指明的所谓的"发展规律"进行经济活动，实质上是一种不作为的消极态度，结果可能是不仅不能成功实现发达状态，相反却会出现生态与经济的同步衰退与崩溃。环境库兹涅茨曲线指的是：当一个国家经济发展水平较低的时候，环境污染的程度较轻，但是随着人均收入的增加，环境污染由低趋高，环境恶化程度随经济的增长而加剧；当经济发展达到一定水平后，也就是说，到达某个临界点或称"拐点"以后，随着人均收入的进一步增加，环境污染又由高趋低，其环境污染的程度逐渐减缓，环境质量逐渐得到改善。共赢，就是要从"非此即彼"的"对抗性"思维中解脱出来，这是观念的创新，更是人类文明形态的超越。

2.绿色发展反映了苏区人民美好生活的新期待

习近平总书记在同中外记者见面会上有句话，我们的人民热爱生活，期盼有更好的教育、更稳定的工作、更满意的收入、更可靠的社会保障、更高水平的医疗卫生服务、更舒适的居住条件、更优美的环境。但是，社会发展不仅包括物质文明的发展，而且包括政治文明和精神文明的发展，包括在经济社会发展基础上促进人的全面发展，经济增长不仅是生产更多的物质成果，还在于带来山川秀美的家园。十八大提出：要把生态文明建设融入经济建设、政治建设、文化建设、社会建设的各方面和全过程。生态是一切生物的生存状态，良好的生态是事态祥和、心态平和的客观环境，在与物质文明、政治文明、精神文明、社会文明共同构成的现代文明体系中，一定意义上说，生态文明更具有基础性和普遍性。判断一个国家和地区经济社会文明程度的标准不应该仅仅为GDP，社会生产的目的是要顺应各族人民过上更好生活的新期待。在支持人类生存空间和经济发展的生物系统正在遭到或将要遭到巨大破坏的今天，保护生态环境是当代人类生存发展的必然选择，人民群众期待着一块秀美的土地、绿色的家园。

3.绿色发展表现出苏区事物的丰富性和多样性

在传统产业占比较大的苏区，一些人认为要从整个产业结构演进上下工夫，由以劳动密集产业占优向资金密集和技术密集产业占优转变，实现产业结构高级化。其实，转变经济发展方式不仅表现为高级化，还表现为更趋合理化。赣南等原中央苏区要利用循环经济的理念使生态工业的"涓滴效应"扩散开来，把发展生态工业与传统要素相互结合，从而给传统要素赋予新的内涵，使生态工业在可持续发展的进程中最大限度地发挥作用，同时也保证了产业高级化的形成。

4. 绿色发展说明苏区亟待科技和制度创新

稀土被称作"工业黄金"，非常珍稀宝贵。赣州具有得天独厚的离子型中重稀土资源，在全国乃至世界都具有举足轻重的地位，并且在市场上有一定的话语权。目前，赣州稀土的经营仅限于采矿领域，而没有涉足到稀土分离、应用及元器件和终端产品等经营领域。要实现生态优势转化成发展优势，必须实行产业高端切入、多极化延伸，抓好稀土新材料特别是元器件的生产和稀土产品的应用。要打造稀土优势产业发展的战略平台，尽快组建南方大型稀土企业集团，建设国家级稀土金属循环经济产业园和南方离子型稀土国家工程技术研究院。

5. 绿色发展意味着更需要政策支持

要努力用好、用足、用活国务院《若干意见》和江西省《实施意见》中一系列财税、投资、金融、产业、国土资源和生态补偿政策，实现政策效益最大化。以此为契机，划分赣南原中央苏区功能区，加大补偿力度。在当地经济社会综合考核中，建立科学合理的干部考核和政绩评价体系，把生态保护、生态补偿绩效作为评价地方党委和政府工作的重要指标，从上级对下级、干部评价与使用导向上加强生态文明建设的力度，加大生态指标的权重。

作者简介

　　黄世贤　江西省委党校经济发展战略研究所所长、《领导论坛》主编，二级教授。江西师范大学、江西财经大学等院校客座教授，省人大财经委咨询专家，多个省直厅局和市县的顾问，省委多届主题教育宣讲团成员，享受省政府特殊津贴专家。

　　重点研究领域为区域经济和产业经济。近两年在《人民日报》《光明日报》《经济日报》《求是》《新华文摘》等国家级刊物上发表论文 20 余篇，主持完成国家级、省部级及横向课题 20 余项，曾获省委党校科研优秀奖，并多次获得中宣部的奖励。

胡竹菁

心理健康与社会适应[*]

一 心理健康的含义及相关概念分析

（一） 健康的含义

世界上的每一位个体都希望自己是一个健康的人，但"健康"（health）是什么含义却不甚明了。不同的人对这一问题会给出不同的答案，其中最常见的答案莫过于"健康就是没有疾病（disease）"，或者说"机体处于正常运作状态，没有疾病"。随着时代的推移和社会的发展，很多人认识到上述答案只是"健康"概念的一个组成部分，健康这一概念还应该包含更多的内容。第三届国际心理卫生大会（1946）的与会专家们曾把健康解释为"健康不仅是身体没有病，还应该有完好的生理、心理状态和社会适应能力"（这一概念曾在1948年纳入世界卫生组织在成立之初所通过的《宪章》中）。并且还曾制定衡量人们健康与否的10条标准，其中第一条和第二条

---

* 该文引自胡竹菁主编《社会心理学》教材第十章"社会心理学与心理健康"，该书即将在中国人民大学出版社出版。

标准都与心理健康有关："①有充沛的精力，能从容不迫地应付日常生活和工作的压力，而不感到过分的紧张"，"②态度积极，乐于承担责任，不论事情大小都不挑剔"，第四条是适应环境方面的："④有适应外界环境变化的应变能力"，其余各条标准都与身体有关。从那时起，人们对健康的认识就从单纯的生理健康拓宽到从生理、心理和社会三个方面去全面地理解健康。这种健康概念被称为"生物—心理—社会"医学模式，逐渐为学者们所接受并成为大家的普遍共识，如《简明不列颠百科全书》1985 年中文版的定义是："健康，使个体能长时期地适应环境的身体、情绪、精神及社交方面的能力。"1989 年，世界卫生组织又进一步把"健康"的概念修正为"健康不仅是躯体没有疾病，还要具备心理健康、社会适应良好和有道德"。这表明世界卫生组织认为人类的健康概念应该包括以下几个方面： 躯体健康； 心理健康； 社会适应良好； 道德健康。

（二）与健康定义相关的几个概念分析

1. 躯体健康

所谓"躯体健康"，实际上就是普通人所提到的"健康就是没有病痛"的健康概念。随着医学的发展，这一概念的内涵也已经大大地发展了。健康的反面是"不健康"，即患有疾病。

所谓"疾病"，是"不健康的表现形式之一，是影响个体的器官和组织的生物学过程，以身体结构上的、功能上的和生物化学的异常变化为特征"。

在人类身上发现的疾病有数千种之多，根据不同的分类标准可以把这些疾病划分为不同的类别。例如，可以根据人体拥有八大系统的结构和功能来对疾病进行分类，把人体疾病分为"呼吸系统疾病""消化系统疾病""血液循环系统"等类别，只有各系统都处于正常状态，人体才算是健康的。我们也可以根据人体患病时间的快慢把疾病划分为"急性病"和"慢性病"两大类。目前医学界其中一种对疾病的分类方法是根据疾病的性质是以"身体"为主还是以"心理"为主把疾病划分为以下几种。

（1）躯体疾病。这种疾病主要是外来因素，如烧伤、撞伤、溺水、中毒、传染病等引起的躯体的损伤。这类疾病主要由医学家医治。

（2）心理疾病。这类疾病又可以分为以下两种。

一种是由生理因素引起的心理疾病，如脑损伤、神经系统发育不良等造成的心理障碍等。这种疾病应由心理学和医学共同处理。

另一种是纯属于由单纯的心理和社会原因引起的、非器质性的心理疾病，如焦虑症、抑郁症、恐惧症、癔症等。这类疾病主要由精神病学和心理学处理。

（3）身心疾病。这类疾病主要是由心理和社会因素引起生理的变化并由此导致躯体病变。如冠心病、高血压、溃疡病、哮喘和慢性头痛等疾病。这类病主要由医学和心理学共同研究解决。

这种分类方法表明，即使是纯医学界，对疾病的划分也包含"心理疾病"问题。

2. 心理健康

从前面所述世界卫生组织对"健康"这一概念的内涵界定可知，"心理健康"已经是"健康"这一概念的重要内涵，因此，我们还要对"心理健康"这一概念的内涵进行了解。

我国心理学界所采用的"心理"一词的含义引自哲学领域，《中国大百科全书－哲学卷》（中国大百科全书出版社，1991）对"心理"一词下的定义是："心理是高度有组织的物质脑的属性；是主体对客体的反映"。

不同学者对"心理健康"（mental health）这一概念的理解也会有所不同。比较权威的定义包括：①第三届国际心理卫生大会（1946）对心理健康下的定义："心理健康是指在身体、智能以及情感上，在与他人的心理健康不相矛盾的范围内，将个人心理发展成最佳的状态"；②由我国著名心理学家车文博教授（2001）主编的《心理咨询大百科全书》对"心理健康"这一概念的定义是："个体在内外环境允许的条件下保持最佳的心理状态"。在参考其他学者有关心理健康定义的基础上，我们可以把"心理健康"这一概念简单地定义为："个体在与社会现实交互作用的过程中，其认知、情感、人格及其他各种心理活动都处在一个正常（normal）的状态"。

个体的心理状态是否处于"正常"范围，需要某种评价标准来衡量。目前比较公认的"心理健康的综合标准"是：①能较好地适应现实环境；②能够从心理上正确认识自己；③具有较强的自我调节能力，能较好地协调与控制情绪；④具有和谐的人际关系；⑤具有完整统一的人格品质；⑥具有合理的行为。

无论用什么标准来衡量一个人的心理是否健康，每个人注意自己的心理变化，使它保持在自己能控制的范围之内这一点是非常重要的。心理失控，则会导致心病与身病。要想控制好自己的心理，主要是处理好自己与环境的相互关系。

3. 社会适应良好

世界卫生组织给出的人类健康定义的第三方面内容是"社会适应良好"。那么，我们应该怎样来理解"社会适应"的含义呢？

《心理咨询大百科全书》指出："社会适应（social adjustment）亦称为'社会调适'，一般是指人与人之间、群体与群体之间、文化与文化之间，彼此互相调整与适应，达到双方相互满意的心理过程"。根据上述定义，笔者认为，对于人类个体而言，可以把"社会适应"理解为"是指个体为了能更好地生存和发展而调整自身适合其社会环境的过程"。

那么，什么是"社会环境"呢？我们对此的定义是"个体的环境是指影响该个体的生存、成长和发展的社会、物理、化学、生物等因素的集合体"。通常情况下，可以把人类生存的环境区分为两大类：一类是物理环境，如提供人们基本生存所需的自然条件等；另一类是社会环境，主要指人际关系。

4. 道德健康

世界卫生组织（1990）界定的道德健康是"指不能损害他人利益来满足自己的需要，能按照社会认可的道德行为规范准则约束自己及支配自己的思维和行为，具有辨别真伪、善恶、荣辱的是非观念的能力"。

有关如何保持道德健康的问题到论述道德与人生修养的相互关系时再详述。

综上所述，目前世界卫生组织对健康这一概念给出的最为权威的定义是"健康不仅是没有疾病，而且包括躯体健康、心理健康、社会适应良好和道德健康"，并指出个体的健康状况是由生物、心理和社会等因素共同决定的，良好的健康状态是个体通过建立健康的生活方式得到的。所谓"健康行为（health behavior）是指健康个体从事的有助于发送或保持良好健康状态的行为"。世界卫生组织在 2000 年提出了以下几条促进健康的新准则：合理膳食、戒烟、心理健康、克服紧张压力、体育锻炼。

二 心理学对保持心理健康的几点建议

（一）了解自我与环境的相互关系

心理学的基本任务之一是要对"作为主体的人的心理活动与作为客体的环境之间的相互关系"作出理论上的解释。心理学家们通常认为，所谓自我"是个体对自己存在的觉察，即自己认识自己的一切"。

1. 詹姆斯的自我双重结构理论

美国心理学家詹姆斯受达尔文进化论的影响，从进化的观点看待意识的功能，认为意识是因为对人类适应环境有用才进化至今。1890 年，他在其著名的《心理学原理》一书中提出了"自我双重结构"理论。詹姆斯根据自我在心理生活中的地位和表现把自我区分为两种类型的我：作为经验客体的我（me）和作为环境中主动行为者的我（I）。所谓客体自我（objective self，又译为客观自我），是指个体所能拥有的"我"或"我的"一切东西的总和，包括自己的身体、自己的信念、能力、社会性和人格特征以及物质所有物等；所谓主体自我（subjective self，又译为主观自我），是指"自己认识的自我"，是自我反省时对自己特征的意识。一方面，个体的"自我"是一本书，这本书记载着个体所有的一切，个体可以知悉（known）这本书的内容；另一方面，个体又是一个"知悉者"（knower），他可以作为主我（I）去读取以自我为内容的客我（me）的各种内容。

詹姆斯在指出了自我的两重性之后，又指出作为一个与其他物体一样是一个客观存在的客体的"经验客体的我"包括三种不同形式：①物质的自我（objective self）；②社会的自我（social self）；③精神的自我（mental self）。

上述詹姆斯有关自我结构的论述可用图1来表示。

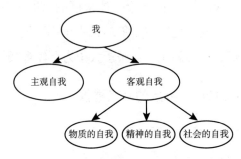

图1 詹姆斯的自我结构图

2. 弗洛伊德的人格三重结构学说

通常情况下，弗洛伊德提出的人格理论中有关自我的概念并不是社会心理学中所说的"我们持有的关于自己的信念集合"这样的自我概念，但是，一方面，正如前面所述，"自我"（self）、"自我概念"（self-concept）、"自我意识"（self-consciousness）、"自我觉知"（self-awareness）等概念的内涵是交织在一起的；另一方面，个体的"自我概念"与其人格结构和意识与潜意识学说联系在一起。

弗洛伊德在《自我与本我》（1923）一书中提出了他的人格三重结构学说，并把这一理论与他早先提出的意识结构学说相联系，两者关系如图2所示。

弗洛伊德的潜意识学说认为可以把人的意识分为意识、前意识和潜意识三个部分：意识（conscious）指心理的表面部分，是同外界接触直接感知到的一纵即逝的心理现象。前意识（pre-conscious）指潜意识中可召回的部分，即人们能够回忆起来的经验。它是潜意识和意识之间的中介环节。潜意识（unconscious）则指被压抑的欲望、本能冲动以及其替代物（如梦、癔症）。

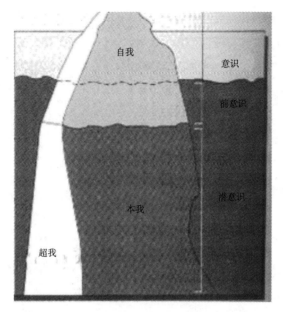

图2　意识与人格三重结构图（冰山图）

　　弗洛伊德的人格结构理论也可以看做他对自我结构的理解。他认为，人格由本我、自我和超我三部分组成。"本我"（id，也译为伊底、原我、兽我）是指最原始的与生俱来的潜意识的结构部分。其中蕴贮着人性中最接近兽性的一些本能性冲动。它像一口本能和欲望沸腾的大锅，具有强大的非理性的心理能量。它按照快乐原则，急切寻找出路，一味追求满足。"自我"（ego）是指意识的结构部分，是来自本我经外部世界影响而形成的知觉系统。它代表理性与机智，处于本我与超我之间，按照现实原则，充当仲裁者，监督本我，予以适当满足。自我的心理能量大部分消耗在对于本我的控制和压抑上。自我具有防卫职能和中介职能。自我常常是"三个暴君"——外部世界、超我和本我的仆人。就是说，自我是本我与超我之间的过滤器。"超我"（super-ego）则是指人格中最道德的部分。它代表良心（conscience）和自我理想（ego-ideal），处于人格的最高层，按着至善原则（perfection principle）指导自我，限制本我，以便达到自我典范或理想自我的实现。

在弗洛伊德看来，上述三者保持平衡，就会实现人格的正常发展；如果三者失调，就会导致神经症。

（二）学会用心理学理论来缓解压力

1.压力的含义及其与心理健康的关系

尽管健康的生活习惯对于预防疾病有着根本性的作用，但是它本身并不能完全抵御疾病的威胁。充满压力的社会生活以及人们应对生活中的各种压力事件的方式，也对人们的健康和疾病有影响作用。

在心理学文献中，目前采用得比较多的压力定义是由拉扎勒斯（Lazarus）等人于1984年提出的定义即"压力是当一个人觉得无法应付环境要求时产生的负性情绪体验"。泰勒等人（2006）认为："压力是伴随着可预测的生理变化、生物化学变化和行为变化的一种消极的情绪体验"。拉扎勒斯（1996，1993）的研究表明，某个生活事件只有在个体主观上认为是压力源时它才对个体的心理产生负面影响，也就是说，压力主要是主观压力而不是客观压力。

目前，有关压力与个体身心健康的关系等问题受到社会上广泛的注意，已经成为许多学科研究的重要课题，这些学科至少包括生理学、生物化学、免疫学、生物学、医学、心理学、社会学、人类学和工效学等。心理学关注的主要是作为心理意义上的"压力"与个体身心健康的关系。在日常生活中，有许多因心理问题导致个体身心不健康的案例，例如"梁山伯与祝英台的故事"中，梁山伯就是因心理问题而死的。相传，在中国西晋时期，有一位名为梁山伯的青年学子辞家到外面的学院去攻读，中途遇上一位女扮男装的学子祝英台，两人一见如故，志趣相投，遂于草桥结拜为兄弟，而后一同到红罗山书院就读。在书院的学习和生活中，两人朝夕相处，感情日深。三年后，英台奉父亲之命返家，山伯十八里相送途中，英台虽然多次暗示希望与山伯结为百年之好，但忠厚的山伯最终还是未能领悟，二人只好依依惜别。后来，山伯经过师母指点得知英台是一位姑娘，于是带上英台留下的蝴蝶玉扇坠到祝家求婚，但祝英台的父亲执意要将英台许配给马家而拒绝了山伯的求婚。山伯遭遇求婚的挫折，回家后悲愤交加，一病不起，不治身亡。英台得知山伯为自己而死后悲恸欲绝。不久，马家前来迎娶，英台被迫含愤上轿。花轿绕道至梁山伯坟前，英台执意下轿，哭拜亡灵，因过度悲痛而死亡，后被葬在山伯墓东侧。民间有传闻说：英台在祭拜山伯时，情感天地而致惊雷裂墓，英台由此得以跃入坟墓与梁山伯共同化为蝴蝶翩翩飞舞。

总之，压力与健康有密切的关系，心理学家的大量研究表明，由"负性生活事件"引起的压力越大，则患疾病的可能性也会越大。从某种意义上可以说，梁山伯因病而死是"心理致病"甚至于"心病致死"的典型案例。尽管在不同个体之间，生活事件的心理学意义是有很大差异的，但是，对于同一个体而言，与没有负性生活事件时的生活过程相比较，在遭遇负性生活事件期间身心所承受的压力对其健康的影响作用还是非常明显的。心理学试图对这种疾病的病因作出理论上的解释。自从心理学在1879年成为一门独立的学科至今130多年的历史中，影响较大的理论派别主要有构造主义心理学、机能主义心理学、格式塔心理学、行为主义心理学、认知心理学、人本主义心理学、精神分析心理学，等等。无论是哪一种理论派别，一方面，其基本任务之一都是要对"作为主体的人的心理活动与作为客体的环境之间的相互关系"作出自己的解释；另一方面，多数心理学派也都对如何应心理压力有自己的指导思想。

总之，个体可以利用任何心理学派的理论来缓解和解决自己的心理问题、心理困惑或心理障碍。为更好地帮助读者用心理学的知识来理解"社会压力"问题，在此特别介绍一下格式塔心理学后期代表人物勒温（Lewin）的群体动力场理论。

2. 勒温的群体动力场理论

这一理论对很多社会心理学家提出的理论有过重要影响，如在态度改变领域中由海德（Heider）提出的平衡理论，由费斯廷格（Festinger）提出的认知不协调理论，以及在利他行为领域中由拉坦内（Latane）提出的社会作用力理论等，都受过群体动力场理论的影响。

勒温的群体动力场理论主要包括以下四个内容。

（1）心理场与行为公式。

勒温认为，人就是一个场，人的心理现象具有空间的属性，人的心理活动也是在一种心理场（psychological field）或心理生活空间（mental life space）中发生的。如果用"B"代表行为或任何心理事件，用"P"表示个体，用"E"表示个体的心理环境，可以用 B = f（PE）来作为表示适合于每一心理事件的公式。

（2）人类需求学说。

动机是直接推动有机体活动以满足某种需要的内部状态，是行为的直接原因和内部动力。勒温对人类的需要、动机、行为和目标这四个方面的相互关系作了有机的分析，认为它们之间的相互关系如图 3 所示。

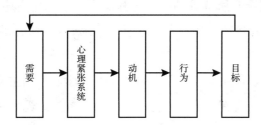

图 3　需要、动机、行为和目标相互关系图

图 3 的含义是：个体有了某种"需要"之后，会引起想要满足这种需要的心理压力，也即图中的"心理紧张系统"，由此促使人们在与环境相互作用的过程中做出某种行为去获取某种目标来满足自己的需要。当"心理紧张系统"转化成"动力"推动人们的"行为"寻求能满足该需要的目标来满足需要时，"心理紧张系统"就转化成心理学中通常所说的"动机"了。某种需要满足之后，新的需要又会产生……

（3）引拒力学说。

勒温指出，在个体与环境的相互作用过程中，根据环境中的事物是否能满足自己的需要或是否会对自己的生存产生危害而引起各种各样的"力"。

如果环境中的某事物能满足个体的某种需要，那么这一事物在个体的心理反应上似乎会产生某种"吸引力"，例如，假设某人喜欢吃甜食，那么他在看到身边有巧克力糖果时，糖果似乎会在他心中产生某种"吸引力"，驱使他试图得到该糖果。

如果个体觉得环境中的某一事物可能对自己的生存产生危害，那么这一事物在个体的心理反应上似乎会产生某种"排斥力"，例如，当个体居住地不远处的核电站发生核泄漏时，核电站所在的地方似乎会在他心中产生某种"排斥力"，驱使他试图离开该地方。

在个体与环境的相互作用过程中所产生的"力"除了或者是"吸引力"或者是"排斥力"等具有不同方向之外，还有强度上的区分。例如，对于中国人而言，"五福""四喜"等事物比前面所说的糖果等事物的吸引力更大；而地震、核泄漏等事物比蚊子等事物的排斥力更大。

无论是遇上有吸引力的事物或有排斥力的事物，当人们试图靠近或远离该事物时，都可能因某种原因对达成这一目标而受到阻碍，这种阻碍人们达成目标的事物就形成"阻力"，阻力可分为"物理阻力"和"社会阻力"两大类。

勒温认为，当个体在与环境相互作用时，正是由于这些各种各样的"力"的影响作用，使得人们具有各种不同的心理活动。

（4）心理冲突论。

勒温认为，当个体在与环境相互作用时，可能会同时遇上两个或两个以上具有"吸引力"的事物但又不可以同时得到的情境，也就是我们日常生活中说的"鱼和熊掌不可兼得"的情境，由于两种"吸引力"的作用而在心理上产生的想要走近这两个事物的倾向，称之为"趋近—趋近式心理冲突"，也称双趋冲突。例如在现代一夫一妻制的婚姻制度下，一位女青年同时得到她所喜欢的两位男青年的求爱时，心理上产生的既想与这位好又想与那位好，但又知道不可能同时与这两位男青年结婚的矛盾心理就属于双趋冲突。

与上述情况相反，当个体在与环境相互作用时，可能会同时遇上两个或两个以上具有"排斥力"的事物但又不可以同时避开的情境，由于两种"排斥力"的作用而在心理上产生的想要避开这两个事物的倾向，称之为

433

"躲避—躲避式心理冲突"，也称双避冲突。

当个体在与环境相互作用时，还有一种不同的情况是，遇上某事物对他而言同时具有"吸引力"或"排斥力"的情境，"吸引力"使他在心理上想要趋近这个事物，"排斥力"使他在心理上想要远离这个事物，这种心理称之为"趋近—躲避式心理冲突"，也称趋—避冲突。例如在我国封建社会中，如果一位女青年爱上了某位男青年，但她的父母不同意这项婚姻时，心理上产生的既想与这位男青年好又怕与他好的矛盾心理就属于趋—避冲突。如中国古代有关"梁山伯与祝英台"这一美丽、凄婉、动人的爱情故事所反映的祝英台的心理就属于这种情况。

在上述各种心理冲突情境中，"趋近—躲避式心理冲突"更容易让个体产生异常心理现象。

3. 根据勒温的理论来应对压力与挫折

当个体在社会生活中遇上某种压力源（即负性生活事件）而导致心理问题，自己又难以解决时，我们建议他去寻求从事心理咨询的专业人员来帮助自己解决心理问题、心理困惑或心理障碍。但是，事实上任何心理问题的解决最终还是要靠心理问题持有者自己。因此，个体解决心理问题的更好的方法是自己利用心理学相关理论来解决相关的心理问题。例如，我们可以利用上述勒温的群体动力场理论，从分析自己的需求与目标的相互关系和实现过程来指导自己解决心理问题。根据这一理论，挫折（frustration）是指人们在某种动机的推动下所要达到的目标受到阻碍，因无法克服而产生的心理紧张状态与情绪反应。它是一个人在追求目标过程中受阻时所产生的情绪状态。换言之，挫折也就是个体在追求目标过程中遇上阻力不能达成目标时的心理体验，如图4所示（图中灰色条形意为影响个体不能达成目标的阻力）。

笔者认为，当个体遇上挫折情境时，可能有的应对方式主要有以下几种：①克服阻力，达成目标；②绕过阻力，达成目标；③放弃这一目标，用另一目标替换；④克制需要，放弃目标；⑤既克服不了阻力，又不放弃目标。

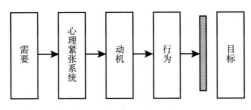

图 4　挫折情境图

（1）克服阻力，达成目标。

以上述"梁山伯与祝英台"的美好传说爱情故事为例，如果现代一位姑娘在谈恋爱的过程中，父母因为某种缘故不同意这位姑娘与她倾心的男青年交往，这位姑娘可以慢慢说服自己的父母，当父母最终接受该男青年并同意他们结合时，则属于"克服阻力，达成目标"的应对方案。如图 5所示（图中白色条形意为阻力被克服）。

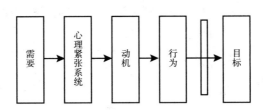

图 5　克服阻力，达成目标图

（2）绕过阻力，达成目标。

当然，这位姑娘也可能不理会其父母的反对而与其倾心的男青年或直接结婚或跑到别的地方去结婚（即通常说的"私奔"），这种应对方法属于"绕过阻力，达成目标"。如图 6 所示。

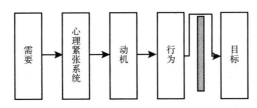

图 6　绕过阻力，达成目标图

（3）放弃这一目标，用另一目标替换。

个体遇上挫折情境时，第三种应对方案是放弃这一目标，用另外一个目标来替换。如图7所示。

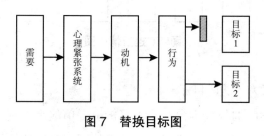

图7　替换目标图

以男女青年谈恋爱的情况为例，如果一位青年爱上了一位异性青年，当他（或她）得知那位异性青年爱的不是自己而是其他人时，这种挫折情境较好的应对方案是放弃这一目标，寻找其他目标来加以替换。这时需要分析，主要目标是解决"婚姻"问题，替换目标能达成结婚的目的就行。

（4）克制需要，放弃目标。

当然，他（或她）因为实在太爱某一人而不愿与其他异性谈恋爱时，他（或她）也可以用下面这种应对方案来应对，即克制需要，不再让它成为推动自己追求某一目标的动机。如图8所示。

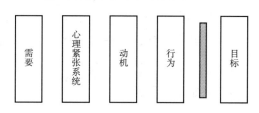

图8　克制需要，放弃目标图

（5）既克服不了阻力，又不放弃目标。

最后一种应对方案就如图4那样，追求目标过程中遇上阻力，既克服不了又不愿放弃，在心中转来转去，当该目标对个体非常重要时，时间一长就会像传说中的梁山伯那样出现心理问题。

总之，我们要学会利用某种心理学理论来帮助自己正确应对挫折情境，及时处理好自己与社会的互动，适应社会以保持心理健康。

（三）通过提高自己的心理承受能力来应对压力

1. 提高自己的心理承受能力

不同个体在遭遇同一挫折情境时是否会导致心理问题，与个体的心理承受能力有密切关系。

心理承受能力（mental tolerance）也叫挫折耐受力。这是指个体遭遇挫折情境时，能摆脱其困扰而避免心理与行为失常的能力，也就是个体经得起打击或经得起挫折的能力（能力疆界）。能忍受挫折的打击而保持自身人格完整与心理平衡，是适应力良好和心理健康的标志。

目前尚无合适的测量工具来衡量一个人所拥有的"心理承受能力"水平的高低，但我们可以将其与个体的"生理承受能力"的内涵进行类比。下面是一个假设的情境。

假设某个大学中的心理学实验室中有四副自重为 20 公斤的担子，有许多自重为 5 公斤的钢球。我们随机选择两位女生和两位男生到实验室来，告诉他们研究者想了解他们各自对重量的承重能力。让他们各自挑起一副担子，规则是：①如果能挑着担子坚持一分钟就算具有承受这一重量的承重能力；②如果觉得挑不动了，随时可以放下担子。

显然，这四位大学生被试对于挑起 20 公斤的担子都是没有问题的。但对接下来的过程，我们想对"心理承受能力"和"生理承受能力"做四个方面的类比。

第一，假设在一分钟后，实验助手在每个人的担子两边各加上一个钢球，这时担子的重量为 30 公斤，随着钢球的不断增加，每位被试都可以测出在正常情况下自己最多能挑起多重的重担。也许这四人中最弱的一人只能挑起 40 公斤，最强壮的人也许能挑起的担子达到了 80 公斤。这表明，每个人对于"重量"的承重能力有一个最高的极限。在此，我们所要做的第一个类比就是，与个体对重量的承重能力类似，个体对挫折、对生活压力的承受能力也有一个"最高能承受多少"的限度。

第二，个体在担子重量的不断增长的过程中需要付出更多的力量来应对，当担子的重量达到或接近其最高限度时就会有"挑不动"了的感受，规则是允许随时放下担子。如果某个人在自己挑不动时放下担子，身体会马上感到非常的轻松。在此，我们所要做的第二个类比就是，与个体对放下身体上的重担会感到轻松类似，如果能把困扰自己的"心理负担"放下，心中一定会感到非常的轻松。

第三，假如某个男生在担子重量达到他的承重能力的上限正准备放下担子时，他的女朋友进来看到此情境希望他坚持挑更多的重量，为了给女朋友"争面子"，他可能继续挑超出他平时能力的重担，这种情况在一定时间和强度范围内还可以，随着时间的延长，不知道在哪一秒钟他的身体的某个部位一定会受到伤害：或许是肩膀，或许是腰部……在此，我们所要做的第三个类比就是，就像上述个体在超过其负荷能力继续挑重担会伤害自己的身体一样，如果对困扰自己的"心理负担"长时间放不下，那么不知在什么时候就会让自己的心理产生崩溃……

第四，如果一个人目前的最大承重能力是能挑起40公斤，而他想提高自己挑担子的承重能力，在随后的几个月中每天坚持进行一定强度的体育锻炼，那么，几个月后，将有可能把自己只能挑起40公斤的"承重能力"提高到"50公斤甚至更多"。在此，我们所要做的第四个类比就是，与上述情况类似，经过各种生活压力的磨炼，个体的"心理承受能力"也是可以在一定程度上提高的。

个体的心理承受能力与他是否适应社会，是否接纳他所生活其中的社会的主流价值观有密切关系。正如世界卫生组织提出的健康概念中就已指出的那样，身心健康与个体的社会适应能力和道德健康有密切关系，而"道德健康"与否又与个体对他所处社会的主流价值观的认识有密切联系。

2. 调控自己的认知

个体在遭遇挫折情境时除了可以利用心理学相关理论来帮助自己解决相关的心理问题之外，重要的是要在社会生活过程中学会不断提高对自己言行的控制能力，经常调节好自己的追求目标和欲求水准。

所谓"调节自己的追求目标"，在此是指在与社会互动过程中明白自己想得到什么，前面曾提到过，中国传统社会中，大部分人都想得到"五福"（寿、财、康宁、德、善终）或"四喜"（久旱逢甘霖，他乡遇故知，洞房花烛夜，金榜题名时）等美好的东西，但一生中拥有上述所有美好事物的人在世界上少之又少，在不可能拥有多种美好事物的情况下，应该明了自己在现阶段最重要的追求目标是什么，对于自己追求不到的目标暂时不去追求，这样才会让自己有限的动力发挥到最好。如果什么都想要，也许结果什么也得不到。

所谓"调节自己的欲求水准"，在此是指个体在追求某一目标的过程中，明白自己想要得到多少。例如在追求"财"的过程中，是想追求月收入"五千"呢，还是"五万"或更多？如果把欲求水准定得过高，则可能在追求目标的过程中由于达不到目标而导致心理问题。

与"调节好自己的追求目标和欲求水准"密切相关的一个问题是"怎样调节"的问题。在某种意义上说，这就是一个如何利用"主体自我"来控制好"客体自我"的问题，也即如何发挥主观能动性的问题。心理学家提出的以下几点建议可供参考：

①学会比较：比上不足，比下有余，知足常乐但不失去追求高层目标；

②学会放弃：退一步海阔天空；

③学会自我暗示：如阿Q式"精神胜利法"，吃亏是福等。

总之，从不同角度去思考同一件事会得到不同的心理体验，若能学会正确的比较、放弃等方法，在个体遇上挫折情境时就不至于产生心理问题。

3. 调控自己的情感和行为

个体的情感是他在与环境相互作用的过程中，对客观事物是否符合其需要而产生的态度体验。如果客观事物符合其需要，他会持欢迎的态度并体验到欢喜、愉快等正面的情感；反之，如果客观事物不符合其需要，他会持拒绝的态度并体验到憎恨、愤怒等负面的情感。有时客观事物既与个体的某种需要相符合，又与其另外一种需要相矛盾，这时该个体就会产生既肯定又否定的态度并由此体验到复杂而矛盾的情感，如"悲喜交加""啼笑皆非""爱恨交织"等。

中国古代学者早就有关于人类情感的分类学说，如把人类情感分为"喜、怒、忧、思、悲、恐、惊"等七种类型（也有"喜、怒、哀、乐、爱、恶、惧"之说或其他分类），并注意到个体的情绪与人体健康有密切的关系，例如，在《素部－阴阳应象大论》一书中有这样的记载："'怒伤肝'，'喜伤心'，'思伤脾'，'忧伤肺'，'恐伤肾'……"

古代儒家名著《中庸》指出："喜怒哀乐之未发，谓之中；发而皆中节，谓之和"，意即每位个体在与环境相互作用的过程中都可能产生各种各样的情感，当产生的情感尚未表达出来时谓之"中"，在表达时能按符合社会规范的要求来表达谓之"节"。这表明，社会要求我们按一定的行为规范来表达自己的情感，例如，即使自己遭遇不幸心中很伤心、很难过，但在参加亲朋好友的喜庆活动时仍然要控制自己"强颜欢笑"，或者自己遇上喜事心中很高兴很愉快，但在参加亲朋好友的丧事活动时仍然要控制自己要表现出"庄严肃穆"的样了。如果个体表达情感的行为经常能按社会规范来表达，就可以形成"习惯"，各种行为习惯的总和就构成一个人的性格，并由此决定该个体的命运。这就是心理学中常说的"行为养成习惯，习惯形成性格（态度），性格决定命运"的含义。

总之，个体要想保持自己的心理健康，调整好自己的情感和行为活动是重要的方面，在与环境相互作用的过程中体验到某种不利于心理健康的情感时，一定要控制住让它平复下来，回到"心平气和"状态，具体方法有很多，例如，打打"太极拳"，或做一下六字诀，即在深吸气后按序读下述词呼气："嘘、呵、呼、哂、吹、嘻"。无论用何种方法，目的都是要达到平缓自己情感体验不让它影响自己与环境的互动。

（四）通过加强人生修养，调整好自己的核心价值观来应对压力

如前所述，世界卫生组织认为人类的健康概念应该包括以下几个方面：躯体健康；心理健康；社会适应良好；道德健康。世界卫生组织（1990）对道德健康的界定是"指不能损害他人利益来满足自己的需要，能按照社会认可的道德行为规范准则约束自己及支配自己的思维和行为，具有辨别真伪、善恶、荣辱的是非观念的能力"。

笔者认为，道德是"指以善恶评价的方式调整人与人、个人与社会之间相互关系的标准、原则和规范的总和，也指那些与此相应的行为、活动"（《中国大百科全书－哲学卷》）。道德社会化是指个体通过社会互动学习道德规范，内化价值，培养道德情操的过程。个人的行为能够根据社会道德标准来进行，那就是实现了道德社会化。

在中国，不同传统文化流派的内涵对个体的人生修养都有指导意义，如道家思想的"清心寡欲，顺其自然……"，佛教思想的"明心见性，通过戒欲、忍受、坐禅等方式成佛……"等。中国传统文化的核心价值观主要来自儒家思想，其核心内容包括"仁、义、礼、智、信"等。

所谓"仁"，按杨伯庸先生的注释，包括"忠"和"恕"两个方面，"忠"是指"己欲立而立人，己欲达而达人"，"恕"是指"己所不欲，勿施于人"。

所谓"礼"和"义"，按《汉语大词典》的解释，"礼泛指奴隶社会或封建社会贵族等级制的社会规范和道德规范"；"义是指思想行为符合一定的标准"。

个体的人生修养过程就在于"大学之道，在明明德，在亲民，在止于至善"，在修养道德的过程中适应社会生活。

生活在我国现代社会中的每一个人，也都要遵循现代中国文化的核心价值观。党的第十七届六中全会决议（2011年10月18日）对此作了精辟的论述："坚持推进社会主义核心价值体系建设，用马克思主义中国化最新成果武装全党、教育人民，用中国特色社会主义共同理想凝聚力量，用以爱国主义为核心的民族精神和以改革创新为核心的时代精神鼓舞斗志，用社会主义荣辱观引领风尚，巩固了全党全国各族人民团结奋斗的共同思想道德基础……"其中，社会主义荣辱观的内涵是：以热爱祖国为荣，以危害祖国为耻；以服务人民为荣，以背离人民为耻；以崇尚科学为荣，以愚昧无知为耻；以辛勤劳动为荣，以好逸恶劳为耻；以团结互助为荣，以损人利己为耻；以诚实守信为荣，以见利忘义为耻；以遵纪守法为荣，以违法乱纪为耻；以艰苦奋斗为荣，以骄奢淫逸为耻。

传统文化要求我们在与社会相互作用的过程中遵循"礼"和"义"，如果我们把上述"社会主义核心价值体系"视为我国社会现阶段的主流社会规范（即"礼"），我们能遵循上述社会规范控制自己在合适的时候说合适的话，做合适的事，也即让我们的言行符合上述社会主义核心价值体系，则我们与社会的相互作用一定会是和谐的。对此，我们也可以用目前我国社会流传的一个"小段子"来进一步地说明这点："有些事属于可以想、可以说、可以做的；有些事属于可以想、可以说、不能做的；有些事属于可以想、不能说、可以做的；有些事属于可以想、不能说、不能做的。"

如果我们能掌握现代社会主义核心价值观，并在与社会互动的过程中控制自己的言行，遵循这些核心价值观，那么我们就能通过"社会适应良好"和保持"道德健康"而使自己达到较为完整的"心理健康"的目标。

衷心祝愿"健康的心理"能陪伴阅读此文的每一个人！

作者简介

胡竹菁　1995 年获北京师范大学心理学博士学位。全国模范教师（2004），享受国务院政府津贴专家（2004），江西省首批"赣鄱英才 555 工程"领军人才（2010）。现任江西师范大学心理学院院长，教授，博士生导师；中国心理学会理事，中国社会心理学会常务理事，江西省心理学会理事长。

出版学术专著两部：《演绎推理的心理学研究》（人民教育出版社，2000），《人类推理的心理学研究》（高等教育出版社，2007）；主编教材一部：《心理统计学》（高等教育出版社，2010）；发表学术论文 20 余篇。

欧阳志刚

中国经济增长的波动特征及其国际协同性研究

改革开放 30 多年来，中国经济经历了年均近 10% 的长期快速增长，这在世界经济发展史上也是难见的奇迹。但中国经济在快速增长过程中部分时期也伴随着大幅度的波动，深层次认识我国经济波动的原因对于未来经济的持续稳定发展具有重要借鉴意义，由此而提出的问题是，不同时期我国经济波动的特征及波动之源是什么？另一方面，在 2001 年我国成功加入世界贸易组织后，国际经济波动对我国经济的影响越来越大，我国与国际经济波动的协同性也大幅度提高。这就意味着，研究近期中国经济波动的特征不能将中国经济孤立于国际经济之外，而应将中国经济与国际经济紧密联系起来，本文将在检验中国经济与国际经济波动协同的基础上，研究中国经济增长的趋势与周期的国际协同波动特征，并进而揭示中国经济增长波动的国际、国内原因。

一 改革开放后中国经济波动的特征

为直观认识改革开放后中国经济波动的特征，图 1 给出了 1978~2011 年中国 GDP 总量数据和 GDP 增长速度（g）的数据。

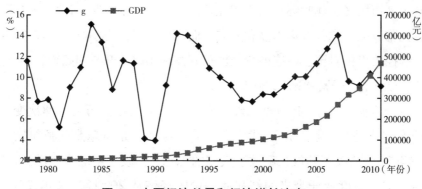

图1　中国经济总量和经济增长速度

当前国际上度量经济波动的通行做法是使用经济周期的划分来刻画经济增长的波动。参照美国国家经济研究局经济周期委员会关于周期划分的方法，本文以一个完整的"U"形（即"峰—峰"）界定为一个周期。根据经济增长率（g）数据，将1978年后中国经济增长划分为四轮完整周期。第一轮周期为1978~1985年，时间跨度8年，其中收缩阶段为1978~1981年，扩张阶段为1982~1985年。第二轮周期为1986~1994年，时间跨度9年，其中收缩阶段为1986~1991年，扩张阶段为1992~1994年。第三轮周期为1995~2006年，时间跨度12年，其中收缩阶段为1995~1999年，扩张阶段为2000~2006年。第四轮周期为2007~2011年，时间跨度5年，其中收缩阶段为2007~2009年，扩张阶段为2009~2011年。从2011年下半年开始，中国经济增长速度开始较大幅度放缓，这种速度放缓是经济增长趋势成分的下降还是经济增长周期成分的下降？如果是周期成分的下降，那么，这种下降仅是短期的；如果是趋势成分的下降，则意味着这种下降将是长期的。这一问题将在后面讨论。

从图1经济增长的波动幅度看，大约可以把1978~2011年划分为两个阶段，第一阶段为改革初始期至20世纪90年代中后期，第二阶段为20世纪90年代中后期至当前。第一阶段的特征是波动幅度大，不稳定；第二阶段的特征是波动幅度小，相对稳定。对应这种波动阶段特征，可以发现，第一阶段正好是我国以计划经济为主导的时期，第二阶段正好是我国社会主义市场经济体制逐步建立和完善的时期。这就说明，计划经济手段的调控难以准确拿捏政策力度和方向，而以市场经济为手段，调控市场经济，调控效果相对更佳。这种特征也正好体现了改革开放初始期，中国经济"一放就乱，一紧就死"的典型特征。

另一方面，从 GDP 数据图看，我国经济增长路径历经了两次变轨。第一次变轨是 20 世纪 90 年代中期，第二次变轨是全球金融危机时期。1978 年开始的改革开放，解放了人们的思想，激发了潜藏多年的生产积极性，这种制度变迁带来的红利使得中国经济从 20 世纪 80 年代到 90 年代中期保持较快增长。中国第二次制度变迁的红利是从 90 年代开始的市场经济体制的基本建立和完善。这种制度改进提高了市场经济的效率，从而使得 GDP 曲线在 90 年代进入新的上升通道中。这一期间，2001 年中国成功加入 WTO。市场经济体制的建立和加入 WTO 给中国经济带来的发展，两者叠加在一起，使得 GDP 曲线在 1996~2008 年呈现向上开口的抛物线形状，也就是说，加入 WTO 强化了这一时期的经济增长。进入到 20 世纪的第二个十年，市场经济和加入 WTO 的制度红利开始逐步下降，中国面临第三次制度变迁。这次制度变迁就是经济增长方式的改变和经济结构的改变。经济增长方式的改变是指由原有的粗放型增长方式转换为集约型增长方式。经济结构的改变包括产业结构的改变、消费结构的改变、城乡结构的改变和经济增长区域结构的改变。如果中国能够顺利完成这些经济结构的转换，未来中国仍有可能保持较长时期的快速增长，如果这些结构转变不能顺利完成，中国未来的经济增长将面临较大的困难。

二　中国经济周期阶段波动的原因 [①]

这部分参照前述的周期划分，并结合不同时期重大经济事件，探讨不

---

① 这一部分分析，参考了李长璐《中国经济周期波动原因分析及调控管理》，博士学位论文，吉林大学，2010。

同经济周期阶段的经济波动原因。

（1）1979~1984 年经济调整时期国民经济增长原因。首要的原因在于宏观经济建设指导思想的转变。1978 年 12 月召开的十一届三中全会决定停止使用"以阶级斗争为纲"的思想路线，提出了"以经济建设为中心"的指导思想，决定从 1979 年起把工作重心转移到社会主义现代化建设上来，这就从根本上为中国改革开放以来经济建设在国家全部活动中奠定了首要的地位，将中国经济发展纳入世界和历史潮流中。这个时期也制定并执行了正确的经济政策，充分发挥科技教育的作用，推动国民经济走外延型扩大再生产与内涵型扩大再生产相结合的道路，有重点、有步骤地推进现有企业的技术改造。在坚持国有经济主导地位的基础上，积极发展多种经济形式，鼓励劳动者个体经济在国家规定的范围内适当发展，作为公有制经济必要的有益补充。在自力更生、不损害民族利益的基础上扩大对外经济技术交流，引入外资、技术和扩大外贸。

（2）1985~1988 年经济波动的原因。1984 年 10 月《中共中央关于经济体制改革的决定》推进了城市化改革进程，加速了以缩小指令性计划和价格、工资改革为中心的各项改革措施的出台，迅速推进了经济的繁荣。在全面改革的动力作用下，农村家庭承包责任制继续巩固和完善，农村多种经营迅速发展，农村经济进一步活跃。1986~1987 年调整时采取了"软着陆"的方式，在 1986 年，侧重调控社会总需求，在上半年实行财政和信贷双紧缩，下半年适度放宽了信贷政策；在 1987 年，侧重调控社会总供给，努力使国民经济保持适当增长速度，增加了社会的有效供给。

（3）1992~1996 年经济波动的特征是高增长、高通胀相伴随，经济过热。经济过热的主要原因是社会总需求的增长远远超过社会总供给的增长，而且随着经济改革力度的不断加大，国家对长期偏低的煤炭、石油、粮棉等基础产品的价格进行了调整，同时还放开了一大批产品的价格。在理顺价格体制的同时，也直接推动了物价上涨。财政金融体制改革滞后，宏观调控体系非常不健全，混乱的金融秩序和宽松的货币政策加剧了社会总需求过度的膨胀，投资结构不合理且不讲经济效益，这些因素都拉动着物价的剧烈变化。

（4）1997~2002年经济波动的原因。这一时期的经济波动可归结为四波冲击。第一波冲击：通货膨胀泡沫破灭。1993年开始的高通胀，引发了政府紧缩性宏观经济政策。紧缩性的财政、货币政策使得宏观经济在1996年成功实现经济软着陆。这种紧缩性的财政、货币政策的滞后效应持续至1997年及以后。第二波冲击是1997年发生的亚洲金融危机。亚洲金融危机从直接和间接两个方面冲击我国的经济。直接冲击就是出口增速和利用外商投资的下降。例如，1998年同比1997年，出口额仅增加约0.4%，利用外商直接投资下降约50亿美元。间接冲击是中国为了防范金融风险，对银行的信贷进行了较大幅度的改革，加强了银行贷款责任制，上收了基层银行的贷款权力。由于经济不景气以及银行信贷权力的回收，导致银行惜贷，企业投资下降，经济增速下降。第三波冲击是1998年后经济体制和经济结构的深层次矛盾激化。这种深层次矛盾主要包括三个层次：①国企改革及相应的失业、养老、医疗、住房制度改革，以及大学收费制度改革→风险和不确定性增加→预期支出上升→储蓄倾向增加→消费倾向下降。②收入分配差距进一步拉大→消费倾向下降。③消费结构断层→消费倾向下降。消费结构断层又包含两个方面：第一，城市消费结构断层：中国城市的大多数居民处于从温饱型消费阶段（衣、食、用，万元级）向小康富裕型消费阶段（住、行、教育，数十万元级）升级的过程中，但由于中国传统的消费习惯是依靠家庭积蓄，而缺乏现代消费信用制度支撑，因此这一升级过程受阻。第二，城乡消费结构断层：农产品价格下降→农业收入下降→乡镇企业务工收入下降→外出经商打工收入下降。导致农民收入大幅下降，城乡消费断层。第四波冲击是美国、欧洲、日本同时陷入经济衰退（2001~2002年），导致中国出口增长率下降。

（5）2003~2007年经济波动的原因。2003~2004年国民经济出现过热趋向的主要原因是行业固定资产投资规模较大，投资盲目扩张的冲动仍然较强，在建的项目和新开工建设项目都有所增加，导致煤电油运基础设施和基础材料及物资供应紧张，同时农业基础地位相对落后，粮食减产，第一产业在国民经济中的地位亟待加强，而且由于投资需求旺盛，生产资料价格一路走高，物价指数涨幅较大。2006~2007年国民经济总体情况良好，经济波动的主要原因是固定资产投资规模过大，固定资产投资增长过快；货币投放量过多，信贷规模过大，而且由于外贸顺差过大，引致人民币升值压力过大，同时价格出现了结构性上涨，加大了通货膨胀的压力。

（6）2008~2011年经济波动的原因。2008~2009年国民经济运行的困难主要是由于国际金融危机造成外需严重不足，内外需紧缩双碰头造成生产过剩，失业人员大量增加。中央政府实行适度宽松的货币政策和积极的财政政策，全面实施并且不断完善应对国际金融危机的政策措施，较大规模地增加了财政支出和实行结构性减税，保持了货币信贷规模的快速增长，提高了货币政策的可持续性，满足了经济社会发展对资金的需求，同时着眼于有效扩大内需，接连出台了金融支持经济发展的政策。这些措施对有效缓解国民经济运行中的突出矛盾、增强消费者信心、稳定消费者预期、保持国民经济平稳较快发展发挥了至关重要的作用。但是当前，欧洲债务危机的持续和发酵还将继续影响中国的经济增长。

三　中国经济波动的国际协同

前述使用经济增长率作为经济周期的度量指标，但是，经济增长率既包含了经济增长趋势部分的增长率，也包含了经济增长周期部分的增长率。对于宏观经济政策的制定和实施，区分经济增长的趋势部分和周期部分具有重要的现实意义。基于此，本文首先检验中国经济增长的趋势部分和周期部分的波动是否存在国际协同，然后将经济增长进行趋势与周期分解，进一步细致考察中国经济增长的国际协同波动特征。

1. 国际经济增长的趋势与周期的检验与分解结果

国际经济增长波动的协同性是由于国家间在贸易、投资等方面存在密切关联，因此，为研究中国经济波动的国际协同性，本文样本选择中国、美国、日本和欧盟四个经济体。这样选择的原因如下。首先，这四个经济体是当今世界上最大的经济体，GDP 总量约占世界 GDP 的70%，因此，这四个经济体的波动代表了国际经济波动。其次，欧盟、美国、日本是 2005~2010 年中国前三大贸易伙伴。另外，中国在加入WTO 后与国际经济联系的紧密程度显著大于以前，因此，本文样本期间选择 2001Q1~2011Q4，数据来源于中经网。由于在中经网中，没有欧盟总量 GDP 数据，因此，我们选择欧盟、美国、日本的以 2005 年为基期的 GDP 指数，以此度量经济增长。对于中国数据，本文首先用CPI 指数将名义季度 GDP 换算为实际 GDP，然后用 X11 方法褪去季节趋势，再将其换算为以 2005 年为基期的 GDP 指数。选择 GDP 指数的另一个好处是，不用在不同货币单位间进行汇率换算，这样就可消除因汇率换算而带来的度量偏误。通过观察上述四个经济体取自然对数的GDP 指数，发现它们有明显的确定性趋势，再对它们做 ADF 单位根检验，结果表明它们都是含有确定性趋势的 I（1）单位根过程。由于经济增长的确定性趋势一般不存在协同波动，为此，分别用取自然对数GDP 指数对截距项和时间趋势项做回归，再将回归残差分别记为 ze、me、oe、re，这些变量就度量了中国、美国、欧盟、日本经济增长中褪去的确定性趋势部分，换言之，它们是包含经济增长中随机趋势和周期成分的变量。

本文使用共同趋势与共同周期的检验方法，发现上述四个经济体经济增长的趋势部分和周期部分具有协同波动关系。本文进而使用共同趋势与共同周期的分解方法，分解的趋势部分和周期部分结果见图 2 和图 3。

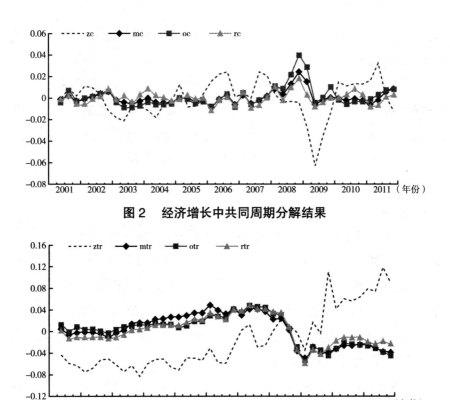

图2　经济增长中共同周期分解结果

图3　经济增长中共同趋势分解结果

图2中zc，mc，oc，rc分别为中国、美国、欧盟、日本经济增长中共同周期的分解结果。从整体看，四个经济体的周期成分具有较为显著的协同性。例如，2002年四个经济体周期成分有一轮小幅上扬，2003年四个经济体的周期成分小幅回落后再次反弹。2008年后，受全球金融危机的影响，四个经济体的周期成分都有显著的下降过程，随后中国经济增长周期成分受宽松货币政策和财政政策的刺激而得到快速回升，但其他经济体周期成分的回升幅度相对较小。2011年后，中国在金融危机时期刺激增长的财政政策和货币政策的短期效果发挥殆尽，周期成分快速回落，与此同时，其余三个经济体也出现下降趋势。从四个经济体周期成分的波动步调看，美国、欧盟、日本三个经济体的同步性基本一致，而中国周期成分的波动步

451

调与其余三个经济体部分时期呈现不一致。例如 2006 年后，其他三个经济体周期成分连续向上攀升，对应的中国周期成分也在较大幅度的正值区间波动，但 2008 年上半年，其他经济体的周期成分仍在上升通道中，而中国的周期成分先行下降。先行下降的原因是 2007 年我国实施的紧缩性货币政策和 2008 年初的冰雪灾害。另外，从经济周期成分运行的稳定性角度看，中国的波动幅度明显高于其他三个经济体。中国经济增长周期成分的这种波动特征隐含着中国经济周期虽然受到国际经济冲击的影响，但主要是受到国内特定冲击的影响。

从图 3 中能够清晰地看出，2009 年以前，中国经济增长的趋势成分（ztr）与美国（mtr）、欧盟（otr）和日本（rtr）的趋势成分有较强的协同性，都处于上升通道中。从 2009 年开始，4 万亿元投资加上相伴随的宽松货币政策，使得中国的趋势成分在下降通道中快速反弹并较大幅度连续上行，其他经济体的趋势成分虽然也有很快上行，但幅度不大。2011 年末，四个经济体的趋势成分都拐向下行通道中。

上述分解结果表明，2011 年末，我国经济增长的下行包含着周期成分和趋势成分的下行，我国经济增长趋势成分与国际经济增长趋势成分的联合下行，意味着未来一定时期内我国与国际经济增长的下行具有长期性。

2. 中国经济增长波动国际协同的原因

由经济增长理论可知，经济增长的波动包含周期成分的波动和趋势成分的波动，国际经济周期理论强调波动是来源于随机冲击。前述共同周期和共同趋势的检验结果揭示中国经济波动的国际协同，国际经济波动的协同既可能来源于国际共同冲击，也可能来源于外国冲击对中国经济的溢出效应。近年来，国际石油价格、国际农产品价格以及国际大宗商品价格呈现大幅度的起落波动，这些商品价格的波动以及全球生产率的变化将形成国际共同供给冲击，对各国经济产生冲击效应。与此同时，一些主要经济体由于自身原因在近期爆发了经济危机，如美国经济危机以及欧洲债务危机。这些经济体危机的爆发冲击了我国的对外贸易和国际投资，最终对我国经济形成负向供给冲击和需求冲击。此外，近年来，我国内部也频繁遭遇各种随机冲击，如 2007 年下半年开始的猪肉价格和农产品价格的上涨、2008 年的冰雪灾害、2009 年开始的 4 万亿元投资冲击，等等。这些国内、国际随机冲击叠加在一起，对我国的经济运行形成复杂影响，导致我国经济历经多次高增长与低增长的反复轮换。因此，准确刻画上述各种随机冲击在近期的波动特征，并进而揭示上述各种随机冲击对我国经济增长的动态效应，对于我国当前保增长的宏观经济政策有重要的现实意义。国际共同冲击、本国冲击、外国冲击的估计结果见图 4、图 5、图 6。

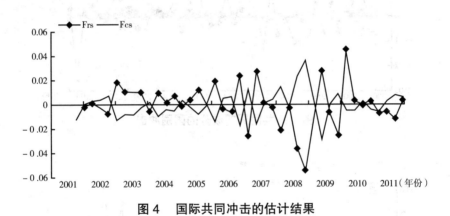

图 4　国际共同冲击的估计结果

这里，Fcs 和 Frs 分别为共同周期和共同趋势所对应的国际共同冲击，从其波动特征看，2002~2006 年，Fcs 平均为负值，Frs 平均为正值，这就表明在这一时期，国际经济短期波动遭遇了共同的负向冲击，国际经济的趋势波动受到正向随机冲击。2007 年开始，受国际总需求扩张的刺激，Fcs 持续为正并处于上升通道中；受国际油价及原材料价格上涨的影响，Frs 持续下降。2008~2009 年，由于美国次贷危机引发的全球金融危机，Frs 和 Fcs 都有一轮大幅度的下降过程，由此说明全球金融危机从长期和短期两个方面影响国际经济的共同波动。2010 年下半年以后，由于美国经济的艰难复苏、欧洲债务危机的持续发酵、国际石油价格和国际大宗商品价格的大幅度上涨，导致共同趋势冲击 Frs 快速下滑，并处在下降通道中，对应地，Fcs 也有下降趋势。这一结果表明，当前国际经济增长速度全面下滑不可避免，且这种下滑还具有长期趋势。由此意味着，国际经济增长的复苏应从供给和需求两个方面着手进行刺激，而当前此起彼伏的国际贸易摩擦不利于国际经济的复苏，2012 年国际石油价格和大宗商品价格的下跌将对国际经济的反弹带来正向冲击。

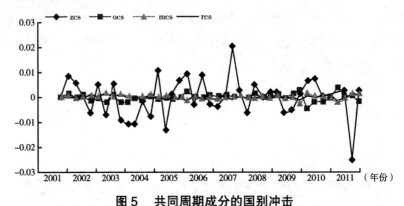

图 5　共同周期成分的国别冲击

图 6　共同趋势成分的国别冲击

图 5 中 zcs，mcs，ocs，rcs 分别为共同周期中的中国冲击、美国冲击、欧盟冲击和日本冲击，图 6 中 ztrs，mtrs，otrs，rtrs 分别为共同趋势中的中国冲击、美国冲击、欧盟冲击和日本冲击。从图 5、图 6 中可以容易看出，相对而言，无论是周期成分还是趋势成分中，中国的

随机冲击波动幅度都明显大于其他三个经济体，这一结果直观说明了中国经济波动较大的特征，也与图2、图3的共同趋势与共同周期的分解结果相一致。分时期来看，2002~2004年的zcs平均为负值，意味着这一时期中国的经济周期受到负向冲击；2005~2007年，zcs平均为正值，表明这一时期中国周期成分受到正向冲击。对应地，2007年以前，ztrs虽然反复波动，但平均为正值，这就说明中国经济增长的趋势成分在这一时期处于缓慢上升趋势中。zcs，ztrs的这种波动特征也印证了前述对中国经济增长的共同趋势与共同周期的分解结果。从现阶段看，主要是受2010年底开始的紧缩性货币政策和房地产调控的影响，2011年我国的总需求下滑，对应的zcs快速下降为负值。2011年，其他经济体中，美国和日本对应的mcs，rcs小幅为正，而欧盟对应的ocs处于下降通道中，说明欧洲债务危机对欧盟经济的周期成分产生负面影响。从2011年各个经济体共同趋势所对应的随机冲击看，中国的ztrs处于较快速度下滑的通道中，美国、欧盟和日本也同时处于下降通道中，这就意味着，如果没有较大幅度的正向国际冲击，2012年国际经济增长不可避免地下行，特别是对于中国，下降幅度可能相对更大。

上述国际共同冲击、外国冲击与本国冲击的估计结果较准确地刻画了当前中国经济增长所面临的较为艰难的国内、国际基本环境。

四 结论

（1）改革开放后，我国经济增长的波动特征可以简单地概述为高速增长，前期不稳定，近期比较平稳，四轮完整周期。历经三次重大社会经济制度变革导致经济增长轨迹产生两次变轨。

（2）中国、美国、欧盟、日本经济增长具有共同趋势与共同周期，共同趋势与共同周期的存在表明中国经济波动具有国际协同特征。由此说明，中国已经融入国际经济一体化，中国经济的稳定持续发展离不开国际经济的大环境，同时，中国经济的快速发展也将对国际经济稳定和增长作出重要贡献。

（3）国际共同冲击和国别冲击的估计结果说明，2012年我国经济处在非常不利的国际、国内环境中，且这种不利环境还有持续延续甚至恶化的趋势，这给我国当前保增长的宏观经济政策操作带来特别的困难。中国冲击、外国冲击是中国经济波动的重要影响因素。中国经济波动的国际协同主要是由于外国冲击对本国的溢出效应，国际共同冲击对中国经济波动的贡献较小。

作者简介

欧阳志刚 华东交通大学教授，全国百篇优秀博士论文奖获得者，江西省"赣鄱英才555工程"领军人才，江西省中青年学科带头人，江西省生产力学会常务理事，华东交通大学经济管理学院副院长、产业与金融研究所所长，《经济研究》等期刊匿名审稿人。

在《中国社会科学》《经济研究》《管理世界》《世界经济》《数量经济技术经济研究》《统计研究》等学术期刊上发表论文30多篇。主持国家自然科学基金2项，教育部、江西省的省部级课题5项，获得江西省社会科学优秀成果奖一等奖和三等奖。

王明美

社会流动与社会发展

一 话说社会流动：任何社会都缺不了社会流动

1. 什么是社会流动

"社会流动"包括广义的社会流动和狭义的社会流动。

广义的社会流动，指的是社会上的个体或群体从一个地方流向另一个地方。它和社会迁徙基本上是一个意思。广义的社会流动亦即社会迁徙自古就有。人类历史上就发生过数不胜数的社会迁徙，比如我国历史上有名的客家人南迁，以及"江西填湖广、湖广填四川"等等。经常性的社会流动就更多了，比如我国每年春节前后的"春运"，就是典型的广义上的社会流动。

狭义的社会流动，指的是一个社会成员或社会群体从一个社会阶级（阶层）流向另一个社会阶级（阶层）。狭义的社会流动能够改变一个人的社会地位，进而改变他的人生轨迹和个人命运。

我们现在一般说的社会流动就是指狭义的社会流动。

2. 社会流动的特点

社会流动有以下几个特点。

（1）社会流动是绝对的、必然的、必需的。社会流动是人类社会自古就有的事情。自从人类社会诞生以来，社会流动就一直伴随着人类社会的前进而前进，伴随着人类社会的发展而发展，须臾没有或缺过。可以说，没有社会流动，就没有社会的发展和人类的进步。

（2）社会流动是发展的。随着社会的发展，社会流动也在不断地发展和变化，而且越往后社会流动的规模越大，流动的范围越广，流动的形式越多样，流动的效果也越显著。

（3）社会流动是测量仪。社会流动的状况是社会发展与进步的标尺，是测量社会发展和进步程度的测量仪。越是开放的社会，社会流动越大（规模大，速度快）；越是开明的社会，社会流动就越易（方便、快捷），效果也越好。

（4）社会流动的动力是人的自然属性与社会属性的统一。就自然属性而言，它源自人的趋利避害的本性和本能；就社会属性而言，它出于人们对更好的生存环境和发展条件的追求，也就是我们常说的"人往高处走"。

3. 社会流动的作用

可以从微观和宏观两方面来分析社会流动的作用。

从微观的角度看，社会流动给个人（包括家庭）前途或命运的改变提供一种可能、一种机会。比如，在我国长期的封建社会里，出身平民的书生，可以通过科举考试得以升迁做官，将自己的社会地位从社会底层升迁到社会上层，原先贫困潦倒的书生可以一跃龙门，成为状元、进士，成为朝廷大官。这种升迁所带来的社会地位的变化过程就是社会流动。

从宏观的角度看，通过社会流动，社会可以不拘一格地选拔人才，让人们人尽其才，从而促进社会的进步和发展，加快社会的变迁，最终促进人类社会的进步和发展。

无论是微观还是宏观，社会流动的作用都是不可估量的。

由于可以借助社会流动改变个人的命运，社会流动因而具有推动社会形成一个勤勉好学、奋发向上风气的积极作用。比如 20 世纪 80 年代初期，那时正是改革开放之初，我国拨乱反正，百废待兴，各行各业急需人才，特别是沿海地区的"先行一步"政策吸引着大批人才，大大加快了我国的社会流动，进而推动我国掀起了一股好学求进的风气，吹遍神州大地。

社会流动会促进人才的流动，进而促进知识的交流、资源的有效配置，从而推动社会的发展和进步。

宋诗有云：问渠那得清如许，为有源头活水来（朱熹《观书有感》）。社会流动便是一个社会健康发展的活水源头。

二 认识社会流动：社会流动越快捷，社会进步就越大

认识社会流动，主要是认识社会流动的类型和条件。

1. 社会流动的类型

（1）按照社会流动的性质，可以把社会流动分为结构性流动和非结构性流动。

所谓结构性流动，指的是经过社会革命或其他社会变动，社会阶级（阶层）结构发生根本性变化。这是社会结构发生质变的过程。比如中国共产党领导的革命推翻了国民党在大陆的统治，原有的社会结构被打破，处于统治地位的大批官员被打倒，一大批来自社会底层的平民百姓走上了领导岗位。他们的社会地位发生了质的变化。

所谓非结构性流动，指的是社会阶级（阶层）结构发生量变的过程。这是社会的基本阶级（阶层）结构不发生变化的情况下，某些社会成员的阶级（阶层）地位发生的变化。比如共产党夺取政权之后，人们职务的升迁变化和社会地位的变化，都是在已经建立和形成的社会结构框架中进行，并不影响现有体制的运行。在这种情况下，社会流动带来的社会结构只有量的变化，而不会发生质的变化。

（2）按照社会流动的方向，可以把社会流动分为垂直流动和水平流动。所谓垂直流动，是指从一个阶层向另一个阶层流动，社会地位发生变化。比如被统治阶级变为统治阶级，统治阶级变为被统治阶级；一个人从底层上升到上层，或者从上层跌到底层；等等。垂直流动有两种方向的流动：

上向流动和下向流动。

所谓水平流动，是指从处于同一个水平线上的一种职业向另一种职业的流动。比如同是高级知识分子，从高校调到研究机构工作，其职务从教授变为研究员，即是同一个水平线上的一种职业流动。

（3）按照代际关系，可以把社会流动分为代内流动和代际流动。所谓代内流动，是指一个人在其一生中的流动。比如一个人从最初的一般科员干起，逐渐上升为科长、处长、厅长乃至更高的职位。所谓代际流动，是指一个家庭中两代人之间的流动。比如一个家庭，父亲原先处于社会底层，可儿子却通过社会流动，逐渐上升到社会上层，这就是代际流动。

2. 社会流动的条件

做什么事情都需要具备一定的条件，社会流动也是如此，也是需要条件的。那么，社会流动需要一些什么条件呢？

一是社会本身存在差序。正因为社会存在差序，社会地位、社会声誉、社会收益、社会报酬等方面存在差别，社会流动才得以发生。所谓"人往高处走"，讲的就是这个道理。这就像地球表面的地形有高有低，才会发生"水往低处流"的现象一样。

二是社会发展需要流动。社会的进步和发展总是需要把优秀人才从低层次选拔到高层次，这种需要便成为推动社会流动的巨大力量。

三是社会允许流动。如果只是社会存在差序、社会需要流动还不行，还得社会允许流动。倘若社会不允许流动，社会流动仍然是不能进行的。比如一些专制国家出于维护专制体制的需要，就不允许社会流动，或者把社会流动控制得很死，把社会流动限制在很小的范围里。还有的国家，由于物质条件不允许，也不放开社会流动。

社会允许流动主要包括两个方面的允许：一是制度上允许，二是物质上允许。

四是社会流动的主体（流动者）应该具备流动的资本。在前述三个条件均已具备的情况下，社会流动是否能够成行，最后还得看社会流动的主体，即流动者本身是否具备流动的条件，也即是否具备流动的资本。这个流动资本主要包括精神资本（胆略、决心）、智力资本、体格资本、货币资本和个人的身份证明（如身份证等）。如果把外界条件比作"机会"的话，那么社会成员能否把握住这个机会，就取决于个人的"资质"了。这个资质就是社会流动的主体（流动者）应该具备流动的"资本"。套用一句话，就是"机会只会眷顾有准备的头脑"。

三　借力社会流动：好风凭借力，在社会流动中实现自己的抱负和价值

1. 构建有利于社会正向流动的社会条件

（1）社会流动有正、负之分。

社会流动分为正向流动和负向流动两种。正向流动对社会发展起着正面的、积极的促进作用，负向流动则刚好相反，起的是负面的、消极的促退作用。

那么，什么是正向的社会流动？什么又是负向的社会流动？我们说，凡是符合社会发展规律，有利于社会进步、有利于社会发展的社会流动都是正向的社会流动。反之则是负向的社会流动。比如城市化是社会发展的趋势，是一个社会发展进步的表现，那么，凡是有利于促进城市化发展的社会流动就是正向的社会流动，凡是不利于促进城市化发展的社会流动就是负向的社会流动。以这个标准来衡量，改革开放以后发生在我国的社会流动就都是正向的社会流动，而"文革"中的"上山下乡"，则是逆城市化潮流的，很显然，它是负向的社会流动，遭到历史的否定和淘汰是必然的。

我们需要的是正向的社会流动。对负向的社会流动，则要尽可能地避免，最好不让它发生。

（2）构建有利于社会正向流动的社会条件。

任何社会，都希望和欢迎正向的社会流动，同时尽可能避免负向的社会流动，以促进社会的进步和健康发展。但是，事情的发展并不是都能如

愿，负向的社会流动仍然会发生。对于正向的社会流动，社会上也总是有那么一些力量，扮演着阻碍正向流动的作用。

那么，阻碍社会正向流动的到底是一些什么力量呢？

阻碍社会正向流动的主要力量有以下四种。

一是专制制度。专制制度是阻碍社会正向流动的最主要的力量。专制制度为了维护自己的专制统治，往往推行愚民政策，禁锢人们的思想，限制人们的自由，从而导致整个社会死水一潭。专制制度不主张正向的社会流动，也不希望正向的社会流动所带来的人才辈出和生动的社会局面。专制制度不需要思想活跃、有创新思维、有创造力的人才，它们需要的是听话的奴才，是唯唯诺诺的庸才。所以，凡是专制制度，必然竭尽全力阻碍社会的正向流动，甚至采取一切措施，强制推行负向流动。

二是既得利益者（个人、集团、组织）。既得利益者——无论是个人还是集团，或是组织，为了维护一己私利，都是反对和阻碍社会流动的。他们往往运用权力，反对用人唯贤，抵制唯才是用。历朝历代，既得利益者都反对选拔制，欣赏和推行任命制。古时反对科举制的，也是既得利益集团。"文革"初期一批"红二代"提出的血统论——"老子英雄儿好汉，老子反动儿浑蛋"，最近不少地方暗中盛行的"萝卜招聘"等，都是为着维护他们的既得利益。与此相对应的，他们必然反对和阻碍，甚至破坏社会流动。

三是嫉贤妒能者。任何时代，任何社会，都会有"红眼病"，都会有嫉贤妒能者。他们或如武大郎，"比我高的都不要"；或者对别人的失败幸灾乐祸。尽管在社会上他们是零星而分散的，但可以形成一种坏风气，成为阻碍社会流动的一股强大力量。

四是"心魔"。阻碍社会流动的另一种力量来自我们自己，它就是藏在我们心中的恶魔——"心魔"。主要表现为思想保守，安于现状，惧怕风险，患得患失，胸无大志，不思进取，等等。正是这些思想，阻碍着我们积极参与社会流动，从而也成了阻碍社会流动的力量。

构建有利于社会正向流动的社会条件，主要从以下三个方面努力。

一是应该构建公平正义的流动机制。作为社会，应该构建公平公正的选能机制，消除任何阻碍社会流动的力量，真正建立"唯能力是用"的选人用人机制，排除一切外在因素。

二是营造一个唯才是举的社会风气。我们的社会应该批判一切妨碍社会流动、嫉贤妒能的思想，营造一个唯才是举、鼓励上进的社会风气。

三是消除"心魔"。作为社会中的个体，应该消除阻碍自己上进的"心魔"，以一种积极向上的精神，以一种积极进取的态度，积极参与社会流动，在社会流动中寻找自己的位置，并且永不满足，虚心好学，不断充实自己，在社会流动中争取新的进步。

社会流动与每一个社会成员息息相关，社会流动关系到每一个社会成员的切身利益和人生道路。我们每一个社会成员都要积极促进正向的社会流动，积极参与社会流动。好风凭借力，借力社会流动，在社会流动中实现自己的抱负和价值，以自己的才能对社会作出更大的贡献。

倘若我们的社会流动都是正向流动，社会流动都能正常健康地运转，每一个社会成员都能在正常健康的社会流动中找到自己的合适位置，那我们的社会就是健康的社会，社会就会发展得快，发展得好。

作者简介

王明美 江西省社会科学院资深研究员，享受政府津贴专家，长期担任省社科院社会学研究所所长，南昌大学、江西财经大学、南昌航空大学等高等院校兼职教授，省民政厅专家咨询委员会成员，江西电视台、江西广播电台特约评论员，系中国社会学会常务理事、江西省社会学学会会长等。长期从事社会学研究，主持完成2项国家社科基金资助项目、多项省社科基金重点课题和一般课题；获得省级社科优秀成果一等奖、二等奖、三等奖多项，所撰多项研究报告曾获省领导的肯定性批示。主要论著有《江西社会发展五十年》《社区建设：中国和江西的实践》《21世纪中国家庭的发展趋势》等。

麻智辉

中国房地产市场走向何方

　　21 世纪以来，我国每年的住宅投资增加了 10 多倍，而住房的矛盾却不断加剧。房价飙升，房地产暴利，人民群众为住房问题所困扰，历尽磨难。在北京、上海、深圳等地，几近疯狂地创造出房价 3 年狂涨 300% 的神话！为此，国家对房地产市场采取了一系列调控政策。可是 10 年过去，房价依然居高不下。

　　人们不禁要问：中国房地产的问题到底在哪？为什么世界各国房价基本处于稳定状态唯有中国直线上升？为什么中央政府的宏观调控政策对房地产无效、调控一次房价上涨一次？房价会下跌吗？遏制房价上涨路径何在？中低收入百姓何时才能买得起自己安身居住的房子？

一　2003 年后房价为什么飞速上涨

　　要了解中国的房地产市场为什么会出现房价暴涨难以控制的状况，就必须了解 2003 年前后中国房地产政策的变化。众所周知，中国的房价是从 2003 年开始快速上涨的，2003 年一年的房价涨幅，超过了此前数年的总涨幅。原因是什么？

首先要从 1998 年中国住房制度改革全面开始，2000 年福利分房结束，先后出台的两个中央文件说起。1998 年，我国发布了《国务院关于进一步深化城镇住房制度改革加快住房建设的通知》（以下简称 23 号文），明确提出"建立和完善以经济适用住房为主的住房供应体系"，按照 23 号文制定的住房供应体系，城市 80% 以上的家庭是由政府向他们供应经济适用房，而不是开发商建造的商品房。开发商建造的商品房只占大约 10%，另有 10% 是由政府提供的廉租房。23 号文的总体思路与大多数国家一样，强调了住房的公共产品特性，也强调了政府责任。因此，当时的房价波动很小。如果依照这一思路走下去，我国的房价绝不会走到后来近乎失控的地步。但是，2003 年 8 月 12 日，由建设部起草的《关于促进房地产市场持续健康发展的通知》（以下简称 18 号文），把经济适用房由"住房供应主体"悄悄换成了"具有保障性质的政策性商品住房"，落脚点在"商品住房"方面，同时，把房地产业定性为"促进消费，扩大内需，拉动投资增长，保持国民经济持续快速健康发展"的"国民经济的支柱产业"。18 号文改变了我国房地产市场的供应结构和需求结构。在 23 号文中，需要商品房的人群只占 10%，而在 18 号文改变经济适用房的定位之后，意味着，高达 90% 的人群（原来需要靠经济适用房解决的 80% 和需要靠市场解决的 10% 之和）需要通过商品房来解决居住问题！把如此庞大的人群推向市场，推向少数既得利益集团控制的市场，房价焉能不涨。正是从 18 号文起，住房的公共产品特性被削弱，房价开始飞速上涨，开发商凭借对房地产市场商品房开发和建房土地使用权的双重垄断，迅速成为一个暴富的群体。

笔者认为，1998 年国务院 23 号文对政府责任与市场责任的划分更符合中国国情：对低收入者，政府提供廉租房；对中等收入者，政府提供经济适用房；高收入者去市场购买商品房。这样，就涵盖了所有的人群。当然，这样政府的收入就会大为减少，房地产也不会成为什么支柱产业了。2003年后，政府从房地产业中获得巨大利益，源于土地出让金和其他各种税费。房地产业这个与民生息息相关的行业，真的成了支柱产业，一些地方政府的土地出让金占了财政收入的 60%，成为名副其实的土地财政，而这一切都是建立在民众生活质量下降基础之上的。

二 中国房地产市场选择的是什么发展模式

一个国家房地产能不能稳定发展，房价能不能保持在合理状态？选择什么样的政策和发展模式至关重要。看中国房地产发展走什么路，首先要看看世界住房发展主要有哪些模式。

1. 香港地区的住房发展模式

香港地区的住房发展模式，即高地价、高房价、高公屋居住率。在这种模式下，政府以高价将土地出卖给开发商，房地产开发商以高房价在市场交易。在这种高房价下，60 平方米以下的住房占 72%，90 平方米以下的住房占 90%，而近 50% 香港居民住政府供给的公屋。在这种制度安排下，尽管香港税收十分低，但是社会绝大多数财富通过房地产市场分别流向了政府（如政府庞大的土地基金）与房地产开发商（香港最富有的人基本上都是通过房地产市场起家的），造成了严重的社会财富两极分化。同时，由于房价过高、公屋率过高，整个香港居民的住房福利水平严重下降。这不仅表现在香港居民的住房面积过小，而且表现在香港绝大多数居民所住房子的周边环境恶劣。可以说，香港地区的住房发展模式是香港特定条件下的产物。

2. 美国的住房发展模式

美国的房地产市场发展模式的特点是房贷的低门槛 + 住房形式的多样化，最核心的是让 90% 以上有支付能力的人进入房地产市场。美国《房地产法》明确规定，房地产市场发展的基本宗旨就是要生产居民居住舒适安全、绝大多数居民有支付能力的住房。在美国的房地产模式中，老百姓贷款买房的门槛非常低，普通中低收入者都可以承受。基金或者投资银行成为房地产市场的主导者，地产建造商或中介商只不过是围绕地产基金的配套环节。正是因为这种独特的发展模式，使房地产企业始终无缘全球财富500 强，因为房地产的利润实际上被多个环节瓜分了。

3. 新加坡的住房发展模式

新加坡实行"居者有其屋"政策，在住房结构上，95% 的人住保障性住房，5% 的人买商品房。新加坡住宅主要是由政府建造的，通常称为"政府组屋"。政府建房的目的是为了实现 1964 年拟订的一项"居者有其屋"计划，其售价总体上讲基本等于造价，比私人住宅价格低，为了限制高薪阶层购买，政府明文规定买房者月薪不得超过一定的标准。政府规定的买房者的月薪标准又是不断变化的，1978 年时买组屋的家庭月收入要低于1500 新元，后来放宽到 2500 新元，随后又放宽到 3500 新元。事实上现在98% 的新加坡人，都有资格得到政府组屋。政府组屋的售价根据不同地段、不同房屋类型、不同面积标准而确定，基本上是市中心区高，城市外围低，离中心区越远越低。同时，每套住宅面积越小，每平方米售价越低，而每平方米造价却越高。所以，单就每一套而言，售价与造价是不平衡的，据说这种价格与价值的悬殊差额是由社会经济家精心研究计算得出的，意在照顾低收入者利益，使社会上的低薪阶层也能拥有自己的住房。政府对社会上极少数月薪更低的家庭还备有廉租屋出租。现在申请租屋者的月收入限额为 800 新元。

所以，严格地讲，新加坡住宅经济政策是一种商品化加价格社会调节（通过政府）的政策，它对解决广大人民特别是低收入者的住房问题起到了重要的推动作用。

4. 西欧国家的住房发展模式

德国等欧洲国家的模式是相对固定的合理房价＋住房形式的多样化（买地建房），主要采取的是根据地区人均收入水平，按照国际通行标准即3~6 倍来测算房地产价格，房地产商利润、土地价格是倒过来算的，即先把老百姓能承受的价格算出来，比如普通家庭 4 ~ 6 年的收入是多少，如果平均是 25 万欧元，那么房价就定在 25 万欧元。从 25 万欧元里扣除建筑成本、房地产商一定比例的利润（非暴利）后，剩下的就是土地价格，然后按照这个价格把地卖给房地产商。房地产商不拿暴利，政府卖土地也不要暴利，这样百姓就能买得起房了。

5. 日本的住房发展模式

日本的住房发展模式是典型的高地价＋高房价。20 世纪 80 年代后期，为刺激经济发展，日本中央银行采取了非常宽松的金融政策，鼓励资金流入房地产以及股票市场，致使房地产价格暴涨。从 1986 年到 1989 年，日本的房价整整涨了两倍。受房价骤涨的诱惑，许多日本人开始失去耐心。他们发现炒房地产来钱更快，于是纷纷拿出积蓄进行投机。到 1989 年，日本的房地产价格已飙升到十分荒唐的程度。当时，国土面积相当于美国加利福尼亚州的日本，其地价市值总额竟相当于整个美国地价总额的 4 倍。到 1990 年，仅东京都的地价就相当于美国全国的总地价。一般工薪阶层即使花费毕生储蓄也无力在大城市买下一套住宅，能买得起住宅的只有亿万富翁和极少数大公司的高管。

所有泡沫总有破灭的时候。1991 年后，随着国际资本获利后撤离，由外来资本推动的日本房地产泡沫迅速破灭，房地产价格随即暴跌。到 1993 年，日本房地产业全面崩溃，企业纷纷倒闭，遗留下来的坏账高达 6000 亿美元。

6. 中国的住房发展模式

中国房地产市场发展在 20 世纪 90 年代末 21 世纪初，曾经出现过深圳模式、大连模式、青岛模式等，最终选择的模式是香港模式＋日本模式的混合体，现在看来是一种最坏的模式。

三　中国目前的房价到底高不高

目前的房价到底高不高呢？一方面，社会上关于房价高的议论比比皆是；另一方面，也有人讲，与发达国家相比，中国房价还不算高，中小城市与大城市比，仍有"正常上升的空间"；还有的说，目前房价上涨幅度尚属合理。那么，房价高或不高，到底谁说了算？住房作为一种商品，其价格高低有没有一个公认的客观标准？我们可以从以下几个方面进行分析。

1. 房价收入比

按国际上通行的衡量标准，房价的高低主要是相对于住房购买力而言。

最常用的衡量购买力的指标是房价收入比。对于房价与家庭收入比，联合国人居中心给出的上限是 3：1，世界银行的上限是 5：1。发达国家一般为 3~4 倍，即一个中等收入的家庭用三四年的全部收入可以购买一套中等档次的住房。美国目前的房价收入比为 3 倍多，日本的房价收入比为 5~6 倍。通常认为这一比值在 3~6 倍之间都是合理的，超过 6 倍即说明房价偏高。

根据上海易居房地产研究院最近发布的报告，2010 年全国城镇平均的房价收入比已达到 8 倍多，创历史新高，上海、北京、广州、深圳、杭州等一线城市的房价收入比都已超过 14 倍，对于中小城市来说，房价和大城市比可能还不算高，但房价与当地居民收入比则可能并不低。

2. 租售比

所谓租售比，是指每平方米使用面积的月租金与每平方米建筑面积房价之间的比值。目前北京的租售比基本是在 1：500~1：700 范围之内，远超国际租售比 1：300 的预警线。近年来北京二手房市场发展较为迅速，尤其是 5 年内的二手房交易成本居高不下，更多的人将房源下放租赁市场，使租金水平一直呈较为稳定的上涨，而房价却在疯涨，租售比越来越悬殊，从这个跨越预警线的数据就可以看出房价正在以非正常的速度上涨。

3. 国内外房价比较

还可以通过同世界发达国家的大城市的房价进行对比，来分析我国大中城市的房价。目前，美国是发达国家中房价上涨较快的，但纽约的房价在猛涨 15 倍后，其别墅价格才达到 60 万 ~70 万美元。如果以 250 平方米的面积计算，每平方米价格大约折合人民币 25000 元。再拿具有可比性的上海内环线平均房价与纽约曼哈顿公寓平均房价相比，前者约为 18000 元 / 平方米，后者折合人民币约为 49500 元 / 平方米，乍一看，曼哈顿房价是上海内环线的 2.75 倍，的确是高，但是从人均收入来看，2006 年上海市人均年收入约为 3 万元，而 2006 年纽约市人均年收入已达到 6 万美元，是上海的 15 倍。

4. 房地产业利润率

从房地产业利润率来看，在成本不变的情况下，房价越高，则利润率越高。迄今为止，大多数房地产企业都拒绝公开房价成本。但从一些典型案例以及政府部门、媒体、研究者和开发商自己提供的数据入手，仍不难看出房地产业利润之高。比如，2005 年新华社记者在福州调研的数据显示：当地房地产开发的平均利润率为 50%，最低的约为 20%，最高的超过 90%。2007 年 4 月，中央电视台《新闻调查》披露了上海某楼盘房价虚高的真相：真实成本约 6000 元／平方米，开发商最终向消费者发售时房价已抬高到 18000 元／平方米。欧美国家房地产业利润率一般控制在 5%~10%。

所以，无论从居民购买力来看，还是从房地产企业利润率来看，无论从国内范围来看，还是从国际范围来看，我们对国内大多数城市的房价高低都应有一个清晰的认识。

四　房价为什么降不下来

2009 年以来，中央政府从金融、财政、土地、税收等各方面出台了"国八条""国十条"等一系列政策，对房地产市场进行宏观调控。2010 年 4 月 16 日以后，中央更是出台了有史以来最严厉的房地产调控政策，试图将房价降下来，但收效甚微，原因何在？

国内媒体上曾公布过一个调查，显示城市房价上涨过快的主要责任在谁。84.8% 的人首选"地方政府"，其次是"房地产商"（58.5%），第三是"炒房客"（51.2%），第四是"银行"（45.7%）。笔者认为，这个调查一定程度上真实地反映了现实情况。

——地方政府托市。土地财政成了地方支柱。一些地方政府的错误政绩观、利益观或明或暗地在推波助澜。经营城市好大喜功，热衷于大拆大建，导致部分居民对住房的被动性需求；一些地方政府被开发商牵着鼻子走，"开发商领导、市长决策、规划局执行"，造成了房地产开发的结构性缺陷及开发商大量囤积土地现象；土地审批从无偿划拨到高价招投标猛拐弯，使商品房建设成本突然加大。

——银行对房地产开发发放贷款持续增加。特别是 2009 年，银行放贷 9.5 万亿元，其中至少有一半进入房地产市场。

——开发商普遍炒作房价。

——房地产投资者队伍不断扩大。仅广州市就有 20%~30% 的居民在搞住房投资。

——外资不断流入中国房地产市场等市场因素，房价逆市上扬成为必然。

——各级贪官污吏煽风点火。

房价高涨一个重要的原因在于地方政府的推动。它有追求高 GDP 的冲动，有收取更多土地出让金的冲动，有收取更多房地产税的冲动，当然，还有部分官员的"寻租"冲动。简言之，就是政绩冲动和部分官员的寻租冲动。没有这些冲动，房地产价格不会像今天这个样子。只要房地产业是支柱，地方政府就不会真降价。城市要借此获得财力改变形象，官员从中要政绩，开发商从中要高利润，银行从中要优质客户，有经济实力的个人和机构投资者从中要赚钱，而作为市场参与一方的大多数普通市民则是这场博弈中典型的输家而被市场边缘化。

正因为如此，当开发商的利益与这些弱势群体的利益发生冲突时，比如拆迁、规划等过程中发生矛盾，与开发商具有共同利益的某些地方政府自然会力保开发商，压制甚至剥夺弱势群体的话语权。同样，那些为了买房而负债累累的购房者在与开发商的市场博弈中，也遭遇了弱势与霸权的鲜明落差。

中国社会科学院金融研究所研究员易宪容一针见血地指出：房地产暴利的本质是掠夺。是少数富人疯狂掠夺多数穷人的财富，使得社会民众的大量财富轻易地转移到少数人手中，造成贫富差距拉大，两极分化。

从根源上说，解决房价问题的"拦路虎"，一个是既得利益者，另一个是所谓的"特殊利益集团"。"特殊利益集团力量的强大超乎人们的想象，现在重大政策出台的背后都有他们的影子。"著名社会学家、中国人民大学教授周孝正认为，特殊利益集团已经成为中国深化改革的最大障碍。

五　房地产业支柱地位不能动摇吗

国内某政府高官做客中国经济网时说，房价高涨带来了社会对房地

473

产泡沫的担忧，但汽车、房地产作为我国整个经济重要的支柱产业一点也不能动摇。不但不能动摇还要进一步发展，因为它们关联度高。"房地产上游可以拉动钢铁、水泥，还可以一直拉动到家用电器，甚至纺织业也被它拉动了。家里新买一个房子，要换一个电视，窗帘也要换新的。"

笔者认为，这纯粹是一个高官无耻的谎言。房地产业从来都不是一个普通的经济行业，而是具有民生保障性的公共行业。对这个产业健康度的观察和分析，绝不能仅限于占 GDP 的比重，更要关注民众的居住水平和生活质量、房地产业对其他行业的挤出效应、贫富差距拉大和社会和谐等指标。事实上，房地产从来都不应该，也不能是一个国家的支柱产业。

纵观世界上的发达国家发展历史，可以发现，英国最早依赖纺织业革命实现工业化，德国依赖电气化革命实现工业化，美国依赖钢铁业、汽车制造业实现工业化，日本利用家电制造业、机械制造业实现工业化，陆续走上发达国家的行列。它们的支柱产业可能是汽车制造业，可能是 IT 产业，可能是文化产业，但你绝对找不出一个国家能够靠房地产业的非常规发展保持长期繁荣的。

相反的例子倒有一个，那就是日本，在实现工业化进入发达国家行列后，为了赶超美国，发明了以地生财发展模式。经历短暂的疯狂后，1991年日本房地产泡沫迅速破灭，房地产价格随即暴跌，房地产业全面崩溃，企业纷纷倒闭，居民纷纷成为"负翁"。

把房地产业作为支柱产业发展必然带来四大恶果：一是导致大批制造业企业抛弃本业进入房地产市场，大大削弱实体经济，不利于国家的长远发展；二是造就了一批富豪，滋生了一批腐败官员，对社会风气造成恶劣影响；三是绑架一国经济，由于那些房地产商都是借银行的钱来做房地产生意，实际上是把国家银行跟他们捆绑在一起，裹挟、威胁国家经济的发展；四是拉大了贫富差距，造成了诸多不稳定因素。

更何况我国的房地产开发选择的是"日本模式"+"香港模式"，而这种模式已经被实践证明是彻底失败的，日本在房地产泡沫破灭后，经济 20

年不景气；香港经济在房地产泡沫破灭后，15年不得翻身，长期依赖大陆输血救济。这样的产业还要永远作为支柱，真是不可思议。

六 房价是不是会一直上涨

我国的房价下一步将会怎样变化？是否还会一直涨下去？报刊上、网络上不少开发商和专家说，"历史证明所有的房价都是永远上涨的"；还有的讲，"保守"一点的说法是，"房地产还要涨个十年、二十年"。对此到底该怎么看呢？

房地产业作为国民经济的一个产业部门，它自然也要遵循经济发展的一般规律。经济发展不可能永远持续地高增长，它也有正常的下降和调整阶段。世界上的发达国家及我国20世纪90年代的房地产发展历史均表明，即使是正常的房地产成长期，房价有明显上涨的阶段，也有明显调整或下跌的阶段。房地产市场总是有涨有跌，呈周期性的波动，没有永远上涨、只涨不跌的房市。

但是，也有许多人认为，中国房地产市场有着"特殊国情"：可使用土地会越来越少，城镇化进程会越来越快，人们用于投资的"闲钱"也会越来越多，这三大"刚性需求"将支撑房价不断上涨。那么对此又怎么看呢？

我国人多地少是事实，但这不是绝对稀缺，而是相对稀缺。从国际比较看，我国的人口密度并不太高，低于日本、韩国、德国等很多国家。按照"土地稀缺论"的逻辑，日本的土地比我们更为稀缺，日本的房价更应该一直上涨。但是，恰恰是日本却上演了世界房地产史上最富戏剧性的地价急速升降的"土地神话"闹剧。1983~1988年，日本东京商业用地的价格上涨了250%，住宅用地价格上涨了200%，房价也呈螺旋式上升，产生房地产泡沫，最后蔓延为整体经济的泡沫。物极必反，1990年底泡沫经济崩溃，房价开始大幅下跌，到1997年差不多回到了泡沫化的起点，住房用地的价格也跌去了70%~80%。被人为炒得过高的东京土地价格最后又回到了起点，"土地神话"破灭，日本经济由此也陷入漫长的萧条之中。

目前我国城镇化水平较低，名义上超过了50%，但实际上只有40%左右，而世界平均水平是50%左右，因此随着我国城镇化的发展，未来还将有数亿农民进城。他们对住房的确有很大的需求。但是也要想一想，以目前我国城市的房价，有多少农民兄弟买得起房、进得了城呢？实际上，当前的高房价不但无法从城市新增人口中获得可持续的支撑，还会抑制需求，导致城镇化进程受阻。大量收入很低的进城务工群体，不可能买得起房，只能租住在高楼大厦的地下室里，或者是城市与农村的边缘区，成为城市的弱势群体，极易引发一系列的社会问题。

恰恰相反，只有房价降下来，数亿农民才能进城定居，中国的城市化进程才会加快。

七　如何有效地治理高房价

借鉴国外房地产业发展的成功经验，治理高房价，可以采取以下手段。

其一是税收政策，就是要国家动用税收机器，逐步"开征房产税""开征遗产税""分类开征物业税"，对三套以上住房的物业税要采取惩罚性的50%，甚至100%，遗产税征收也要在50%以上。以此严厉打击炒房团，使其彻底出局。

其二是金融手段，针对房地产商，通过取消预售制、停止卖"楼花"、银行不得向商品房开发商贷款、原有的贷款一律收回等措施，迫使开发商感到资金链紧张，必须降价自救。

其三是土地出让制度改革，改土地招拍挂制度为综合评估制度，让土地价格回归理性。为防止住房用地价格无限攀升，应将商品住房与保障性住房的供地进行严格区分，对保障性住房用地应有严格的限价，必要时甚至可对保障性住房实行零地价，以确保保障性住房价格走低。对占住房总量70%以上的保障性住房的建设，应实行先评估、定价，然后招标承建商的办法。为确保住房的低成本和低价格，还要对评估、定价及招标环节进行监督，防止官商勾结，抬高成本和定价。

其四是住房结构调整，大量建设保障性住房，提高经济适用房和廉租房建设的比例，确保 70%~80% 建保障性住房，20%~30% 建商品房的规定能够严格落实。有可能的话使保障性住房比例达到 90% 以上，商品房比例控制在 10% 以内。

其五是销售制度改革，限制投资购房和国外"热钱"购房，原则上一户一套，最多两套。学习韩国的做法，出台约束办法和限制性条例，不管是高官还是百姓，异地购置住房不能超过一套。比如我可能在九江拥有一套住房，现在到南昌来工作，那可以在南昌拥有一套，但不能在广州或者上海等地再有。因为中国的土地比较紧缺，人们不能无限制地拥有住房。

其六是放开集资建房、合作建房、小产权房建设，让人民群众有选择住房的自由。

结　　语

世纪老人巴金先生在表达生前的愿望中，第一句话就是"希望所有的人都有房子住"。"居者有其屋"是自古以来中国人孜孜以求的梦想。住房作为现代文明社会民众得以生存的基本条件，民众最为切身的利益之一，作为一个以科学发展观为主旨、希望建立和谐社会的政府，民众居住权的保障是政府义不容辞的责任。

我们坚信，只要中国还是社会主义国家，只要红旗还在祖国的上空飘扬，只要中华人民共和国宪法中还铭刻着坚持四项基本原则这醒目的大字，只要共产党还代表着最广大人民群众的利益，就绝不会允许少数富人和贪官肆意在房地产市场兴风作浪，榨取广大贫苦"房奴"的血汗钱。就一定要把房价打回原形，回归到理性的价位，让广大人民都能够从蜗居中走出来，有尊严地住上小康住房，安居乐业，沐浴祖国明媚的阳光。

作者简介

麻智辉 1962 年出生，汉族，浙江缙云人。1984 年 7 月毕业于厦门大学，分配到江西省社会科学院工作至今。1999~2001 年就读于中国社会科学院研究生院金融专业。现任江西省社会科学院经济所所长，二级研究员，学术带头人。享受国务院特殊津贴专家，中国人民银行货币政策委员会咨询专家，全国文化名家，全国宣传文化系统"四个一批人才"，全国社会科学优秀普及名家，"赣鄱英才 555 工程"领军人才，"江西省新世纪百千万人才"。研究方向为城市经济、区域经济。

科研成果共计 350 余项。出版著作 23 部，发表论文 168 篇。完成省级以上科研课题 115 项，其中国家课题 8 项，国际课题 4 项，省社科规划及软科学课题 20 余项，省委省政府课题 18 项。科研成果获省级以上奖励 35 项。

李　勤

音乐与人生

朋友们，你是否到过这样一个神奇的世界？在这个世界里，你会涌现出许多美妙的想象，回忆起童年的快乐时光，忘记生活中的不快与烦恼，时而让自己沉静陶醉，时而令自己热血沸腾……这个世界会产生神奇的力量，而构成它的基本物质却极其简单，仅仅是几个普通的符号。这个简单而又神奇的世界，就是音乐世界。

音乐和人的一生都有联系。在娘胎里，享受胎教音乐；在摇篮中，感受摇篮曲蕴涵的母爱；恋爱中的男女，在情歌里分享爱情的甜蜜，在婚礼进行曲的陪伴下走入婚姻的殿堂；在生命的尽头，人们通过葬礼进行曲寄托哀思，音乐可以说是贯穿了人的一生。

中国美学家、文艺理论家、教育家朱光潜曾经说过："人生本来就是一种广义的艺术。每个人的生命史就是他自己的作品。"音乐，是非常重要的艺术门类，人们可以通过音乐来感悟人生、描绘人生，人生可以用来丰富音乐、书写音乐。

音乐是没有国界的语言。世界各国政界要人大多都具有良好的音乐修养，如尼克松弹得一手好钢琴，西哈努克擅长填词作曲，而曾经身为英国首相的希思，则被看做他们中的佼佼者。他不仅精通多种乐器的演奏，而且能胜任大型乐队的指挥，他担任过伦敦交响乐团的董事长，先后应邀执棒指挥柏林爱乐乐团、费城交响乐团、芝加哥交响乐团等享誉全球的超级乐团，赢得广大听众的赞叹。用希思的话来说：音乐是他的终身伴侣，是他一生的支柱。

曾担任国务院副总理的李岚清先生，不仅是一名政治家，也是一位学者和艺术家。他不仅具有深厚的艺术功底与文化修养，且身体力行，致力于文化艺术尤其是高雅音乐艺术的普及推广。他先后撰写了《李岚清音乐笔谈——欧洲经典音乐部分》《音乐 · 艺术 · 人生》《李岚清中国近现代音乐笔谈》等著作，并在国内大中院校及新加坡等地举办了"音乐 · 艺术 · 人生"系列讲座，深受广大听众、观众特别是青年学子的欢迎，对提高大众的艺术素养产生了积极深远的影响。李岚清认为音乐是促进友好交往的最佳方式。因为喜爱音乐，他和波兰总理结为了好友；他还讲述过在申奥前夕与莫斯科市市长会面时，用俄文共同演唱《莫斯科郊外的晚上》的情景，莫斯科市市长惊叹于李岚清先生对苏联歌曲的熟悉程度，他说在俄罗斯能够将这首歌全曲四段完整演唱下来的人少之又少，是音乐拉近了他们之间的距离。

如果说音乐能陶冶人的情操，给人以美的享受，那么，音乐给人的力量也是无比神奇的。1989 年 1 月 20 日，上海交通大学应用物理学系年仅34 岁的副教授唐坤发，因肝癌并发肝腹水抢救无效离开了人世。在与病魔搏斗的日子里，他把书和笔记本放在床头，通宵达旦地工作，这位身高只有 1.56 米，体重不足 90 斤的癌症病人，在生命的最后两年，竟在国内外一流的学术刊物上发表了 30 多篇论文。人们在为他英年早逝扼腕叹息的时候，不禁要问是什么力量使他不惧病魔？答案是音乐给了他巨大而又神奇的力量，因为每当肝部疼痛难熬的时候，他便央求护士播放贝多芬的《命运交响曲》，在音乐的激励下，他做到了常人都难以做到的事情。

下面让我们来了解一下什么是音乐，如何欣赏音乐，在生活中如何有效地选择音乐。

一 关于音乐

（一）音乐的特征

音乐是一种声音艺术，凭借旋律、节奏、节拍、和声、曲式结构等要素组成有规律的音响组合来塑造艺术形象。它运用声乐和器乐等表演形式，抒发曲作者和演奏者的思想感情，通过人类的听觉器官引起各种情绪反应和情感体验。

由于音乐对于人类情感的强烈作用，使得音乐在表现人的心灵时就更加纯粹和内在。俗话说："音可传情，曲能达意"，音乐正是以这种方法激发人的情感，唤起情感共鸣。音乐又是超越语言的。不同种族、不同语言、不同文化背景的人们都可以通过音乐来交流他们的思想感情。匈牙利著名作曲家李斯特说："音乐可以称作是人类的万能语言，人的感情用这种语言能够向任何心灵抒发，被任何人理解"。例如我国著名的小提琴协奏曲《梁山伯与祝英台》，不仅被改编成了多种演奏形式，还有人填上词，将它的旋律广为传唱；许多外国人也非常欣赏此曲，称赞其为"蝴蝶的爱情""天堂里的音乐"。正是因为它所表达的情感是人类所共同的情感，歌颂的是人类所向往的至死不渝的爱情，因而无不被它的凄美所打动。

（二）音乐的功用

音乐是人类所独有的东西，动物可以发出各种声音来体现求爱、兴奋、愤怒、惧怕等，但它们的声音远远达不到音乐所产生的效果和作用。在大力倡导人才素质培养的今天，音乐的功能与作用也被提高到了前所未有的重要位置上。

1. 对智力素质产生的作用

人的智力素质包括感知、记忆、想象、专注、敏捷等多项内容，这些能力都可以通过音乐活动来帮助获得。

首先，音乐可促进人脑的平衡发展，从而促进智力的发展。在正常情况下，人脑的左右脑既有分工又有配合，相互间不断传递信息，协同转化为人的智力。而音乐活动往往要求"左右开弓"，使左脑右脑同时得到相应的锻炼和均衡发展，从而促进智力的发展。故此，现在很多家长送孩子学琴，目的可能不是要将孩子培养成音乐家，而是为了促进孩子多方面的发展。

其次，音乐活动可以促进想象和联想，发展形象思维，启迪创造精神。音乐欣赏中必然引起的联想与想象，是人类的一种带有创造性的心理活动。我国古代有很多音乐家，他们也同时是天文学家、数学家、历史学家等。孔子便是一位集思想家、文学家、教育家、音乐家为一身的代表，在孔子的教诲和熏陶下，他的高材生们无不是音乐的行家里手。他的儒家音乐美学思想，影响了无数代人，他所提出的"兴于诗，立于礼，成于乐"的观点，把音乐看成人生修养的最高阶段，迄今还有积极的意义。

再次，音乐活动还可以培养人的专注、敏捷、协调等多种能力，可以改善记忆、调剂精神、提高效率。据资料介绍，香港中文大学曾进行过一项调研，在接受测试的 60 位女生中，小时候曾接受过音乐训练的女生比没有接受过音乐训练的女生能多记忆 17% 的文字资料。负责这项研究的心理学系教授陈瑞燕介绍说，以往脑智能学的研究发现，音乐家的左脑比一般人大，他们的左脑可能较一般人发达，而左脑正是主要负责语言记忆的，接受正规音乐训练很可能令人们的左脑发展较佳，连带左脑所控制的语言记忆力都一起提升了。研究结果表明，音乐训练除了可陶冶性情外，还可增强对语言的记忆力，这项研究对一些语言能力受到影响的失忆症患者来说无疑是一个喜讯。

2. 对非智力因素产生的作用

人的非智力因素包括意志、性格、理想、世界观、体质、美感等多种内容，音乐对于这些素质的形成也具有不可估量的作用。

首先，音乐以潜移默化的方式影响人的认识和思想，陶冶人的情操，净化人的灵魂。音乐对人的感化作用是显而易见的，如电影《少年犯》的主题歌《妈妈》、儿歌《小小手》等，唱起这些歌对于孩子的教育作用，远比枯燥的说教效果要好。

其次，音乐能丰富人的感情世界，产生美感，从而引发道德感、理智感等高级情感。如运动员获金牌时奏响的国歌，革命战争时期产生并流传至今的《黄河大合唱》等，都具有较强的感染力，极好地说明了音乐的重要作用。

此外，音乐对于人体有医疗保健作用，能促进人们的身心健康。如健身操、拉丁舞、交谊舞、水上芭蕾、体操，甚至人们早晨锻炼的各种太极拳剑、秧歌等活动，都是在音乐的作用下进行的。有些音乐活动本身也是趣味性的运动，如指挥等。

音乐教育也是学校美育的重要科目，通过感受美—表达美—创造美来实现美育任务。音乐的作用还体现在与人们的日常生活方面，人们交友、洽谈、聚会等活动也离不开音乐的帮助。背景音乐、环境音乐的合理运用，能消除疲劳、提高工作效率，甚至可进入企业管理的应用领域。

3. 音乐与其他艺术以及科学之间的关系

音乐与其他艺术门类的关系是：你中有我、我中有你、交相呼应、共融共兴。

其一，在古希腊和我国古代，诗和音乐相伴相随，诗就是歌，歌也是诗。《诗经》最初是用来唱的，只不过由于尚未发明记谱法，只留下了诗，后人不知怎样唱。而音乐与舞蹈则更是鱼水相融、相得益彰，舞蹈从诞生之时就离不开音乐，最初的音乐本身就是诗乐舞三位一体的。

其二，音乐是流动的建筑，建筑是凝固的音乐，如巴洛克音乐。巴洛克一词并非最先用于音乐，而是16世纪被意大利人布罗斯用于与建筑有关的艺术，这些建筑在欧洲比比皆是。音乐与绘画也存在许多共通之处，如色彩、线条、布局、结构等。人们谈论音乐常常引用美术的术语：线条是否丰富、完整，色彩是否饱满、明亮或暗淡，而欣赏图画时又能感受到类似音乐的律动感、和谐关系、强弱对比。更有人用音乐描绘景物、绘画，如莫索尔斯基的作品《图画展览会》等。学绘画的人若懂一点音乐，学音乐的人能接收美术的熏陶，都很有好处。

音乐与科学的关系也密不可分。如古希腊哲学家、数学家、音乐家毕达哥拉斯，他提出"万物皆是数"，发明了"五度相生法"；我国明代数学家、律学家朱载堉则发明"新法密率"，成为世界上最早的十二平均律。著名音乐家贝多芬曾说过"只有艺术同科学结合在一起，才能把人提升到神明的境界"。

人有抽象思维、逻辑思维和灵感思维，音乐在启迪灵感方面作用最大。孕育灵感的潜意识主要居于右脑，音乐具有激活右脑形象思维的特殊能力。科学家钱学森曾说过："在我对一件工作遇到困难而百思不得其解的时候，往往是蒋英（其夫人，笔者注）的歌声使我豁然开朗，得到启示。"爱因斯坦的创造发明也是很好的例证，他在进行相对论的研究时说过："我首先是从直觉发现光学中的运动，而音乐又是产生直觉的推动力量。音乐给我带来了新发现。"俄罗斯化学教授、博士鲍罗丁，人们称其为"星期天音乐家"，在他的墓碑上，一面刻着他发明的化学公式，一面刻着他的音乐作品的主题。我国著名数学家苏步青精通音乐和舞蹈，地质学家李四光也是位小提琴爱好者，他创作的作品成为我国近代音乐史上第一首小提琴曲。

二 如何欣赏音乐

（一）音乐欣赏的基本常识

音乐欣赏是人们感知、体验和理解音乐艺术的一项实践活动。任何音乐作品以及音乐活动的整个过程都离不开三个环节：创作、表演、欣赏，这三个环节缺一不可，音乐欣赏是最终目的，也是艺术的一种再创造。

音乐欣赏的心理过程分为音响感知、情感体验、想象联想、理解认识四个阶段。感知是前提，体验是产生，想象是过程，理解认识是目的和结果，属于高级阶段，这些阶段连接成复杂多变、相互贯通的心理过程。一般性质的欣赏，有前三个阶段足够，理解认识就更专业化些，要求也更高。

（二）音乐欣赏的基本方法

首先，具备"音乐的耳朵"。马克思说过：对于非音乐的耳朵，再美的音乐也没有意义。如何具备呢？多听、多参加音乐活动，在倾听时努力培养对音乐的注意力和记忆能力。

其次，学习和掌握一些音乐的基本知识，了解如旋律、节奏节拍、速度、力度、音色等音乐语言，借助于对作品的时代背景、音乐风格、作者的生平、创作个性等，帮助理解音乐的标题和内容，以达到较高的欣赏水平。

最后，积累和丰富自己的生活经验和形象记忆，提高想象与联想的能力。通过开拓自己的文化视野，进而提高音乐鉴赏的能力。

（三）音乐的分类

音乐一般分为声乐和器乐两大类。声乐，是指用人声演唱音乐作品；器乐是指用乐器演奏音乐作品。声乐的表演形式有独唱、重唱、对唱、齐唱、联唱、表演唱、合唱等；器乐的表演形式有独奏、重奏、齐奏、联奏、合奏等。

三 生活中如何选择音乐

（一）根据情感需要选择音乐

用音乐表达思想感情和意愿，从人类原始社会的生活中就开始了。《乐记》有"情动于中，故形于声，声成文，谓之音"之说，道出了音乐与情感的密切关系。

人类的原始情感可分为快乐、喜爱、兴趣、惊奇、惧怕、悲痛、厌恶、愤怒等，这些又可分为积极性情感和消极性情感。

一般而言，积极性情感是有益于身心健康的，如快乐、喜爱、兴趣、兴奋等，音乐作为一种治疗方法在采用，就是利用其作为人们的心理调节，唤起人们的积极性情感，以达到心理上的抚慰，从而促进生理上的健康。

消极性情感是不利于身心发展的，如悲哀、愤怒、痛苦等，会引起心理和生理上的种种不适，久而久之积成大疾，音乐可使人的消极、焦躁、紧张、不安等不良情绪的强烈程度加以减弱，这种弱化功能可以将不利影响减小到最低程度，或者可以将不良情绪在音乐中得到宣泄和释放，从而达到向积极性情感的转化。

人类需要音乐，就像婴儿爱听母亲的心律一样，母亲的心律声能使婴儿感到亲切和安慰，音乐能够使人得到情感上的慰藉和陶冶，也能令人从作品中触摸到作曲家的思想，从而获得心灵上的沟通。所以，人们可以通过欣赏音乐或参与音乐活动，达到情感上的共鸣，或得到情绪上的宣泄，由此获得精神的享受以及心灵的满足，从而最大化地培育积极性情感，达到身心健康的目的。

（二）根据音乐的治疗功能选择音乐

生活中对于音乐作品的选择，可以根据个人的喜好以及功用来进行选择。人的喜好是多样的，这里就不多说，下面重点介绍如何根据功能和用途来选择音乐。

我国古代很早就有人认识到了音乐对人体的治疗作用，比如，那时的巫师就兼有掌管音乐活动和医生的职责，他们常常发出单调的节奏和含混不清的声音，来促进产妇分娩或引导人的意念，对病人的心理和思想施加影响；再如，我国宋代大文豪欧阳修也在记载中叙述过用弹琴的方法缓解自己两手中指的痉挛，足以说明自古就有人意识到音乐的治疗功能。"二战"之后，也有人采用音乐来治疗战争留下来的后遗症，缓解人们的心灵创伤。

音乐治疗作为一门学科，始于1944年，是美国的一些音乐家们在尝试的基础上，逐渐发展形成的新型交叉性学科，其涵盖了音乐学、心理学、医学、人类学、社会学等多个领域。我们当然不是这方面的专业研究者，只是根据需要来初步了解一些音乐的治疗功能，让其为我们的生活服务。

1. 音乐与成人

不少学者对音乐进行过研究，发现音乐的音高、音调、节奏、旋律、音质的不同，会对人体产生镇静、镇痛、调节情绪等不同功能。由于成人具有一定的理解和认识能力，有选择性地聆听音乐，能够对一些亚健康状态产生良好的调节作用，甚至可以帮助缓解病症。我们应该知道，音乐作为一种治病手段，往往需要配合药物治疗或其他疗法同时进行。它的作用是一方面通过艺术感染力，作用于心理；另一方面还可以通过其物理特性，以特定的频率、声压直接作用于心脏或听觉器官等。

音乐可以使你忘却身边纷扰的世界，进入一个神仙般的世界。难怪心理学家常常呼吁，要善用美妙的音乐来调节自己的情绪，陶冶自己的性格。轻松愉快的音乐有降低血压的作用，流畅的旋律可以缓解不良情绪，使心灵得以平静，在聆听这一类的音乐时，还要根据实际情况调节音量，一般情况下，适宜用较小音量进行聆听。以下是按病情推荐选择的乐曲。

（1）情绪焦躁不安：《春江花月夜》《渔舟唱晚》、马斯涅的《沉思》、舒曼的《梦幻曲》、门德尔松的《乘着歌声的翅膀》《星空》（理查德·克莱德曼抒情钢琴曲）、轻音乐曲《江南好》、黑鸭子组合及八只眼组合演唱的抒情歌曲等。

（2）忧郁症：《春天的芭蕾》《喜洋洋》《步步高》《北京喜讯到边寨》、贝多芬的《欢乐颂》、小约翰·施特劳斯的《蓝色多瑙河圆舞曲》、莫扎特的《土耳其进行曲》、轻音乐《晨曲——花的秘语》、童声合唱曲等。

（3）神经衰弱、失眠：《彩云追月》《茉莉花》《菊花台》《送别》、圣桑的《天鹅》、舒伯特的《摇篮曲》及《小夜曲》等。

（4）高血压：《平湖秋月》《江南好》《牧歌》《半个月亮爬上来》《美丽的草原我的家》《茉莉花》、黑鸭子演唱专辑《女人花》《映山红》等。

（5）胃肠功能紊乱：《花好月圆》《泉水叮咚》、泰勒曼的《餐桌音乐》、莫扎特的《嬉游曲》、莫索尔斯基的《图画展览会》《秋日私语》（理查德·克莱德曼抒情钢琴曲）等。

2. 音乐与儿童

当人们欣赏音乐时，不论是大人还是孩子，常常会有一种陶醉感。对于孩子来说，自出生之前就可能开始对音乐有好感，因此人们通常会选择经典的古典音乐进行胎教；孩子出生后不断发展着对音乐的喜好，到三四岁时就已初步具备欣赏音乐的能力。经研究发现，美妙的音乐能使孩子的心境愉快，这种愉快的情绪，能够有效地改善和调整大脑皮层及边缘叶的生理功能，从而使孩子的神经系统发育得更加完善。这种作用是其他教育所不能比拟的，这也是那些音乐大师的作品流传于世，经久不衰的原因。

其一，据有关资料显示，莫扎特音乐可助早产儿增加体重，加快各项机能的恢复。以色列研究人员在研究过程中，让早产儿连续两天听30分钟莫扎特音乐，然后连续两天不听音乐，对比分析结果显示，早产儿听音乐时的新陈代谢比不听音乐时减慢30%，由此发现，通过聆听莫扎特音乐，可能帮助早产儿放缓新陈代谢，从而增加体重。

其二，音乐促进孩子智力发展。美国科学家1993年的一项科学研究称，儿童多听古典音乐可以提高智商，这就是人们常说的"莫扎特效应"。孩子的音乐活动包括唱歌、音乐欣赏、节奏乐器、音乐游戏及舞蹈等。通过这些活动，孩子们增强了音乐的欣赏能力，开阔了知识眼界，这不仅对一般孩子而言，就是对有智力残障的孩子也有着令人惊奇的效果。音乐能使孩子享受一种深深的爱，使孩子的心情充满欢乐。这种欢乐情绪能够调节血流量和神经系统的活动功能，有利于孩子的记忆、理解、想象思维等各种能力的发展，因而音乐在启迪孩子智能方面有着重大作用。

其三，音乐可使儿童容貌美。据美国有关科研部门研究发现，常听音乐能改变儿童的容貌，使孩子变得漂亮。从遗传学的角度来讲，人的面孔容貌是由遗传基因决定的，如果想从根本上改变容貌，就必须去医院进行整容手术。然而，专家们指出，利用音乐可以改变幼儿的容貌。经常让幼儿听些欢快的乐曲，用音乐来刺激神经，会使幼儿的身心得到健康的成长。相关研究表明，喜欢音乐并经常参加音乐活动的孩子，表情比一般的孩子活泼，动作更协调，就连眼神都与一般孩子有着根本的区别，在容貌和气质上更优于其他人。

由此可见，在幼儿时期让孩子多听些优美的乐曲，不仅对孩子的智力有所开发，而且能使孩子的面容变得漂亮，音乐的魅力的确是无穷的。

（三）根据场合需要选择音乐

（1）车上：《班德瑞轻音乐曲集》《火凤凰》《天堂鸟》、无伴奏合唱曲、流行音乐，如邓丽君专辑、各种通俗演唱组合专辑等；

（2）餐厅：民族器乐曲、钢琴曲、萨克斯曲等；

（3）聚会、会议：《喜洋洋》《步步高》《迎宾曲》《花好月圆》、老约翰 · 施特劳斯的《拉德斯基进行曲》、小约翰 · 施特劳斯的《春之声圆舞曲》《生日快乐》《婚礼进行曲》和其他管乐、军乐合奏曲等；

（4）工作环境：选择合适的乐曲作为功能音乐和背景音乐，能对人们的中枢神经系统和血管系统产生刺激，起到振奋精神的作用，从而提高工作效率。

从普通道理来说，音乐是一种波动，而人体也有各种形式的波动，它们之间可以产生和谐的共振；音乐有各种不同的节奏节拍，人体也有生理的节奏，如脉搏、呼吸等，它们之间如果配合好了，对心理、生理都有帮助。人体对于音乐节奏有明显的跟随本能，音乐的快慢还可以带动肢体动作的节奏。因此，超级市场播放柔和的音乐可使顾客放慢脚步，提高销售量；生产车间播放较快速度的、激昂的音乐，可以保持员工旺盛的精力，加快员工的操作进程；快餐厅播放活泼轻快的音乐，加快进餐速度，提高客流量，而咖啡厅则应播放柔美的音乐营造高雅的氛围等。

功能音乐作为一种实用艺术，有的农业专家还将其应用到了农业生产的试验当中，试验结果表明，悠扬的音乐可以使植物加速生长，温和的旋律可提高鸡的产蛋量以及奶牛的产奶量。由此可以想见，音乐的功能与作用还有很多潜能，有待于进一步发掘。

音乐是心灵之泉、生命之光，因为流动而富于变化，因为灵动而璀璨。其或明快清新，或华丽高贵，或开朗奔放，或抑郁低沉，都淋漓尽致地表现了音乐的美。愿快乐的音乐充满生活的每一个角落，使您的身心更健康；愿美好的音乐装点您的生活，使您的人生更丰富。

作者简介

　　李　勤　教授，南昌航空大学音乐学院院长。江西省第十届政协委员、南昌市第十四届人大代表、江西省中青年学科带头人、江西省文化艺术学科带头人、中国合唱协会常务理事、中国民族管弦乐学会常务理事、江西省合唱协会副会长、江西音乐家协会常务理事等。

　　主持"江西经典合唱作品和高水平指挥人才缺失问题研究""网络环境下'红歌'对大学生的教育意义及传播方式研究"等省级课题；主编并出版《现代文艺演出的组织与训练》《空乘人员化妆技巧与形象塑造》等著作及教材；发表《〈敦煌乐谱解译辩证〉读后》《合唱作品内在意蕴的发掘与创造》等论文，指挥合唱团及辅导学生多次获得省级及省级以上各类奖励多项。

马雪松

统筹城乡，创新机制，破解"不完全城市化"困局

一 城市化"不完全"的困局

根据国际经验和我国的实践，我国已经进入城市化加速期。从 1978 年到 2010 年，城镇化率提高了 29.58 个百分点，年均增加 0.92 个百分点。21 世纪以来的 10 年，我国城镇化速度进一步加快，城镇化率提高了 11.3 个百分点，年均增加 1.13 个百分点，城镇人口从 4.6 亿增加到 6.3 亿，年均增加 1700 万人（万建民，2011）。但是，从 2000 年开始，官方统计的城市化率中，不仅包括具有城市户口的常住居民，同时也包括没有城市户口、在城市居住 6 个月以上的流动人口，这些流动人口大部分为进城务工经商的农民。2010 年我国城镇化率达 47.5%，6.3 亿城镇人口中，包含了约 1.45 亿农民工（万建民，2011）。也有学者认为，依据现有口径统计的城镇人口中进城务工的农业户口居民大概有 1.82 亿（左学金，2010）。这些农民已在城市工作，但户籍却在农村，没有城市户口的"城市人口"实现的迁移是"不完全"的，每年他们还必须城乡两地奔波，他们大部分是单身外出，举家外出的占 20.4%（金三林，2010），把这些人统计进城

市化率，我们以为就是"不完全城市化"。也有学者称之为"半城市化"（王春光，2006）、"浅度城市化"（左学金，2010）。数以亿计地实现了就业转移，但没有实现身份转变和居住地转移的"不完全城市化"人口，带来一系列社会问题。

"不完全城市化"的主要特征，就是计入城市常住人口中的进城务工人员没有真正融入城市，没有实现个人的城市化。学界大多数人和政府相关部门一直认为，户籍门槛是进城务工农民市民化的最大障碍。但是，通过调查，我们发现其实不然。一方面，数以亿计的农民进城务工经商，特别是新生代农民工，他们没有父辈对乡土的眷恋，已经离不开城市了；另一方面，不管是已经进城的农民工还是留在乡村的农民，就是已经考入大学的农村学子，他们对城市户口的态度已经发生了根本的变化：不稀罕、不盼望了！有些此前已经"农转非"的人还希望将户口转回农村。

相关统计数据表明，在我国东部发达地区，几年前就开始出现"逆城镇化"现象。以浙江省为例，"农转非"数量从 2004 年的 57.7 万降到 2010 年的 18.9 万，降幅达 67%。"农民工权益保护理论与实践研究"课题组于 2010 年 7~8 月在长三角和珠三角进行的问卷调查表明，农民工加入城市户籍（以下简称"入户"）意愿不高。调查中，仅有不到 25% 的农民工想入户，绝大多数不想或者压根儿没想过（孙中伟，2011）。

近年来，在中西部地区，一些城市并不发达、城镇化率并不高的地方也出现了农民不愿意进城落户，城镇居民想方设法把户口迁到农村的现象。如贵州省安顺市西秀区管元村是一个典型的失地城中村，目前该村村民却大多为农村户口。另外，贵阳市白云区黑石头村和程关村是"村改居"的试点，当地约有 3000 村民，全部表示了不愿转为城镇户口的想法（盛英斌，2011）。

我们在 2010 年对江西省赣州市章贡区白云村、红旗村、沿坳村、圳下村、沙河村的调查也显示了同样的情况，没有一人愿意"农转非"。

过去考上大学的农村学生"转户口就是转身份"，但记者 2011 年对南京大学、南京农业大学、南京理工大学、南京财经大学和南京审计学院等 5

所高校进行的调查却发现，2011 年新入学大学生中，不迁户口学生的比例基本都在 50% 左右，《人民日报》以《跳了龙门，为何不跳农门》为题进行了报道（申琳，2011）。

城市规模在不断扩大，城市常住人口在不断增加，而常住人口中近 2 亿农村户籍人口却不愿放弃农村户籍，不愿完成自己的"市民化"过程。我国城市化正面临更加尴尬的"不完全"困局。

二 "不完全城市化"的负面影响

"不完全城市化"给经济和社会、城市和农村带来一系列严峻的问题。

1. 留守问题

人力资源和社会保障部 2011 年 5 月 23 日发布的 2010 年度人力资源和社会保障事业发展统计公报显示，2010 年度全国农民工为 24223 万人。由于长期以来的制度安排，绝大多数农民工不能举家迁移进城，只能单独或夫妻共同进城务工打拼，将老人和孩子留在农村。来自全国妇联、全国老龄办的数据显示，目前我国农村留守儿童人口约 5800 万，留守老人多达 4000 万。

2011 年 8 月 15 日，江西省万载县潭埠镇两位农村留守老人一天痛失 4 个外孙，均为溺水而亡。4 个孩子的父母均为在外地打工的农民工。2011 年 9 月 27 日，在长沙打工的肖开全夫妇因农村老家 7 天来没有人接电话，赶回娄底市双峰县老家时发现，1 岁 8 个月大的女儿，一动不动仰头躺在奶奶的臂弯里，生命垂危，奶奶的尸体已开始腐烂。

这是两起发生在留守老人和留守儿童身上的悲剧，两起悲剧反映了农村留守问题的严重性。

由于青壮年外出务工，留守老人不仅"老无所依"，还要承担从事农业生产和隔代抚养的责任。中国老龄科学中心的一项调查显示，我国农村 60~64 岁的老人中，有 62.7% 的人依然从事农业生产；农村 65~69 岁的老人中，有 47.6% 的人依然从事农业生产；即使是 70~74 岁的农村老人中，也还有 29.2% 的人在从事农业生产（左伟娜，2011）。

很多农民工进城务工，就是为了子女有更好的生活条件和获得更好的教育，但因为长期在外务工，种种条件限制，子女又不能随行外出，使得留守儿童"幼无所靠"，孩子们不仅安全没有保障，生活没有依靠，学业缺乏指导，由于亲情的失落，人格发育也是不健全的。"不完全城市化"很可能造成断送一代人的恶果。

2. 农业生产受到影响

农业生产受到的影响表现在以下几个方面：一是土地流转机制的不健全，青壮年外出打工，农村承包地无法实现有效的规模经营；二是留守老人由于年龄和文化的局限，只能粗放管理，也无法通过科技手段提高生产率；三是撂荒严重。根据国土资源部的调查，我国每年撂荒的耕地有近3000万亩（左伟娜，2011）。

3. "春运"造成资源巨大浪费

农民工候鸟式迁移，造成了我国的"春运"奇观，每年春运期间，十几亿人在城乡奔波，据报道，2011年春运人数达到28亿人次。不仅给交通运输造成巨大的压力，同时也是社会财富和资源的巨大浪费。

4. 民工荒问题

每年春季，"民工荒"问题就成了社会关注的热点。尽管造成民工荒问题的原因是多方面的，有结构性"民工荒"，有季节性"民工荒"，还有工资待遇等原因。但农民工在城市"居无定所"是其中重要原因之一，"无恒产者无恒心"，因为农民工没有完全融入城市，没有在城市定居，从而增加了他们的流动性。尽管农民工"用脚投票"对改善其待遇有一定的积极意义，但对企业和农民工个人的不利影响也是明显的。首先，企业没有一支稳定的职工队伍，直接影响到企业的生产活动，有时有了订单却没有工人，无法完成合同；其次，无法提高职工的技能水平，不仅影响生产效率，也影响企业的转型升级；最后，农民工流动频率增大，不能在一个城市稳定就业，也增加了他们的流动成本，降低了他们的收入。

5. 农民工新生代问题

新生代农民工指出生于20世纪80年代以后，年龄16岁以上，在异地以非农就业为主的农业户籍人口，目前全国约1亿人。新生代农民工不同于他们的父辈，他们有的就出生在城市，对农村和土地缺少依恋感；具有较高的文化知识，与父辈打工就是为了养家糊口和回家娶媳妇不同，他们适应城市生活，渴望融入城市。但是，由于不完全城市化的制度安排，他们既无法融入城市，也回不了农村，他们成了双重边缘人。他们的双重边缘化，会造成人格的扭曲，会产生"相对剥夺感"和反社会倾向，给他们的人生发展和社会和谐都会带来不利影响。

6. 不利于促进消费，拉动内需

1个城市人的消费水平相当于3个农村人，如果进城务工的农民实现了完全城市化，即市民化，那么将是促进消费，拉动内需的巨大力量。遗憾的是，尽管他们在城市工作、生活多年，但消费理念和消费习惯没有根本改变，目前农民工的收入除了自己的日常开支外，大部分寄回农村，积攒几年，建房娶妻。一个巨大的市场需求，因为不完全城市化而白白浪费。

有测算表明，如果要在20年间让1.3亿农民工及其家属市民化，城市每年需要新建保障性住房650万套（5.2亿平方米、户均80平方米），这对钢铁、水泥、建材、家具、家电等57个相关行业将产生重要的拉动作用，同时还将为进城农民新创造2000万个就业机会（迟福林，2010）。"不完全城市化"的制度安排却使这些内需没有充分发挥促进经济的作用。

三 推力与拉力的博弈

唐纳德·博格等人于20世纪50年代末提出了城市化的"推力—拉力"理论。我国城市化过程，有与世界城市化规律相一致的地方，也有与其不相一致的地方，不相一致的地方主要是我国的制度安排起了重要作用，而有些制度安排恰恰是不符合城市化一般规律的。目前，"不完全城市化"的制度安排人为地造成了"推力"与"拉力"的博弈，不仅延缓了我国城市化的进程，同时造成了一系列严重的社会问题。

1. 利益比较

农民是理性的经济人，他们选择进城务工是因为种田利润微薄，尽管进城务工收入低于城镇企业职工的收入，但进城务工一个月的收入就超过了一亩田种水稻一年的收入。同样，他们选择既进城又保留农村户籍，也是利益的原因。

2010 年我们到江西省赣州市调查，对城乡居民能够享受的待遇作了一个比较，见表1、表2。

表 1　农民比市民优惠的待遇

		农　民	城镇居民
1	粮食补贴	粮食直补：早、中、晚稻各为 11.8 元 / 亩；良种补贴：早稻 10 元 / 亩，中、晚稻 15 元 / 亩；农业生产资料综合补贴 46.2 元 / 亩（动态机制）	无
2	生猪补贴	对能繁母猪每头每年补助 100 元	无
3	油菜补贴	10 元 / 亩	无
4	农机购置补贴	耕整机、插秧机、播种机、收割机等补贴标准为销售价的 30%，一般农机最高不超过 5 万元，100 马力以上的不超过 12 万元	无
5	林业优惠	林权可抵押贷款；国家生态公益林补贴每年 8 元 / 亩	无
6	家电购置补贴	彩电、冰箱、手机、洗衣机、电脑、空调等补贴标准为销售价的 13%	无
7	大中型水库移民后期扶持	每人每年 600 元，补 20 年（2006 年 7 月 1 日起）	无
8	新农村建设优惠	原则上每个村 16 万元；改路、改水、改厕物资补助；有的还有新户型建房补助、太阳能补助等	无
9	返乡农民工税收减免	农民工培训享有 360~550 元 / 人的阳光培训补贴；农民创业享有营业税、增值税、个人所得税、土地使用税、企业所得税、城市建设维护税的减免	无
10	宅基地	一户一块 120~240 平方米宅基地	无
11	土地	每人均有一份承包地	无
12	计划生育	第一胎是女孩，间隔期满后可生第二胎；国家对农村计划生育家庭给予每户每月 50 元奖励扶助金。计划外生育一孩征收 28602 元社会抚养费（章贡区）	一胎政策；计划外生育一孩征收 73780 元社会抚养费（章贡区）

表2　市民比农民优惠的待遇

		农　民	城镇居民
1	义务兵退伍待遇	无	货币安置10000元/年，超期服役一年加6000元/年
2	最低生活保障	120元/人·月	260元/人·月
3	医疗保险	新型农村合作医疗保险：每人每年交30元，住院最高可报5万元	城镇居民基本医疗保险：成人每人每年交费90元，小孩每人每年交费30元，住院最高可报6.5万元
4	养老保险	新型农村社会养老保险(试点)：缴费标准目前设为每年100元、200元、300元、400元、500元5个档次，基础养老金标准为每人每月55元	城镇居民基本养老保险，按上一年度人均工资的20%交费。2010年一季度全市人均养老金是1090元(章贡区)
5	房屋政策	无	城镇居民享有经济适用房、廉租房政策
6	教育	只能享受相对较差的教育资源	可享受更为优质的教育资源

　　除表1、表2的利益比较外，农民不愿放弃农村户籍还有两个原因，一是集体资产收益。在村集体资产的所有权和收益权没有折股量化到人的前提下，农民不敢轻易放弃农村户籍，一旦放弃就意味着集体资产收益的丧失。二是征地拆迁的收益。城市化加速期，随着城市规模的不断扩张，农村面临着不断加快的征地拆迁。征地补偿各地都出台了相应政策，补偿标准也逐年提高。至于拆迁补偿，在对南京五高校调查时，家住苏州张家港农村的新生小杨粗略算了一笔账："按照家庭人口进行的面积补偿，多一个人就至少多20平方米，而每平方米的市价我们那里至少七八千元，如果户口留在老家，要么分到的新房增加20平方米，要么换回十五六万元，你说谁愿意把户口迁过来？"（申琳，2011）

　　综合上述比较，农民就作出了既外出打工又不放弃农村户籍的选择。

　　2. 对城市缺乏归属感

　　大量农民进城务工，不少人在城市务工10年、20年以至更长的时间，但在社会保障、公共服务等方面享受不到与城镇职工同等的待遇，城市对农民工和城镇企业职工没有做到"同工同酬同保障"。据《工人日报》2011年的一次调查显示，农民工平均月工资为1747.87元，城镇企业职工平均月工资为3048.61元，两者相差1298.74元（王飞，黄佩，2011）。社会保障水平不仅低于城镇企业职工，同时存在转移接续的困难，如养老保险，大部分城市只转移个人账户部分，社会统筹部分还不能转移或不能全部转移。对城市没有归属感，城市对农民工的"拉力"仅仅表现在眼前的打工收益上，而缺乏长期迁移的稳定预期。

3. 进城就业农民子女读书难

农民工对随迁子女读书问题的关切甚至超过了对工资收入的关切，他们中的大多数进城务工就是希望改善下一代的生活和教育条件。进城务工农民随迁子女的义务教育阶段的读书问题，中央政府在2003年即有明文规定，以"两个为主"解决农民工子女在城市的就学，即以输入地为主，以公办学校为主。但在许多城市并没有完全落实中央的政策，或为进城务工人员子女读书增加了许多附加条件。以江西省南昌市为例。该市于2008年颁布过《进城务工就业农民子女义务教育工作暂行办法》。《暂行办法》第一条指出："进城务工就业农民须符合以下条件：①持有我市市区（含开发区）或县城城区暂住证明；②持有合法的劳动用工合同或工商营业执照；③持有房屋产权或一年以上租房协议并居住在城区（各县区根据城市发展情况界定具体范围）；④已办理养老保险。进城务工就业农民子女是指随进城务工就业的父母或监护人在我市居住，户籍地无监护条件且符合计划生育政策，未完成义务教育的儿童、少年。"

有了以上这些条件，进城务工农民随迁子女还能顺利进校读书吗？签订劳动合同和参加养老保险都是农民工的"软肋"。本来，只要证明是进城务工的农民，他们的子女就应该与城市孩子享受到一样的教育，签没签劳动合同、参没参加养老保险，甚至是不是超生，与教育部门何干？这些规定唯一能有的效果，就是增加进城务工农民子女读书的难度！对进城务工人员随迁子女接受教育设置各种门槛和障碍的肯定不止南昌一个城市，于是，不少农民工或者选择将子女留在农村，这就产生了留守儿童问题；或者自己干脆回到农村，少赚些钱也要给孩子以父母的亲情关爱，这也是产生"民工荒"的原因之一。

4. 在城市无法解决住房问题

目前，城市只是在就业方面接纳了农民工，因为城市建设和发展需要他们的体力和青春；城市还无暇顾及进城务工人员的住房问题，农民工不能与城镇居民同等享受廉租房、公共租赁房、经济适用房等保障性住房政策。城市居高不下的房价，农民工就是毕其一生也无法购买。居无定所，既增加了农民工的流动性，也坚定了他们不放弃农村户籍的决心。

以上分析表明，在农村，既有"小农经济"利润微薄的"推力"，也有附着在土地上收益的"拉力"；在城市，既有经济发展需要劳动力的"拉力"，又有就业、住房、子女教育等公共服务不健全的"推力"。推力与拉力的博弈，造成了当今中国"不完全城市化"的尴尬困局。

四 统筹城乡，创新机制，破解"不完全城市化"困局

破解"不完全城市化"困局，必须统筹城乡，创新机制。实践已经证明，进城务工人员的市民化，仅有户籍制度改革是不够的；同时还必须提高他们在城镇务工的工资收入，明确他们在农村应该享有的权益并保护其不受侵害；还必须创新机制，让他们在城镇享有保障性住房的权利，并有权有钱逐步购买拥有产权的住房，其子女享有城镇孩子们同等的受教育权利，等等。

1. 政府让利，增加农民工工资收入

据《工人日报》2011 年相关调查，农民工平均月收入 1747.87 元，城镇企业职工平均月收入 3046.61 元，农民工比城镇企业职工工资月均相差 1298.74 元；2010 年农民工总量为 24223 万人（人力资源和社会保障部，2011）。以 24223 万人计，年相差 37751.25 亿元。30 年来，农民工为国家

建设和发展作出了巨大贡献，工资收入长期低于城镇职工，对他们来说是不公平的，也不符合同工同酬的劳动制度原则。

2010年全国财政收入83101.51亿元，增长速度为21.3%（国家统计局，2011）。农民工比城镇职工少拿的37751.25亿元工资，相当于全国财政收入的45.43%。尽管不能说农民工少拿的工资为全国财政收入作出了45.43%的贡献，但至少说明目前财政收入具有减税让利的实力。

目前，我国对农民的直接补贴主要有4个方面：一是种粮补贴；二是良种补贴；三是购买农机具补贴；四是农业生产资料价格综合补贴。2008年，这些补贴共有1029亿元（于文静，董峻，2009）。2010年中央财政安排对农民的四项补贴支出1334.9亿元（中国政府网，2010）。这组数据说明，农民工少拿的工资远远高出中央财政对农民的补贴。

20世纪90年代中期以来，我国劳动报酬在初次分配中的占比呈持续下降态势。1995~2007年，从收入法核算的国内生产总值来看，劳动报酬在初次分配中占比从51.4%持续降至39.7%，资本所得（固定资产折旧加营业盈余）占比则从36.3%持续升至46.1%，政府生产税净额占比也从12.3%增至14.2%（郭飞，2012）。

通过这些数据的比较分析，我们的结论是，政府应当改革税收政策，向企业让利，特别是向中小企业让利，使企业有增长农民工工资的利润空间；然后，通过制定最低工资标准和工资集体协商制度，消除就业歧视，实现同工同酬同保障，逐步提高农民工工资收入。如果农民工拿到了他们应该拿的工资收入，必定加快他们市民化的步伐，扩大消费需求，促进经济转型升级，从而促进我国经济达到持续稳定较快发展的目的。

2.创新土地制度，深化农村产权改革

（1）优化土地利用结构，探索集约用地的新型城镇化模式。首先是优化农村土地利用结构。目前农村建设用地存在较多问题，一是建设用地管理粗放，据统计，目前农村建设用地户均达1亩，人均达228平方米，远远超过强制性国家标准《村镇规划标准》（GB50188-93）规定的人均建设用地上限 150 平方米。二是建新不拆旧，一户多宅现象较为普遍。三是随着城镇化进程，人口不断转移，但农村建设用地不减反增，宅基地没有退出变现机制，造成一头是农村的"空心村"、一头是进城农民在城市无法定居的尴尬局面。要优化农村土地利用结构，就必须进行农村产权制度改革，对农村耕地承包经营权、集体建设用地使用权、农房所有权等，确权颁证。在明确权属的基础上，将农村土地使用规划、农房建设与新农村建设相结合，达到城镇建设增地和农村建设减地动态平衡。其次，要优化城镇的土地利用结构。城市建设要明确功能区划，第二产业向园区集中，第三产业向城区集中；要突出不同产业的特点，在园区形成产业链，打造产业集群，使园区内基础设施达到最佳效益，达到节约集约用地目的。

（2）明确农村宅基地及其建筑物权属，推进农村集体建设用地使用权进入市场，实现城乡建设用地增减挂钩，动态平衡。第一，将"农村耕地承包经营权、农村集体建设用地使用权、农村集体资产收益权、农房所有权和林地使用权"等用权属证的形式确权到户，使之成为农户法定的资产，实现农村资源向资本的转变。其中关键的是农房使用权，即宅基地及其建筑物的确权和流转变现。第二，凡是有效的产权必须是可转让的，不能转让的产权则是残缺的产权。确定权属的农房及宅基地，在设定一定条件的情况下，可以进入流转交易市场，获取现金，进城购房。宅基地确权后，成立相应的交易机构，由交易机构在农民自愿的基础上垫资收购，使农民可以带资进城。交易机构收购后对宅基地进行复垦，增加的面积以地票的形式与城市建设用地挂钩，做到占补平衡。地票就是复垦的面积，转化为城市建设用地指标，地票可以拍卖。第三，确权后不管是否变现，都应与村镇规划和新农村建设相结合，用政府补贴的形式，鼓励农户搬迁到中心村或置换为搬迁安置（公寓）房。当然，这种搬迁必须尊重农民自己的意愿。

农房及其宅基地确权后或流转交易，或在村镇规划中进行置换搬迁，将使城乡用地结构发生根本性变化，农村户均宅基地占地面积将大幅减少，不仅增加了农村耕地，同时节约出来的土地指标可与城市建设用地挂钩，是实现城乡建设用地增减挂钩的有效途径。进城农民不因获得城镇户籍而丧失农村宅基地及其建筑物，是否将宅基地及其建筑物进行交易，农民拥有选择权，如果选择交易，他们就可带资进城，减轻他们在城镇购房的压力，促进他们加快市民化的进程。

（3）完善耕地流转制度。对农村耕地承包经营权进行确权颁证，其重要性在于明确：承包经营权三十年不变、五十年不变，也就是永远不变；即使获取城镇户籍也不失去土地承包经营权。这当然需要修改相关的法律。在确权颁证的基础上，成立土地流转的相应机构，建立流转制度和程序，这样，既维护了进城农民的合法权益，又扩大了土地经营规模。农村只有实现适度规模经营，才能使种田能手返回农村，才能避免农村的"空心化"，才能逐步实现农业现代化。

（4）对村集体经济进行股份制改造，明确农民的股权。农民进城后，股权不变，成了市民后仍然可以参与村集体的股份分红。当然股权也可出让变现。使进城农民（包括农村户籍的大学生）没有失去利益的后顾之忧，安心进城，带资进城，体面进城。

3. 多措并举，完善进城农民的住房保障体系

城镇化的过程，就是农民转化为市民的过程，就是农村生活方式转化为城市生活方式的过程。农民转化为市民，仅有职业的转换是不够的，仅有空间的流动是不够的，即使加上户籍身份的转换也是不彻底不完全的。如果进城农民不能在城市定居，不能举家随迁，不能获得可靠的社会保障，就不能最后完成市民化的过程。所以，在进行户籍改革的同时，一定要进行住房和社会保障的配套改革。

首先，出台促进住房保障工作的政策文件，逐步打破户籍限制的障碍，将"非城市户口"在内的更多的中低收入家庭纳入"城市住房保障体系"的保障范围。在原有廉租住房和经济适用住房模式的基础上，增加公共租赁住房的保障方式，将外来务工人员纳入供应范围，同等对待，一视同仁。

其次，在工业园区附近建设适合进城务工农民居住、购买的新市民公寓。江西省赣州市在这方面进行了有益探索。2008年7月，赣州市提出建设新市民公寓的构想，把新市民公寓纳入城镇住房保障体系，把农民工纳入经济适用房保障范围。赣州市新市民公寓，是由政府提供政策优惠、确定建设标准、限定销售价格、主要面向在城区务工经商的农民和有一技之长的专业技术、管理人才租售的住房。2010年初，赣州市委、市政府又把新市民公寓建设延伸到县（市），提出计划用两年左右的时间在全市建设3万套新市民公寓，可以吸纳10万~12万农民进城落户。赣州新市民公寓充分考虑进城农民的实际情况设计户型、确定价格。他们根据进城务工农民的经济条件、工作条件和生活方式，对新市民公寓提出"面积要小、价格要低、区位要好、配套要全、付款期要长"的"五要"建设原则，要让符合条件的农民工实现"首付一二万，月供二三百，就能住新房"的目标。主要有59.4平方米和50.48平方米两种户型，适合农民工举家迁移进城定居。价格要求低于经济适用房的售价，很受进城农民工的欢迎。

最后，探索建设适合农民工居住、购买的"产权共有房"。由政府垫资建设，将房屋产权划分为不同等分，进城农民购买部分产权，与政府拥有共同产权，通过逐步积累、逐步购买属于政府的那部分产权，直到拥有全部产权。这种方式比较适合进城务工农民的经济状况。

4.切实解决进城务工农民随迁子女义务教育问题

随着城镇化进程的加速推进，大量农民进城务工经商，随迁子女的教育是个大问题。全国各地为解决这一问题已经出台了相关文件，但文件中的约束条件太多，如需要提供劳动合同、养老保险证明，甚至计划生育证明等。这些硬性约束使许多农民工子女的义务教育不能实现"输入地为主、公办学校为主"，与我国加快城镇化进程的宏观决策和现实不符。建议进一步放宽农民工子女义务教育阶段的入学条件，取消劳动用工合同、养老保险凭证等硬性约束条件，只要能证明其农民工子女身份，就应该让他们与城市孩子享受一样的义务教育。同时，要根据城镇化进程，结合

"十二五"经济社会发展规划的编制，在科学预测的基础上，做好学校网点调整、师资力量配备等方面的规划和建设，真正满足城镇化对教育的要求。

参考文献

迟福林：《城市化与城乡一体化》，《学习时报》2010年1月4日，第4版。

国家统计局：《2011年中国统计年鉴》，中国统计出版社，2011。

郭飞：《中国低工资工资的阶段性特征与对策》，《光明日报》2012年4月13日，第11版。

金三林：《农民工市民化是加快转变经济发展方式的战略抓手》，《学习时报》2010年5月17日，第4版。

人力资源和社会保障部：《2010年农民工总量为24223万人》，新华网2011年5月23日。

盛英斌：《我省实施城镇化带动战略过程的"逆城镇化"现象探析》，《贵州社会学通讯》2011年第1~2期。

申琳：《跳了龙门，为何不跳农门》，《人民日报》2011年10月14日，第9版。

孙中伟：《"土地换户籍"宜缓行》，《中国社会科学报》2011年9月20日，第14版。

王飞：《破解民工荒：农民工收入仅为城镇职工一半》，大洋网－广州日报，2011年3月4日。

王春光：《农村流动人口的"半城市化"问题研究》，《社会学研究》2006年第5期。

万建民：《正确认识城镇化率提高四个百分点新目标》，《经济日报》2011年4月22日，第4版。

于文静、董峻：《新形势 新亮点 新举措——陈锡文解读中央一号文件》，《光明日报》2009年2月3日，第3版。

中国政府网，2010年3月7日10时，财政部新闻发言人、办公厅主任戴柏华接受中国政府网专访，解读《关于2009年中央和地方预算执行情况与2010年中央和地方预算草案的报告》，并回答网民提问。

左玮娜：《谁来解决农村"空心化"》，《中国社会报》2011年10月24日，B4版。

左学金：《"浅度城市化"损害城市化品质》，《社会科学报》2010年7月15日，第2版。

作者简介

马雪松 江西省社会科学院社会学所所长、学术委员会副主任委员、首席研究员、重点学科带头人；兼任中国社会学会常务理事、江西省社会学学会副会长。主持或参与完成国家课题4项，作为子课题负责人参与完成世界银行课题1项，主持或参与完成省重大招标课题和重点课题8项，主持或参与完成省级一般课题10余项；发表论文和调研报告80余篇，出版专著8部，编著10余部；研究报告获省领导肯定性批示30余篇次，研究成果获省级一等奖4项、二等奖12项。2008年被评为享受省政府特殊津贴专家。2011年被聘为二级研究员，由江西省委宣传部和省社联授予"首届优秀社科普及专家"称号。

文师华

对联艺术创作与欣赏

对联，也称楹联、楹帖、联语，俗称"对子"。对联是中国文学中的美文之一，是诗，是诗中的精华，诗中的趣品，是"最具中国文学特色"（陈寅恪语）的微型文学作品。对联具有美化生活、陶冶性情的作用。

一　对联形成和发展的过程

对联的源头是诗歌，《诗经》《楚辞》中有很多对偶句。《诗经·采薇》："昔我往矣，杨柳依依；今我来思，雨雪霏霏。"《楚辞·离骚》："朝饮木兰之坠露（兮），夕餐秋菊之落英。"那时的对偶句，着重在词意上，当时人还没有发现汉字有平上去入四声。南朝时期，沈约发明"四声八病"，人们在写诗作文时，开始讲究平仄。唐代在南朝骈文和诗歌的基础上产生了律诗。律诗对"对偶"的要求更严，不仅要求词性相对，而且要求平仄合律，"对偶"在唐诗中可以说达到了顶峰。

诗文中的对偶句式孕育了对联，但对偶并不等于对联，使对联成为独立文学形式的是古代的"桃符习俗"。据《淮南子》载：远古时代，东海有座度朔山，山上有株大桃树，枝叶覆盖三千里，好像一座大房子，在东北

507

角上的枝叶丛中有个缺口，名曰"鬼门"，专供鬼魅出入。门的两旁有两个卫士，一个叫神荼，一个叫郁垒。他们的任务是检查外出的鬼魅有没有作恶，如遇恶鬼就立刻捆绑起来给老虎充饥。久而久之，两位卫士成了人们心目中的保护神。在旧历辞旧迎新之际，人们用桃木板画上神荼、郁垒神像，挂在门上驱邪避鬼，求得平安度日。这两块桃板，就是有名的桃符。

想不到这桃符后来摇身一变成为春联，大约在五代十国时期，许多人觉得在桃木上画图像很麻烦，于是只写两个门神的名字；也有人连门神的名字都不写，只写除祸求福的吉祥话。进而发展为写两句对偶的诗句，于是产生了桃符诗句，也叫"楹帖"。最早的一副楹帖即春联是五代后蜀皇帝孟昶所作的春联。《宋史 · 蜀世家》载：公元 964 年除夕，孟昶照例命翰林学士们在桃符板上作词题句，他认为那些人写得不好，便亲自提笔写了两句："新年纳余庆，佳节号长春"。因为是皇帝的作品，所以载入史册。1000 多年后的今天，我们也只能把孟昶所写的这两句吉祥话作为最早的春联。

由春联到楹联也有一个发展过程。据史书记载，北宋太平兴国二年（977 年），忠懿王钱俶（t ì）在上海建龙华寺，有一天，寺僧契盈侍候忠懿王游碧波亭，忠懿王感慨地说："吴越去京师（开封）三千里，谁知一水之利如此！"契盈根据忠懿王的话，在碧波亭柱上题了一副楹联：

三千里外一条水，十二时中两度潮。

由此可见，楹联到北宋才盛行。从守护神到吉祥话，由春节时挂在大门上再搬上那山川名胜碧波亭，对联又跨出了一大步。

宋代开始将对联写在纸上，扩大了对联应用的范围。它不仅张贴在住宅门户上、名胜古迹等建筑物上，还广泛应用在社交酬和喜庆悼挽活动中。如苏轼作对联嘲笑老和尚的故事：宋神宗初年，苏轼出任杭州通判。一天，苏轼穿便服到莫干山逛寺庙，寺中老和尚不认识他，显得很怠慢，见他进门，只冷冷地哼了一声："坐！"不乐意地向小和尚说："茶。"一番叙谈之后，老和尚发现来人谈吐不凡，有点来头，就较恭敬地说："请坐！"一本正经地吩咐小和尚："敬茶！"直到后来，他知道此人就是大名鼎鼎的苏轼，便一反常态，点头哈腰，打躬作揖，兴冲冲地招呼："请上坐！"急忙吩咐小和尚："敬香茶！"苏轼起身要走时，老和尚请苏轼留下墨宝，苏轼便送他一副对联：

坐，请坐，请上坐；
茶，敬茶，敬香茶！

明朝是对联的兴盛时期。明太祖朱元璋喜欢作对联。1358 年 12 月，朱元璋在婺州置中书浙江行省，于省府门前建黄旗，旗联是：

山河奄（yǎn）有中华地，日月重开大宋天。

建立明朝后，每到春节，朱元璋号召各家各户挂春联，还亲自带群臣到应天府的街上观赏对联。据《坚瓠集》载：朱元璋一次带儿子朱棣、孙子朱允炆（wén）出外游玩。三人都骑在马上，朱元璋出句："风吹马尾千条线"。朱允炆对曰："雨洒羊毛一片毡"。朱元璋不悦。朱棣对曰："日照龙鳞万点金"。朱允炆的对句气息柔弱，朱棣的对句气魄宏大。

明代《永乐大典》主编、吉水才子解缙自幼聪颖过人，出口成章。一次，两个秀才在解缙家门前的树荫下下棋，一秀才出联道："天当棋盘星当子，谁人敢下？"另一秀才怎么也对不出来，小解缙在旁接口道："地作琵琶路作弦，哪个能弹？"小小年纪，便有偌大口气，如此才华。

清朝的对联在艺术上、种类上、功能上，更趋完善。乾隆皇帝喜爱吟诗作对，当时的紫禁城里各宫门张贴对联有 120 多副。乾隆五十年（1785年），于乾清宫开千叟宴，赴宴者 3900 人。内有一叟 141 岁，乾隆皇帝以此为题，与臣子纪晓岚对句。乾隆皇帝作上联，云："花甲重逢，增加三七岁月。"（60 岁为花甲，两个花甲共 120 岁。三七岁月即 21 岁，相加刚好

141 岁。）纪晓岚稍加思索，就对出下联："古稀双庆，更多一度春秋。"杜甫"人生七十古来稀"，70 岁为古稀之年，双庆古稀是 140 岁，再加一度春秋，便是 141 岁。可谓妙对。

对联进入 20 世纪，白话文兴起之后，它仍然有着强大的生命力。1932年，国学大师、江西修水才子陈寅恪先生在清华大学入学考试的国文试题中，出了一篇作文题，还出了一道"对对子"的题目。试题以"孙行者"为出句，要求学生写出对句，目的是考查学生应对的三字的平仄、对仗及含义是否恰当。陈先生事先拟定的答案是"祖冲之"（南朝著名数学家）。不料试卷收上来后，发现有位考生以"胡适之"为对，令人叫绝。"胡"对"孙"，表面是姓氏相对，实则另有深意，"胡孙"乃"猴"之俗名。据说陈先生看到这个对句，大加赞赏，说就凭这个好对，该考生要上清华哪个系都可以任意选择。当年那位考生叫周祖谟，后来成为北京大学中文系著名教授和著名的语言学家。陈先生出"对对子"的试题，成为近代教育史上一件极有启迪意义的事情。

二 对联的形式和要求

对联是在对偶（对仗）的基础上形成的。对联与对偶的相同之处是：都要求词性相对、平仄相对、句法相同。不同之处是：对偶受诗的约束，一般是五字或七字，而且对偶是为表达诗的主题服务的，平仄必须按固定格式，一三五不论，二四六分清；对联是从诗中独立出来的文学形式，字数上不受限制，少到一字、三字，多到几百字，平仄也比诗自由。

对联形式上有哪些特点和要求呢？概言之就是：词性相同，结构一致；平仄对应，音韵谐调；内容相关，意境完美。

（一）词性相同，结构一致

一副对联由上下联组成，上下联又可称为上比、下比，出句、对句，对头、对尾等。在写作上，要求上下联同一位置所用的词语词性相同，结构一致，做到名词对名词、动词对动词、形容词对形容词；主谓结构对主谓结构、动宾结构对动宾结构、偏正结构对偏正结构等。如：

万家腾笑语；

四海庆新春。

此联中，以"万"对"四"属于数字对数字，"家"对"海"属于名词对名词，"腾""庆"两个动词相对，"笑""新"两个形容词相对，"语""春"又是名词相对。从结构上看，上下联都是主谓宾句式。

古人作联，将实字即现代所说的名词分成十几个小类，如天文、地理、时令、植物、人事等，要求天文对天文、地理对地理、人事对人事……现代人作联可以放宽一些，只要做到名词对名词就可以了。

（二）平仄相对，音韵谐调

如果说对联要求做到字数相等、对仗工整是为了达到整齐的建筑美，那么要求平仄相对、音韵谐调则是在追求有节奏的音乐美。

1. 汉语的音韵和节奏

汉语音韵，就是按照汉字的四声区分平仄，平仄声的字交替使用，以达到音韵谐调，读起来抑扬顿挫，朗朗上口。汉字四声有新四声和旧四声之分。现代汉语的四声为阴平、阳平、上声、去声。人们把阴平、阳平划归平声；把上声、去声划归仄声，这就是平、仄之区别。古汉语四声为平、上、去、入，其平声在现代汉语中分解为阴平、阳平二声，上、去二声与现代汉语一致，只有入声已消失，但在我国某些地区如上海、广东、山西等地还部分地保留着。古代汉语平、仄的划分是：平声属平声，上、去、入声属仄声。

何谓节奏？节奏即有规律的重复。对联属于语言艺术，汉语语音本身就具有节奏性，所以对联在读法上也同样具有节奏性。如武汉黄鹤楼上的一副七言联：

对江　楼阁　参天　立；

全楚　山河　缩地　来。

联中每两字或一字划为一个音步，读起来具有明显的节奏感。原来，汉字每一个字就是一个音节，每两字或一字构成一个音步，这是联句、诗句的一种节奏规律。四言的音步为二二式，五言音步为二二一式，七言音步为二二二一式，其余类推。每一音步的第二字（单音步者即本字）处在节奏点上，可展现语音特色，尤为重要。

2. 对联格律要求

先看常见的对联平仄格式（为表示音步所在位置，中间留出空格）：

三言联：	平平　仄	例：重阳谷；
	仄仄　平	端午桥。
四言联：	平平　仄仄	风舒柳眼；
	仄仄　平平	雪积梅腮。
五言联：	（1）平平　平仄　仄	渔歌随浪涌；
	仄仄　仄平　平	海货与山齐。
	（2）仄仄　平平　仄	生意春前草；
	平平　仄仄　平	财源雨后泉。
六言联：	仄仄　平平　仄仄	紫燕黄莺布谷；
	平平　仄仄　平平	红梅绿柳迎春。
七言联：	（1）仄仄　平平　平仄　仄	秋月春风常得句；
	平平　仄仄　仄平　平	山容水态自成图。
	（2）平平　仄仄　平平　仄	东风气暖来阳鸟；
	仄仄　平平　仄仄　平	细雨春深发杏花。
		（注：发字古读入声）
八言联：	仄仄　平平　平平　仄仄	例：爆竹一声，人间改岁；
	平平　仄仄　仄仄　平平	梅花数点，天下皆春。
		（注：竹字古读入声）

从以上所举的平仄格式可以看出，四言联加上三言联即：平平仄仄加平平仄；仄仄平平加仄仄平，就构成七言联的平仄格式。而五言联的平仄，则

是上例七言联前边去掉平平、仄仄的结果。同理，九言联的联律，实际等于四言联平平仄仄加上五言联平平平仄仄，得出平平仄仄平平平仄仄；仄仄平平加上仄仄仄平平，得出仄仄平平仄仄仄平平。依此类推，只要掌握了以上列举的几种平仄格式，再长的联也可以用上述方法推知。

在实际应用中，联律中的有关原则需要掌握住：第一，上联尾字必须用仄声，下联尾字必须用平声；第二，上下联之间须平仄声字对立，否则就叫做"失对"；第三，凡处在节奏点上的字不能变更平仄，否则就叫"失替"。根据上述原则，我们来诊断几副病联。

> 山墅深藏，峰高树古；湖亭遥对，桥曲波皱。

很明显，下联最末一个字"皱"读去声，属仄声字，违反了上述第一条原则。

> 三春细雨滋苗壮；一方净土育花红。

"春"对"方"、"雨"对"土"、"花"对"苗"三处失对，出现了平对平，仄对仄，违反了第二条原则。

> 志登高山求精进；刚下学海莫畏难。

上下联节奏点上的字变更了平仄，违反了第三条原则。若将"山"字换成仄声字，将"海"字换成平声字就可以了。

此外，中国楹联学会《楹联通则》第十条"避忌问题"提出了三点：（1）忌合掌；（2）忌不规则重字；（3）仄收句尽量避免尾三仄，平句收忌尾三平。

忌合掌包括局部合掌，如："赤县神州催骏马，中华大地展新姿。"赤县、神州、中华，词意重复。也包括整体合掌，如"鸟语春光好，莺歌柳色新"。上下联意思重合，如果改为"堂前鸟语好，屋后柳色新"就没有问题了。

忌不规则重字，即在一副联的上下位置中不规则地使用了相同的字。如"晏殊暨华夏笔都杯"征联优秀联之一："文港探文流，文通四海龙腾浪；笔都观笔阵，笔舞千年凤翥云。"（上下联中文、笔在相同位置上有规则重复。）又如被淘汰联之一："文港镇中，笔都成名千载史；进贤县里，文房博览一枝花。"（"文"字在上下联，重复出现，但不在合适的位置上，属不规则重复。）如果改为"文港镇中，文房博览千载史；进贤县里，进士风流万朵花"则可。

仄收句尽量避免尾三仄，平句收忌尾三平。尾三仄、尾三平，读音缺乏抑扬起伏，故须忌讳；但有时不能以文害意。如鹰潭市滨江公园联："老码头通鄱湖铁肩担来小集镇，新枢纽连四海巨手铸就大铜都"。意思挺好，但上联结尾"小集镇"属尾三仄，此外上联"通"、下联"连"都是平声。后来改为"老码头枕鄱湖风帆托起小商镇，新枢纽通寰宇妙手铸成大铜都"。

3. 关于对联平仄变格及其他

有些对联甚至名家的对联并不完全符合上述联律格式，这牵涉到联律的变格问题。如：

> 欲共水仙荐秋菊；长留学士住西湖。
> 仄仄仄平仄平仄 平平仄仄仄平平

上联末尾"仄平仄"是常见的一种变格形式，已被大家公认，在创作中可以这么用。还有的对联音步结构与前例形式不同，如：

> 于此寻孔颜乐处；超然得山水真机。

其音步是二一二二式：

仄仄 平 平平 仄仄

平平 仄 平仄 平平

这种音步形式虽不多见，但已约定俗成，可以备作一格。

此外，关于古今四声的运用问题，当代联家的一致主张是，二者可以并行，但在一副对联中不可杂用。也就是说，同属于古入声的字，不允许在一副联内有时当平声用，有时当仄声用，必须达到联内的统一。

（三）内容相关，意境完美

"对联，对联，既对又联"。对就是相对、对立；联就是联合、统一。讲对仗、论平仄主要侧重于对立的一面，而内容相关、意境完美则偏重于统一的一面。一篇文章、一首诗重点突出，不得散漫；一副对联不论长短，也须有一个主题。从对联上下联的关联方式上看，大致有正对、反对、串对三种形式。其结构方式不同，但都符合对立统一规律，达到突出一个主题的目的。

（1）正对，是指上下联内容相关，相互补充，从不同角度、不同方位揭示事物本质的一种写作手法。正对在对联中所占比重较大，也最为常见。如：

河清海晏金瓯固；人寿年丰乐事多。

这副对联上联侧重描绘国家升平景象，下联写人民的幸福生活，角度不同，但国泰民安的中心意思是统一的。又如《红楼梦》中贾宝玉题沁芳亭的联句：

绕堤柳借三篙翠；隔岸花分一脉香。

其主题描绘沁芳亭四周的优美景色，"三篙"从深度上写，"一脉"指一缕。上联写草木之色彩，下联写花卉之芬芳，相映成趣。

有些作者在写对联时，只注意义同的一面，而忽略事异的一面，结果上下联说的是一件事，只是字面不同而已，这就犯了"合掌"的毛病（即上下句意思重复，像左右手掌合起来）。如：

神州千古秀；赤县万年春。

这副联属于典型的全联合掌，"神州""赤县"都指中国。一句话分成两句说，令人看了有重复之感。也有些对联由于在用词上犯了概念相近或者有包含关系的逻辑错误，造成部分合掌。如：

人增干劲地增产；春满山乡谷满仓。

"谷满仓""地增产"意思相近，属于部分词语合掌。如果将"谷满仓"换成"花满园"就比较合适。

（2）反对，就是上下联一正一反，具有对照、映衬的效果，使主题表现得更为鲜明、深刻。《文心雕龙》说："反对者，理殊趣合也。"理殊，是指阐明道理的方式不同；趣合，指联句的旨趣相通。杭州西湖岳王庙有一副联，用的是反对形式：

青山有幸埋忠骨；白铁无辜铸佞臣。

上联盛赞岳飞父子的忠贞，义烈；下联痛斥秦桧夫妇的阴险、毒辣。"有幸"对"无辜"、"忠骨"对"佞臣"两组反义词相对，将褒扬正义、贬斥邪恶的主题表现得鲜明有力。又如：

耻做春山游宴客；甘为大海弄潮儿。

联中"耻做""甘当"，一正一反，一抑一扬，使作者的志趣跃然纸上，很有策励作用，收到一般正对达不到的效果。运用反对形式写对联，须把握"理殊趣合"的要领，构思要巧妙，用词要准确。

（3）串对，又称流水对，就是上下联所描写的事物意思顺承而连贯，下联是上联意思的继续和补充。如同复句一样，构成连贯、递进、选择、转折、因果等复合关系。如：

连贯型　寒就梅花传腊去；暖随燕子报春来。

寒去暖回，构成时序上的连贯。

因果型　少壮不经勤学苦；老来方悔读书迟。

少时虚度光阴，不肯勤学，老来悔恨已迟，形成因果关系。

串对是对联的一种形式，在运用中既要做到上下联意思相承，也要符合联律要求，讲对仗，合平仄，绝不可视为一句话分成两次说、上下字数相等而已，"人间春来到，家家过新年"不合联律，只是两句字数相等的吉利话，算不上对联。

（四）几种特殊形式的对联

1. 嵌字对

联中嵌入有关地名、人名、店名、事物名等，格式有鹤顶格、燕颔格、鸳肩格、蜂腰格、鹤膝格、凫胫格、凤尾格、魁斗格、蝉联格、云泥格、鼎峙格、双钩格、碎锦格等13种。兹举五例。

（1）鹤顶格，即嵌入上下联第一字，如肖公远赠程艳秋联：
　　艳色天下重，秋声海上来。

（2）魁斗格，即嵌入上联第一字，下联最后一字，如文师华自撰联：
　　师谟天地，采撷英华。

（3）鼎峙格，即嵌入上联第四字，下联第一、第七字，如嵌"毛泽东"联：

鹤抖羽毛飞上下，泽纳红日照西东。

（4）双钩格，即在上、下联首字、尾字嵌入四字名称，如贺龙赠武当道长"伟樵"联，嵌入"伟樵"道长名、"紫霄"宫名：

伟士东来气尽紫，樵歌西去云腾霄。

（5）碎锦格，即将三个以上的名称嵌入联中，如灵隐飞来峰联：

灵鹫向云中隐去，奇峰自天外飞来。

2. 缺字对

即故意在上联或下联少写一个字，或用标点符号代替，又称漏字联。

（1）少写一字，如：袁世凯千古，中华民众万年。

（含义：袁世凯对不起中华民众。）

（2）用标点代替，如1948年3月国民党召开全国代表大会，当时原南京中央大学教授乔大壮的好友许寿裳在台北遇害，乔大壮愤然撰一联曰：

费国民血汗已？亿，集天下混蛋于一堂。

3. 集句对

把前人诗、词、文不同篇章中的原句巧妙地集为对联，可称为全集句联；或把前人诗词文中的原句与自己创作的联句合起来，构成一联，可称为半集句联。

（1）全集句联，如启功集毛泽东诗句为联：

喜看稻菽千层浪（《到韶山》），跃上葱茏四百旋（《登庐山》）。

（2）半集句联，如湖北教育学院侯孝琼教授集联：

人比黄花瘦（李清照《醉花阴》），情如碧海深（自作）。

4. 无情对

即把意思绝不相同的字，互相对仗，而且越不相侔，越是称好。

如：公门桃李争荣日，法国荷兰比利时。

（上下联词性都相对，但意思毫不相干。）

三 对联的作用

对联作为与人们物质生活、文化生活密切相关的微型文学样式，玲珑小巧，妙趣横生，具有多方面的作用。

首先，对联是素质教育的重要组成部分，能够培养青少年的文学创作能力。在中国传统语文启蒙教学中，对仗不只是做对、作诗的基础，而且是一项综合性的训练，跟用字、修辞、语法、逻辑都有关系。由练习对仗到做对联、作诗，都是综合训练，能够锻炼青少年的思维能力和文字表达能力，同时也能表现青少年的文学天赋。这方面的例子很多，如清代嘉庆年间进士陶澍（shù）在 13 岁时为村里一座榨油作坊开张写了一副对联：

> 榨响如雷，惊动满天星斗；
> 油光似月，照亮万里乾坤。

这副对联，运用夸张手法，气势不凡，显示出幼年陶澍丰富的想象力和文字表达能力。

鲁迅在三味书屋读书时，有一天"对课"，寿镜吾老先生出了个上联："独角兽"。学生们纷纷对了起来，有的对"两头蛇"，有的对"九头鸟"，有的甚至对"四眼狗"，寿老先生还以为那学生在骂他，因为他戴着眼镜。小鲁迅把自己作的下联写在纸上呈给寿先生看，寿老生转怒为喜。原来小鲁迅对的是"比目鱼"。寿老先生说："独角兽"是天庭祥物，即麒麟；"比目鱼"是海中奇珍。这是用心思才对得出的。

郭沫若六岁开始做对子，七岁学作试帖诗。有一次，几个顽皮的学生偷了书塾隔壁寺院里的桃子，塾师沈焕章知道后怒形于色，想训斥一下，便脱口出："昨日偷桃钻狗洞，不知是谁？"年方六岁的郭沫若竟不假思索，迅速对道："他年折桂步蟾宫，必定有我！"这句下联使师生大吃一惊。"蟾宫折桂"是典故，比喻科举及第，金榜题名。事后，沈先生对郭沫若的父亲说："此子文思敏捷，出口不凡，将来必成大器。"

其次，对联与书法结合，可以渲染气氛，装饰居室，宣传商业，点缀观景。

渲染气氛的对联包括喜庆和吊丧两类，渲染喜庆气氛的有春联（如：燕报重门喜，莺歌大地春）、婚联（如：鸳鸯福禄，鸾凤文章）、寿联（如：福如东海，寿比南山）等。渲染吊丧气氛的是挽联，如蔡元培悼鲁迅挽联：

著述最谨严非徒中国小说史；
遗言最沉痛莫作空头文学家。

装饰居室的对联，可以使墙壁生辉，如明代徐霞客自题小香山梅花堂联："春随香草千年艳，人与梅花一样清"。清代郑板桥书斋中的对联："室雅何须大，花香不在多"。这样的联句与书法结合，使书斋充满清雅芬芳的气息。

商业店铺对联堪称各个行业精美的广告词，能够概括各行业店铺的特点和经营理念。如：

邮局：平安劳远报，消息喜常通。

眼镜店：明察秋毫，饱览春光。

理发店：虽然毫发技艺，却是顶上功夫。

汽车站：窗摄诗情画意，路连绿水青山。

名胜古迹中的对联，侧重描绘山水风貌、楼阁奇观，对景物起到画龙点睛的作用，提升名胜古迹的文化品位。如：

滕王阁联：我辈复登临，目极湖山千里而外；奇文共欣赏，人在水天一色之中。（佚名）

苏州闲吟亭下广池联：千朵红莲三尺水，一弯新月半亭风。（佚名）

泰山日观峰联：未离海峤千山黑，刚到天心万国明。（佚名）

这些对联描绘了每一处山水楼阁的个性特征，拓展了景物的空间，引导人们从有限的时空中去领略虚空无尽之美。

最后，对联具有讽刺现实，陶冶性情的作用。

唐代韩愈说："不平则鸣"。对联虽然形式短小，但同样可以抨击社会的黑暗，抒发心中的怨愤。如：

民国时代税多，有人写了这样的对联进行讽刺："民国万税，天下太贫。"

精美奇妙的对联，能引发人们的深思遐想，给人以美的享受。如邓拓《燕山夜话》中有篇《事事关心》，介绍了明代东林党首领顾宪成的一副名对：

> 风声、雨声、读书声，声声入耳；
> 家事、国事、天下事，事事关心。

这副名联300余年来已深入人心，为有志者所传诵，它不断激励着人们一面致力读书求知，一面关心国事、天下事，把两方面紧密地结合在一起，为实现远大的抱负而发愤图强。

古代有这样一副名联："世事如棋，让一着不为亏我；心田似海，纳百川方见容人。"此联劝世人不必斤斤计较个人得失，而要有海纳百川的胸怀，能启迪人们的智慧，提升人们淡泊名利的精神境界。

以上例证说明，对联具有广泛的群众基础和很高的审美价值，是根植于中华民族文化土壤中的艺术奇葩。

作者简介

文师华　1961年出生，江西瑞昌人。文学博士，南昌大学教授、硕士生导师，江西省高校中青年学科带头人，江西省高校教学名师，江西省文史馆特邀书画家，中国楹联学会常务理事及评审委员会副主任，江西省楹联学会会长，中国书法家协会会员。已在省级以上刊物发表论文50余篇。出版学术专著《书法纵横谈》《金元诗学理论史》。编写《黄庭坚·砥柱铭》等古代书法字帖20余本。其中论文《〈白石道人诗集〉版本考》于2005年获江西省社科优秀成果二等奖，《曾巩家族的〈二源曾氏族谱〉》于2009年获江西省第十三次社会科学优秀成果二等奖。

黄细嘉

旅游资源的科学利用与多维保护

上饶旅游资源类型多样，内涵丰富，品位超群，荣誉满满，已有世界遗产 2 处（点）：三清山、龟峰；世界地质公园 2 处（点）；国际重要湿地 1 处：鄱阳湖；国家级自然保护区 2 处：武夷山、鄱阳湖；国家级风景名胜区 5 处：三清山、龟峰、灵山、大茅山、神龙宫；国家 5A 级旅游景区 1 处：三清山。旅游目的地建设步伐加快，产品丰富，魅力无穷，引力强大，世人瞩目。在旅游资源与景区的合理利用和科学保护方面，责任重大，使命非凡，理应积极探索旅游资源科学利用与多维保护的途径和方法，走出一条新路，为江西、全国乃至世界提供借鉴，以做表率。所以，这次论坛，我就旅游资源的科学利用与多维保护谈四个方面的问题。

一　重新认识身边的旅游资源

什么是旅游资源？什么是旅游产品？二者并没有本质的区别，只有状态的区别，但又可以互为因果。不信你看看二者概念的区别就知道了。"旅游资源，是指自然界和人类社会凡能对旅游者产生吸引力，可以为旅游业开发利用，并可产生经济效益、社会效益和环境效益的各种事物和因素。"

523

旅游产品呢？"旅游产品，是指自然界和人类社会中，已对旅游者产生吸引力，已为旅游业开发利用，并已产生一定经济效益、社会效益和环境效益的各种事物和因素。"很显然，一个是能产生吸引力，可被利用，可产生效益；一个是已产生吸引力，已被利用，已产生效益。所以说它们之间只是状态的不同。说它们之间互为因果，一是因为旅游资源经过开发和利用，甚至是通过考察和观赏，就已经成为旅游产品了；二是因为旅游产品一经形成，它们就一定是可资利用和进一步提升的旅游资源了。所以，用这样的观点来看旅游资源，就打破了所谓的旅游资源"二老"说，逐步形成旅游资源的"五老峰"概念和"七老峰"概念。

所谓的"二老"说，就是通行的旅游资源主要表现为"老祖宗"遗留下来的文物古迹和"老天爷"留下来的山水风光的说法。大约在 2003 年，我在给研究生上课的时候，在此基础上又进一步细化了一下，第一次提出旅游资源的"五老峰"之说，即加上了"老革命"留下的红色旅游资源，"老百姓"留下的民俗风情资源，"老外"留下的"中西文化交流遗产资源"。老革命和老百姓，大家能够理解，怎么还有一个"老外"呢？"老外"确实也在我国留下了一些历史文化遗产，比如，上海的外滩、厦门的鼓浪屿、澳门的以大三巴牌坊为代表的历史文化街区、青岛的八大处、北京的东交民巷，我们江西也有庐山的 18 个国家不同风格的别墅群、鄱阳湖边的姑塘海关旧址、抚州的天主堂、瑞金的李德旧居、上高的上高会战遗址、德安的万家岭大捷遗址，上饶也有鄱阳天主堂、河口天主堂、抗日战争中的浙赣战役遗址等。当然，以上所说不能说完全是"老外"留下的，但包含"老外"活动的影响和作用。这几年，随着旅游开发实践的深入和发展，也由于自己介入旅游创意策划和旅游产业规划的机会比较多，对大投入、大项目等资本要素的介入对旅游产业加速发展的影响感触比较深，对旅游资源和产品有了更加深刻的认识，又加上了"老板"投资开发的旅游主题公园等新兴景区。还有像我们这样的"老师"，充当旅游策划师和规划师创意策划了一系列旅游项目，比如，我在九江县策划的"中华贤母园"、在安义县策划与规划的"安义民国村"等，对知识、智慧、智力对文化旅游产业的作用和影响体会比较深，所以，又加上了"老师"，这样就变成了所谓的"七老"。这"七老"就是旅游产品、旅游产业赖以生存和发展的基础条件和资源载体。

二 如何正确保护旅游资源

就旅游资源的保护和利用来讲，二者也是相辅相成、互为因果的关系，此不赘述。其基本原则应该是科学规划、合理开发、严格保护、永续利用，注重保护生态环境和历史文化，促进旅游资源整合与集聚，体现地方特色和环境氛围。那么，怎样才是正确保护旅游资源、旅游产品、旅游景区呢？我以为不应该有保护级别和保护力度的不同，但因时空条件、现状特征、价值大小、生态环境的差异，可以有不同的保护要求，采用不同的保护技术，提出不同的保护方案等。我这里不谈保护技术和保护方案，但谈谈与保护要求有关系的保护理念，但也不可避免地涉及利用的方法和技术问题。

一是原生态保护（即零影响保护）。即原山水、原村落、原田园、原居民、原生活、原物种、原产业的保护。这种保护不使用任何外来因素，因而这种工作对资源现状没有影响。这样的保护很难做到，所以，实践中没有非常明晰的范围和类别，如果我们能够发现一处真正的"世外桃源"，而且能够让这里的居民继续这样生存和生活下去，原生态保护就实现了。

二是衰减性保护（即正影响保护）。在经济发展、人口增长、文化入侵、环境改变状态下，对违章建筑、非规划建筑、影响整体风貌建筑的拆除，对超出环境容量的人口的迁移，对非原生环境的生态修复等。这些工作一定程度上对资源现状有改变，产生了影响，但影响是积极的，所以是正影响。一般古村落的保护、城市历史街区的保护，还有自然保护区核心区的保护，属于这一类。

三是添加性保护（即负影响保护）。在原生资源难以保持原有状态时，基于阻止其进一步衰败和毁灭的需要，进行的额外加固、支撑和其他工程性保护措施。这些工作有利于资源的保护，能够避免其进一步损伤、损坏、损毁，但对原生的资源现状产生了一定的不利影响。如危房和堤防工程的加固、古代路桥的支撑性改造等，属于这一类。

四是风貌性保护（即形式性保护）。基于生产和生活的需要，对建筑物内部进行功能性、结构性和装饰性改造，但对其体量、外观、形式、风格、色彩不做改变，让其从形态上保留原有风貌，目的是进行整体性保护，以保留整体环境风貌。一般来讲，农村中的古村落和城市中的历史文化街区，往往采取这种保护方法。

五是点状式保护（即要件性保护）。出于无奈，在资源周边原生环境不再、生态系统失真的情况下，基于对个别文化遗产资源点的保护，不得不对单体建筑物等遗产资源进行保护，以尽可能地留下一切有价值的孤立的文化遗产。尽管是孤立的单个的无整体环境、无整体风貌的保护，但毕竟留下了某种文化元素和因子。城市中孤立的古建筑，还有一般孤立的桥梁、塔、墓葬等的保护，属于这一类。

在这里，保护文化遗产资源，是为了利用资源，传承文化，教化启迪当代人和后人，服务大众。

三　怎样合理利用旅游资源

众所周知，旅游资源是旅游景区发展的最根本的基础性要件。长期以来，在景区开发建设中，规划滞后，随意性大，旅游资源利用深度不够，资源浪费、破坏性建设等现象时有出现。一些景区在开发建设时，没有按照旅游发展规划组织实施。

怎样合理利用旅游资源，进行旅游景区建设，大家都会认为，利用也好、开发也好、建设也好，只有做到规划先行，控制容量，科学管理，规范经营，约束游人行为，才能保证合理利用旅游资源。

首先，通过规划先行、规划约束、规划引导来保证合理利用旅游资源。规划是刚性要求。严格规定旅游景区建设程序，避免开发的随意性。开发和建设要符合旅游发展规划和相关保护规划的要求，并通过制定旅游资源保护方案和建设方案，采取有效措施保护旅游资源。而旅游景区规划，是指为了保护、利用、经营和管理某一特定旅游景区，使其发挥多种功能和作用而进行的各项旅游要素的统筹部署和具体安排。旅游景区建设应当符合旅游景区规划或者建设方案确定的主体功能定位。

其次，通过控制容量来保证合理利用旅游资源。加强旅游资源的有效保护，以充分保障旅游资源利用率的最大化，确保旅游资源的深度利用。禁止超过旅游容量接待旅游者和在没有安全保障的区域开展游览活动。

再次，通过规范经营、科学管理来保证合理利用旅游资源。全面实施科学管理，规范经营，着力提高旅游景区品质。旅游景区建设项目建成后，建设单位应当组织竣工验收并申请对外开放营业。各级旅游行政主管部门，切实负起对景区的指导、监督、管理责任，指导、监督其经营管理者保护和合理利用旅游资源、制定景区管理制度、开展旅游服务活动。

最后，通过约束旅游者的行为来合理利用旅游资源。如旅游者游览时应遵守社会公德，保护旅游资源、环境和设施，遵守旅游景区安全、卫生等管理规定，禁止诸如以下具体的不良行为：攀折、刻画树木和采摘花卉，在文物、景物上涂写、刻画、张贴，焚烧树叶、荒草、垃圾，在森林和田野吸烟、动用明火，损毁景物、林木植被和公用设施，捕猎野生动物，损坏各类建筑设施等。

四　创意：旅游资源保护与利用的新途径

阿基米德曾说："给我一个支点，我可以撬动地球"；作为从事旅游规划与旅游创意策划的规划师、策划师，我经常说："给我一个元素，我就可以给你一片天地"。这就是创意的力量和魅力。在休闲时代，思想有多远，追求有多高，体验有多丰，我们的创意就有多少。可以说，创意来源于生活，创意丰富了生活，创意还会改变、改善、改造我们的生活。

我们日常所说的创意、创新、创造，作为逻辑关系，三者具有渐进性，有一定的程度或阶段差别。创意与创新、创造有什么关系呢？应该说创意是创新的基础，创新 = 创意 + 实施。创意在先，实施在后，创新始于创意。我们所见到的一切产品都起源于创意，然后才有创新，再然后才有创造和持续不断的重复制造。

当然，一般意义上讲，创新是笼统的说法，创意也好，创造也好，都是一种创新。但作为独立的概念来看，三者作为"创"的行动，是有起始对象差别的。这是因为，创新是相对于"旧"来说的，即它是对过去或当下的继承和发展的一种思想和行动；创意是相对于"原点"来说的，即它是对于基本元素和既有因子的弘扬和光大的一种想法；创造是相对于"无"来说的，它是用创新的思维，对"空白点"的填补和"未知界"的拓展行动，因此它可以是"新生"，也可以被"重复制造"。

创意的"根"是文化和知识，中国有5000年的文明史，我们的祖先创造了许多优秀的文化和知识遗产。在漫长的历史长河中，由于各种原因，我们祖先创造的文化形成以下三类，即活着的文化、沉睡的文化和死去的文化。

文化遗产资源利用的目的和诉求问题，这就是我们经常说的：让死去的文化"活"起来，让沉睡的文化"醒"过来，让静态的文化"动"起来，让失落的文化"回家"来，让濒危的文化延续下去。做到了这些，那文化资源的利用就一定是合理的。

发展文化创意产业的任务就是有效地开发利用"活"文化、唤醒沉睡的文化、复活"死"文化，为我们这个休闲时代带来丰富多彩的生活，并把它们转化成现实生产力，促进经济社会的发展。

文化创意产业被称为21世纪全球最有前途的产业之一，据报载，全世界创意经济每天创造产值达220亿美元，并以5%的年增长速度递增。毫无疑问，文化创意产业已经成为许多国家和地区经济发展的支柱产业。

旅游业是现代服务业中关联度广、带动性强的引领性产业，其具有的组织需求、群体消费、便利购买等消费特点，自然地把很多零星消费活动组织在了一起，形成了一个完整的消费过程，能够取得"牵一发而动全身"的综合效应。

大家都明白，创意是旅游最核心、最能产生生产力的东西，创意虽表现为一个点子、一种思想，但它一定是源起于某种资源和文化遗产因子。我们也都知道，虽说资源和遗产丰富多彩，但资源和遗产永远是有限的。

资源虽然有限，但创意可以无限，创意无限意味着商机无限、发展无限。

在我国，在展示旅游文化创意方面颇具先导性的地区是北京、上海、深圳、西安、常州等文化遗产丰厚的地区或经济相对比较发达的地区。

据悉，北京朝阳区现有很多由废弃旧厂房改造而成的文化产业集聚区，它们或专注表演艺术，或主攻创意设计，或从事艺术品交易，散落在街头巷尾，被称作"胡同里的创意工厂"。由废旧工厂改造而成的 798 艺术区，如今已经成为集画廊、艺术中心、艺术家工作室、设计公司、时尚店铺、餐饮酒吧、休闲吧台等为一体的聚集区。798 艺术区与长城、故宫，已成为来京游客必看的三大景观之一。其参观人数年均增长 20%，2010 年已经接近 200 万人次，其中外国游客占 30%，还吸引并入驻了来自世界各地的各类文化艺术机构 400 多家，可谓众家荟萃之地。798 艺术区已经成为中国文化艺术大众化普及的"天天艺博会"，这也无形中促进了文化艺术的繁荣与发展，让艺术走进了我们的生活，并且正在改善我们的生活。

改革开放以来，不断创造、成长、发展的深圳世界之窗、锦绣中华、民俗文化村、欢乐谷、明斯克航空母舰等主题公园也成为文化创意产业与旅游融合发展的生动缩影，深圳也因此成为国内文化创意产业的发源地，并长盛不衰，与时俱进。运营多个文化创意产业园区项目的华侨城集团，2010 年接待游客量超过 2000 万人次，再次成为进入世界旅游集团八强的唯一一个亚洲企业。

西安曲江新区依托文化遗产资源，自 2002 年投资兴建文化创意产业项目以来，改变了地区现状，影响了周边地区，其麾下的旅游景区和旅游社区发展也是突飞猛进。接待的旅游人数从 2002 年的不足 200 万人次，上升到 2011 年的 3000 万人次。现在的曲江，已经成为西安广大市民和来西安的中外游客"走近中国历史、感受汉唐人文、体验文化生活"的首选之地。

在江苏常州市，近几年通过大策划、大制作、大开发而形成的中华恐龙园、春秋淹城旅游区、环球动漫嬉戏谷……以创意产业为重点的各种新兴文化业态蓬勃兴起，预计到 2015 年，常州市文化产业增加值占 GDP 的比重将达到 5% 以上，成为常州市新的支柱产业。

上海也在发挥其人才、资金和市场的优势，加强文化创意产业的开发，建设了石库门、龙华路 2577 创意大院、静安区现代戏剧谷、五角场 800 艺术区、田子坊文化产业园、新场民间技艺文化创意基地、枫泾文化创意产业园区等依托历史资源和文化元素的创意产业园区，其文化创意产业已经成为上海市旅游经济增长的重要支柱之一。

对于旅游业整体而言，文化创意不仅是重要的一个环节，而且是贯彻始终的重要内容。在国外，文化创意和旅游产业结合得好的案例比比皆是。比如把一段历史直接嫁接到旅游产品上的瑞典"哥德堡号"仿古商船；还有把城市的文化、历史甚至文化符号等开发成旅游纪念品的新加坡、法国；等等。

缺乏创意俨然已成为我国旅游业发展的一个短板。国内绝大多数的旅游纪念产品都缺乏新意和卖点，不同地方不同景点的纪念品呈现千篇一律的状况。但是，在发达国家和地区，一个文化因子、一个遗产元素、一个历史主题，在创意、创作成旅游商品时会被别出心裁地利用，被淋漓尽致地开发，不但吸引眼球，而且打动人心。比较突出的例子是法国巴黎的埃菲尔铁塔，作为旅游纪念品，它有各种衍生的产品和变形的设计，显得很别致，很有意趣，让人见到它就产生购买的欲望。

据《光明日报》报道的北京市一项调查显示，游客在北京 43 家景区的旅游纪念品消费仅为人均 1.61 元。2011 年来北京游客购物只占旅游总收入的 23%，离世界平均水平还有很大的差距。

与旅游纪念品开发一样，我国各大小城市层出不穷的"主题公园"和节庆文化活动也常常不被游客看好。不少旅游节庆活动定位不清、特色不明、创意不显，难有看点和卖点，表面热热闹闹，实是自娱自乐，没有产生形象推广和市场招徕效应，这样的节庆办还是不办，让许多地方政府陷入进退维谷的窘境。同样，主题公园也亟待提高文化创意，走出同质化竞争和伪文化展示的发展模式。更有甚者，有的主题公园只是"圈地"的借口和房地产开发的幌子，已完全偏离了原始的意图和市场的选择。

当然，创意旅游不是"创意"与"旅游"的简单融合，而是以文化

"创意"为核心，丰富旅游产品内涵，完善多维旅游形式，彰显旅游体验特质，促进旅游业向纵深延伸和拓展。当旅游由"大众观光市场"发展到"大众休闲市场"和"个性体验市场"时，我国旅游业态和旅游产品就需要从创意的视角，去打造适应现代休闲旅游市场和个性体验市场发展趋势的全新旅游模式。

在旅游中加入各种创意，设计开发充满各种创意的旅游产品已成为旅游业发展的新引擎。在创意产业中注入旅游的元素也为创意产业发展提供了新的动力。江西旅游业要"转型升级""转型增效""转型发展"，需要从创意的视角，提升旅游产品的文化内涵，以增强旅游产业的时代感、时效性、时尚化。这方面江西大有可为。

在文化遗产利用方面，以景德镇市为例，其历史遗产丰厚，陶瓷文化信息俯拾即是。对于丰富的陶瓷历史文化遗产，景德镇市坚持在传承中保护、在发展中创新的思路，在保护优秀传统手工制瓷技艺的同时，大力推进陶瓷文化创意产业发展。据统计，2011年1~10月，该市陶瓷文化创意产业总产值达60亿元，陶瓷文化创意产业已成为该市经济发展的新引擎。该市现拥有国家级文化产业示范基地2家，省级文化产业示范基地5家，陶瓷文化创意产业实体近3000家，解决就业2万余人。在深化国有陶瓷企业改革过程中，大力保护陶瓷工业遗产，使之成为陶瓷文化创意产业发展的新载体。比如，雕塑瓷厂入驻陶瓷创意工作室190余家，已形成创意产业作坊群、创意作品展示厅及创意艺术交流厅、创意作品游客自助服务坊、高校学生实习基地等，实现年产值7000余万元，被授予全省"服务业基地"和"文化产业创意基地"称号。该市还依托陶瓷文化创意产业的蓬勃发展，将文化产业与会展业紧密结合，把该市打造成世界陶瓷会展中心和展示陶瓷文化的窗口。中国景德镇国际陶瓷博览会已成功举办8届，成为我国陶瓷行业国际化、专业化的品牌展会。自举办以来，"瓷博会"共吸引了来自世界49个国家和地区的3600多家企业前来参展，参会的专业采购商达到4万多名，前来旅游、观光的人员达到100多万人次。

在景区建设方面，庐山五教祈福园的建设，星子县东林大佛景区的打造，九江县中华贤母园的建设，赣县的客家文化博览园、抚州名人园、吉安的庐陵文化创意产业园的建设等，无一不是大手笔的策划建造的文化创意景区。另外，南昌樟树林文化公园，虽不是典型的景区，但也是大手笔的创意策划。

在文化演艺方面，在井冈山露天上演的大型室外实景演出《井冈山》，在滕王阁盛演不衰的仿唐歌舞，在景德镇偶露峥嵘的瓷乐舞，在南昌江西艺术中心演出的《神奇赣鄱》，还有九江打造的一台《春江花月夜》室内大型情景歌舞，均是国内上乘的文化演艺创意产品。

在旅游节庆方面，庐山策划的世界名山大会，吸引了世界顶级名山参加，像日本的富士山、非洲的乞力马扎罗山、欧洲的阿尔卑斯山、南美的安第斯山、美国的黄石国家公园和落基山等纷纷加盟，已使庐山成为世界名山大会的永久驻地，庐山成为名正言顺、名副其实、当之无愧的世界名山盟主。宜春市因明月山这一历史性山名资源，策划打造"中国的月亮之都"，弘扬中国的月亮文化，围绕月文化进行文化创意和旅游产品开发，与中央电视台共同举办中秋文艺晚会，使月亮文化效应和明月山品牌效应实现了统一。江西因是中国红色旅游的发祥地和红色旅游的著名目的地，自2005年以来每年举办一届的中国红色旅游博览会以及自2011年开始的中国红色旅游网络博览会，还有南昌市因人民军队诞生地而策划举办的"国际军乐节"等节庆会展活动，取得巨大成功和深远影响，无不是来源于文化遗产和文化元素的创意，无不体现了创意的智慧和策划的力量。

在旅游营销方面，2012年元旦期间江西接待游客人数同比增长了500%。业内人士称，带来这一巨大变化和辉煌成绩的原因，是自2011年12月10起江西旅游界实施为期1个月的旅游景区、景点免票活动的结果。这次江西景区免票月活动，不仅收获了好口碑，而且获得了巨大的综合效益。紧接着在2012年4月，江西旅游人创造了江西旅游有史以来时间延续最长、区域跨度最大、资源组合最全、活动项目最多、推介规格最高、媒体跟进最快、网络覆盖最广、工作密度最强的旅游创意营销奇迹——"江西风景独好"旅游推广月活动，以前所未有的、最强势的营销手段，创造出了最大的影响力和最高值的收益。这一活动使"江西风景独好"旅游品牌知名度迅速提升，江西旅游产业经济得到迅猛发展——江西旅游呈现出"风景这边独好"的喜人景象。同时配套的还有一个堪称成功典范的"'博'动江西？风景独好"旅游营销活动，这是一次匠心独运、全国首创的旅游营销活动。在这一活动中，4天、40余名博主、4000多条微博、20余万粉丝参与互动，上亿粉丝"围脖"，持续激发网友"围脖"的兴趣，极具联动效应，产生了巨大的反响和持续的效应。作为一项有创意的旅游营销活动，充分显示了文化创意的力量和魅力。

创意，既是旅游发展的新引擎，也是旅游资源保护的新途径。因为有了创意，我们用不着对资源本身大动手术，避免以弘扬文化之名，让历史遗产面目全非的问题。资源无处不在，遗产因子和文化元素无处不在，创意也就无处不在，创造旅游产品的空间也就非常广阔，商机更是无处不在。

但我要告诉大家的是：启动创意的不是现实，而是我们是否有梦想；驱动创意的不是权力，而是我们是否有思想；成就创意的不是物质，而是我们是否有不断奋进的精神和创造的动力。

作者简介

　　黄细嘉　南昌大学经济与管理学院副院长，旅游规划与研究中心主任，旅游管理系主任，江西省旅游文化研究会会长，江西省旅游协会副会长，教授，博士。先后发表学术论文100余篇，出版专著、教材10余部。承担国家社科基金项目1项，教育部人文社科专项任务项目1项，江西省经济社会发展重大招标项目1项，省社科规划重点项目1项，其他省级科研项目7项。代表作论文和著作有《鄱阳湖旅游整体形象策划研究》《鄱阳湖旅游资源整合评价研究》《创新区域中心城市旅游合作模式研究》《宗教旅游资源开发与利用模式研究》《红色旅游与老区发展研究》等。科研成果获江西省社会科学、省高校人文社科优秀成果奖多项。

胡　松

红四军党的"七大"：朱、毛之争及其性质的研究

1929年6月22日，红四军前委在福建闽西的龙岩公民小学内召开了红四军党的第七次代表大会。红四军党的第七次代表大会争论的主要问题是：是否需要恢复军委的问题，但实质是党和枪的关系问题。这次争论，牵起了在井冈山斗争时期早已存在的朱、毛之争。井冈山斗争时期朱、毛之争，自1928年4月底（朱、毛会师）至1929年12月28日（红四军党的"九大"）经历了四个阶段。其性质属于同志间个人的争论，属于若干个别问题的性质，并非总路线的争论。这次争论，给我们以很多的启示。

一　朱、毛之争的由来及其化解

从朱、毛会师井冈山斗争一开始，朱德与毛泽东之间就存在着党和枪的关系问题的争论。

关于党和枪的关系问题，按照列宁的建党原则为党指挥枪，红军要接受党的绝对领导。中国共产党是马克思列宁主义政党，我们国家从建军开始，就学习苏联的经验。强调要按照列宁的建党原则，军队要接受党的绝对领导。所以，在党要指挥枪这个问题上，当时在红四军党内是没有什么分歧的。问题在于党究竟应当怎样来指挥枪？这在红四军党内产生了重大分歧。

苏联的军队是要服从党的领导的，但苏联红军实行的是一长制，党对红军的领导是通过军事首长或政治委员的个人领导来实现的。军事首长或政治委员个人就代表党，握有很大的权力。它强调个人领导的作用。而我们党与苏联共产党的做法是完全不同的，毛泽东从建军开始就强调党的领导应该集体领导，反对个人领导。有以下两个具体表现：

其一，在三湾改编后（1927年9月29日）建立的党代表制度。它要求在班、排要有党小组，连有支部，营、团有党委，连以上设立党代表，担任党组织书记，专做思想政治工作。以此来确立党对军队的绝对领导。其二，朱、毛会师组建红四军以后（1928年4月24日）建立的党委制。它要求在前委之下建立四级党组织：军委、团党委、营党委、连支部，作为红军的领导核心，党代表是这个核心的负责人。党委制，即党委集体领导下的首长分工负责制，其主要特点就是强调集体领导，反对个人领导。

虽然从三湾改编就在组织上、体制上开始确立党对军队实行绝对领导，架构了党对军队实行绝对领导的组织体系。但是，由于部队的部分同志受旧军队习气的不良影响，产生了形形色色的错误思想，对要不要坚持党对军队绝对领导的原则，在认识上还不一致，思想上还不统一。所以，朱、毛会师组建红四军以后，党和枪的关系问题集中反映在红四军是否需要建立军委的分歧上。

井冈山斗争时期朱、毛之争的演变，自1928年4月底（朱、毛会师）至1929年12月28日（红四军党的"九大"）经历了四个阶段。

第一个阶段：1928年4月至12月（井冈山上），总的来说两人合作得还不错。但此时红军正处在初创时期，由于主客观等原因，朱、毛之间在建军问题上虽然存在一些不同意见，当时并没有发生争论。但它为后来的朱、毛之争埋下了伏笔。

具体表现在以下三个方面。第一，朱、毛率领的这两支队伍，无论是在数量还是质量方面，都相差甚远。第二，红军的领导机构军委、特委、前委，三套班子，几乎一套人马。第三，共产国际批评了毛泽东乡村包围城市的思想，引起了红四军内部分人对毛泽东的质疑。

本阶段小结如下。

（1）朱、毛两人，在会师之前只闻其名但从未谋面。朱、毛率领的这两支队伍，无论是在数量还是质量方面，相差都比较大。朱德带上山的南昌起义部队中党员数量多，整体情况比较好。所以，南昌起义的"铁军"瞧不起秋收起义"农军"的"土气"，秋收起义的"农军"又看不惯南昌起义"铁军"的"流气"。两军会师后，又没有实质性地融合在一起。再加上朱、毛两人的经历、个性和年龄的差距，对建军问题上存在矛盾和分歧是很正常的。

（2）这个阶段，直接领导红四军的有三个党的组织机构：红四军军委、湘赣边界特委、湖南省委前委，后两个除了领导军队外，还负有领导地方党的责任，都是毛泽东任书记。根据当时中央的规定，红四军要同时接受湖南省委和江西省委的双重指导，有关根据地建设的大政方针必须请示两省省委。这种状况，反映了当时革命事业在不断地向前发展，革命组织也不断建立。同时也为后来朱、毛之争的发生埋下了伏笔。

（3）在党的六大上，共产国际批评了毛泽东乡村包围城市的思想，引起了红四军内部分人对毛泽东的质疑。中国共产党是在共产国际的帮助和指导下建立的，作为幼年的中国共产党，对共产国际的依赖是不可避免的。而共产国际对中国革命的错误指导，对红四军的建设产生了负面的影响。

（4）边界各县的党几乎全是农民成分的党。随着边界斗争的发展，党的土地革命政策激发起广大农民更高的革命激情，广大农民开始日益增多地直接加入到党的组织和红军的队伍中来。由于"红军的来源只有收纳广大的破产农民，此种农民……有极浓厚的非无产阶级意识"，比如单纯军事观点、极端民主化、绝对平均主义、流寇主义、盲动主义等错误思想，很快在红四军中蔓延开来。

（5）当时中国革命还处于低潮，红军的活动范围只是在井冈山方圆500里一个不大的范围内，由于频繁而残酷的战斗，再加上边界条件的异常艰苦，红四军面临的突出问题是"红旗到底打得多久？""红色政权能否长期存在？"红四军最直接的领导就是军委。应该说，当时军委在前委的领导下，在工作中发挥了很好的作用。

第二个阶段：1929年1月至4月（下山转移途中），应该说两人合作得也还好。在红四军中曾一度取消了军委，统一由前委指挥。因为这是前委在危急时刻作出的决议，而且是多数人都举手表决同意了，所以当时并没有产生很大的意见分歧。

本阶段小结如下。

（1）这个阶段红四军主力从1929年1月从井冈山突围到赣南、闽西以来，由于红四军脱离了根据地，连续三四个月的游击奔波，军情紧急，环境艰苦，国民党军队一路围追堵截，从大余受挫到圳（阵）下溃败，红四军每天要行军打仗，红四军处在一个非常险恶的环境下。因为经常要开会讨论事情，决策行动，就显得前委、军委这两级机构重叠。大家都感到"颇生麻烦"而"不便机断"。

（2）罗福嶂会议为了应付险恶的局面，减少指挥层次，便于当机立断，有效地克服部队的松散现象，加强对部队的领导，红四军曾一度取消了军委，改为政治部，而政治部主任一职由前委书记兼红四军党代表毛泽东兼任，也就是说毛泽东集党政军权于一身，这便为后来的朱、毛之争埋下了隐患。因此，罗福嶂会议就成为朱、毛之争的导火线。

（3）但是，由于当时红四军所处的环境的原因，为了部队的生存，再加上此决定是经过前委会议讨论过的，而且是多数人都举手表决同意了的，所以，在朱、毛之间当时并没有出现争论。

（4）中央的"二月来信"给了红四军党内一部分同志不良影响，当时，朱、毛对中央的"二月来信"的态度明显不同。朱德表现沉稳，锁眉不语，而毛泽东反应强烈，埋怨并批评中央的来信精神，朱德虽然对"二月来信"也不满意，但他对毛泽东对中央来信的这种态度很不满意。这体现了两人个人性格的不同。

第三个阶段：1929年5月至6月（赣南、闽西时期），朱、毛之争公开化。争论的焦点是：红四军党内要不要恢复军委。由于前委负责人错误地号召大家发表意见，放手让大家争论，加上林彪与刘安恭的推波助澜，使朱、毛之争逐渐走向公开化。

本阶段小结如下。

（1）红四军内部领导层之间的争论，本来是正常的事情，因为一支人民军队的发展不可能一帆风顺，其间关于领导方法、军队建设等方面存在不同看法是不可避免的。

这个阶段，是红四军开辟赣南闽西革命根据地的重要阶段，从总体上来说，当时朱德对毛泽东的主张，并无根本抵触，但在具体措施上则并不一致。比如，"党的绝对领导"是不是就是"党管理一切"？军队是打仗为主，还是建设根据地为主？党内军内的民主以什么方式去实现？诸如此类等等。红四军内部出现了要不要恢复军委的争论。其实，根据实际情况讨论设不设军委，本不是个原则问题，当时所以争得很厉害并一时成为争论的主要焦点，是因为它直接关系到对红四军这支军队，究竟是谁说了算的问题，其实质在于保持还是限制前委的权限。从表面上看，争论的焦点是围绕着党和军队的关系等建军原则问题进行的，但实际上却是人们对身为党代表的毛泽东大权独揽，搞"书记专政"的家长制作风表示不满。

（2）中共中央的"二月来信"和刘安恭的到来是朱、毛之争的直接原因。但其根本原因还在于当时红四军的几位主要领导人存在不同的认识。

红四军内部领导层之间的争论，绝不是偶然的，原因很多。而根本原因是红四军内部的非无产阶级思想日益滋长，使当时红四军的几位主要领导人存在不同的认识。朱、毛之争所涉及的问题大都是创建农村革命根据地过程中，党对军队的领导以及建党、建军、建政的一系列基本原则和政策问题。这些问题解决得正确与否，将影响到根据地建设以及党和军队建设的方向与前途。这一点，毛泽东当时就清醒地认识到了，但争论的另一方以及支持毛泽东意见的不少同志，在当时并没有认识到这一点，以致红四军党的"七大"没有解决好党对军队的绝对领导问题。

（3）朱、毛之争之所以愈演愈烈，首先是因为前委负责人没有很好地引导。

一是在这场争论中，前委负责人号召"大家努力来争论"，放手让大家争论，由下级自由讨论，大家众说纷纭，使这场争论由党内领导层逐步扩展到下面，争论的问题也日渐广泛，涉及毛泽东率领部队上井冈山建立罗霄山脉中段政权以来的一系列问题，例如：党应不应管理一切？是管理一切、领导一切还是指导一切？等等，甚至连朱、毛去留问题都提出来了，但得不出结果。二是在白砂会议后，前委负责人把毛泽东写的一封信，还有在这之前，林彪写给毛泽东的信、朱德答林彪的信和刘安恭的一些意见，都在当月（6月）前委的机关刊物《前委通讯》第三期上刊登出来。这样就把争论公开化了，使这场争论由党内领导层逐步扩展到下面，使朱、毛之争愈演愈烈。

（4）朱、毛之争之所以愈演愈烈，其次是因为林彪和刘安恭的推波助澜。一是林彪的影响。林彪是黄埔四期生，1928年4月随朱德率领的南昌起义部队上了井冈山。朱、毛会师后，林彪担任第28团第1营营长。1928年8月，王尔琢牺牲后，年轻的林彪接任团长，后担任红四军第一纵队司令员。二是刘安恭的影响。刘安恭是红四军第二纵队司令员。刘安恭是四川成都人，早年曾与朱德一起在德国留学。回国后，1926年朱德被中共中央派到四川军阀杨森部队去工作，刘安恭也在杨森部队当参谋。1927年刘安恭入党，并被派往苏联学习军事。1929年回国。因农村革命根据地急需军事人才，中央为了加强力量，就把刘安恭派到了红四军工作。可以说，林彪和刘安恭都是红四军中的两个重要人物。林彪拥护毛泽东反对成立军委。刘安恭赞成朱德要设立军委的主张。在红四军党的"七大"会上，林彪和刘安恭针锋相对地吵了起来。由于林彪和刘安恭的鼓噪，在红四军干部和战士当中造成了极大的思想混乱，产生了"拥毛"和"拥朱"的派别争吵。刘安恭散布：红四军党内分成了派别，说朱德是拥护和执行中央指示的，毛泽东是自创原则，不服从中央指示的。对于军党委设立与否的争论，刘安恭提出"完全选举制度及党内负责同志轮流更换来解决纠纷"的不正确主张，从而导致朱、毛之争愈演愈烈。

第四个阶段：1929年6月至12月（赣南、闽西时期），朱、毛两人暂时分开。朱、毛之争得以化解，是由于中央的重视、陈毅的作用以及周恩来的调解。红四军党的第九次代表大会的顺利召开，确立了毛泽东对红军的领导地位，结束了朱、毛之争。

1. 朱、毛之争的化解

（1）中央的重视。

1929年7月9日，陈毅以"前委书记"的名义，给中央写了《关于闽西情况及前委的工作计划的报告》，并随报告送去红四军党的"七大"决议案和党内争论文件等（包括毛泽东1929年6月14日给林彪的信和刘安恭等的信件）。8月中旬，中央得到有关红四军党的"七大"的报告等文件后，非常重视。8月21日，中央发出由周恩来起草的给红四军前委的指示信，对红四军党的"七大"提出批评。认为：大敌当前，红四军党的"七大"侧重于解决内部纠纷是不正确的，"前委同志号召'大家努力来争论'"和"刘安恭同志企图引起红军党内的派别斗争"是错误的；肯定地方武装与红军同时扩大的意见和红四军暂不设军委的决定是正确的。这封指示信，充分肯定了毛泽东总结的红军三大任务的观点。这封信虽然未能及时传到红四军前委，但完全可以说，它是中央"九月来信"指示的基础。

（2）陈毅发挥了重要的作用。

陈毅在上海参加各革命根据地的军事会议期间，1929年8月29日，中共中央召开临时政治局会议，听取了陈毅关于红四军情况的汇报，尤其是汇报了红四军党的第七次代表大会不同意见的争论以及毛泽东前委书记落选的情况，引起了中央的重视。会上，要求陈毅将红四军和赣南闽西的情况，写成详尽的书面报告。同时，中央决定由周恩来、李立三、陈毅组成一个三人小组，全权处理朱、毛问题，由他们代表中央起草一个决议，周恩来为召集人，详细讨论红四军的问题。决议起草好以后，提交政治局讨论。9月1日，陈毅完成了给中央的5个报告：《关于朱毛军的历史及其状况的报告》《关于朱毛红军的党务概况报告》《关于朱、毛争论问题的报告》《关于赣南、闽西、粤东江农运及党的发展情况的报告》和《前委对中央提出的意见——对全国军事运动的意见及四军本身问题》。这 5 个报告，充分体现了陈毅坦诚公正的风格和坚强的党性原则，为中央作出准确判断和决策，在决定红四军的前途命运和人民军队建设这一重大问题上，发挥了重要的作用。

（3）主要靠周恩来居中调解。

红四军内部的这场争论后来没有闹到完全不可收拾的地步，还是靠周恩来居中调解，化解了这场风波。在解决红四军领导内部的分歧时，周恩来充分显示了善于调解党内矛盾的本事。对毛泽东与朱德之间的纠纷，他不偏袒任何一方，而是采取了息事宁人的态度，各打五十大板。因为在周看来，这种在大敌当前，放任内部斗争，关门闹纠纷的做法，只会使亲者痛仇者快。中央的"九月来信"对正确解决红四军党内争论的一系列根本问题，加强红军中党的建设与军队建设，都具有极为重要的意义。这一年，毛泽东 36 岁，朱德 43 岁，周恩来 31 岁。他们正处于人生智慧的高度喷发期，周恩来出色的调解能力在这场有关中国革命前途的过程中起到了化解作用。

2. 红四军党的第九次代表大会的召开

1929 年 10 月 20 日，陈毅在上海待了整整两个月后（8 月下旬去上海），带着"九月来信"回到广东松源，在前委见到了朱德。当天晚上，陈毅召开了前委会议，传达了中央"九月来信"，批评了红四军党的"七大""八大"的错误。1929 年 10 月 22 日，陈毅到达红四军军部。11 月中旬，红四军撤出东江后，东进入闽，经广东平远到达福建上杭官庄。11 月 18 日，陈毅在上杭官庄主持召开前委扩大会议，传达了中央"九月来信"。会议正式决定恢复毛泽东的前委书记职务，并且决定攻打长汀，补充给养，解决全军过冬棉衣问题。会后，陈毅将中央的来信和自己写给毛泽东的一封信，派地下交通员送闽西特委转给毛泽东，请毛泽东回红四军工作。11 月 23 日，红四军再度攻克长汀县城。11 月 26 日，毛泽东收到陈毅的来信。看了中央的来信，毛泽东十分高兴，立即与中共福建省委巡视员谢汉秋等人一道，从苏家坡出发，来到长汀县城，和朱德、陈毅会面。此时，毛泽东离开红四军近 5 个月（毛泽东 1929 年 7 月上旬离开红四军）。11 月 28 日，按照中央指示，毛泽东开始主持前委工作，在长汀县城主持召开红四军前委扩大会议，听取陈毅详细传达中央"九月来信"的内容和李立三、周恩来同志对红四军工作的口头指示。会议讨论决定在抓好红四军全军军事整训的同时，召开红四军党的第九次代表大会，建立红四军的政治领导，纠正红四军党内各种错误倾向。这次会议气氛融洽而又热烈，是半年多来第一次团结民主的会议。长汀会议以后，毛泽东率领红四军来到连城新泉，开展了 10 天的政治整顿和军事训练。1929 年 12 月 28 日，中国共产党红军第四军第九次代表大会在福建省上杭县古田镇曙光小学召开。大会首先由陈毅传达中央"九月来信"以及中央关于开除取消派陈独秀等人党籍的决议案，并作关于反对枪毙逃兵的讲话。然后，毛泽东作政治报告，朱德作军事报告。大会讨论了中央的指示，总结了红四军前委的工作经验教训，统一了思想认识，大会一致通过了毛泽东为大会起草的决议案。《中国共产党红军第四军第九次代表大会决议案》，又称《古田会议决议》。12 月 29 日，会议重新选举了前委领导机关，毛泽东当选为红四军前委书记。确立了毛泽东对中央红军的领导地位，结束了朱、毛之争。

二 朱、毛之争的性质及其启示

（一）朱、毛之争的性质

西方学者认为：朱、毛之争是个人的"权力之争"。传统观点认为：朱、毛之争是"两条路线"的斗争。红四军党的"七大"决议认为："这次争论不仅是朱、毛闹意见，不仅是组织原则的解释不同，实由于过去党的斗争历史上各种不同的主张，各种不同的方式互相着，历久不得解决，加上组织上有缺陷，及党内批评精神缺乏，造成这次争论总爆发。"

笔者认为，这是红军初创时期，党内不同意见的正常争论，属于若干个别问题的性质。

在此引用一下中央特派员涂振农在第一军团及赣西南、闽西巡视工作情况报告。1930 年 9 月至 10 月间，涂振农奉党中央和周恩来之命来到红四军，他在给中央的报告中写道：红四军党内的这场争论，是做政治的和做军事的人对立了，缺乏积极的政治领导精神。……都是站在党的立场上，在党的会议上公开讨论，虽有不同意见，但没有什么派别的组织，只是同志间个人的争论。毛泽东在1944年3月也明确指出："关于内战时期在闽西区域的争论，属于若干个别问题的性质，并非总路线的争论，而且早已正确地解决了。"①

由此可见，第一，这场争论不是所谓"两条路线"的斗争，而是红军在初创时期党内不同意见的正常争论，是关系到党和红军建设中一些重大问题的原则性争论。争论的双方，都是坚定的共产主义战士和坚定的革命同志，在党的总路线总任务方面都是完全一致的，不存在任何根本利益的冲突。第二，这场争论所涉及的问题大都是创建农村革命根据地过程中，党对军队的领导以及建党、建军、建政的一系列基本原则和政策问题。这些问题解决得正确与否，将影响到根据地建设以及党和军队建设的方向与前途。这一点，毛泽东当时就清醒地认识到了，但争论的另一方以及支持毛泽东意见的不少同志，在当时并没有认识到这一点，以致红四军党的"七大"没有解决好党对军队的绝对领导问题。

（二）朱、毛之争的启示

善于从党的历史中汲取智慧和力量，是我们党治国理政的一大经验。从井冈山斗争时期朱、毛之争的由来和发展，我们可以从中领悟到一些有益的启示。

1.坚持党对军队的领导，是保持我军性质不变，政治上始终合格的必然要求

马克思主义关于国家、军队学说的原理指出，军队是人民的子弟兵，是人民的武装，军队是国家机器的重要组成部分，是直接为阶级斗争服务的工具，从来就没有超阶级的军队。不同剥削阶级的军队是为不同的剥削制度服务的。从我国政党的特征来看，我们实行的是共产党领导下的多党

---

① 《毛泽东文集》第3卷，人民出版社，1993，第104页。

合作和政治协商制度，而不是西方国家实行的多党制，宪法赋予党在整个国家生活中的领导地位和作用，中国共产党是社会主义事业的领导核心，党对各项事业的领导当然包括对军队的领导，因此，执政党"执掌政权"内在地包含了"执政军权"。

2. 把边界党的建设放在重要的位置，充分发挥党的领导核心作用，是毛泽东领导井冈山斗争一条极为重要的经验

中国革命斗争的实践证明，党对军队的绝对领导这个根本原则有利于运用国家政权的力量加强军队建设，有利于保证军队的最高领导权和指挥权的高度集中统一，有利于发挥军队在保卫和建设国家中的职能和作用。

3. 党对军队绝对领导的原则任何时期都必须坚持

"绝对领导"，就是只能由中国共产党来领导，任何别的党派都没有资格也没有能力来领导，也不允许任何别的党派和政治集团在军队中建立和开展工作。这支军队无论何时、何地都必须由共产党来领导，而丝毫不能离开共产党的领导。中国共产党对红军的绝对领导，是通过政治领导、思想领导、组织领导来实现的。党对红军的政治领导、思想领导、组织领导是一个统一的整体，政治领导是核心，思想领导是保证，组织领导是基础，只有三者紧密结合，才能真正实现党对红军的绝对领导。只有在党的绝对领导下，人民军队才能忠实履行党和人民赋予的神圣使命，为全面建设小康社会、实现国家长治久安提供强大的安全保障。

作者简介

胡 松 南昌大学马克思主义学院教授，博士研究生导师。全日制大学本科毕业，在南昌大学（包括江西大学）从教35年，主讲过"中共党史""中国革命史""毛泽东思想概论""中国社会主义建设""中国近现代史纲要""中国共产党思想政治教育发展史""井冈山精神研究""政治学原理"等10余门本科生、研究生课程。主要从事党在土地革命战争时期的历史研究。发表学术论文100余篇，出版专著4部。代表作有《朱德征战江西》《毛泽东"让人民来监督政府"思想研究》等。

胡伯项

中国经济社会发展的价值分析

　　今天从哪儿说起？我觉得现代化是个很好的切入点。原因很简单，就是现代化这个词贯穿了以往60年的始终，是各政党的愿景。1949年以来中国60年社会经济政治史便不难发现，尽管其间政治气候多变，有些年份简直可谓瞬息万变，但有一个词贯穿始终，为各个时段的领导人所重申，这便是"现代化"。1949年新中国一经成立，经过短暂的经济恢复，到了50年代初期，便直面这个术语了，"现代化"一词一时走红各界。对此情景，当代西方最负盛名的中国问题研究专家、哈佛大学费正清教授曾经写道："20世纪50年代，现代化成为［中国］家喻户晓的名词"。即便在"文革"等非常时期，现代化也曾是个流行词。"文革"期间，周恩来总理代表毛泽东主席，曾经两次重提"现代化"：一次是在1971年人大会议，另一次是在1974年第四届人大《政府工作报告》。在1974年那次报告中，周恩来总理不仅重新强调现代化一说，而且再次将其内涵界定为"四个现代化"！1978年改革开放以来，工业化、现代化这两个术语一直不绝于耳，目前一些发达省份政府在"十二五"规划中，几乎千篇一律地都要写上一句话："率先实现现代化！"现代化一词再次成了最流行的术语之一。

现代化作为一种世界进程，绝不仅仅只有一条道路、一种实现方式。人们都已注意到，在世界的东方，在中国的大地上，创造了社会主义现代化发展的典范，成为同期世界经济发展中的奇迹，使中国以其他国家所不可望其项背的广度、深度、速度，推动着自己从建筑在传统的自给自足小生产基础上的古代文明，转向建筑在社会化大生产基础上的现代文明，整个社会发生了真实的变化。

一　中国经济社会发展道路的历史回溯

发展道路的形成不是一蹴而就的，而是一个循序的演变而最终蜕变的过程。所以，研究"中国发展道路"的形成，要求我们必须站在历史的角度，从新中国成立初期，再到现今的一个发展特点进行分析、理解。

中国社会主义现代化道路之所以成功，是与新中国成立初期几十年的探索分不开的。以毛泽东同志为首的老一辈无产阶级革命家在领导全国人民开创具有中国特色社会主义道路中虽然几经挫折，但不难发现，现今的许多经济、政治制度和改革方式都是与毛泽东一代的独特建设思想和理论分不开的，是其独特的社会主义模式理论思想的完善与发展。中国发展道路的历史过程从经济方向和特点上来看，可以分为中国改革开放前的发展模式及改革开放以来的发展模式。

改革开放前的发展模式，主体上是对苏联模式的一个效仿：国营经济处于绝对优势地位，高度计划统一的计划经济体制。但是这种效仿和运用是结合中国国情的一个试错过程。我们结合当时的国情可以知道，新中国成立初期，百废待兴。无论从政治结构、经济结构还是从文化结构上讲都是不完整的，甚至可以说是缺失的。尤其是面对构建社会主义社会这一个宏大目标，我们缺少一个事实上的依据，有的只是纯理论角度的不完善思考。是照葫芦画瓢地照搬苏联经验，还是独立自主地开拓创新，这是一个非常困难的抉择。但是可喜的是，我党抓住了马克思主义实事求是的理论精髓。毛泽东在 1955 年首先提出了，要以苏联模式为借鉴，探索适合中国国情的社会主义建设道路。毛泽东在后期也陆续强调，我们要学习一切国家的先进经验，包括资本主义的先进地方，对苏联不要迷信，要具体分析，对的就学，不对的就不学。1957年毛泽东在《关于正确处理人民内部矛盾的问题》一文中明确提出：我们的根本任务已从由解放生产力变为在新的生产关系下面保护和发展生产力。对于工业化道路的选择方面，毛泽东提出，要寻找一条符合中国国情的、与苏联不同的、可以避免社会主义苏联体制弊端的中国式道路。在具体实施现代化道路方面，毛泽东提出，要把社会主义建设过程分为两个步骤：第一步是建设"初级形式的社会主义"；第二步是建设"发达的社会主义"。这些都从思想的角度为中国社会主义的发展提出了明确的指导。中国改革开放前的发展模式过多地面临社会主义经济体制的建立和国民经济恢复的任务，在具体的实施手段方面，都是围绕这个主题展开的。在政治上，实行以中国共产党为领导的多党合作制度，以人民代表大会制度作为根本的政治制度，同时把民族资产阶级划入人民的范畴，实行积极的民族政策，实现了政治的稳定性和民主性。有了坚实的政治基础，在经济上实现了一系列的改革和制度落实。强调以农业为基础，正确处理重工业同农业、轻工业的关系。在农村实行"先合作化、后机械化"的发展路径。[①] 所有制上对民族资产阶级和中小资本实行和平赎买，对官僚买办资本进行没收。中国特色的社会主义经济形式得以形成，国民经济得以恢复和重建。社会结构上，以"城乡二元结构"为主体的社会结构模式得以构建。

十一届三中全会通过指导思想上的拨乱反正，中国社会主义现代化道路得以转移到以经济建设为中心上来。这一时期，在政治上，继续保持政府强有力的领导，同时不断扩大基层民主与社会法制的全面性与科学性范畴。执政理念也从保守向开放、民主和科学性过渡。在经济方面，大胆地引入市场经济，鼓励私营及外资经济的发展。通过一系列的市场化改革，

---

① 沈云锁、陈先奎：《中国模式论》，人民出版社，2007，第60页。

用实践成功地解释了市场经济的非意识形态化特征。同时逐步放宽资本市场，让国有企业充分参与市场竞争。大力解放了生产力并调动了国民经济的活力。慎重并科学地对国有企业的地位进行把握，提出国有企业的主导地位在于其控制力上的科学结论，从经济上把握住了社会主义的方向不动摇。在社会结构上，逐步放宽人口流动政策，同时采取一系列的社会结构政策和改革促进国民的阶层流动，加速了城镇化建设的步伐。

二 中国经济社会发展道路的主要特点

1. 立足于社会主义制度优越性的发挥，在建立市场经济体制过程中牢牢坚持社会主义原则和方向，把优越的社会制度与高效率的经济体制有机结合在一起

党的十一届三中全会以来，我们党在总结世界各国发展的历史经验，特别是在总结我国社会主义胜利和挫折的历史经验基础上，做出了十分明确的回答：我们一定要走自己的市场化发展道路。既要充分利用市场经济体制的推动力量繁荣经济，加快现代化的发展进程，又要走坚持公有制的主体地位和共同富裕的发展方向，走出一条非资本主义市场经济之路。坚持社会主义道路和建立市场经济体制是社会主义现代化同一命题不可分割的两个方面。只有坚持社会主义道路，才能保证市场经济发展的健康方向，克服资本主义市场经济发展过程中出现的许多问题和矛盾；只有建立市场经济体制，才能在中国这样经济文化落后的国家解决巩固和发展社会主义的问题，使社会主义制度在全世界重现自身的吸引力。渐进式改革的实践告诉我们：我国的社会主义市场经济体制是同社会主义基本制度结合在一起的，它是建立在公有制基础上，以共同富裕为目标的。社会主义制度的经济基础是公有制，在此基础上形成和发展起来的市场经济是公有制为主体的市场经济。因此，在改革进程中，党和政府一直强调：发展社会主义市场经济的目的不是削弱更不是否定公有制，而是为了巩固和发展这种所有制，充分发挥它的优越性。当然，我们也认识到：坚持公有制与发展市场经济既有相容的一面，也有矛盾的一面，正是由于这一矛盾性，在

私有制基础上形成的市场经济与在公有制基础上要建立的市场经济，在形成或建立的条件、方式等许多方面存在着相当大的差别。前者是经济史发展按自身逻辑演进的结果，而后者则在很大程度上依赖于经济主体创造条件，去寻求结合点和有效的结合方式。因此，改革开放30多年来，党和政府一直致力于探索公有制经济的具体实现形式，建立符合市场经济要求的自我激励、自我约束、自主经营、自我发展的市场主体。把实现共同富裕当做社会主义目标，并从社会主义本质高度把它提出来，已成为邓小平理论的重要组成部分。社会主义分配从实质上来说就是："创造财富，第一归国家，第二归人民"，"国家拿的这一部分，也是为了人民，搞点国防，更大部分是用来发展经济，发展教育和科学，改善人民生活，提高人民生活水平。"[①] 发展市场经济与实现共同富裕既有统一的方面，又有矛盾的方面。从根本上说，市场经济能够促进社会主义生产力更快地发展，有效地增加社会财富，有利于共同富裕。与此同时，发展市场经济又会在价值规律的分化作用下，导致收入差距过分悬殊。因此，在改革进程中，党和政府十分重视采取政策依法保护合法收入、取缔非法收入、整顿不合理收入、调节过高收入、防止两极分化。

2. 立足于经济文化落后的现实国情，选择符合国情的改革战略，造就改革深厚的现实基础

一是调整战略发展目标，从以速度为主要目标转移到以满足人民基本生活条件为主要目标，造就改革深厚的群众基础。中国原有的经济发展目标深深打上了苏联模式的烙印，它是以高速度地发展国民经济为主要目标，以重工业为固定的发展重点。党的十一届三中全会以后，我们加快了农业、轻工业的发展，降低了过高的积累率，有效地改善了人民生活，使产业结构趋于合理。这就为改革赢得了一个比较宽松的环境，使人民从改革中得到比较多的实惠。

二是在改革组织方式上，宏观改革与微观改革相结合，自上而下和自

---

① 《邓小平文选》第3卷，人民出版社，1992，第123页。

下而上相结合。我国的渐进式改革从本质上看是一种强制性的变迁，是一种政府主导型的自上而下进行的改革。然而，改革作为一种利益关系的调整，在某种意义上说是一场革命，如果完全由政府自上而下强制地加以推动，又难以获得足够的动力。中国改革的成功之处就在于，在坚持自上而下改革的同时，通过利益驱动机制，充分发挥各地区、各企业、农户等基层单位和市场主体在体制创新中的积极性，使它们能够根据实际需要，采取有效的改革措施，从而提高了改革的效率。

三是坚持重点突破与整体推进相结合。整体推进，重点突破，实质上就是以"面"统"点"和抓"点"带"面"，以整体统率部分和以部分促进整体。我国地广人多，各地经济发展水平不同，改革起步不一，采取"重点突破"的方式，才能扬长避短，取得主动。同时，由于旧的计划体制和行政权力关系密切，旧体制中财政体制、计划体制、企业机制等环节之间盘根错节，改革难度很大，障碍不小，只有不断抓住时机，重点寻求突破，才可能冲破旧的计划经济体制的羁绊。而且，体制破旧立新的改革是一个涉及面广的系统工程，每一项重大改革举措的出台，都需要相关领域的改革配套。重点突破如果孤军深入，不仅会彻底破坏现有的经济和政策秩序，造成社会的混乱和失控，而且具有很大的盲目性和破坏性，不可能满足社会理性发展的要求。因此，必须由坚强有力的国家权威机构对整个改革进程进行统一的协调和组织实施。在改革开放的实践中，企业整治、市场体系培育、价格的调放等诸多方面，无一不鲜明地凸显这一特点。

四是改革从体制外向体制内逐步推进，体制外突破与体制内改革相结合，"体制双轨制"成为渐进式改革普遍采用的过渡形式。渐进式改革由于先不触动许多既得利益，先不对旧的体制进行根本性的改造，而是先在旧体制的边际上发展新体制，因而必然出现一种"体制双轨"的局面，通过较长时期的"双轨制过渡"完成改革。比如，塑造市场主体，中国渐进市场化改革，不是通过国有经济的私有化，而是通过大力发展非国有经济，并同时探索公有制的具体实现形式以适应发展市场经济的客观要求。正是由于这种体制外与体制内相结合的改革道路，使中国的改革代价最小，人民得到的实惠最多。英国工党议会党团经济顾问约翰 · 罗斯把这一点看成中国改革成功的第一位原因。[①]

五是坚持对内改革和对外开放相结合，以对外开放带动对内改革，以对内改革促进对外开放。对内改革和对外开放是相互促进、相辅相成的。这既是我国30多年改革取得成效的重要经验，也是中国式渐进改革的一大特点。国外一些发达国家发展市场经济已有几百年的历史了，在长期的发展中积累了许多经验和教训，形成了各自的特色和优点。对外开放的一项重要内容就是要吸收世界各国在长期发展中所创立的文明成果，取他国之长，补本国之短，兼收并蓄，为推进我国改革、加快建立新的经济体制服务。实践证明，市场发育程度较低的中国，选择某些城市和地区采取优惠政策引进国外资金、技术和管理经验，允许这些地区以市场调节为主，有力地推动了中国社会主义现代化的发展。

3. 立足于社会主义现代化建设的全局和未来，实现改革、发展与保持稳定的良性循环

在不同的市场化方式下，改革与发展的关系具有不同的特点。激进式改革试图通过紧缩货币，一步放开价格，经过短期的生产和生活的下降以及经济社会秩序的混乱动荡所引起的阵痛，促使市场经济的形成。由于这种激进式改革是与经济结构的急剧变动、经济机制的严重断裂和经济行为不确定性结合在一起的，因而，经济改革的推进是以经济发展的暂时停滞和下降为代价的。中国社会主义现代化模式则强调改革与发展相互协调，试图在经济快速发展的条件下，稳步推进改革。几乎可以毫不夸大地说，改革、发展、稳定三者一致的基本原则，既是推进改革开放的基本方针，也是改革开放30多年取得巨大成功的主要历史经验，同时也是我国渐进式市场化改革呈现的重要特点之一。改革是这30多年保持连续稳定、走向持续发展的动力之源。这30多年中，正是对内改革、对外开放这两

---

① 参见〔英〕约翰 · 罗斯《为什么东欧和俄罗斯经济改革失败，而中国却取得了成功？》，原文载于俄国《经济学问题》杂志1992年第11期，转载于《当代国外经济学家论市场经济》，中共中央党校出版社，1994，第253页。

大动力，推动着中国出现了长治久安的新局面和持续发展的好势头。发展既是这 30 多年来改革开放、保持稳定的中心目标，反过来又是稳定社会、推动改革的有力杠杆。中国社会主义现代化道路不仅没有像某些采取"休克疗法"的国家那样，带来政治动乱和社会解体，而是迎来了一个持续发展的黄金时代。稳定是这 30 多年改革与发展的前提条件和政治保证。

三 中国经济社会发展道路的反思

我国目前经济社会发展总体是好的，但是在某种程度上也出现了一些问题，这些问题必须从发展的价值维度进行审视，才能使我国的经济社会发展走向良性轨道。中国经济发展的伟大与成功虽然不能被否认，但是它和污染、廉价劳动和失业危险相关联。[①] 社会主义市场经济体制的初步建立，表明中国社会主义现代化模式道路的基本形成，但中国社会主义现代化的任务还远未完成，渐进式的市场化改革仍然任重道远。近些年来，随着改革的深入发展，改革中出现了一些新的问题，有些矛盾和问题甚至相当尖锐，这引起人们对改革的一些深层次思考。面对就业、产业结构、城乡结构、居民收入差距等诸多社会问题，我们需要好好地总结与反思我们的道路到底在哪些方面还存在着巨大的问题，这些问题的本质是什么。这些矛盾不能解决，中国社会主义现代化模式就不能说是科学的，成功的。怎样妥善处理社会矛盾，解决日益尖锐的社会问题，科学发展观给了我们一些思想上的指导。

科学发展观是我党对中国特色社会主义建设的经验总结，但是它却不仅仅是总结，更是一种提升和一种科学的思维模式，具有与时俱进和可持续性的特点。坚持科学发展观的思想指导才能保障中国社会主义现代化模式的科学性与长久性。

---

① Gideon Rachman，"The road evidence that China？ A soft power policy is working," *Financial Times*，February 19，2007.

1. 要坚持以人为本，从数字 GDP 的片面追求到福祉 GDP 的转变

改革开放以来，我们的国民财富与社会积累无论从速度还是量上来说，都取得了不错的成绩。但是在这个巨量的经济积累的后面，人民的实际生活水平和幸福指数并没有得到相应的增长，社会的和谐度也没有得到相应的提升。甚至我们在过度追求经济发展的同时，连我们最基本的生存环境也给破坏了，有的甚至难以修复。我们社会的发展是以人的全面发展和人民生活的幸福为最终目标的。只有经济的积累富足，却没有施惠及人民，是一种虚假的富足，是一种不切实际的富足。我们必须重视经济增长过程中居民生活、生态环境、社会环境、公共服务的提升。让经济增长"取"自于民，"惠"及人民。

2. 要建立健全法制机制与社会监督机制，提高人民的政治话语权与政治参与权

依法治国是促进社会管理公平的根本途径，是我党治国的基本方略。建立健全法制机制的根本是完善各项法律法规的"与时俱进"和"开拓创新"，使得"有法可依"。加强社会监督，则有利于提升国家政策、国家机关工作的合法性和实效性，同时最大限度规避"人治"风险。建立健全法律体系与社会监督体制，可以提升人民权利的保障性与人民权利诉求的时效性，是提升我党执政科学性与执政民主性的重要补充，也是中国政治发展道路与时俱进的根本要求。社会民主建设，不单纯是使得人民权利得以申诉和落实，更多地还是要给人民一定的政治参与空间。我们必须认识到，公民的政治参与热情提升是社会发展进步的表现，给人民以话语权和政治参与权，这既是执政党了解民众需求、化解社会矛盾的一个很好途径，也是中国社会民主化发展的必然之路。

3. 要坚持营造社会文化氛围，实现文化、信仰健康发展

"贫穷不是社会主义"，这个贫穷不仅仅是指代物质上的匮乏，对于一个全面发展的人来说，精神诉求是人的高层次发展的必然要求，只有最终达到精神需求的满足感，人们才是幸福的，人才实现了全面发展。邓小平曾经说过只有物质文明与精神文明建设都超过西方，才是中国特色的社会

主义。推进社会主义文化建设必须坚持以人为本、面向群众，最大限度地满足人民群众的精神文化需求。①

4.要坚持可持续发展的观点，重视科技、创新与生态文明构建

新中国成立60多年的经济发展伴随着一个事实——我们的经济增长是与自然资源的过度消耗分不开的；是与"先污染，后治理"的道路分不开的；是与粗放式的经济发展道路分不开的。最终的结果就是，我们在收取短暂的经济红利的同时，留下了一笔笔需要向自然偿还的账单。另一方面，改革开放以来，我国长期存在的廉价劳动力的"人口福利"，也为经济增长提供了持久而重要的支持。在今天这个社会转型阶段，这些成为了急需解决的社会问题。面对巨大人口基数下社会发展的能源需求和社会需求，我们必须寻求一个可持续的发展路径。我们要深刻地认识到坚持可持续发展的必要性与紧迫性。坚持科学精神与创新精神将是我们坚持和持续贯彻可持续发展的有力保障和必然之路。坚持科学与创新，有利于我们寻求更恰当的途径化解社会矛盾；有利于我们寻求满足经济与社会发展的巨大需求的合理途径；有利于我们提升人口素质，延长人口福利和拓展社会整体生产力；有利于我们构建生态文明社会，最终实现我们的社会主义和谐社会的理想与目标。

5.要坚持全面发展的观点，重视经济、社会与人的全面进步

坚持科学发展观全面发展的观点，就是要求坚持社会主义经济建设、政治建设、文化建设、社会建设的全面发展，就是要求我们坚持物质文明、精神文明、政治文明、生态文明的全面进步。坚持全面发展的观点是由社会主义的本质所决定的。我们建设社会主义的目的是通过解放与发展社会生产力，达到社会主义和谐社会的最终构建。社会主义和谐社会是物质富足、精神充裕、文化繁荣、社会安定、生态和谐的社会形态。和谐社会的本质不是指单方面的发展，而是整体的提升与共融。面对我们正处于社会

---

① 刘云山：《中国特色社会主义文化建设的实践探索与理论思考》，《求是》2010年第20期。

主义初级阶段的现实国情，中国发展道路必须坚持以经济建设为中心，以发展为重点，重视社会其他层面的发展诉求，最终达到经济、社会与人的全面进步要求。

站在 21 世纪第二个十年的历史起跑线上，我们要有卓越的政治智慧，强烈的忧患意识。我们总结中国社会主义现代化模式，并不是一种单纯的总结，而是希望在总结中发现问题，为未来的发展提供一个借鉴和方向。我们所研究的中国发展道路，不是单纯的经济发展道路，而是在政治方面、经济方面、文化方面等全面进步的一个发展道路。我们要坚持渐进式改革，不断把具有中国特色的社会主义建设事业推向新的高度。历史与现实、理论与实践、国际与国内的经验教训可以雄辩地证明：一个现代化国家中的政治体系，取决于政党的力量。这是现代政治学的一个基本结论。因此，党的状况如何，不仅关系到党的生死存亡的大问题，而且对国家和民族的命运具有决定性的意义，决定着中国社会主义现代化模式的兴衰成败。

总之，从发展的理性维度评价我国当前经济发展的实践，是值得充分肯定的，其主要体现在我国的国内生产总值持续快速地增长。但经济发展的一些价值问题也凸显出来，从发展对人民群众的意义上来说，确有很多需要我们注意的问题。党和政府根据我国的经济社会发展现实，适时进行了调整，凸显经济发展的价值维度。

作者简介

胡伯项 南昌大学马克思主义学院院长，教授，博士生导师，长期从事马克思主义理论的教学和研究工作。中国科学社会主义学会理事、江西省科学社会主义学会副会长。江西省教学名师，江西省高等学校中青年学科带头人，江西省高校哲学社会科学领军人才，江西省高校思想政治理论名师。

在《光明日报》《高校理论战线》《科学社会主义》《学术月刊》《社会科学》（上海）、《思想教育研究》《马克思主义与现实》《当代经济研究》《社会主义研究》《学术论坛》等在全国有一定影响的刊物上发表论文多篇。主编著作8部，参编著作、教材12部，专著1部。

塑造阳光心态 成就幸福人生

　　承蒙江西省社联的厚爱，今天非常高兴来到昌河飞机工业公司，和各位朋友们一起共享幸福话题。景德镇是一个著名的文化古城，源远流长的陶瓷文化不仅是江西人民的骄傲，更是我们中华民族赖以生存的精神基因。昌河公司的高度，加上景德镇传统文化的深度，足以让在座的各位感到自豪和幸福。与其说我给大家讲幸福课，不如说我来分享大家的幸福。接下来我们就一起分享。今天，我和大家分享的主题是："塑造阳光心态 成就幸福人生"！

　　就这一主题我和大家分享以下三个问题：

　　第一，什么是幸福？幸福的要素和特点是什么？

　　第二，如何增进幸福的主观体验？

　　第三，如何塑造阳光心态，提升幸福力？

一　什么是幸福？幸福的要素和特点是什么？

　　大家都知道，在 2010 年、2011 年连续两年的全国"两会"上，温家宝总理在作政府工作报告时表示，"我们所做的一切都是要让人民生活得更加幸福、更有尊严""让国人幸福感倍增"。此后的两年来，幸福的话题不断索绕在我们的耳畔。有媒体不完全统计，全国至少有 18 个省市区明确提出了"幸福社会"的概念。2011 年数据则显示，已有 100 多个城市提出建设"幸福城市"。

前些日子，中央电视台记者搞了一次"你幸福吗？"的调查活动，这个活动引起了社会各层面的反响，也引起了更多人对幸福的关注。媒体、政府、学术界、基层民众等都在讨论什么是幸福。有人说：健康平安、家庭和睦是幸福，美满婚姻、成功事业是幸福；也有人说：自尊、乐观是幸福；还有人说：幸福是公正、自由、和谐等；这些都是幸福的要素。

古希腊哲学家伊壁鸠鲁说过："幸福是人身体的无痛苦和灵魂的无纷扰。"

从这众多的要素中，我们可以总结一下，作为一个自然人，一个个体，幸福的主要要素依次是以下几个方面。

1. 健康的体魄，是幸福的基石

为什么说健康的体魄是幸福的基石呢？我们来分享一个案例。

国际电影巨星阿诺 · 施瓦辛格于 1947 年 7 月 30 日出生在奥地利格拉茨的特尔村。10 岁生日那天，父亲让儿子说出自己的人生理想。小施瓦辛格面对生日蛋糕上的蜡烛许下了三个愿望：第一，成为世间最强壮的人；第二，成为成功的商人；第三，成为出色的政治家。以后的日子里，施瓦辛格都在为自己的理想而奋斗。他相信练健美是强身的好办法，只有身体好才能实现其他的目标。他开始刻苦而持之以恒地练健美，3 年后，凭着发达的肌肉和健壮的体格，他逐步成为欧洲乃至世界的"健美先生"。

施瓦辛格不仅身体强壮，而且心理健康，社会适应良好。他按照自己设定的人生目标，靠自身的力量克服困难，积极进取。

22 岁时，他进了美国好莱坞，花了 10 年的时间，利用自己在体育方面的成就，一心塑造硬汉形象，终于让他在演艺界声名鹊起，逐步成为当红明星。当他的电影事业如日中天时，2003 年，年逾 57 岁的他，告老退出了影坛，转而从政，并成功地竞选为美国加州州长。

阿诺·施瓦辛格的经历让我们记得这样一句话：思想有多远，我们就能走多远。思想如何才能走远，需要有健康的"体"和"魄"，即身心的健康。

2. 目标和期望，是幸福的内在动力

马斯洛需求五层次分别是生存需求、安全需求、归属（社交）、受人尊敬以及自我实现的需求。一个人实现基本的需求是容易的，但实现较高需求是需要心理动力的。这种心理动力表现为人的目标和期望以及维持目标和期望实现的内心信念。自我实现是一个人更本质的快乐，是快乐的起始和极致。大家都记得那位匿名捐赠80亿美元财产的查克·费尼。他自己过着简陋淳朴的生活，把钱捐出去，甚至不用自己的名字命名基金会，不把自己的名字镌刻在捐赠的大楼上，只是在看到一位受他捐赠做了兔唇手术的女孩脸上绽开的笑容时，得到由衷的快乐和幸福。他的所作所为甚至不是为了得到人们的尊重，而仅仅为了救助他人这件事给他内心带来的快乐和幸福感。查克·费尼的人生目标和期望就是为了他人，所以，他由衷地幸福。

3. 正常的情绪情感，是幸福的源泉

有了健康的体魄、目标和期望就幸福了吗？不一定，幸福的人还要有正常的情绪情感。正常的情绪情感是人体验幸福、感受幸福的条件，也是人获得幸福的源泉。试以张国荣为例。

张国荣（1956年9月12日－2003年4月1日）生于中国香港，是一位在全球华人社会和亚洲地区具有影响力的著名歌手、演员和音乐人，大中华地区乐坛和影坛巨星，演艺圈多栖发展最成功的代表之一。他是20世纪80年代香港乐坛的殿堂级歌手之一，曾获得香港乐坛最高荣誉金针奖。他是第一位享誉韩国乐坛的华人歌手，也是华语唱片在韩国销量纪录保持者。他于1991年获得香港电影金像奖最佳男主角奖；1993年主演的《霸王别姬》打破中国内地文艺片在美国的票房纪录，他也凭此片蜚声国际影坛，并获得日本影评人大奖最佳男主角奖以及中国电影表演艺术学会奖特别贡献奖。

这样一位成功人士，我们一定认为他很幸福，其实不然。张国荣并不幸福。因为，张国荣在其46年的人生生涯中有太多的性格、人格、心理等问题。他是一个有才华的人，但他不是一个健康的人，尤其表现在他的情绪情感上。他曾经说过："过去我一直觉得人有喜怒哀乐的情绪，我只是不喜掩饰，用自己的真性情去待人处世，有什么不对呢？但批评的话听得多了人也逐渐成熟。有一次自我反省之下，才幡然醒悟，以前待人处世的态度是太过任性了，有时会令人觉得难堪，于是决心改变自己的性格。我将自己的心胸扩阔，对一切都采取包容的态度，不再以自我为中心，将自己更加开放，让自己有更多接受人家批评的雅量。"

从他的自我表述中，我们可以看到，张国荣也在极力控制、改善他的非理性的情绪情感，但是自身的力量远远不够，不足以让他走出各种各样的坏情绪，也难以让他体验到成功带来的幸福感。

4. 助人自助的能力，是幸福的条件

有这样一个感恩励志故事。一个穷苦学生，挨家挨户地推销货品。到了晚上，发现自己的肚子很饿，而口袋里只剩下一个小钱，他便下定决心，到下一家时，向人家要餐饭吃。然而，当一位年轻貌美的女孩子打开门时，他却失去了勇气，他没敢讨饭，只要求一杯水喝。女孩看出他饥饿的样子，于是给他端出一大杯鲜奶来。他不慌不忙地将它喝下，而且问："应付多少钱？"而她的回答却是："你不要付一分钱。母亲告诉我们，不要为善事要求回报。"于是他说："那么我只有由衷地谢谢了。"当郝武德 · 凯利离开那个人家时，不但觉得自己的身体强壮了不少，而且信心也增强了起来。他原来已陷入绝境，准备放弃一切。数年后，那个年轻女孩病情危急，当地医生都束手无策，家人终于将她送进大都市，以便请专家来检查她的病情，他们请到了郝武德 · 凯利医生来诊断。当他听说病人是某某城的人时，他的眼中充满了奇特的光芒。……经过努力，终于帮那个女孩摆脱了病魔。最后，批价室将出院的账单送到凯利医生手中，请他签字。医生看了账单一眼，然后在账单边缘上写了几个字，就将账单转送到她的病房里。女孩不敢打开账单，因为她确定，她一辈子才能还清这笔医药费。但最后她还

是打开看了，而且账单边缘上的一些文字，特别引起她的注意。她看到了这么一句话："一杯鲜奶已足以付清全部的医药费！"签署人：郝武德·凯利医生。她的眼中充满了泪水……

幸福是创造出来的，一味地从别人那里得到的东西，不能使自己保持长久的满足感。要想创造，就必须有能力。这种能力包括创造物质财富和精神财富的能力，还要有调控自己的能力。郝武德·凯利医生，得到帮助后自强不息、积极进取，获得了帮助他人的能力；而帮助他的年轻女孩，是帮助了一个需要帮助的人。他们帮助了别人，事实上都帮助了自己，他们获得了人生幸福的条件。

达到了上述四个方面，一个人就幸福了吗？有人幸福，有人仍然不幸福。

幸福是什么？幸福就是人们心理欲望得到满足的过程，是一种持续时间较长的对生活的满足和感到生活有巨大乐趣并自然而然地希望持续久远的愉快心情。

从这一定义，我们可以概括出幸福有以下几个特点。

（1）幸福是物质需要与精神满足的统一。物质是满足人们各种需要的基础，没有物质的东西，需要得不到满足，幸福也就无从谈起。但人不同于一般的动物，在满足了物质需求的同时还需要满足精神需求。人对幸福的感受最主要的取决于精神需求的满足。

（2）幸福是不断发展变化的。人追求幸福是无止境的，不管是哪个层面上的需要都是永远不会满足的，否则社会就不可能不断发展进步，人的每一次满足都是暂时的，一个满足之后就又是一个新的起点，每一次的满足都是一个新需要的开始。所以，幸福的获得是需要有渴求、有欲望。

（3）幸福是暂时的、相对的。人们在某一方面得到的幸福只是暂时的，随着时空的变化，这种幸福也会稍纵即逝。在时间的推移中，人们对幸福的感受是呈递减性的。幸福的相对性是因为我们经常在比较中获得感受。一个老太太坐在路边哭，她丢了100元钱，路人劝她劝不住。路人再往前走，又有一个中年妇女号啕大哭，她丢了给孩子上大学的3000元学费，路人又劝她，围观的人纷纷抱不平。后面的老太太停止了哭泣，凑上前去一听，破涕为笑，原来还有比我倒霉的。

（4）幸福既表现为客观表象，又表现为主观体验。在客观上，幸福表现为经济的、政治的、文化的、社会的、环境的等各种条件的积累，但这些条件并不一定引起幸福的感受；而幸福的主观体验，有时又依赖客观表象。所以，幸福是需要去感受的。

对幸福的探讨，是一个历久弥新的话题。可以说，人类历史就是探索幸福的历史。人们不断努力追求幸福、积极体验幸福。但是，是什么架起了追求幸福和感受幸福的桥梁呢？这就是我要讲的第二个问题。

二 如何增进幸福的主观体验？

心态就是我们的心理态度。有句俗话说："你把别人看成天使，你就活在天堂里，你把别人看成魔鬼，你就生活在地狱里。"心理态度积极、健康，就能体验到更多的满足和幸福；心理态度消极、阴暗，就很难体验到满足和幸福。因此，要最大限度地增进幸福的主观体验，需要塑造阳光心态。阳光心态就是积极的、健康的、包容的、执著的心理态度。

首先，阳光心态是积极的。有位秀才两次进京应考未第，又第三次进京赶考，住在一个经常住的店里。考试前两天他做了三个梦，第一个梦是梦到自己在墙上种白菜，第二个梦是梦见下雨天，他戴了斗笠还打伞，第三个梦是梦到跟心爱的表妹脱光了衣服躺在一起，但是背靠着背。

这三个梦似乎有些深意，秀才第二天就赶紧去找算命先生来解梦。算命先生一听，连拍大腿说："你还是回家吧。你想想，高墙上种菜不是白费劲吗？戴斗笠打雨伞不是多此一举吗？跟表妹都脱光了躺在一张床上了，却背靠背，不是没戏吗？"

秀才一听，心灰意懒，回店收拾包袱准备回家。店老板非常奇怪，问："不是明天才考试吗，你怎么今天就回乡了？"

秀才把做梦解梦的事如此这般说了一番，店老板乐了："哟，我也会解梦的。我倒觉得，你这次是大有希望，一定要留下来。你想想，高墙上种菜不是高种（中）吗？戴斗笠打伞不是说明你这次是万无一失、有备无患吗？跟你表妹背靠背躺在床上，不是说明你翻身的时候就要到了吗？"秀才一听，更有道理，于是精神振奋地参加考试，居然中了个探花。

积极的人，像太阳，照到哪里哪里亮；消极的人，像月亮，初一十五不一样。心态决定我们的生活，有什么样的心态，就有什么样的感受，也就有什么样的生活。

其次，阳光心态是健康的。在这里和大家分享一个故事。一次，美国前总统罗斯福家失盗，被偷去了许多东西，一位朋友闻讯后，忙写信安慰他，劝他不必太在意。罗斯福给朋友写了一封回信："亲爱的朋友，谢谢你来信安慰我，我现在很平安。因为第一，贼偷去的是我的东西，而没有伤害我的生命；第二，贼只偷去我部分东西，而不是全部；第三，最值得庆幸的是，做贼的是他，而不是我。"

这就是健康的心态，正确看待失盗。不抱怨、不沮丧、不仇恨，以最大的心理能量接纳现实，适应现实，用光明照亮现实。

再次，阳光心态就是能包容的心态。关于天堂与地狱，有这样一个故事。有人问教士天堂与地狱的区别，教士把他领进一间屋子，只见一群人围坐在一口大锅旁，每人拿一把汤勺，可勺柄太长，盛起汤也送不到嘴里，一个个眼睁睁地看着锅里的珍馐饿肚子。教士又把他领进另一间屋子，同样的锅，人们拿着同样的汤勺却吃得津津有味。原来他们是在用长长的汤勺相互喂着吃。教士说："刚才那里是地狱，这里是天堂。"

一位哲人曾说过：天空收容每一片云彩，不论其美丑，故天空广阔无比；高山收容每一块岩石，不论其大小，故高山雄伟壮观；大海收容每一朵浪花，不论其清浊，故大海浩瀚无比。如果我们仔细思考或许会发现，海纳百川，包容一切。但大海也就是在包容一切的同时，也强大了自身。因此包容不仅仅是付出，也是获取；包容是一种能力，也是一种美德。

最后，阳光心态就是执著的心态。有一个事例我们不得不提：美国标准石油公司里，有一位推销员叫阿基勃特。他在住旅馆的时候，总是在自己签名的下方，写上"每桶四美元的标准石油"字样，在书信及收据上也不例外，签了名，就一定写上那几个字。他因此被同事叫做"每桶四美元"，而他的真名倒没有人叫了。就这样，在不经意间，许多客户都知道了产品的价格，纷纷找他订货。公司董事长洛克菲勒知道这件事后深受感动，说："竟有职员如此努力宣扬公司的声誉，我要见见他。"于是，邀请阿基勃特共进晚餐。后来，洛克菲勒卸任，阿基勃特成了第二任董事长。

一个人的成功贵在坚持，在于把每一个细节做到位、做到底，快乐幸福其实就在做的过程中。

以上我们探讨了什么是阳光心态。懂得了阳光心态之后，重要的是我们如何塑造阳光心态。

三 怎样塑造阳光心态？

拿破仑 · 希尔说："观念决定心态，心态决定命运"。我们关于幸福的心理态度，就决定于我们的幸福观。你对幸福有怎样的看法，就决定你用怎样的心态对待它。有一位老人，坐火车去看望儿子，在车上拿出一双珍藏了许久的新布鞋，放在火车的小茶桌上，在大家欣赏、谈论之中，一阵风把老人的一只鞋吹掉在车窗外。一片遗憾声中，有人劝老人下站下车去找找，有人劝老人再配一只鞋……老人停顿片刻后，拿起另一只鞋迅速扔出窗外，大家都愣住了。老人说，扔下去说不定被别人捡到，他们还能用得上。

这就是这位失鞋老人的心态，这种心态是由他的观念决定的。老人认为：这双鞋穿在谁的身上，都是穿。捡到一双鞋的人一定会像我拥有这双鞋一样高兴。既然我得不到，为什么不让别人去拥有呢！

因此，塑造阳光心态需要改变我们的观念。改变哪些观念呢？

首先，改变我们的生命观。

罗曼 · 罗兰曾说："世界上只有一种英雄主义，那就是了解生命而且热爱生命的人。"每一个人都应该竭尽全力寻找珍爱生命的理由！

珍爱生命要明确生命与生活的关系。生命是基础，是根本，生活是条件，是过程。生活是为生命服务的。在现实生活中，绝大多数人是为生活而活着，无止境地追求物质利益。不是说追求物质利益是错误的，在追求的过程中应关照生命的需要，关照构成生命品质的精神满足、美德需要。我们要活出生命的精彩，而不是生活的富有。

珍爱生命要明确生命过程有顺境和逆境。顺境我们能够享受，逆境我们能够战胜，因为它们都是生命的一部分。无论在任何情况下，自信地活着、享受生命过程中的美好，为自己设置一个幸福的"心理高度"，不断寻找获得幸福的方法。其实，获得幸福的可靠方法，就是通过控制你的思想而获得。幸福并不是依靠外在力量，而是依靠内在力量获得。每个人应该充分体验人生中不经意的些许幸福感受。

前些时候，富士康出现"十几连跳"事件，在社会上引起了巨大的反响，他们为什么轻生？有一点可以肯定，他们的生活不幸福，工作不快乐。他们除了是上班的机器、赚钱的机器之外，没有找到生命的意义在哪里！这是一个沉痛的教训，企业幸福文化的构建非常迫切。

其次，改变我们的财富观。

价值观就是每个人判断是非黑白的信念体系。价值观的冲突是一切矛盾的根源。财富，一方面包含了我们生存所需要的价值即工具价值，另一方面包含了我们幸福所需要的价值即理性价值。一部高档手机，98%的功能是没用的；一款高档轿车，98%的速度是多余的；一幢豪华别墅，98%的面积是空闲的。但在实践中，我们往往忽略理性价值，而无止境地追求工具价值。所以，现在的人们不开心、不快乐、不幸福。

幸福＝效用÷期望值。这个公式告诉我们，幸福感类似于满足感，它实际上是现实的生活状态与心理期望状态的一种比较，两者的落差越大，则幸福感越差。如果效用相对稳定时，就减小期望；期望相对稳定时，就扩大效用。但效用和期望都是一个变化的因素，要真正提升幸福感，就需要保持效用与期望值的相对平衡。

有朋友从二十几岁做小生意，起早贪黑很辛苦。年近五十的夫妻俩管理着一个大公司，没有时间照顾孩子，孩子有意见；没有时间问候父母，父母有意见；没有时间看望亲朋好友，亲朋好友有意见……有一天的一个下午，男主人回家取东西，远远看见自家别墅的阳台上，年轻的小保姆坐在自己精心挑选的摇椅上，享受午后温暖的一方斜阳。此时的男主人，眼前一亮，这不就是我想要的生活吗？我已经得到了，可我没有享受它。从此，他们把公司的管理大权交给了别人，自己去享受生活了。

再次，改变我们的工作观。

美国汉诺瓦保险公司总裁在论工作时说道："因为对个人而言，健全地发展才能成就个人的幸福。只寻求工作外的满足，而忽视工作在生命中的重要性，将会限制我们成为快乐而完整的人的机会"。在今天的社会现实中，有不少人对待工作的观念和态度是值得质疑的，比如，有些领导干部把领导岗位当做自己谋求私利的平台，严重模糊了"公权"和"私权"的界限。虽然自己也努力工作，但往往用金钱、美色等功利的东西去寻找平衡，这样，既亵渎了党和人民交给他的权力，也亵渎了自己的才华，亵渎了一份本该快乐的工作。再比如，科学研究的意义是人类好奇心的满足，是研究方法的探索，是科学知识的构建。然而，在今天的科学研究队伍中，不少人把科学研究仅仅当做谋生的手段、当做晋升的台阶、当做名利获取的条件。有的人弄虚作假，有的人托关系走后门，在学界形成了各种各样的不正之风。由此，科学研究不仅没有给他们带来乐趣、没有满足他们的好奇心，而是无形中增加了压力，甚至带来了痛苦。其实，科学研究就是一份工作，是一份有意义的工作，研究不管成功与否，都是一种对未知领域的探索，都能为他人的研究提供帮助。

有这样一个故事：一群孩子在一位老人家门前嬉闹，叫声连天。几天过去，老人难以忍受。于是，他出来给了每个孩子25美分，对他们说："你们让这儿变得很热闹，我觉得自己年轻了不少，这点钱表示谢意。"孩子们很高兴，第二天仍然来了，一如既往地嬉闹。老人再出来，给了每个孩子15美分。他解释说，自己没有收入，只能少给一些。15美分也还可以吧，孩子们仍然兴高采烈地走了。第三天，老人只给了每个孩子5美分。孩子们勃然大怒，"一天才5美分，知不知道我们多辛苦！"他们向老人发誓，他们再也不会为他玩了！

人的动机分两种：内部动机和外部动机。如果按照内部动机去行动，我们就是自己的主人。如果驱使我们的是外部动机，我们就会被外部因素所左右，成为它的奴隶。在这个故事中，老人的算计很简单，他将孩子们的内部动机"为自己快乐而玩"变成了外部动机"为得到美分而玩"，而他操纵着美分这个外部因素，所以也操纵了孩子们的行为。故事中的老人，就像你从工作中得到的表扬、工资、奖金、住房等各种各样的外部奖励，为自己的快乐而工作的内部动机却没有被激发。未来我们的企业文化应该引导广大职工激发内在动力，体验工作带给我们的成就感、幸福感。

以上三大观念，其实就是我们的人生观即人生的目的、态度和意义的具体应用，它是人生的核心问题。

各位朋友：幸福掌握在自己手中，请主动控制我们的心理能量；幸福的秘诀在于我们的精神世界，请关注我们的心灵健康；幸福是只能意会不能言传的主观魔咒，请适时勾勒属于自己的幸福蓝图。

作者简介

秦秀清 山西大同人，江西理工大学文法学院教授，副院长，硕士生导师，国家二级心理咨询师，国家劳动部高级职业指导师。研究方向为大学生思想政治教育，青少年心理咨询与心理健康教育。1988年中南大学思想政治教育专业本科毕业。主要从事大学生思想政治理论课教学与研究。江西省中青年骨干教师。近5年来，先后主持完成省部级科研项目12项，撰写学术论文16篇、专著1部，获江西省教学成果一等奖1项，江西省第十二、第十四次社科成果三等奖2项。

陈始发

关于科学总结中国苏维埃运动历史经验的若干思考

一　中国苏维埃运动兴起与落幕的考察

十月革命一声炮响，给中国送来了马克思列宁主义，同时也送来了苏维埃。中共创建初期就确立了"苏维埃"的奋斗目标。1921年中共一大表示"承认苏维埃管理制度"，1922年二大倡导"工人和贫民与小资产阶级建立民主主义的联合阵线"，第一步建立"民主共和国"，第二步建立"工农苏维埃共和国"。但是，1923年三大又认为，当前的主要任务是参加国民革命，联合世界的无产阶级和各殖民地的被压迫民族，缩短自政治革命到社会革命的过程，从而达到共同的最高目的即"建立无产阶级独裁制，创造世界的苏维埃共和国"。1927年9月19日，中共中央政治局通过的《关于左派国民党及苏维埃口号问题议决案》强调，"现在的任务不仅宣传苏维埃的思想，并且在革命斗争新的高潮中应成立苏维埃。"[①] 中国"移植苏维埃"由此真正开始。1935年8月起，中共开始调整苏维埃政策，先后通过

---

① 《中共中央文件选集》第3册，中共中央党校出版社，1983，第312页。

《中国苏维埃政府、中国共产党中央为抗日救国告全体同胞书》（即《八一宣言》）、《中央关于目前政治形势与党的任务决议》，表示只要国民党军队停止进攻苏区，实行对日作战，红军愿立刻与之携手，共同救国，并通过谈判成立国防政府，组建抗日联军；为了适应建立广泛的抗日民族统一战线的要求，将"工农共和国"改为"人民共和国"。1936 年 9 月，《中共中央关于抗日救亡运动的新形势与民主共和国的决议》决定，将"人民共和国"的口号与体制发展为"民主共和国"。西安事变与抗日战争加速了苏维埃运动的落幕。1937 年 1 月 20 日，《共产国际执行委员会书记处给中共中央的电报》建议：将苏维埃政府变为人民革命政府；将红军变为人民革命军；只在中心城市保留苏维埃，并且不是作为政权机构，而是作为群众组织；放弃普遍没收土地的做法。2 月 10 日，《中共中央给中国国民党三中全会电》第一次明确提出"苏区"改制的主张，即"工农政府改名为中华民国特区政府，红军改名为国民革命军，直接受南京中央政府与军事委员会之指导"。[1] 7 月 15 日，中共中央向国民党递交《中国共产党为公布国共合作宣言》，郑重声明，"取消现在的苏维埃政府，实行民权政治，以期全国政权之统一。"9 月 6 日，中华苏维埃共和国政府西北办事处正式改组为陕甘宁边区政府，直属南京政府行政院。10 月 12 日，国民政府行政院于 1937 年 10 月 12 日召开第 333 次会议，通过了关于陕甘宁边区行政长官的任命事项，"委派丁惟汾为陕甘宁边区行政长官，林祖涵为副行政长官，丁惟汾未到任前，由林祖涵代理案。"[2] 11 月 10 日，陕甘宁边区政府改称为"陕甘宁特区"。至此，苏维埃运动正式结束。

二 科学总结中国苏维埃运动经验的前提是必须正视运动期间所犯的严重错误

十年苏维埃运动期间，既犯了长时间领导层面的系统错误，集中体现

---

① 《中共中央文件选集》第 10 册，中共中央党校出版社，1986，第 135 页。

② 宋金寿主编《陕甘宁边区政权建设史》，陕西人民出版社，1990，第 117 页。

为连续三次的"左倾"错误，同时又在苏联镇压反革命的诱导与共产国际的要求下，开展了持久的肃反运动，造成了严重的损失和挫折。唯有正视这些错误，并给予深入分析，才可能继续科学总结苏维埃运动的历史经验。

1. 三次"左倾"错误的特点

三次"左倾"错误的共同特点都是错估了革命形势，提出了过"左"的目标任务，带来了无法估量的损失，使革命一次次重新陷入低潮。但是，三次"左倾"错误的发生又有其独特背景。

瞿秋白"左倾盲动主义"发生的背景是弥漫党内的强烈复仇心理。以武汉地区为例，1927 年初武汉的党员有 8000 余人，"七一五"政变后迅速减少了 5000 人，到 8 月中旬又减少了 1000 余人，到 9 月则只剩下约 1000 人。11 月中央临时政治局通过的《中国现状与共产党的任务》提出"杀戮豪绅"，"歼灭地主豪绅及一切反革命派"，"极端严厉绝无顾惜的杀尽豪绅反革命派"[1] 的口号。12 月 11 日，广州苏维埃政府发布的《告民众》要求，"全广东农民即刻暴动起来，没收一切土地，杀尽地主富农。"[2] 湘南暴动中号召，"杀！杀！杀尽豪绅反革命，烧！烧！烧尽他们的巢穴"。

李立三"左倾冒险主义"的发动则与当时国内外严重的政治危机密切相关。1929 年底，世界经济大危机爆发，资本主义各国被迫寻找出路，德国、日本、意大利等国甚至走上法西斯道路。国内则爆发了空前规模的中原大战。据此，共产国际先后向中共中央发出四封指示信，认为中国已进入深刻的全民族危机的时期，已经可以并且应当准备群众，去实行革命的推翻地主资产阶级联盟的政权，建立苏维埃形式的"工农独裁"。1930 年 6 月中央政治局通过的《新的革命高潮与一省或几省的首先胜利》认为，"空前的世界大事变与世界大革命的时机，都在逼近我们的面前"，中国革命一爆发就会"掀起世界的大革命"，中国一定会在最后的决战中取得完全的胜利，提出"会攻武汉，饮马长江"。

---

[1] 《中共中央文件选集》第 3 册，中共中央党校出版社，1983，第 374、376 页。

[2] 《广州起义》，中共党史资料出版社，1988，第 121 页。

王明的"左倾教条主义"与其"残酷斗争，无情打击"的宗派主义有关。1931 年 1 月，王明所作的《为中共更加布尔什维克化而斗争》体现了六届四中全会的精神。他批判"立三路线"的实质"是用'左倾'词句掩盖着实际上的右倾机会主义"，"右倾依然是党内目前主要危险"，宣称必须从思想上、政治上、组织上全面彻底改造党。经过多次失败，各苏区对于脱离实际的"左倾"路线的危害已经有了深刻认识，比六届三中全会路线还要"左倾"的六届四中全会路线要推行下去显然相当困难。唯一的办法就是派遣钦差大臣，通过"残酷斗争，无情打击"，改组各苏区领导。1933 年的反"罗明路线"就是典型案例。福建省委代理书记罗明，邓小平、毛泽覃、谢唯俊、古柏等一大批不赞成进攻路线的地方领导人，被当做机会主义者解除职务，遭到严厉批判。红七军团团长萧劲光被打成"罗明路线在军队中的代表"，开除党籍、军籍，受到军事法庭审判。

2. 各根据地肃反扩大化

中央苏区的肃反开展得早，并不断升温，最严重的事件是"富田事变"。1930 年 10 月，红一方面军总前委开始着手打"AB 团"问题，当时赣西南苏维埃政府打"AB 团"的热度已经相当高了。在这一背景下，总前委领导对于"AB 团"问题作出了非常严重的估计，"近来赣西南党全般的呈一非常严重的危机，全党完全是富农路线领导……各级指导机关，无论内外多数为 AB 团富农所充塞领导机关。……赣西南党非来一番根本改造，决不能挽救这一危机，目前总前委正计划这一工作"①。11 月，红一方面军肃反委员会成立，并在驻地黄陂开始肃反。仅十天左右，7000 余人的红四军中，被打成 AB 团分子的就达一千三四百人，约占全军总人数的 1/5，其中被杀的占一半。同时，从所谓 AB 团的口供中获得江西"省行委内安了江西 AB 团省总团部，段良弼、李白芳、谢汉昌等为其首要"的"证据"。进而，总前委布置抓捕江西省行委和红二十军领导层中的"AB 团"，最终引发红二十军发动"富田事变"。1931 年 7 月 23 日，红二十军副排长以上

---

① 转引自余伯流、何友良《中国苏区史》，江西人民出版社，2011，第 1002 页。

干部绝大部分被处死，士兵分散编入红七军，番号取消。1932年5月30日，江西省行委主席李文林被国家政治保卫局处决。

鄂豫皖苏区的肃反带有强行推行六届四中全会路线的性质，其肃反经验也被推广到其他苏区。1931年9月底至11月中旬，张国焘在河南光山集中开展了近两个月的肃反，以"改组派""第三党""AB团"等罪名逮捕杀害红四方面军排级以上干部和革命战士达2500余人。其中军级干部17人，师级干部35人，团级干部44人，营级干部的2/3、排级干部的1/3被杀害。有的团、营、连，在这次肃反中，干部就换了三四遍。中共六安县委除两名炊事员外，从县委书记到一般干部全部被杀；霍邱县委全体干部被害；商南苏维埃政府48名干部被杀45名；英山苏维埃11名干部被杀10名；红山警卫团八连从连长到战士100多人被杀害。

湘鄂西苏区的四次肃反的特点是形势越危急，越抓肃反工作。1932年5月的第一次肃反就发生在敌人第四次"围剿"的关键时刻。夏曦认为，内部肃反是消灭敌人"围剿"的先决条件，在最激烈的战争中，每个连队都要定期汇报肃反工作，揭发"改组派"活动以及破获的情形，战斗结束后，又召开"战士大会""党员大会""积极分子会议"，号召群众参加肃反，检举嫌疑人，嫌疑人主动自首。9月，为了挽救失败局面，又推行"火线肃反"。有的指挥干部在火线上负伤，刚撤下来就被当做"改组派"杀害。其中，除少数师、团级干部外，大部分是连级干部，部队由原来的近1.5万锐减到9000多人，枪多于人，有枪没有人背。1933年2月的第三次肃反甚至宣布"省苏维埃是反革命把持的团体"，解散党、团组织和政治机关，所有共产党员实行清洗，重新登记。

特别值得关注的是，就在各苏区因推行"左倾"路线先后丧失，被迫转移的情况下，仅存的陕北苏区却从1935年7月起开始大规模肃反。中共中央临时代表团书记朱理治在西北工委会议上传达北方代表"机密指示"："必须无情地展开反对右倾取消主义、反对暗藏的右倾分子和一切反革命分子。"随后，中共陕甘晋省委扩大会议布置肃反分为前后方，前方由西北军委主席聂洪钧负责，后方由边区保卫局局长戴季英负责。刘志丹、高岗、杨森、习仲勋、刘景范等根据地主要领导人相继被逮捕入狱。这场肃反"使陕甘苏区党委、政府、军委机关，除李景林外没有一个负责人。中层干部，有水平的知识青年，几乎也都没有了。其他单位的情况基本类似。错误肃反随意捕人、杀人、埋人造成的政治乌云，笼罩了陕甘苏区大地。大家处在人为刀俎，我为鱼肉，人人自危的恐怖气氛中。党委、政府、军委机关都瘫痪了，各项工作都处于停顿状态"[①]。10月19日，中央红军到了陕甘根据地吴起镇，毛泽东下令"刀下留人"，"停止捕人"，并派国家政治保卫局王首道、刘向三、贾拓夫代表党中央去瓦窑堡接管戴季英控制的保卫局，刘志丹等人才得以出狱并恢复工作，肃反被制止。

3. 分析苏维埃运动时期的错误必须坚持的科学态度

首先，要从长时段的历史背景来看待苏维埃历史的曲折性，正视所犯错误和所走弯路，同时还应看到探索的主流、主线和主题。如果说建设新中国需要"摸着石头过河"的话，苏维埃革命同样是"摸着石头过河"。在苏维埃运动期间，出现了比较普遍的难以避免的探索性错误。包括毛泽东在内的第一代领导集体成员在该时期几乎都犯过不同程度的错误，例如毛泽东制定的《井冈山土地法》就脱离了群众要求和客观实际。张闻天等人短时间犯过严重的错误，但是通过接触实践，了解情况，实现了伟大转变，并养成了终生实事求是的良好品格，成为令人尊敬的领导人。

其次，要尊重历史，不能因人因事掩盖其历史贡献。特别是对于后来的叛党叛国分子，如林彪、张国焘等人在苏维埃运动期间的客观历史，还是要实事求是。比如，如何看待林彪"红旗到底能打多久"的革命悲观论调？如何评价张国焘开辟川陕苏区的贡献？如何评价张国焘策应红一方面军长征，实现战略转移的作用？

最后，要认真梳理史料，联系国内外背景，具体问题具体分析。比如三次"左倾"错误的发生都有其值得关注的国内外因素与党内心理基础，各苏区的肃反运动更有其深刻的共产国际背景。还有，长征中张国焘的分

---

① 王华：《陕北错误肃反回忆》，《延安文史资料》第 10 辑，延安市政协 2006 年编。

裂活动已经是客观事实，不容置疑。但是，红一、四方面军会师后，围绕"丢失鄂豫皖苏区的责任问题""撤离川陕苏区问题"等所发生的争议，需要认真研究。

三　科学总结和继承苏维埃运动的财富

（一）首要的任务是从精神层面继承和弘扬苏维埃革命精神

对于借口苏维埃运动期间的严重错误全面否定苏维埃历史的观点，人们不禁要反问：为什么犯了如此多的错误，党始终坚持往前发展，依然能够得到群众的拥护和支持？关键在于，不管犯多少错误，革命遇到多么严峻的局面，广大党员干部和群众对于马克思主义的信仰和新的社会理想的追求始终没有放弃，反而是愈挫愈勇。这是贯穿苏维埃运动始终的不坠精神和灵魂，是研究苏维埃运动必须着力继承和弘扬的精神。

回顾各苏区，这种精神无处不在。毛泽东率领 700 余人上井冈山，走出了一条中国革命新路。刘仁堪在被敌人割掉舌头之后，用脚蘸着鲜血书写"革命成功万岁"六个大字。陈铁军、周文雍在广州起义失败后，在狱中写下"头可断，肢可折，革命精神不可灭。壮士头颅为党落，好汉身躯为群裂"的诗句，在刑场上喊出了"让反动派的枪声来作为结婚的礼炮吧"的悲壮豪言。坚守苏区的游击队战士在赣南山区的草丛中喝露水、睡墓地，甚至几年不曾更衣，像野人般坚持革命。面对逆境，刘志丹坚信，"我们死也不能说假话、黑云总遮不住太阳。"

中华民族创造了 5000 年文明未曾中断的奇迹，其核心秘诀就是延绵不绝的中华民族精神。苏维埃革命精神无疑是近现代条件下这种民族精神的最新传承与最好诠释。当前，全面建成小康社会的艰巨任务突出摆在全党面前，弘扬苏维埃精神，探讨其形成的内在动力与运行机理，破解精神懈怠的现实危险，具有十分重要的意义。

（二）血的教训时刻警惕着要重视加强法制建设和党的制度建设

非常悲哀的是，苏维埃运动时期的肃反大多为臆造的产物，所谓"AB团""社民党""改造派""第三党"等反革命组织全为子虚乌有。但是相当长的时间里，在各根据地肃反却被视为与反"围剿"同等重要的任务，甚至越是革命危急，肃反越厉害。大量的受害者是在严刑逼供或被他人牵连出来的。仅凭阶级出身、工作消极、片言牢骚或其他莫须有理由，无须审判就能定罪。越过党委、苏维埃政府和其他组织，政治保卫局可随便捕人杀人，任何人不得过问。大量的迫害者本人也是在非常虔诚的心态下进行的，最后自己的下场也非常悲惨。例如闽西苏区的林一株狂热地打所谓"社民党"，自己最后也被打为"社民党"被处死。夏曦在湘鄂西进行了四次大肃反，最后落得孤家寡人，在长征期间因劳累过度掉进河里却无人施救，最后被淹死。

显然，制度缺失是导致各种严重错误得不到及时纠正、制约、避免的根本原因。如何加强党内民主制度建设，让不同的意见、争议、分歧通过制度化方式解决，而不是"残酷斗争、无情打击"，损伤自身元气，并留下严重后遗症，这是苏维埃历史提供的深刻教训。毛泽东之所以把"党的建设"概括为革命胜利的三大法宝之一，是与他深刻总结上述惨痛教训分不开的。然而，新中国成立以后相当长时间，党的制度化建设进展不大，相反却走向了过度集权专断的错误道路，最终给国家带来了严重的灾难。新时期中国共产党把党的建设上升到新的伟大工程的高度来认识，强调党内民主是党的生命，要推进党建的科学化，无疑是有着重大战略意义的。

（三）从更长的历史背景，多角度挖掘苏维埃建设的历史经验

1. 切实研究苏维埃民主的内涵及其推动民主制度化的历史经验

（1）建设工农民主专政的苏维埃政权。《中华苏维埃共和国宪法大纲》规定，中华苏维埃共和国是"工人和农民的民主专政的国家"，"在苏维埃政权领域内工人、农民、红军兵士及一切劳苦民众和他们的家属，不分男女、种族、宗教，在苏维埃法律前一律平等，皆为苏维埃共和国的公民。……凡上述苏维埃公民在十六岁以上皆有苏维埃选举权和被选举权，直接派代表参加各级工农兵会议（苏维埃）的大会，讨论和决定一切国家的地方的政治事务。"中央苏区通过不断完善苏维埃政权建设，大力推进新型民主的制度化建设，实现了苏区大多数群众广泛的看得见、摸得着的民主权利。

（2）健全苏维埃政权的组织形式。尽管始终笼罩在反"围剿"战争的紧张环境之下，各级苏维埃政府依然充分细致地做着一系列烦琐的选举组织工作，如宣传发动，登记选民、公布选民名单、召开选民大会，科学划定"成分比例"，注意"妇女当选"，划分选举单位，便利民众参加选举等，这就保证了工农阶级选举权利的充分实现。此外，还通过建立健全市乡代表会议制度、代表与居民固定联系制度、代表主任制度，特别是实行小区域的行政管理，把从省至乡各级苏维埃的管辖界都改小，"使苏维埃密切接近于民众，使苏维埃因管辖地方不大得以周知民众的要求，使民众的意见迅速反映到苏维埃来，迅速得到讨论与解决"。

（3）建立多层次的严密监督体制。按照有关规定，选民对不称职的代表和工作人员，随时可以提出质询，只要选民10人以上提出提议，经半数以上选民同意，即可撤销犯有严重错误代表的资格或通过代表会议予以开除。各级政府内设有工农检查部和工农控告局，群众可以随时告发苏维埃工作人员存在的不良作风和现象，并受到法律保护。苏区报刊大多辟有《铁锤》《警钟》《轻骑队》等舆论监督专栏，专门揭露批评苏维埃工作人员的不良作风。同时，还大力倡导"群众化、实际化"的民主工作作风，开辟了监督干部的特殊制度途径。比如，各级乡苏维埃实行了"常委会制度""值日代表制度""干部参加劳动制度"等，村负责人"值日代表"直接从群众中选举产生，乡村干部都不拿薪，不脱产，与群众打成一片。

2. 苏区的科学化运动与国民党新生活运动之效果形成鲜明对比

（1）多渠道传播科学知识。科学知识教育在中央苏区的文化建设中占有重要地位。按中央教育部的大纲规定，初级列宁小学每周上课时间为18课时，其中国语（含自然）6课时，考试科目为常识；高级列宁小学每周上课时间为24~26课时，其中科学常识2~3课时，考试科目为自然科学问题。军事学校、农业技校、卫生学校以及其他职业技术学校均有专门的技术教育课程。此外，俱乐部与列宁室作为中央苏区渗透性最强、参加人数最多的群众团体，也被赋予了传播科学知识的功能，从而为科学知识普及到社会的最基层提供了保证。《俱乐部纲要》要求，必须有意识地开展"提倡卫生及一切科学思想"游艺活动，"可以把演讲股分作政治演讲，科学演讲，或者组织经常的政治研究会，各种科学研究会。"讲演必须用"最通俗的日常谈话的语句"，深入"文化水平较低的群众之中"。

（2）普及卫生常识，开展卫生防疫运动。苏区政府通过小学、夜校、识字班、俱乐部、报刊等渠道，充分利用集会表演、张贴标语、诗歌画刊等多种形式，讲解疾病发生的原因，教给群众简便易行的卫生方法措施，普及卫生知识。同时，通过构建覆盖整个中央苏区的卫生防疫体系，开展了轰轰烈烈的卫生防疫运动。1933年2月，《红色中华》发表社论《加紧防疫卫生运动》，鼓动苏区军民积极投身卫生防疫运动，"不管小孩子、老年人都吸收来参加"，"每一个工农群众，都能随时随地注意到卫生和清洁，注意到自己，同时督促别人"。3月，《卫生运动纲要》颁布施行，明确要求从城市、乡村、机关到部队都要成立卫生运动委员会和卫生小组等领导机构，负责动员本单位全体成员参加卫生运动。中央苏区卫生防疫运动的序幕由此拉开，各种卫生竞赛如火如荼地兴起。

（3）树立科学文明的生活方式。中央苏区地处赣、闽、粤三省交界的崇山峻岭之中，交通闭塞，与外界来往甚少，宗教迷信几乎成了当地人民精神生活的主宰。为了培养科学精神与文明的生活方式，苏维埃政府开展了扫除宗教迷信的运动，着力灌输马克思主义宗教观，动员群众自动起来不烧香、不敬菩萨及废除神像、匾额、祖牌、宗谱等，禁止见愿打醮，勒令和尚、道士、尼姑以及看相算命等人改换职业，明令禁止赌博、嫖娼、抽鸦片、缠足、束胸、穿耳等有害身心健康的习俗，开展丰富多彩的文体活动，引导民众建立文明健康的生活方式。这场反宗教迷信运动，极大地促进了苏区民风风俗等社会意识的流变。

3. 实现了从倡导妇女解放到解放妇女的伟大飞跃

（1）推进教育公平，促进妇女思想启蒙。教育的不平等是妇女解放的严重障碍，文化素质直接决定着妇女的解放程度。为解决妇女读书难问题，苏维埃政府在乡村办起了夜校、识字班，使大部分妇女都能有机会进夜校学习文化，这极大地唤起了广大农村妇女的学习热情。以兴国为例，1934年兴国夜校学生15740人中，男子4988人，占31%，女子10752人，占69%；兴国具识字组组员22519人中，男子9000人，占40%，女子13519人，占60%。显然，"苏维埃政府的文化教育帮助很多妇女摘掉了文盲帽子，科学文化素质有了明显的提高，这使她们终身受益。这在中国妇女解放运动史上是空前的，谱写了中国妇女解放运动最壮丽的篇章。"

（2）保障妇女经济平等的权利。中央苏区贯彻了"男女老幼，平均分配土地"的土地分配原则，中国妇女第一次真正取得了与男子平等享有土地的权利，从而奠定了解放妇女的坚实基石。在寻乌，"百分之八十的地方，通通按照人口数目，不分男女老少，不分劳动能力有无大小，以人口除地的总数去分配。"甚至"娼妓大多数都是分了田的"。苏维埃政府还通过法律法规，以"倾斜政策"的形式切实维护男女平等。1931年苏维埃临时中央政府公布的婚姻条例明确规定，"女子刚从封建压迫下解放出来，她们的身体许多受了很大的损害（如缠足），尚未恢复，她们的经济尚未完全独立，所以关于离婚问题，应偏于保护女子，而把因离婚而起的义务和责任，多交给男子负担。"1934年颁布的《婚姻法》进一步规定：离婚后，女子如果移居到别的乡村得依照新居乡村土地分配分得土地。如新居乡村已无土地可分，则女子仍领有原有的土地其处置办法或出租或出卖或与别人交换，由女子自己决定；离婚后，男女同居时所负的共同债务，由男子负责清偿；离婚后，女子如未再行结婚并缺乏劳动力或没有固定职业而不能维持生活者，男子须帮助女子耕种土地或维持生活。

（3）健全妇女工作领导机构，实现妇女权益的制度化。中央苏区时期，普遍建立了区以上直至中央苏维埃政府的各级"妇女生活改善委员会"，目的是"使劳动妇女能切实地享受苏维埃政府对于妇女权利之保障，实际取得与男子享受同等的权利，消灭封建旧礼教对于妇女的束缚，使她们在政治上、经济上得到真正的解放"。同时，还根植于苏区社会最基层，建立了"女工农妇代表会"，在10~20个妇女中即可选举一名代表，组织主席团和代表会议，村一级代表会每7天开一次会议，讨论、决议有关妇女事宜，成为党和苏维埃政府紧密联系广大妇女的纽带。建立健全机构，从制度上确保了妇女各项权益的实现。以参政权为例，制度的保障，激起了妇女高昂的参政热情。据毛泽东调查，1932年的民主选举，上才溪53个代表中，女代表16个，占30%；下才溪70个代表中，女代表21个，也占30%。到1933年，上、下才溪乡的妇女代表差不多都各占60%。

总之，如果把苏区史放到近代中国大变迁的整个链条中、与国民党同期开展的活动、对抗日战争甚至新中国成立以来中国共产党的执政史的比较中，可以发现苏区史的重要地位，其历史经验值得深入研究。

作者简介

陈始发 1970年8月出生,江西宁都人,2001年毕业于中共中央党校中共党史专业,获法学博士学位。现为江西财经大学二级教授、博导,江西省中青年学科带头人、江西省高校哲学社会科学科研学术骨干,江西省"新世纪百千万人才工程"人选,"赣鄱英才555工程"人选,江西省思想政治理论课教学名师,享受省政府特殊津贴。主要从事苏区史、中共法制史研究。主持完成"中共宗教政策的历史考察""多维视野下的中央苏区文化建设研究"等2项国家社科基金课题,省级课题6项,出版专著2部,在《求是》《科学社会主义》等重要学术刊物发表论文20余篇,多篇文章被《新华文摘》、"人大复印报刊资料"转载,获省级以上科研奖励5项,论文《中央苏区马克思主义大众化的主要举措与启示》入选中组部、中宣部等八部委联合举办的全国纪念中国共产党成立九十周年理论研讨会。

后　记

为深入学习贯彻党的十八大精神，进一步繁荣发展我省哲学社会科学事业，充分发挥社科界思想库、智囊团的作用，为建设富裕和谐秀美江西提供强有力的理论支撑和智力支持，江西省社联于2012年12月1日至7日举办首届江西省社会科学学术活动周。

本书收录了此次学术活动周大部分专家学术报告成果，它凝聚着专家学者的探索精神与学术智慧，展现了专家学者学术研究的水平与风采。

本书出版得到江西省社联领导的关心和支持，省社联党组书记、主席祝黄河教授对本书的出版给予了悉心指导并为本书作序。社会科学文献出版社在很短的时间内予以出版，付出了大量的辛劳。在此，一并深致谢意。

本书由江西省社联党组成员、副主席吴永明教授担任主编，江西省社联学会工作处陈小青、刘蓉玲、欧阳小芹、陈燕清、郭文清等同志承担了集辑与编务工作。

由于时间仓促，本书难免存在不足之处，企盼学术界的专家、同人和广大读者批评指正。

编　者

2013 年 3 月 15 日

图书在版编目（CIP）数据

人文兴赣：传承·创新·发展/吴永明主编.—北京：
社会科学文献出版社，2013.7
ISBN 978-7-5097-4719-3

Ⅰ.①人… Ⅱ.①吴… Ⅲ.①社会科学—文集
Ⅳ.① C53

中国版本图书馆 CIP 数据核字（2013）第 118293 号

人文兴赣：传承 · 创新 · 发展

主　编 / 吴永明

出 版 人 / 谢寿光
出 版 者 / 社会科学文献出版社
地　　址 / 北京市西城区北三环中路甲 29 号院 3 号楼华龙大厦
邮政编码 / 100029

责任部门 / 社会政法分社（010）59367156　　责任编辑 / 黄金平　关晶焱
电子信箱 / shekebu@ssap.cn　　　　　　　　责任校对 / 李有江　陈　磊
项目统筹 / 王　绯　　　　　　　　　　　　责任印制 / 岳　阳
经　　销 / 社会科学文献出版社市场营销中心（010）59367081　59367089
读者服务 / 读者服务中心（010）59367028

印　　装 / 三河市尚艺印装有限公司
开　　本 / 787mm×1092mm　1/16　　　印　张 / 37.25
版　　次 / 2013 年 7 月第 1 版　　　　　字　数 / 551 千字
印　　次 / 2013 年 7 月第 1 次印刷
书　　号 / ISBN 978-7-5097-4719-3
定　　价 / 138.00 元